GESCHICHTE UND GESCHEHEN

Asmut Brückmann
Rolf Brütting
Peter Gautschi
Edith Hambach
Uwe Horst
Georg Langen
Peter Offergeld
Volker Pfeifer
Volker Scherer
Claudia Stuhrmann
Franz-Josef Wallmeier
Hans Woidt
Cajus Wypior

D1718456

Ernst Klett Schulbuchverlag Leipzig
Leipzig Stuttgart Düsseldorf

Bildnachweis: Umschlag: Bibliothèque nationale de France (Paris)
S. 148: bpk, Berlin
S. 157: Rheinisches Bildarchiv, Köln
S. 163: akg-images, Berlin

Nicht in allen Fällen war es uns möglich, den Rechteinhaber der Abbildungen ausfindig zu machen. Berechtigte Ansprüche werden selbstverständlich im Rahmen der üblichen Vereinbarungen abgegolten.

Fakultative Inhalte im Schülerband sind im Inhaltsverzeichnis dieses Lehrerbandes mit einem * gekennzeichnet.

1. Auflage   1 10 9 8 7 2015 2014 2013

Alle Drucke dieser Auflage sind unverändert und können im Unterricht nebeneinander verwendet werden. Die letzten Zahlen bezeichnen jeweils die Auflage und das Jahr des Druckes.

Unter Mitarbeit von
Asmut Brückmann, Rolf Brütting, Peter Gautschi, Edith Hambach, Uwe Horst, Georg Langen, Peter Offergeld, Volker Pfeifer, Volker Scherer, Claudia Stuhrmann, Franz-Josef Wallmeier, Hans Woidt, Cajus Wypior

Redaktion: form & inhalt verlagsservice Martin H. Bredol, Seeheim-Jugenheim
Zeichnungen/Illustrationen: Lutz-Erich Müller, Leipzig
Herstellung: Kerstin Heisch

Reproduktion: Meyle+Müller, Medien-Management, Pforzheim
DTP/Satz: context · Ina Henkel-Graneist, Leipzig
Druck: CEWE COLOR AG & Co. OHG, Germering
Printed in Germany

ISBN 978-3-12-411263-7

Konzeption und Aufbau von Schüler- und Lehrerband

Zum Schülerband

„Geschichte und Geschehen" ist ein für den Geschichtsunterricht der Sekundarstufe I an Gymnasien in Baden-Württemberg konzipiertes Unterrichtswerk. Es ist auf der Basis des baden-württembergischen Bildungsplans 2004 erarbeitet.

Ziele des Lehrwerkes

Das Ziel der Autorinnen und Autoren ist es, die methodischen und fachlichen Kompetenzen zu vermitteln, welche die Schülerinnen und Schüler laut Bildungsstandards am Ende der jeweiligen Jahrgangsstufe beherrschen sollen. „Geschichte und Geschehen" erhebt außerdem den Anspruch, Schülerinnen und Schüler für die zu vermittelnden Inhalte zu interessieren und zur Auseinandersetzung mit ihnen anzuregen. Ausgehend von der jeweiligen Altersstufe sind die Einheiten deswegen anschaulich und altersgemäß aufgebaut. Zugleich will das Lehrwerk Lehrerinnen und Lehrern die Unterrichtsgestaltung erleichtern und verschiedene methodische oder thematische Zugriffe eröffnen.

Inhalte

Die verschiedenen Dimensionen historischer Erfahrung, z. B. die politik-, wirtschafts-, sozial-, alltags- und kulturgeschichtliche werden integrativ behandelt. Auch die Frage nach den Lebensverhältnissen und -entwürfen von Frauen und Männern (Geschlechtergeschichte) wird durchgängig gestellt. Bezüge zur Gegenwart werden – wenn angebracht – im Verfassertext, den Materialien, vor allem aber in den „Fragen und Anregungen" hergestellt. Die Erschließung der historischen Themen ist von den Prinzipien der Problemorientierung, der Multikausalität, der Multiperspektivität, der Kontroversität und des Fremdverstehens bestimmt.

Wo es sich anbietet, wird der behandelte historische Raum in eine europäische oder globale Perspektive eingeordnet (vor allem ab Band 2). Eine Verengung auf die Nationalgeschichte soll so vermieden werden. Dieser Perspektive steht die Betrachtung regionaler Beispiele gegenüber, die in verschiedenen Themeneinheiten immer wieder behandelt werden.

Aufbau

Die Schülerbände sind übersichtlich in Themeneinheiten gegliedert. Untereinheiten darin sind Kapitel mit einem Umfang von zwei bis sechs Buchseiten. Die Kapitel können als Grundlage für eine Unterrichtseinheit von jeweils ein bis drei Stunden dienen.

Auftaktdoppelseiten

Jede Themeneinheit wird durch eine Auftaktdoppelseite eröffnet, der unterschiedliche Funktionen zukommen: Ihre Gestaltung mit Bildern und Karten soll den Schülerinnen und Schülern Anreize bieten, sich mit den nachfolgenden Kapitelthemen auseinander zu setzen. Kurze Einleitungstexte reißen die Themen an und werfen zentrale Fragen auf. Die Materialien sind so ausgewählt, dass sie ein vor-strukturierendes Einstiegsgespräch ermöglichen und man auch am Ende einer behandelten Themeneinheit wieder resümierend auf sie zurückkommen kann.

Darstellungsteil

Die Verfassertexte (VT) fungieren als thematische Darstellung oder Zusammenfassung. Wichtige Daten sind den Verfassertexten in Form einer Zeittafel vorangestellt. Ein synchronoptischer Überblick am Ende des Bandes ermöglicht zusätzliche chronologische Orientierung. Besonderer Wert wird auf eine altersgemäß verständliche sprachliche Darstellung gelegt, die den Weg zur eigenständigen, interessierten Arbeit der Schülerinnen und Schüler eröffnet. Verschiedene Stile – erzählend, exemplarisch-dokumentierend, sachlich-informierend – sollen die Schülerinnen und Schüler mit den unterschiedlichen sprachlichen Darbietungsformen von Geschichte vertraut machen. Elementare Begriffe zum systematischen Aufbau eines Fachvokabulars sind in den Kapiteln wie im Register besonders hervorgehoben. Die Zusammenfassungen im Anhang stellen das in den Bildungsstandards festgeschriebene Grundwissen in knapper Form dar und bieten einen Einstieg in die Wiederholung des Stoffes.

Materialteil

„Geschichte und Geschehen" weist ein breites Spektrum unterschiedlicher Materialien auf. Von Anfang an wird den Schülerinnen und Schülern der Unterschied zwischen Quelle und Darstellung verdeutlicht: Quellen sind mit einem „Q", Darstellungen mit einem „D" ausgewiesen.

Inhaltlich und methodisch bilden Darstellungs- und Materialteil eine thematische Einheit. Mit den Materialien lassen sich darüber hinaus Inhalte der Darstellung konkretisieren, Aspekte vertiefen oder den Kapitelschwerpunkt um zusätzliche Aspekte erweitern. Verfassertexte und Materialien können aber auch unabhängig voneinander eingesetzt werden.

Alle Themen sind multiperspektivisch angelegt, sofern es sich von der Sache her anbietet. Eine ausdrückliche kontrastive Anordnung von Textquellen oder Auszügen aus der Sekundärliteratur (kontrovers) bietet Schülerinnen und Schülern die Gelegenheit, sich ein eigenes Urteil zu bilden.

Arbeitsanregungen und -vorschläge

Jedes Kapitel endet mit „Fragen und Anregungen", die oft mehrere Materialien miteinander verknüpfen und ggf. den Verfassertext einbeziehen. So werden die thematische Gesamtstruktur wie Einzelaspekte ins Blickfeld gerückt. Die Fragen und Anregungen geben Impulse zu multiperspektivischer Betrachtung und Perspektivenwechsel zielen auf handlungsorientierte Zugänge und Transfers.

In einzelnen Kapiteln regen Literaturtipps und Projektvorschläge zu weiterführender Beschäftigung mit dem Thema an. Diese Angebote ermöglichen unterrichtliche Aktivitäten unabhängig vom Lehrwerk und unterstützen einen Geschichtsunterricht, der verstärkt auf handlungs- und produktionsorientierte Ansätze zurückgreift.

	Gewusst wie (Methode)	Werkstatt	Lernen lernen
Inhalt: Was machen die Schüler?	eine fachspezifische Methode Schritt für Schritt erarbeiten	eine gelernte Methode in der Praxis oder einer simulierten Situation anwenden -> „Mini-Projekt"	mithilfe allgemeiner Lernstrategien fachspezifische Inhalte festhalten und verarbeiten
Funktion: Was bringt es den Schülern?	ein Thema erschließen -> Erkenntnisgewinn	Transfer auf die eigene Situation/ Umfeld	Aneignung des Inhaltes (Reflexion)

Integriertes methodisches Lernen

„Geschichte und Geschehen" enthält drei Typen besonders hervorgehobener Seiten: Die „Gewusst-wie"-, „Werkstatt"- und „Lernen-lernen"-Seiten sind Teil eines Gesamtkonzeptes, das auf den Erwerb von Methoden- und Lernkompetenz hin orientiert ist und aufbauend für die Bände 1 bis 4 entwickelt wurde. Den Seiten kommen je eigene Inhalte und Funktionen zu:

Gewusst wie (Methodenschulung)

An Unterrichtsgegenständen sollen Lernende nicht nur inhaltliche Einzelkenntnisse und Zusammenhänge erfahren, sondern auch die Möglichkeit erhalten, sich fachspezifische Fertigkeiten anzueignen und einzuüben.

Die Methodenschulung erfolgt innerhalb einzelner Kapitel an wichtigen inhaltlichen Themen, für deren Bearbeitung das gewählte Verfahren typisch ist. Wer an einem Beispiel gelernt hat, wie sich historisches Wissen gewinnen lässt, kann diese Qualitäten auch auf andere Themen übertragen. Weil die Methodenschulung jedoch nicht mit dem einmaligen Präsentieren der Methode erledigt ist, müssen methodische Zugangs- und Arbeitsweisen geübt und angewendet werden. Darum werden auf den „Gewusst-wie"-Seiten die einzelnen Schritte der Materialerschließung zusammengefasst und so verallgemeinert (methodische Arbeitsschritte), dass sie auf andere Materialien gleichen Typs übertragbar sind.

Werkstatt

Die „Werkstatt"-Seiten wollen zu selbstverantwortlichem Lernen hinführen, indem sie ein aufgabengeleitetes offenes Lernen ermöglichen. Unter einer anregenden Fragestellung bieten sie ein Arrangement von Materialien an, dessen Zusammenhänge sich die Schülerinnen und Schüler selbst erschließen sollen. In einzelnen Kapiteln werden Quellen so gruppiert, dass Schülerinnen und Schüler in Partner- oder Gruppenarbeit ein Thema selbsttätig bearbeiten. Hierzu wenden sie Strategien und methodische Fertigkeiten an, die sie in den vorangegangenen Kapiteln des Schülerbandes erlernt haben. Meist fordert eine Aufgabe zur weiterführenden Recherche auf. Das geleitete Entdecken soll schließlich zu einer systematischen Dokumentation und Präsentation der Ergebnisse führen.

Lernen lernen

Die zentrale Forderung des Bildungsplans, nachhaltiges Lernen zu fördern, setzt „Geschichte und Geschehen" für den alltäglichen Geschichtsunterricht um. Die Konzeption der „Lernen-lernen"-Seiten am Ende jeder Themeneinheit geht von folgenden Erkenntnissen aus: Erfolgreiche Lernerinnen und Lerner

- verfügen über ein allgemeines und ein fachspezifisches Strategiewissen und sind in der Lage, dieses wirksam einzusetzen.
- steuern ihr eigenes Lernen bewusst und denken über ihr Wissen und Lernen nach.
- sind in der Lage, ihr erarbeitetes Wissen und Können eigenständig festzuhalten, Neues zu verinnerlichen und an eigenen Strukturen festzumachen.
- verfügen zudem über ein positives Selbstkonzept und über ein sachlich motiviertes Interesse. Sie planen ihr Lernen kompetent, gestalten ihren Arbeitsplatz bewusst, überprüfen dauernd ihr eigenes Lernen und zeigen ein adäquates Prüfungsverhalten.
- verfügen über ein gut organisiertes Wissen.

Auf jeder „Lernen-lernen"-Seite wird eine Aufgabe vorgegeben, damit Lernende durch eigenständige Dokumentation selber den Lerngegenstand oder ein ausgewähltes Studienobjekt erfahren. Die Aufgabe besteht aus einer Handlungsanweisung zur Entwicklung von Material. Sie führt ausgewählte Fragen und Anregungen aus den Kapiteln konsequent weiter. Schülerinnen und Schüler erarbeiten die Dokumentation während oder nach dem Bearbeiten der Themeneinheit. Lehrpersonen leiten die Arbeit an und bewerten sie. Natürlich können die Lehrerinnen und Lehrer weiterhin zusätzliche oder alternative Aufgaben geben und diese besprechen oder schriftlich dokumentieren lassen.

Die „Lernen-lernen"-Seiten leiten also zur Verankerung und Dokumentation des erworbenen Wissens und Könnens an, befördern eigenes Nachdenken über das Geschichtslernen und erklären allgemeine und fachspezifisch bedeutsame Lernstrategien.

Nachhaltiges Lernen

„Geschichte und Geschehen" unterstützt das nachhaltige Lernen mit einem dreistufigen Konzept:

Die Kapitel

Die erste Ebene des nachhaltigen Lernens sind die Kapitel, in denen Inhalte (Verfassertext, Materialien, Grundbegriffe, Zeitleisten), fachspezifische Methoden (Gewusst wie) und Lerntechniken (Lernen lernen) vermittelt werden. Die „Fragen und Anregungen" leiten dazu an, diese Inhalte zu erschließen und die Methoden einzuüben. Dabei stellen sie immer wieder Bezüge zwischen den Themeneinheiten und

Kapiteln her und helfen so, die Inhalte zu verknüpfen und Methoden zu übertragen. Dem isolierten Lernen kleinerer Einheiten, die die Schüler nach der Klausur wieder vergessen, wird so entgegengewirkt.

Zusammenfassungen
Die zweite Ebene des nachhaltigen Lernens bilden die Zusammenfassungen im Anhang. Auf jeweils einer Seite werden hier die Themeneinheiten der Bildungsstandards zusammenhängend dargestellt, die standardrelevanten Grundbegriffe fallen durch ihre farbige Markierung ins Auge. Die Zusammenfassungen helfen, die großen Zusammenhänge zu erkennen, die sich in den Themeneinheiten über viele Kapitel strecken. Sie bieten einen Einstieg bei der Wiederholung länger zurückliegender Einheiten und können insbesondere vor den Vergleicharbeiten eingesetzt werden. Selbstverständlich erfordert eine umfassende Prüfungsvorbereitung, in die Kapitel zurückzublättern, um sich Details, Begriffe, Daten etc. ins Gedächtnis zu rufen.

Wende dein Wissen an
Diese Seiten im Anhang bilden die dritte Ebene des nachhaltigen Lernens: Sie bieten den Schülern die Möglichkeit, ihre erworbenen inhaltlichen und methodischen Kompetenzen anzuwenden und zu erproben. Zu jeder Themeneinheit der Bildungsstandards stehen auf einer Doppelseite eine oder mehrere Quellen bzw. Darstellungen im Mittelpunkt, die die Schüler, erschließen, einordnen und interpretieren sollen. Die Materialien wurden so ausgesucht, dass sich an ihnen viele zentrale Aspekte der Themeneinheit aufhängen lassen. Die Aufgaben („So kommst du zum Ziel") zeigen Wege auf, wie die Quellen erschlossen und die Ergebnisse präsentiert werden können. Sie bieten aber bewusst keine Verweise auf hilfreiche Seiten in den Kapiteln, weil die Schüler an dieser Stelle zeigen sollen, dass sie die Informationen selber finden können.
Die Seiten können über das Jahr verteilt am Ende der jeweiligen Themeneinheit oder als direkte Vorbereitung für die Vergleichsarbeiten eingesetzt werden. Der Lehrer erhält dabei eine Übersicht über den Leistungsstand der Schüler und kann feststellen, wo weiterer Lern- und Übungsbedarf besteht.

Neue Medien im Unterricht
„Geschichte und Geschehen" enthält Angebote, die Themen auch mithilfe der Neuen Medien zu erschließen. Dazu haben die Autorinnen und Autoren Software entwickelt, die eng auf die Inhalte des Schülerbuchs abgestimmt ist und die den Einsatz des Computers im Unterricht ermöglicht. Darüber hinaus finden Lehrer wie Schüler Zusatzmaterialien und weiterführende schülergerecht ausgewählte Links im Internet (www.klett-verlag.de/gug). Im Schülerbuch wird an jeweils inhaltlich gebotener Stelle auf die Software und das Internet verwiesen.

Unterrichten mit „Geschichte und Geschehen"
Autorinnen, Autoren und Verlag erschien es wichtig, den Lehrerinnen und Lehrern mit dem Lese-, Lern- und Arbeitsbuch „Geschichte und Geschehen" ein Leitmedium an die Hand zu geben, mit dem sie ihren Unterricht nach

Maßgabe ihrer Vorstellungen und Unterrichtsbedingungen variabel gestalten können. Bei dem komplexen Prozess der Unterrichtsplanung und ihrer Realisierung bieten die Lehrermaterialien zu „Geschichte und Geschehen" eine praxisorientierte und konkrete Hilfe.

Zu den Lehrermaterialien
Jedem Schülerbuch wird eine CD-ROM mit Lehrermaterialien zur Seite gestellt. Konzeption und Aufbau der Lehrer-CD-ROM resultieren unmittelbar aus der beschriebenen Zielsetzung. Um eine möglichst enge inhaltliche sowie fachdidaktische Abstimmung zwischen den Vorgaben des Schülerbandes und den Ausführungen und Anregungen der Lehrer-CD-ROM zu gewährleisten, wurden seine Abschnitte von den Autorinnen und Autoren geschrieben, die auch die entsprechenden Kapitel im Schülerband verfasst haben.

Konzeption der Themeneinheit
Die „Einleitung" skizziert die Inhalte und Schwerpunkte der Themeneinheit und erläutert sie im Hinblick auf ihre fachdidaktische Reduktion und Problemstellung. Auch werden bereits hier oder spätestens in den Erläuterungen zu den einzelnen Kapiteln Bezüge zu verwandten Themen in anderen Unterrichtseinheiten aufgezeigt.
In den Ausführungen zur jeweiligen Auftaktdoppelseite werden deren Aufbau und unterrichtspraktische Verwendungsmöglichkeiten erläutert. Zusatzinformationen zu den einzelnen Elementen der Auftaktdoppelseite runden den Abschnitt ab.

Erläuterungen zu den Kapiteln
Zu Beginn wird die Konzeption der Einzelkapitel dargelegt und besonders an thematischen und didaktischen Schwerpunktsetzungen oder Reduktionen konkretisiert. Wenn möglich, ergänzen Hinweise auf fachübergreifenden Unterricht den Abschnitt.

Die „Möglichkeiten zur Unterrichtsgestaltung" sind als unterrichtspraktische Konkretisierung dieser konzeptionellen Überlegungen zu sehen. Sie verstehen sich als Angebot und Anregung. Lehrerinnen und Lehrer werden dabei selbst über Schwerpunkte entscheiden und entsprechend ihrem didaktischen Zugriff und ihrer methodischen Vorgehensweise auswählen. Hinweise auf unterrichtliche Alternativen oder ergänzende Materialien werden deshalb meist schon an dieser Stelle gegeben. Hierzu ist auch ein Vorschlag für ein Tafelbild zu zählen, das als Ergebnissicherung, aber auch als Vertiefung genutzt werden kann.
Die „Zusatzinformationen zum Verfassertext" und „Zusatzinformationen zu den Materialien" enthalten oft Hinweise, die Hintergründe, aber auch weniger offensichtliche und bekannte Zusammenhänge erhellen und den Blick gegebenenfalls auf die nicht sogleich erkennbaren Wege lenken.
Im Abschnitt „Zu den Fragen und Anregungen" wird der Erwartungshorizont skizziert.
Jeder Großabschnitt schließt ab mit Lektürehinweisen für Schülerinnen und Schüler, manchmal auch Hinweisen auf fachdidaktische Titel für den praktischen Unterricht sowie

auf entsprechende Medien, ohne dass damit ein Anspruch
auf Vollständigkeit verbunden ist.

Kopiervorlagen
Der Anhang enthält Kopiervorlagen (und im Anhang die
entsprechenden Bearbeitungs- und Lösungsvorschläge).
Sie können im Unterricht vielgestaltig eingesetzt werden
und bieten Möglichkeiten, die über die exemplarisch thematisierte Einbindung in den Unterricht hinausgehen.

Wer herrscht in Europa?

Inhalte und Schwerpunkte

Die Epoche der „media tempestas" wird in den Bildungsstandards Geschichte Baden-Württemberg auf den Komplex mittelalterlicher Herrschafts- und Gesellschaftsformen konzentriert. Die Frage nach der staatlichen und gesellschaftlichen Struktur des Reiches verknüpft sich dabei unlösbar mit der das Abendland prägenden religiösen und politischen Kraft des Christentums.

Bereits Cellarius hatte den Beginn des Mittelalters in die Tage Konstantins des Großen datiert. Tatsächlich gaben die Christianisierung, das Zurückweichen des Kaisertums aus dem Westen in den Osten, die allmähliche Wandlung des römischen in ein byzantinisches Reich das Feld frei für drei neu sich aufstellende Mächte, deren vielschichtiges, auch konfliktträchtiges Zusammenspiel die Geschichte des mittelalterlichen Europas gestalten sollte: das byzantinische Reich, das Papsttum und das Frankenreich. Daher konzentriert sich diese erste Themeneinheit darauf, wie sich im nach dem Zusammenbruch des Weströmischen Reiches nicht mehr von einer Zentralkraft regierten Europa eine Herrschaft etablierte, die wesentliche Elemente sowohl aus der römischen als auch der christlichen und der germanisch-fränkischen Tradition entnahm. Der Blick richtet sich damit bewusst auf die Ebene der regierenden Herrscher und ihrer Familien sowie auf die sich langsam aus den gesellschaftlichen Gegebenheiten heraus entwickelnden Herrschaftsstrukturen im Rahmen feudaler Abhängigkeitsverhältnisse.

In einem für ein strukturgeschichtlich angelegtes Kapitel so weit wie möglich chronologisch gehaltenen Überblick sollen Fragen nach den Möglichkeiten und Bedingtheiten der Installation neuer Herrschaft sowie ihre praktische Ausführung im alltäglichen Verwaltungs- und Regierungsgeschäft untersucht werden. Eine tragende Rolle spielt dabei auch die zu verdeutlichende Interdependenz von historischen Veränderungen unterliegender gesellschaftlicher Realität und dem sich meist erweiternden Kanon der Herrschaftsaufgaben. Durch diese didaktische Reduktion soll herausgearbeitet werden, dass Herrschaft nicht plötzlich einfach da war, sondern sich sukzessive aus alltäglichen gesellschaftlichen Gegebenheiten heraus entwickelt bzw. weiterentwickelt hat. Daher sollten den Schülern nicht nur die Unterschiede des mittelalterlichen Systems unter den Karolingern und Ottonen, sondern auch ihre Fremdheit, ihre Andersartigkeit gegenüber den heutigen politischen Verhältnissen vor Augen gehalten werden.

Der Einstieg über die Fragestellung „Wer herrscht in Europa?" symbolisiert das den Beginn des Frühmittelalters charakterisierende Machtvakuum im bis dahin vom weströmischen Kaiser dominierten Raum. In diesen Raum trat Schritt für Schritt der römische Bischof, der Papst, der sich innerhalb der Kirche eine dominierende Rolle erwarb und diese behaupten konnte. Daneben formierte sich mit dem Frankenreich das mächtigste der aus den Wirren der Völkerwanderungszeit hervorgegangenen germanischen Königreiche. Beides bedeutete keinen totalen Bruch mit der römischen Tradition, sondern eher ein langsames Hineingleiten in die neuen Herrschaftsverhältnisse über das Zwischenstadium der Merowinger. Mit der Christianisierung des Frankenreichs sowie der Einbindung der kirchlichen Hierarchie in das königlich-merowingische Herrschaftsgefüge wurde zwischen beiden Machträumen erstmals eine sich wechselseitig stabilisierende Verbindung geschaffen. Erst unter den Karolingern entstand daraus jenes auf dem do-ut-des-Prinzip beruhende förmliche Machtbündnis, das der karolingischen Dynastie erst das Königtum, dann das Kaisertum sicherte, dem Papsttum dagegen militärischen Schutz und die weltliche Herrschaft im Kirchenstaat verschaffte. In der nach biblischem Vorbild gestalteten Salbung des Königs gründete seit 751 die Legitimität königlicher Herrschaft. Der König war mehr als ein von Menschen erwählter und damit auch von Menschen abhängiger Herrscher, er war Gesalbter des Herrn, er regierte „von Gottes Gnaden". Die Königsherrschaft wurde damit zu einer christlich-religiösen Verpflichtung, die Reichs- und Romidee war christlich umgedeutet worden, noch bevor Karl die Kaiserwürde erwarb und der Dualismus von Kaisertum und Papsttum zur tragenden Konstante des Imperium Christianum wurde. Nach der Legitimation und der Etablierung der Herrschaft wird deren konkrete Umsetzung in der Lebens- und Regierungsweise Karls des Großen betrachtet, die sich vom ausschließlichen Reisekönigtum zum allmählich sich etablierenden Hof im politischen Umfeld der Aachener Pfalz entwickelte.

Mit der Entwicklung monarchischer Herrschaft änderte sich auch die Organisation der Gesellschaft; die Dimensionen des Reichs führten zur Herausbildung der Lehnsgesellschaft als ein das Herrschaftssystem konstituierendes Element. Diese Entwicklung fand ihren Abschluss unter Otto dem Großen, dem der letzte Schwerpunkt der Themeneinheit gewidmet ist. Mit dem Einbau der neuen Säule der Reichskirche in das Lehnswesen wurde damals Herrschaft strukturell erweitert, mit der Ostsiedlung räumlich ausgedehnt, in der Neugründung des Kaisertums ideologisch überhöht und durch die Einbeziehung der Regentinnen als „consors regni, participes imperii" geschlechtergeschichtlich gestärkt. Das bis zu den Verwerfungen des Spätmittelalters in seinen Strukturen konstante Herrschaftsgefüge des Mittelalters hatte sich herausgebildet. Die Werkstatt „Reichsinsignien" fokussiert daher auf die christlich-sakrale Begründung der Herrschaft des Königs und Kaisers, die methodisch orientierte Entschlüsselung der Urkunde für das Kloster Corvey richtet die Aufmerksamkeit dann auf die praktische Ausübung von königlicher Herrschaft, wobei die Schüler den Weg vom zunächst zusammenhanglosen Schrift-Fundstück über die historische Einordnung und inhaltliche Interpretation hin zur Quelle im Schulbuch nachvollziehen sollen.

Auftaktdoppelseite 10/11

Die Auftaktdoppelseite visualisiert in den verwendeten Abbildungen Aspekte des Regierens und Herrschens. Mit ihrer Hilfe können Praxis und Legitimation königlicher Herrschaft erörtert werden. Sei es das erstmalig auftauchende Symbol der ottonischen Kaiserkrone, die durch das Kapitel führt, sei es der thronende Herrscher mit den Insignien der Macht (Abbildung ohne weitere Angaben in: Rolf Schneider, Vor 1000 Jahren. Alltag im Mittelalter, Augsburg 1999, S. 219) oder der Lehen vergebende Herrscher (Fahnenlehen – links – an einen Bischof und Szepterlehen – rechts – an einen weltlichen Fürsten) aus dem Wolfenbütteler Sachsenspiegel.

Auch der Kriegsherr, der im außenpolitischen Bereich seine Machtposition festigte und das Reich sicherte und der Stifter kirchlicher Institutionen, dem im innenpolitischen Bereich an der Festigung seiner Macht gelegen war, können thematisiert werden. Die Karte lenkt den Blick der Schüler ebenfalls auf die Herrschaftspraxis, da mit Hilfe der Aufenthaltsorte Karls des Großen die Ausdehnung des Herrschaftsbezirks zu seiner Zeit erörtert werden kann. Außerdem wird zum Ausdruck gebracht, dass es keinen fest umrissenen Herrschaftsbezirk mit fixierten Grenzen gab, sondern Herrschaft dort stattfand, wo der König sich gerade aufhielt bzw. wo er seine Leute entsprechend instruiert bzw. sich gefügig gemacht hatte.

1. Der Papst – die neue Macht in Rom

Konzeption

Das Kapitel verfolgt die Etablierung des Machtzentrums der katholischen Kirche in Rom, am Ort des früheren Machtzentrums des Römerreiches. Dargelegt werden dabei die Gründe und Begründungen für den päpstlichen Vorrang vor anderen Bischöfen in der Kirche sowie (im Zusammenhang damit) die beginnende Rivalität zwischen Papst und Kaiser um den Vorrang von geistlicher und weltlicher Gewalt.

Wie konnte aus dem römischen Bischof, der anfänglich nur einer unter vielen Bischöfen war, das eine Oberhaupt der katholischen Kirche werden? Eine erste pragmatische Antwort auf diese Frage liegt sicherlich in dem Ansehen der Gemeinde, an deren Spitze er stand, der Gemeinde der ehemaligen Reichshauptstadt, die besonders mitgliederstark war und die andere Gemeinden großzügig unterstützte. Entscheidender und für die Folgezeit bis heute gewichtiger war die theologische Besonderheit, die mit dem Sitz und Amt des römischen Bischofs verbunden wurde. Erster Bischof von Rom war danach nämlich der Heilige Petrus gewesen und damit jener Apostel, den Jesus selbst auserwählt hatte als den Felsen, auf dem er seine Kirche bauen werde. Die römischen Bischöfe übertrugen diese Bevorzugung auf sich als Nachfolger und Stellvertreter des Petrus und begründeten damit ihren Vorrang. Realpolitische Gegebenheiten untermauerten den Primatsanspruch der römischen Bischöfe. Im Vergleich zur byzantinischen Kirche befand sich Rom in einer ungleich freieren Situation. Der Papst war allein durch die Entfernung zu Byzanz der imperialen Machtausübung entzogen. In den Wirren der Völkerwanderung bedeutete aber Freiheit gleichzeitig auch Schutzlosigkeit. Während der von Goten, Hunnen und Vandalen ausgehenden Erschütterungen sah sich der Bischof von Rom zur Übernahme von politischer Ver-

antwortung für Stadt und Bürger verpflichtet. Väterliche Fürsorge, auch in Zeiten der Krisen und Gefahren, ließ ihn für die Römer zum „papa" werden. Im wachsenden politischen Selbstbewusstsein und in dem an die Petrustradition anknüpfenden Selbst- und Amtsverständnis der römischen Bischöfe gründete die beginnende Rivalität zwischen Kaiser und Papst um den Vorrang in der christlich gewordenen Gesellschaft des Römischen Reiches.

Möglichkeiten der Unterrichtsgestaltung

Als Einstieg wäre eine Betrachtung der von Schülern gesammelten Aufnahmen des Papstes geeignet; die Bildeindrücke und die im Zusammenhang damit aktivierten Vorkenntnisse bringen die Schülerinnen und Schüler zur Fragestellung: Wie wurde aus dem römischen Bischof der Papst?

Die Erarbeitungsphase erfolgt zweischrittig: ein kurzer Lehrervortrag präsentiert die Informationen des 2. Abschnittes des VT, an den sich eine Gruppen- oder Partnerarbeit anschließt (Q1, Q4 und Arbeitsauftrag 1; Q3, D1 und Arbeitsauftrag 2); die Ergebnisse werden in einem Tafelbild gesichert. Die Integrations- und Vertiefungsphase erfolgt als Unterrichtsgespräch über die Frage, welcher Komplex von Gründen für die Päpste wohl wichtiger war und spannt unter Berücksichtigung von Arbeitsauftrag 4 den Bogen zurück zum Einstieg. Aufgabe 3 eignet sich als handlungsorientierte Umsetzung des Stundenergebnisses als Hausaufgabe, die Stunde selbst schließt mit einer zusammenfassenden Rückschau anhand der Interpretation von Q2 (Frage 5).

Tafelbild

Vom römischen Bischof zum Papst

Bischof einer angesehenen Gemeinde:
- Rom ist ehemalige Reichshauptstadt
- hohe Mitgliederzahl
- viele Märtyrer, darunter auch die Heiligen Petrus und Paulus

Nachfolger und Stellvertreter des Apostels Petrus:
- Petrus wurde von Jesus als „Fels" seiner Kirche auserwählt
- Petrus war erster Bischof von Rom

„Stellvertreter" des Kaisers in Byzanz in der Stadt Rom:
- politische Verantwortung in den Gefahren der Völkerwanderungszeit
- Reformen, Bildung, Missionierung

Für die Römer wird der römische Bischof zum „papa", zum Papst.
Innerhalb der Kirche erhebt der Papst den Anspruch auf Vorrang vor allen anderen Bischöfen.

Zusatzinformationen zum Verfassertext

Die „Lehre", dass die Apostel Petrus und Paulus die römische Gemeinde gegründet hätten und dass Petrus ihr erster Bischof gewesen sei, ist erst seit der 2. Hälfte des 2. Jahrhunderts (bei den Bischöfen Dionysius von Korinth und Irenäus von Lyon) nachweisbar. Dass Paulus tatsächlich in Rom war, bezeugt schon die Apostelgeschichte (Apg 21–28). Mit Sicherheit hat er aber die Gemeinde nicht gegründet. Das belegt der Inhalt seines Briefes an die Römer. Über die Petrus zugeschriebenen Rollen (Gründer und Bischof) ist vor dem oben genannten Zeitraum überhaupt nichts auszumachen. Immerhin setzte sich die „Lehre" durch und im 3. Jahrhundert war sie – mittlerweile schon als Tradition – allgemein anerkannt. Es gab sogar eine Stelle in Rom, wo sich die sterblichen Überreste des hl. Petrus befinden sollten, und Kaiser Konstantin ließ darüber die erste Peterskirche errichten. In der Tat wurden bei Ausgrabungen 1940–1965 unter dieser Peterskirche (unter dem heutigen Petersdom) in einem zur Zeit Konstantins angelegten Grabmal Gebeine einer ca. 60- bis 70-jährigen männlichen Person entdeckt. Sie gelten nach der entsprechenden Verlautbarung von Papst Paul VI. am 26. Juni 1968 als Gebeine Petri (heute in einem prachtvollen Grab im Petersdom verehrt).

Die sich anbahnende Auseinandersetzung zwischen Kaiser und Papst vollzog sich im Rahmen eines äußerlich christlich gewordenen Staates, der sich „innerlich" jedoch erst auf dem Wege zu christlicher Vollkommenheit befand (soweit sie überhaupt auf Erden erreichbar war). Um dafür die richtige Richtung anzugeben, waren von Gott autorisierte Persönlichkeiten nötig, die über die Entsprechung von menschlichen Handlungen und christlichen Normen wachten. Ein berühmtes Beispiel dafür hatte der Bischof Ambrosius von Mailand gegeben, als er den Kaiser Theodosius – von ihm bezeichnenderweise als „Sohn und nicht Herr der Kirche" tituliert – nach einer von diesem verordneten Bluttat zu einem Bußakt zwang. Literarisch erfuhr das Verhältnis von weltlicher und (göttlich-) geistlicher Herrschaft in dem von Augustinus 413–427 verfassten Werk vom „Gottesstaat" eine grandiose Bearbeitung. Und es lag ganz auf dieser Linie, dass bedeutende Päpste wie etwa Leo I. (440–461) betonten, dass ihnen als Nachfolgern und Stellvertretern Petri das Recht zukäme, der christlichen Gesellschaft die Ziele zu stecken, während den Kaisern der Schutz der Kirche obliege.

Zusatzinformationen zu den Materialien

Q1 Die berühmte Bronzestatue des Künstlers Arnolfo di Cambrio aus dem 13. Jahrhundert führt die Gegenwärtigkeit des Heiligen Petrus im Petersdom zu Rom vor Augen. Der vom Apostel abgeleitete päpstliche Anspruch, Zentrum der Welt zu sein, kommt ebenso sinnfällig in der Architektonik der Gebäude des heutigen Vatikanstaats zum Ausdruck.

Q2 Die Schrumpfung der antiken Millionenstadt Rom zu einer Kleinstadt von 17 000 Einwohnern ist augenfällig. Leicht zu erkennen ist die Ruine des Colosseums. Die Reste der Wasserleitung gehören zu den Arcus Neroniani. Der Berg im Hintergrund des Colosseums ist der Mons Aventinus. Vom davor gelegenen Circus Maximus ist nichts mehr zu erkennen. Diesseits der mittleren Tiberbrücke, die über die Tiberinsel führt, erstreckt sich das unbebaute Forum Boarium und der unbewohnte Hügel des Kapitol. Von den vierzehn Bezirken der Stadt sind dichter bewohnt der siebte, der achte und der neunte Bezirk, dazu jenseits des Tibers der Vatikan, gut erkennbar an der Engelsburg. Der größere Kirchenkomplex an der Stadtmauer in Verlängerung der Linie Colosseum – Wasserleitung ist der Lateran. Hierhin hat sich das Zentrum des mittelalterlichen Roms verlagert, auf dem Gebiet des antiken Rom weiden Kühe und Ziegen.

Der Vatikanstaat ist mit 44 ha der kleinste aller Staaten. Seine Entstehung geht auf den Frankenkönig Pippin zurück, der 756 das Langobardenreich in Italien eroberte und einen Teil davon dem hl. Petrus bzw. dem Papst zum Geschenk machte. 1870 annektierte der gerade entstandene Staat Italien das Gebiet, einen Teil davon erhielten die Päpste 1929 in den so genannten Lateranverträgen, die Mussolini mit der Kirche schloss, zurück.

Q3 Gregor I. (590–604) verdankt seinen Beinamen „der Große" der von ihm begonnenen Christianisierung der Sachsen Britanniens. Er gilt als der vom Heilige Geist inspirierte Schriftsteller unter den Päpsten (daher mit dem Symboltier der Taube). Durch ihn wurde die Formel „servus servorum Dei" zum festen Bestandteil urkundlicher Papsttitel, und es war dies für ihn kein Widerspruch dazu, dass er wie kein zweiter das „Fürstentum" Petri unter den Aposteln und damit den Vorrang des Papstes unter den irdischen Würdenträgern betonte.

Q4 Der Beschluss der Bischöfe Italiens war eine Antwort auf den Beschluss, den die Bischöfe des Ostreiches 381 auf dem Konzil von Konstantinopel gefasst hatten. Danach sollte der Bischof der neuen Hauptstadt Konstantinopel im Rang unmittelbar dem Bischof der alten Hauptstadt folgen. Dieser Beschluss machte die Rangfolge der Bischöfe zu einem bloßen Anhängsel an die Rangfolge der Reichshauptstädte. Für die römischen Bischöfe war eine solche Begründung, die den Kerngehalt ihres Selbstverständnisses überhaupt nicht berührte, unannehmbar.

Zu den Fragen und Anregungen

1 Der Papst sei Nachfolger und Stellvertreter des Petrus, der von Jesus selbst mit der Leitung der Kirche beauftragt worden sei. Die Peterskirche in Rom ist Sitz des Hl. Petrus, der von Jesus die „Schlüsselgewalt" über das Himmelreich erhalten hat (siehe die zum Himmel weisenden Finger der rechten Hand). Denn was er auf Erden binden oder lösen wird, wird auch im Himmel gebunden oder gelöst sein. Der Standort der Figur in der Hauptkirche der Päpste bedeutet, dass sie Nachfolger des Petrus in Amt und Gewalt sind.

2 Siehe Q3. Deutlich werden sollte die Hochachtung, die die Gläubigen, insbesondere die Einwohner Roms, beiden Päpsten entgegenbrachten. Leo der Große galt den Römern als „Vater", sicherlich auf Grund seiner Fürsorge für die Schwachen und Armen in Zeiten der Wirren, der Gewalt, des Faustrechts; stärker noch beeindruckte seine unbeugsame und unerschütterliche Glaubensfestigkeit, sein hoher persönlicher Mut zum Einsatz für die von Feinden bedrohte Stadt Rom, auch unter Lebensgefahr. Papst Gregor den Großen zeichnen politische und kirchenpolitische Weitsicht zu Reformen und Missionierung ebenso aus wie der in sich gekehrte Blick tiefer Frömmigkeit und Gelehrsamkeit.

3 Diese handlungs- und produktorientierte Aufgabe ist in Anlehnung an die Vorgänge um den Beschluss des 4. ökumenischen Konzils in Chalzedon im Jahre 451 gestaltet. Dieser Beschluss bestimmte, dass die Leiter der Kirchen von Rom und Byzanz gleichrangig sein sollten. Gegen den Konzilsbeschluss protestierte das Papsttum erfolglos. Chalzedon galt als weiterer Schritt der Entfremdung zwischen West- und Ostkirche; im 6. Jahrhundert nannte sich der Bischof von Konstantinopel bereits Patriarch und aus dem römischen Bischof war der mit ebenso universalem Anspruch auftretende Papst geworden.

4 Siehe Möglichkeiten der Unterrichtsgestaltung.

5 Siehe Q2.

2. Das Frankenreich – die stärkste Macht im Westreich

Konzeption

Ausgehend vom Untergang des Weströmischen Reiches beleuchtet das Kapitel die neben dem römischen Papsttum zweite neue Macht im Kräftefeld zwischen Mittelmeer und Atlantik: das Frankenreich. Das mit dem germanischen Königsheil legitimierte merowingische Herrscherhaus verknüpfte mit dem Staatsakt der Taufe König Chlodwigs erstmals heidnisch-germanische und römisch-christliche Tradition. Eine Verflechtung der christlichen Mission mit politischen Interessen zeigte bereits die erste Christianisierungswelle der fränkischen Oberschicht um 500; diese verklammerte einerseits in den weit nach Westeuropa ausgreifenden eroberten Gebieten die fränkische Herrenschicht mit der besiegten gallo-römischen Bevölkerung, sie stabilisierte andererseits über die hierarchischen Strukturen der Kirche und über eine breitere Legitimationsgrundlage die Herrschaft des merowingischen Königshauses. Die iro-schottische, später die angelsächsische Missionierung der fränkischen Bevölkerung eröffnete eine weitere politische Annäherung zwischen Papsttum und Frankenreich. Das Papsttum war sich der Schwäche seiner formellen Schutzmacht Byzanz ebenso bewusst wie die karolingischen Hausmeier der Schwäche ihrer formellen Könige. Bezeichnenderweise war es weder der byzantinische Kaiser noch der merowingische König, sondern der Hausmeier Karl Martell, der das christliche Abendland gegen die islamischen Araber verteidigte, die von der Arabischen Halbinsel ausgehend in Richtung Mittelmeer ausgriffen. Nomen und Potestas waren auseinander gebrochen und mussten gemäß der mittelalterlichen Weltordnung wieder zusammengefügt werden.

Aspekte der Unterrichtsgestaltung

Ein motivierender Einstieg kann über die Betrachtung des Helmplättchens (Q3, Arbeitsauftrag 1) und eine Einführung in die germanische Götterwelt erfolgen. Die kriegerische Ausrichtung der germanischen Religion leitet über zur vom Lehrer mittels Karte veranschaulichten Gründung der germanischen Königreiche auf dem Boden des römischen Reichs und der die Stunde überspannenden Leitfrage: Warum hatte als einziges dieser Königreiche nur das Frankenreich Bestand? Die Erarbeitungsphase gliedert sich in eine Darlegung des auf dem Königheil beruhenden merowingischen Heerkönigtums (Lehrervortrag unter Einbeziehung von D1); in einem zweiten Schritt erschließen sich die Schülerinnen und Schüler die Bedeutung der Bekehrung Chlodwigs (Arbeitsauftrag 2), in einem dritten Schritt die

Tafelbild

Das Frankenreich – die stärkste Macht im Westreich

Aufstieg des Frankenreichs unter den merowingischen Heerkönigen:
- Königsheil: magische Kräfte der königlichen Sippe
- Abzeichen: langes Bart- und Haupthaar der Könige

Um 500 König Chlodwig:
- unterwirft alle fränkischen Stämme und erobert Gallien
- lässt sich taufen

Missionierung und Christianisierung des Frankenreichs, insbesondere unter Bonifatius um 700 unterstützt von den Päpsten und von den Hausmeiern

Die mächtigen Hausmeier verteidigen das christliche Abendland gegen die muslimischen Araber – sind aber keine Könige!

Missionierung des Frankenreichs (Arbeitsauftrag 3). Der projektartigen und handlungsorientierten Umsetzung des Gelernten im Arbeitsauftrag 4 müsste eine eigene Stunde gewidmet werden. In einer abschließenden Integrationsphase werden die politischen Aspekte der Missionierung auf Seiten der Päpste und auf Seiten der karolingischen Hausmeier thematisiert. Als Abschlussimpuls oder als Hausaufgabe eignet sich auf Grund ihres Rätselcharakters die Arbeitsfrage 5; sie könnte dann als Einstieg in die folgende Stunde „Pippin wird König der Franken" (Wie hat er das angestellt?) dienen.

Zusatzinformationen zum Verfassertext

Nach dem Ende des weströmischen Reiches im 5. Jahrhundert ist der Übergang in das Mittelalter nicht als Sprung zu verstehen, sondern vollzog sich in kleinen, oftmals ineinander greifenden Schritten. Die Machtkonstellation stellte sich als insofern problematisch heraus, da das unter den Merowingern erstarkte Frankenreich als neu hinzukommender Machtfaktor erst seinen Platz in der bisherigen Aufteilung finden musste.

Das spätere karolingische Reich hatte seine Wurzeln zunächst auf germanischem Fundament. Die neue politische Großgemeinschaft der Franken (= die „Freien"), von Chlodwig geeint, war vermutlich wegen ihrer Stärke die einzig beständige unter den germanischen Herrschaftsbildungen auf ehemals römischem, hier gallischem Gebiet. Chlodwig hatte durch seine immer weiter nach Gallien ausgreifende militärische Expansion das Kriegsglück dem seiner königlichen Sippe anhaftenden Königsheil hinzufügen können. Erwähnenswert ist an dieser Stelle die zunehmende Verschmelzung unterschiedlicher Traditionen in den ehemals römischen und germanischen Oberschichten. So lautete die Legende im Siegelring Childerichs I. „Childirici regis", ein Beweis dafür, dass sich der Merowingerkönig bereits römischer Herrschaftsführung angenähert hatte. Mit dem Übertritt seines Sohnes Chlodwig zum christlichen Glauben war der Grundstein für eine noch festere Einbindung der gallo-römischen Bevölkerung in die fränkische Herrschaftsordnung gelegt und der Weg zur späteren religiös fundierten Legitimation der Herrschaft der Frankenkönige eröffnet. Gleichzeitig wurde damit aber auch das Fundament des einerseits voneinander abhängigen, andererseits auch konfliktträchtigen Verhältnisses geistlicher und weltlicher Macht geschaffen.

Doch weder die Taufe Chlodwigs noch die Maßnahmen seines Nachfolgers Childebert führten schlagartig zu einer breiten Christianisierung; vor allem in den rechtsrheinischen Randgebieten des fränkischen Herrschaftsbereichs bestanden die vorchristlichen germanischen Religionen fort. Die erste, von irischen Mönchen getragene Mission erfolgte vorwiegend im fränkischen Kerngebiet und in Süddeutschland. Die bedeutendste irische Mönchsgruppe erreichte Ende des 6. Jahrhunderts unter Columban das Frankenreich. Columbans wichtigste Gründung war das Kloster Luxeuil in den Vogesen (590). Einer seiner Schüler, Gallus, gründete das Kloster St. Gallen. Die spätere, von angelsächsischen Missionaren getragene Mission erstreckte sich vor allem auf die Randgebiete Thüringen, Sachsen, Friesland. Dabei war besonders die Missionsarbeit des

unter seinem späteren Namen Bonifatius bekannten Angelsachsen von Bedeutung. Gerade bei der Mission durch Bonifatius zeigte sich die nicht uneigennützige politische Einflussnahme der beiden europäischen Machtspitzen seiner Zeit, des Papsttums und der fränkischen Hausmeier. In der Missionsarbeit taten sich dabei neben Bonifatius die Mönche Suitbertus (gest. 713) und Willibrordus (gest. 739) hervor. Die bedeutendste Klostergründung wurde das von Bonifatius gegründete Fulda.

Zusatzinformationen zu den Materialien

D1 Childerich I. war fränkischer König und wohl auch römischer Comes. Er starb 482.

Sein Grab wurde 1653 bei Bauarbeiten entdeckt. Der König ruhte unter einem mächtigen Grabhügel, umgeben von den Gräbern seiner Pferde, die den Göttern geopfert worden waren. Die Rekonstruktionszeichnung beruht auf den Grabbeigaben des Königs, seinen kostbaren Waffen, einer goldenen Gewandfibel, einem goldenen Siegelring, einem Amulett in Form eines Stierkopfes. Außerdem waren ihm auch Teile des Königschatzes beigegeben worden, mehr als hundert Gold- und 200 Silbermünzen. Die meisten Grabbeigaben wurden 1831 bei einem Einbruch in die Bibliothèque Royale in Paris gestohlen.

Q1 Die Elfenbeinschnitzerei zeigt das epochale Ereignis der Taufe Chlodwigs. Nach Gregor von Tours war es insbesondere Königin Chrodechild, die den König zur Taufe drängte. Sollte Chlodwigs großer Sieg über die Alemannen 496/497 mit einem Taufgelöbnis verbunden worden sein, so löste Chlodwig dieses erst ein, als auch die fränkische Führungsschicht für den Glaubenswechsel gewonnen war. Zusammen mit Chlodwig ließen sich dreitausend Franken taufen.

Q2 Die Buchmalerei komplettiert (zusammen mit der Legende) die biografischen Daten des VT zu Leben und Wirken des Bonifatius; sie zeigt in zwei Szenen seinen Einsatz und sein Martyrium für die Verbreitung des Christentums. Auch die unter den Hausmeiern Karlmann und Pippin 742/743 begonnene Reform der fränkischen Kirche, die seit der irischen Mission durch die fortgesetzten Herrschaftskämpfe im fränkischen Reich in Verfall geraten war, war von Anfang an durch die Vermittlung des Bonifatius auf der Linie der römischen Päpste erfolgt.

Q3 Die Abbildung führt mit der umfangreicheren Legende in die vorchristliche Glaubenswelt der Germanen ein.

Q4 Der Sieg Chlodwigs nach der Anrufung des Christengottes in der Schlacht bei Zülpich erinnert an den Sieg Konstantins unter dem Christuszeichen über Maxentius an der Milvischen Brücke vor Rom. Die beiden Ereignisse weisen trotz der Unterschiede von Zeit, Raum, Personen im Hinblick auf den Aufstieg des Christentums auffällige Dopplungen auf. Beide „Schlüsselereignisse" entschieden, dass das Christentum im Römischen Reich wie im Frankenreich offizielle Aufnahme fand. Das Christentum erlangte seinen machtpolitischen Durchbruch durch Herrscher, die im Namen seines Schöpfers Siege errangen.

Zu den Fragen und Anregungen

1 Der mit Schwert und Speeren bewaffnete Kriegsgott Wodan erscheint Furcht erregend, grimmig, stark, tapfer, mutig und draufgängerisch, mächtig, furchtlos – Eigenschaften, die auf den Träger des Helms übergehen sollten.

2 Ein in der Not der Schlacht gegebenes Taufgelöbnis, eine Verknüpfung von Glaubenswechsel und Schlachtenglück passt durchaus in die kriegerische Ideologie der Völkerwanderungszeit und zur germanischen Vorstellung der Siegmächtigkeit des durch „Heil" ausgezeichneten Heerkönigs. Gregor von Tours rückt die Parallelität der Bekehrung von Konstantin und Chlodwig bewusst ins Licht; neben den ersten christlichen Kaiser des Römischen Reichs tritt der erste christliche Frankenkönig als „neuer Konstantin". Die imperiale Tradition der Römer wird vom neuen Reichsvolk der Franken fortgesetzt.

3 Bonifatius selbst missionierte durch Predigt und Taufe sowie durch die Gründung von Bistümern und Klöstern; dadurch konnte die Christianisierung dauerhaft organisiert werden. Gleichzeitig „unterstützten" die fränkischen Hausmeier die Missionsarbeit durch Kriegszüge gegen die heidnischen Stämme, insbesondere gegen die Friesen.

4 Siehe Möglichkeiten der Unterrichtsgestaltung.

5 Die Legitimation der Herrschaft der merowingischen (Schatten-)Könige beruhte nach wie vor auf dem heidnisch-germanischen Königsheil.

3. Pippin wird König der Franken

Konzeption

Entsprechend den Bildungsstandards Geschichte stellt das Kapitel die mit dem fränkischen Dynastiewechsel geschaffene neue Legitimation königlicher Herrschaft, das Gottesgnadentum, in den Mittelpunkt. Die Vorgänge von 751 setzten das Paradigma für alle mittelalterlichen Königserhebungen. Gleichzeitig banden sie das fränkische

Königtum unlösbar an das Papsttum. Die mit Chlodwigs Taufe einsetzende Christianisierung der germanischen Königsidee fand mit der Salbung Pippins ebenso ihren Endpunkt wie die unter Chlodwig beginnende offene Zusammenarbeit beider Mächte ihren ersten Höhepunkt im Bündnis von Ponthion und Quierzy erreichte. Papst und Frankenkönig standen sich in einer „win-win-Situation" gegenüber; Verlierer war der byzantinische Kaiser. „Krönender Abschluss" der Allianz der beiden neuen Mächte sollte das Kaisertum Karls werden.

Möglichkeiten der Unterrichtsgestaltung

Als Einstieg dient die als Hausaufgabe zu lösende „Rätselfrage" (Arbeitsauftrag 5) des letzten Kapitels. Die Schülerinnen und Schüler sollen erkennen, dass das Königsheil die Merowinger vor einem Königssturz bewahrte, auch wenn die realen Machtverhältnisse ihre Herrschaft eigentlich unhaltbar gemacht hatten. Verschiedene blutige und unblutige Möglichkeiten des Dynastiewechsels können durchgespielt werden, die Situation bleibt für die karolingischen Hausmeier aussichtslos. Diese Orientierungsphase leitet über zur Leitfrage der Unterrichtsstunde: Wie gelingt es Pippin König zu werden? Aus der Doppelseitigkeit des fränkisch-päpstlichen Bündnisses ergibt sich ein zweischrittiges Vorgehen in der Erarbeitungsphase: Zunächst wird die Vorleistung des Papstes im Jahre 751 (Arbeitsauftrag 1, 2), dann die Gegenleistung Pippins im Jahre 754 (Arbeitsauftrag 3, 4) aus den Quellen und Materialien erschlossen. Beide Teilphasen werden durch eine Lehrererzählung zur Frankenreise Papst Stephans (Bedrohung durch die Langobarden, Reise über die winterlichen Alpen, Ankunft in Ponthion, dramatische Vorgänge in der Pfalzkapelle) miteinander verzahnt und für die Schüler spannend gemacht. Ausgehend von Arbeitsauftrag 4 wird in einer Integrationsphase die epochale Bedeutung der Er-

Tafelbild

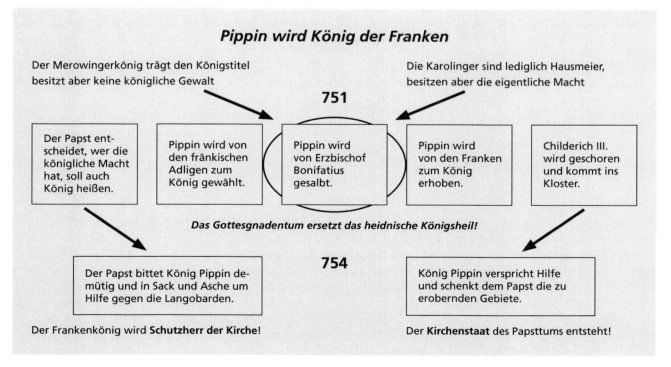

Pippin wird König der Franken

Der Merowingerkönig trägt den Königstitel besitzt aber keine königliche Gewalt

Die Karolinger sind lediglich Hausmeier, besitzen aber die eigentliche Macht

751

Der Papst entscheidet, wer die königliche Macht hat, soll auch König heißen.

Pippin wird von den fränkischen Adligen zum König gewählt.

Pippin wird von Erzbischof Bonifatius gesalbt.

Pippin wird von den Franken zum König erhoben.

Childerich III. wird geschoren und kommt ins Kloster.

Das Gottesgnadentum ersetzt das heidnische Königsheil!

754

Der Papst bittet König Pippin demütig und in Sack und Asche um Hilfe gegen die Langobarden.

König Pippin verspricht Hilfe und schenkt dem Papst die zu erobernden Gebiete.

Der Frankenkönig wird **Schutzherr der Kirche!**

Der **Kirchenstaat** des Papsttums entsteht!

eignisse bewusst gemacht und in ihrer historischen Wirkung beurteilt. Das Tafelbild entsteht begleitend. Entsprechend der historischen Zäsur wird hier ein didaktisches Plateau der zusammenfassenden Rückschau eingezogen (Arbeitsauftrag 5). Ausgehend von einer konkreten Bildinterpretation (Q1) sollen die Schüler selbstständig Kapitel übergreifende temporale und kausale Verknüpfungen vornehmen, also narrative Kompetenz erwerben. Der dabei vorgenommene Rollentausch vom „Lernnovizen" zum Experten verfestigt das Gelernte zusätzlich im Gedächtnis – und motiviert.

Zusatzinformationen zum Verfassertext

Ständige Reichteilungen, Bruderkriege, blutige Machtkämpfe hatten den Niedergang der Königsherrschaft der Merowinger im 7. Jahrhundert bedingt. Das Machtvakuum an der Spitze des Reichs eigneten sich die der Familie der Pippiniden (den späteren Karolingern) entstammenden Hausmeier an, doch schützte die Geblütsheiligkeit selbst den schwächsten Merowinger vor einem Dynastiewechsel. Bereits im Jahre 660 hatte der karolingische Hausmeier Grimoald versucht, seinem Sohn über die Adoption die Königsherrschaft als „Scheinmerowinger" zu sichern; der „Staatsstreich" scheiterte blutig. Erst fast hundert Jahre später gelang der Königssturz, nicht über den Umweg adoptierter Geblütsheiligkeit, sondern durch eine radikal neue Legitimation der königlichen Herrschaft, das Gottesgnadentum. Vorausgegangen war der päpstliche Schiedsspruch, gemäß der göttlichen Weltordnung komme dem Inhaber der königlichen Macht (potestas) auch der königliche Titel (nomen) zu. Der letzte Merowingerkönig wurde daraufhin geschoren und verschwand im Kloster, Pippin wurde auf der Reichsversammlung der Franken in Soissons zum König gewählt, anschließend vollzog Erzbischof Bonifaz erstmals das Sakrament der nach dem alttestamentarischem Vorbild gestalteten Königssalbung. Der gesalbte König erhielt seine Würde von Gott selbst, er war König „von Gottes Gnaden". Die Devotionsformel bedeutete Anerkennung des göttlichen Willens und damit Unterwerfung, zugleich aber auch eine geistige Erhöhung der Fundamente eines Herrschertums, das nicht mehr irdischen, sondern transzendentalen Ursprungs war. Aus dem Zusammenspiel von geistlicher und weltlicher Macht war die neue Form des christlichen Königtums des Mittelalters entstanden.

Die zweite epochale Folge der neuen Verbindung zwischen Papst und Frankenkönig trat ein, als der von Langobarden belagerte und um Schutz suchende Papst zu Pippin reiste und damit die welthistorische Wende des Papsttums weg vom kaiserlichen Schutzherrn in Byzanz und hin zum neuen mächtigen königlichen Schutzherrn im Frankenreich vollzog. Der dramatisch inszenierte Auftritt des Papstes in Sack und Asche in der Pfalzkapelle zu Ponthion war erfolgreich, die Rechtsform des Bündnisses als Manedation bleibt in der Wissenschaft umstritten, doch erhielt der Papst eidliche Zusagen der militärischen Hilfe. In Quierzy schenkte Pippin die erst noch von den Langobarden zu erobernden Gebiete dem Papst und verschaffte diesem so die weltliche Herrschaft über den zukünftigen „Kirchenstaat". Im Gegenzug wiederholte der Papst in St. Denis die

Salbung Pippins und seiner Söhne; die Königsherrschaft der neuen karolingischen Dynastie war für die folgenden Generationen gesichert. Der Titel eines „Patricius Romanorum", den Stephan ebenfalls dem Frankenkönig verlieh, legitimierte Pippin zu seiner Aufgabe in Italien. Der Frankenkönig war nun Schutzherr der Römer und der römischen Kirche sowie Stellvertreter des Kaisers in Rom. Der Weg zur Kaiserwürde Karls war vorgezeichnet.

Zusatzinformationen zu den Materialien

Q1 Das Relief zeigt Pippin als Herrscher von Gottes Gnaden. Der König sitzt auf einem Faltstuhl und hält Reichsapfel und Lilienzepter in den Händen. Der Strahlennimbus symbolisiert die Sakralität seines Herrschertums. König Pippin hatte das Kloster Fulda stets tatkräftig unterstützt. Die älteste im Original erhaltene Urkunde Deutschlands ist eine Schenkung des Königs an Fulda von 760.

Q2 Das Bildprogramm des 1215 vollendeten Karlsschreins in Aachen bietet gut verwertbare Illustrationen karolingisch-kaiserlicher Herrschaft. Nachdem Kaiser Friedrich Barbarossa 1163 die Heiligsprechung Karls veranlasst hatte, ließ er diesen Schrein für dessen Gebeine herstellen. Zwölf Relieftafeln schildern die Situation des christlichen Kaisertums, wobei Karl an der Frontseite mit allen Herrschaftsinsignien thront und weitere zwölf christliche Kaiser in ihrem Umfeld dargestellt sind.

Im Zentrum der vorliegenden Abbildung ist ein Herrscher als Feldherr zu erkennen, der gerade vor der Schlacht seinen Leuten im Feldherrnzelt Instruktionen gibt und somit den ungeordneten Haufen seiner berittenen Männer zu einer schlagkräftig gerüsteten Armee macht, die auf der rechten Seite den Bildrand verlässt. Es ist nicht entscheidend, ob die zentrale Figur Karl ist oder ob hier eine der wichtigen Aufgaben eines Herrschers – die militärische Führerschaft des „Heerkönigs" – generell dargestellt ist.

Q3 und **Q4** Die beiden Auszüge aus den fränkischen Reichsannalen stellen markante Zeugnisse für die beiderseitigen Vorteile des Zusammenspiels zwischen den Päpsten und Hausmeiern dar. Zugleich konkretisieren sie die Ausführungen des VT. Die epochale Bedeutung der Ereignisse spiegelt sich bereits in der Tatsache, dass die Reichsannalen mit dem Regierungsbeginn Pippins im Jahre 741 einsetzen.

Q5 Die Buchmalerei findet sich in einem Sakramentar aus der Hofschule des westfränkischen Königs Karl des Kahlen. Sie illustriert das karolingische Gottesgnadentum: der König, vielleicht sogar Pippin, wird von Gott selbst gekrönt. Der Nimbus und die beiden heiligen Bischöfe an seiner Seite heben die Sakralität des Königtums hervor.

Zu den Fragen und Anregungen

1 siehe Tafelbild.
2 siehe Zusatzinformation zu Q5.
3 Der Beweis der Siegmächtigkeit auch der Könige von Gottes Gnaden musste erbracht werden.
4 Die so genannte Pippinsche Schenkung bleibt in Umfang und Rechtscharakter rätselhaft. Zu den dem Papst zugesprochenen Gebieten gehörte das römische Dukat und das Exarchat von Ravenna, beides ursprünglich byzantinische

Hoheitsgebiete, die zwischenzeitlich von den Langobarden erobert waren. Sie fielen nach dem Frieden von Pavia 756 an den Papst. Die von byzantinischen Gesandten geforderte Rückstellung des Exarchats an den Kaiser gegen entsprechende Entschädigung soll Pippin mit Hinweis auf die Rechte des Apostels Petrus abgelehnt haben. Die Hintergründe der Donatio Constantini, sofern diese Fälschung damals schon existierte, sind zu komplex, um an dieser Stelle im Unterricht erörtert zu werden Ein Rückverweis auf die Konstantinslegende im Zusammenhang mit der Pippinschen Schenkung könnte unter Kapitel 2 „Konflikte" (S. 78 Gewusst wie: Ein Bild betrachten) erfolgen.

5 Erwartet wird eine eigenständige Umsetzung des Gelernten in Form einer „Touristenführung", die im Klassenzimmer inszeniert werden kann.

4. Karl der Große wird römischer Kaiser

Konzeption

Entsprechend den Bildungsstandards ist das Kapitel im Sinne einer didaktischen Reduktion auf die Kaiserkrönung Karls des Großen im Jahre 800 fokussiert und analysiert im Verfassertext das Ereignis unter dem Aspekt der Legitimationsproblematik. Ein multiperspektivischer Zugang erlaubt den Schülern die Erarbeitung der herrschaftlichen Legitimation des Schutzherrn der Christenheit, so dass sie sich dann ein eigenes Urteil bilden können. Die Materialkomplexe auf den „Gewusst wie" – Seiten stellen die Berichterstattung über die Kaiserkrönung in den Mittelpunkt; zwei Berichte, beide mit eindeutig subjektiv- wertender Tendenz, stehen für die vergleichende Quellenanalyse bereit und geben den Schülern Einblick in die irgendwie überraschende und vermutlich doch geplante Krönung Karls. Eine tabellarische Auflistung sowie Bild- und Textquellen zu den Ereignissen um die Sachsenkriege und zum kaiserlich-päpstlichen Amtsverständnis lenken den Blick auf die Frage, inwieweit das Bild des Kaisers als Verteidiger des Christentums durch die teils grausam geführten Sachsenkriege relativiert werden kann und muss.

Aspekte der Unterrichtsgestaltung

Das Kapitel ermöglicht die Behandlung mehrerer Themenbereiche:

- Zunächst bietet sich die Problematik der Herrschaftsübernahme und -legitimation an, was sowohl der Verfassertext als auch die Materialien Q1, Q2 und Q4 anschaulich darstellen (Arbeitsaufträge 1, 2).
- Daneben kann die Frage der Legitimierung von Gewalt aufgegriffen werden, wenn die Praxis der Sachsenkriege mit anderen Missionspraktiken verglichen und besprochen wird. Q3, Q4 und D1 bieten Material zur Vertiefung dieser Problematik (Arbeitsaufträge 3, 4, 5).
- Ein Schwerpunkt des Unterrichts sollte aus methodischen und aus inhaltlichen Gründen auf den ambivalenten multiperspektivischen Darstellungen der Kaiserkrönung aus der Sicht der beiden beteiligten Mächte

liegen. Der Quellenvergleich konzentriert sich auf eine kontrastive Gegenüberstellung von Liber Pontificalis (Q7) und Einhard-Vita (Q8), diese kann fakultativ zur dreifachen Brechung durch Hinzuziehung einer byzantinischen Quelle (z. B. Chronik des Theophanes) erweitert werden („Gewusst wie" - Seiten).

Unabdingbar ist eine abschließende Beurteilung der historischen Person Karls des Großen (Arbeitsauftrag 7) und eine zusammenfassende Rückschau auf die Entwicklung der Mächtetrias Byzanz, Papsttum, Frankenreich zwischen den Jahren 500 und 800 (Kap. 1–4; Arbeitsauftrag 6). Nur so kann Wesentliches von Unwesentlichem getrennt, Strukturelles erkannt und ins Gedächtnis eingeschrieben werden.

Zusatzinformationen zum Verfassertext

Die mit der Verleihung der Kaiserwürde verbundene Problematik kann wegen der noch nicht abschließend erforschten Situation des historischen Umfeldes, der konkreten Ausgestaltung der damit verbundenen Handlungen in Rom und ihrer diplomatischen Vorbereitung mit den Schülern nicht eingehend besprochen werden. Nach seinem Sieg über die Langobarden wurde Karl vom Papst – wie schon seinem Vater Pippin – der Titel „Schutzherr der Römer", „Patricius Romanorum", verliehen. Mit dem neuen Titel verband nun auch er die christliche Tradition des von Gott erwählten Königs mit der antiken Tradition als Nachfolger der weströmischen und als Stellvertreter der oströmischen Kaiser.

Die am Weihnachtstag 800 vollzogene Kaiserkrönung spaltete dann nicht nur die Byzantiner, sondern auch die Franken: Die „ideelle Alternative zum römischen Imperium", wie es Ferdinand Seibt (Glanz und Elend des Mittelalters. Eine endliche Geschichte, Berlin 1987, S. 30) beschreibt, wird nun stark überlagert vom römischen Einfluss, den namentlich das byzantinische Kaisertum für sich beanspruchte. Auch die Frage, ob Karl nach der Hilfsleistung für Papst Leo III. von der Krönung überrumpelt wurde, wird nach wie vor debattiert. Es war die erste Recht und Tradition setzende Kaiserkrönung des westlichen Mittelalters. Daher ist zu vermuten, dass sie einer ausgefeilten diplomatischen Vorbereitung bedurfte, die vermutlich in Paderborn beim Gipfeltreffen von fränkischem König und römischem Papst vorgenommen wurde. Als bloße spontane Dankesgabe für die Hilfe Karls gegen die innerrömischen Aufständischen wären die Folgen für beide Parteien zu groß und unabsehbar gewesen.

Dass Karl seinem Sohn Ludwig diese Würde 813 in Aachen ohne Hinzuziehung höherer Geistlicher, geschweige denn des Papstes, weiter übertrug, zeigt die sich verfestigende Einstellung, dass sich das einmal in Rom verliehene Kaisertum nun selbst aus eigener Machtvollkommenheit heraus fortpflanzen konnte und die fränkischen Oberen dies als wichtig und bewährt unterstützten.

Deutlich werden sollte in diesem Kapitel auch der Aspekt, dass die Kaiserkrönung Karls in Rom letztendlich zum Ausgangspunkt des viele Jahrhunderte dauernden Streits zwischen Papst und Kaiser um die Vorherrschaft im Abendland wurde. Erstmalig wurde ein König durch den Papst zum Kaiser gekrönt, verfügte ein Papst über das

Kaisertum – war somit nicht auch die Kirche die höchste Instanz? Hier hinein spielen auch Fragen des höfischen Protokolls, die den Schülern deutlich vor Augen geführt werden sollten. Protokollfragen sind Machtfragen. Wer wen empfängt und wer wem mit welchen Friedensgesten (Kuss, Schlüsselübergabe etc.) entgegengeht, spielt auch auf heutigem politischen und diplomatischen Parkett noch eine eminent wichtige Rolle.

In diesem Zusammenhang kann auch auf die Zweikaiserproblematik eingegangen werden; die Zäsur 800 bedeutete nicht nur eine neue Abgrenzung der Einflusssphären des fränkischen Königtums und des römischen Papstes, auch das Netz von Abhängigkeiten und Machtstrukturen der beiden Mächte mit dem byzantinischen Kaisertum musste aufgebrochen und neu geknüpft werden.

Zusatzinformationen zu den Materialien

Q1 Der Denar Karls des Großen wurde vermutlich um 800 geprägt. Durch die Umschrift „Karolus Imp(erator) Aug(ustus)" und die Darstellung des kaiserlichen Porträts im Gewand und mit dem Lorbeerkranz der römischen Kaiser soll der abgebildete Herrscher Karl in die Tradition des römischen Kaisertums gestellt und somit als legitimer Nachfolger desselben erkennbar sein. Diese Münze wurde nach dem Vorbild der Kaisers Konstantin geprägt und zeigt Karl im Caesarengewand mit Lorbeerkranz und Reitermantel (oder Toga), den eine Fibel zusammenhält. Die byzantinischen Herrscher ließen sich frontal abbilden, Karl stellte sich auch durch die Abbildung im Profilporträt in die spätrömische Tradition kaiserlicher Darstellung. Möglicherweise ist die Münze auch erst 812 nach der Anerkennung des fränkischen Kaisertitels durch Byzanz geprägt worden.

Zum besseren Verständnis des Zusammenhangs könnte den Schülern auch der offizielle Kaisertitel Karls des Großen zum Vergleich an die Hand gegeben werden: „Karl, der erhabene Augustus, der von Gott gekrönte große und friedliebende Kaiser, der das Römische Reich regiert und der durch die Barmherzigkeit Gottes König der Franken und Langobarden ist".

Q2 Das Mosaik gehört zur Ausstattung des Trikliniumsaals im Lateran, dem päpstlichen Palast in Rom. Der Speise- und Thronsaal schien Papst Leo III. durch seine Öffentlichkeitswirksamkeit angemessen, um die Abbildung im engen zeitlichen Zusammenhang mit seiner Bittreise nach Paderborn gerade dort anfertigen zu lassen.

Auch Inschrift und Art der Darstellung lassen auf ein Programm schließen, das durch dieses Bild präsentiert werden sollte. Es war zunächst eingebettet in ein umfassenderes Bildprogramm mit Jesus, der die Apostel in die Welt hinaus sandte; dem thronenden Christus, der Petrus und Kaiser Konstantin als den Häuptern der Welt Pallium und Labarum verleiht und schließlich dem Apostel Petrus, der Papst Leo III. (links) und Kaiser Karl dem Großen (rechts) die Insignien ihrer Macht übergibt und sie somit in ihr jeweiliges Amt einsetzt. Das dem Papst über den Kopf gestreifte Pallium und die dem Kaiser überreichte Fahnenlanze, das Labarum, werden daher als Symbole der göttlichen Legitimation gedeutet. Die unter dem Petrusthron zu lesende Inschrift bat den Apostel Petrus im Stil der Fürbittenformel der Königslaudes: „Heiliger Petrus, mögest du dem Papst

Leo Leben spenden und dem König Karl Sieg verleihen." Ein Indiz, dass es vor der Kaiserkrönung angefertigt wurde, ist die Bezeichnung Karls als König.

Beide scheinen gleichberechtigt von höchster göttlicher Instanz in ihr Amt eingesetzt, doch wenn man genau hinschaut, erkennt man, dass der Papst etwas größer dargestellt ist, er näher zu Petrus kniet und sich überhaupt auf der Ehrenseite, der rechten Seite befindet. Im Trikliniumsaal hielten auch die fränkischen Gesandten, die Erzbischöfe Hildebald von Köln und Arn von Salzburg, die Leo III. 799/800 von Paderborn nach Rom begleitet hatten, vor Anfertigung des Mosaiks die gerichtliche Untersuchung des Attentats auf den Papst ab und verbannten die Attentäter. Daher ist zu vermuten, dass der Papst nach seiner Rückkehr im Winter 799/800 den Auftrag erteilt hatte, um so sein enges Verhältnis zu Karl augenfällig zu dokumentieren. Von diesen Mosaiken sind allerdings nur noch Kopien und Nachzeichnungen des 16. Jahrhunderts erhalten, doch gibt es glaubwürdige Überlieferungen.

Q3 Die französische Buchmalerei des 14. Jh. stellt die beiden Seiten königlichen Vorgehens während der Sachsenkriege dar. Die Bibel folgt dem Schwert, was heißen soll, dass der weltlichen Befriedung mit Waffen im Nachgang die christliche Missionierung durch Taufe und meist sogar Zwangstaufe folgte. Die Schüler sollten auf den zeitlichen Abstand zwischen der Entstehungszeit des Bildes und der dargestellten Handlung aufmerksam gemacht werden.

D1 Die vom Verfasser erstellte Übersicht über einige Ereignisse der Sachsenkriege dient der ergänzenden Vertiefung einer im Verfassertext nicht erwähnten Thematik. Die Schüler sollen eigenständig die Sachsenkriegsproblematik in kontrastiver Gegenüberstellung zum Selbstverständnis des Kaisers (Q4) und vor dem Hintergrund des reduziert dargebotenen Faktengerüsts untersuchen können.

Q4 In diesem von Alkuin vier Jahre vor der Krönung verfassten Brief Karls an Papst Leo III. stellt der König die „Aufgabenverteilung" von weltlichem und geistlichem Herrscher deutlich heraus und reklamiert für sich die innere und äußere Schutzherrschaft über die Kirche.

Q5 Das Bild aus der Gothaer Weltchronik von ca. 1270 stellt die Kaiserweihe im zeremoniellen Rahmen dar. Papst Leo III. überreicht Karl dem Großen das Zepter. Die hinter Karl stehende Person hält in den Händen die Kaiserkrone, welche ihm kurze Zeit danach in einer Zeremonie in der Peterskirche übergeben wird. Die Abbildung ist Teil einer sich durch die gesamte schriftliche Darstellung ziehenden Illustration, die alle Teile der Krönungszeremonie in Rom mit ihrer Vorgeschichte darstellt (vgl. auch Q6, Q9). Heute wird die Weltchronik in der Forschungs- und Landesbibliothek Gotha aufbewahrt.

Q7 Das päpstliche Liber Pontificalis beschreibt in der Vita Leos III. den Papst als aktiven Part in der römischen Krönungszeremonie. Karl wird lediglich als Empfangender dargestellt, der vom Papst und dessen gutem Willen abhängig ist. Das Liber Pontificalis wurde als Papstchronik nach immer gleichem Schema angelegt und bis 1431 von verschiedenen Verfassern fortgeführt.

Q8 Einhard, Sohn eines Grafen aus Bayern und seit 790 in Diensten des karolingischen Hofes, stellt in seiner Vita Karoli Magni, einer nach dem Vorbild von Suetons Kaiserbiographien angelegten Biographie Karls, die Kaiserkrö-

Zeitstation 500

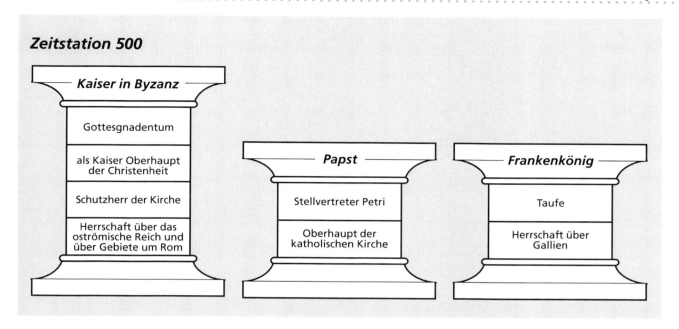

Kaiser in Byzanz
- Gottesgnadentum
- als Kaiser Oberhaupt der Christenheit
- Schutzherr der Kirche
- Herrschaft über das oströmische Reich und über Gebiete um Rom

Papst
- Stellvertreter Petri
- Oberhaupt der katholischen Kirche

Frankenkönig
- Taufe
- Herrschaft über Gallien

Zeitstation 755

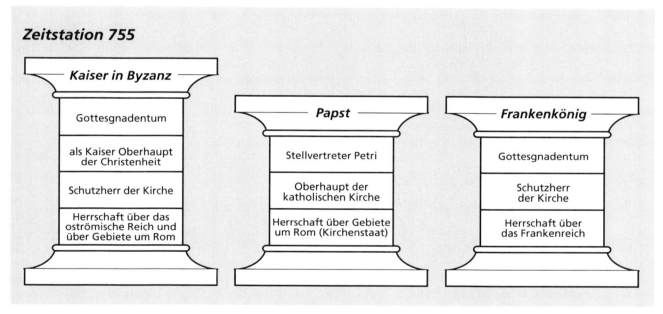

Kaiser in Byzanz
- Gottesgnadentum
- als Kaiser Oberhaupt der Christenheit
- Schutzherr der Kirche
- Herrschaft über das oströmische Reich und über Gebiete um Rom

Papst
- Stellvertreter Petri
- Oberhaupt der katholischen Kirche
- Herrschaft über Gebiete um Rom (Kirchenstaat)

Frankenkönig
- Gottesgnadentum
- Schutzherr der Kirche
- Herrschaft über das Frankenreich

Zeitstation 800

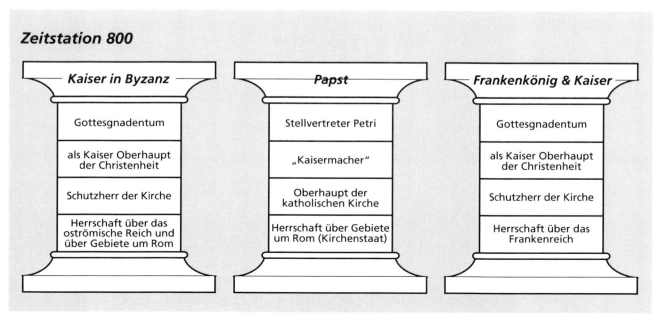

Kaiser in Byzanz
- Gottesgnadentum
- als Kaiser Oberhaupt der Christenheit
- Schutzherr der Kirche
- Herrschaft über das oströmische Reich und über Gebiete um Rom

Papst
- Stellvertreter Petri
- „Kaisermacher"
- Oberhaupt der katholischen Kirche
- Herrschaft über Gebiete um Rom (Kirchenstaat)

Frankenkönig & Kaiser
- Gottesgnadentum
- als Kaiser Oberhaupt der Christenheit
- Schutzherr der Kirche
- Herrschaft über das Frankenreich

nung als Konsequenz des Hilfegesuchs eines geschwächten Papstes dar. Dadurch wird die Position Karls nicht nur gegenüber dem Papst, sondern auch gegenüber dem byzantinischen Herrscherhaus gestärkt.

Zu den Fragen und Anregungen

1 Die Darstellung Karls auf der Münze wird sowohl durch die Umschrift „Karolus imp(erator) Aug(ustus)" als auch durch das Seitenprofil, Gewand und Lorbeerkranz der römischen Kaiser in die Tradition des römischen Kaisertums gestellt. Damit stellt er sich als legitimer Nachfolger der römischen Kaiser dar, eine Provokation für Byzanz.

2, 3 Das Mosaik zeigt, wie Petrus Papst Leo III. und Kaiser Karl dem Großen die jeweiligen Insignien ihrer Macht – Pallium und Fahnenlanze – übergibt und sie in ihre Ämter einsetzt. Somit sind sie als Symbole der göttlichen Legitimation zu deuten. Die Bittinschrift „Heiliger Petrus, mögest du dem Papst Leo Leben spenden und dem König Karl Sieg verleihen" bedeutet, dass beide – scheinbar gleichberechtigt – durch den Apostel ihre Amtsgewalt von Gott erhalten. Allerdings könnten die Schüler auch die Größe, Nähe und Stellung des Papstes zu Petrus zum Anlass nehmen, um ein mögliches Primat des Papstes herauszulesen. Das Attentat und das nachfolgende Treffen mit dem Frankenkönig in Paderborn schien Leo III. trotz seiner schweren Verletzungen und seiner angeschlagenen Stellung in Rom nicht als hilfsbedürftiger Schwacher empfunden zu haben, da er zeigt, dass er durchaus seine Position als Führer der Christenheit bewahren möchte. In dem drei Jahre zuvor verfassten Brief Karls an Leo III. fordert dieser dagegen die innere und äußere Schutzherrschaft über die Kirche für sich.

4, 5 Karl betrieb die über dreißig Jahre andauernde Unterwerfung durch grausame Hinrichtungen und Zwangstaufen. Der verzweifelte Widerstand der Sachsen gegen die Fremdherrschaft und damit zwangsläufig auch gegen die Christianisierung wurde letztendlich erst durch die Zwangsumsiedlungen des Volksstammes gebrochen, deren Spuren heute noch für die Schüler nachvollziehbar in die Landkarten Deutschlands eingeschrieben sind.

6 Die komplexe Rückschau auf das gewandelte Verhältnis der drei das mittelalterliche Abendland gestaltenden Mächte kann der Lehrer durch ein Arbeitsblatt mit „Bausteinen" in drei Farben erleichtern:
Baue zu diesen drei Mächten an den drei Zeitstationen 500, 755 und 800 Machtsäulen aus folgenden 30 Bausteinen (Kap. 1–4):
Gottesgnadentum (5x); Stellvertreter Petri (3x), Schutzherr der Kirche (5x); Oberhaupt der katholischen Kirche(3x), Herrschaft über das Frankenreich (2x); „Kaisermacher" (1x), Taufe (1x);Herrschaft über Gallien (1x); Herrschaft über das oströmische Reich und über Gebiete um Rom (1x); Herrschaft über den Kirchenstaat (2x); als Kaiser Oberhaupt der Christenheit (4x);Herrschaft über das oströmische Reich (3x); Herrschaft über das weströmische Reich (1x).
Schreibe die Begriffe auf gleich große Kärtchen, ordne sie den drei Mächten zu und klebe die gebauten Machtsäulen in dein Heft. Wessen Machtsäule gewinnt zwischen 500 und 800 an Höhe? Beachte auch, dass sich der Abstand zwischen den Säulen an den drei Zeitstationen verändert: Welche Mächte rücken zueinander, welche entfernen sich voneinander?
In vergrößerter Form werden die Bausteine mit Hilfe von Magneten an der Tafel zu Machtsäulen zusammengesetzt; die Schülerinnen und Schüler können so ihre Arbeitsergebnisse gemeinsam zusammentragen und vergleichen (Musterlösung siehe S. 19).

Literatur

Fusenig, Annette, Wie kommt der Zacken in die Krone? Ein Krönungs-ABC für junge Leser ab 10 Jahre, Aachen 2000 (anlässlich der Ausstellung „Krönungen. Könige in Aachen – Geschichte und Mythos", Aachen 2000).
799 – Kunst und Kultur der Karolingerzeit. Karl der Große und Papst Leo III. in Paderborn. Themenheft Vernissage. Die Zeitschrift zur Ausstellung. 15/1999 Heidelberg.
Hartmann, Wilfried (Hrsg.), Mittelalter. Annäherungen an eine fremde Zeit, Universitätsverlag Regensburg, Schriftenreihe Neue Folge Bd. 19, Regensburg 1993.

Tafelbild

Die Kaiserkrönung Karls des Großen

Aussagen des Papstes	Aspekte des Vergleichs	Aussagen Einhards
???	Warum kam der Frankenkönig Karl nach Rom?	– schwere Misshandlungen des Papstes durch die Römer – große Zerrüttung der Kirche – Hilfegesuch des Papstes
1. Der Papst krönte Karl. 2. Die Römer rufen ihn zum Kaiser aus. 3. „Kaiser der Römer"	Wie ging die Kaiserkrönung vor sich? 1. Wer krönte Karl? 2. Wer rief ihn zum Kaiser aus? 3. Wie lautete der neue Titel Karls?	1. ??? 2. ??? „er empfing die Benennung": 3. „Kaiser ? und Augustus"
???	Wie reagiert Karl auf die Vorgänge in der Peterskirche?	Zorn! Karl wusste nichts von der Absicht des Papstes!

Ist Karl verärgert über die
Krönung durch den Papst ⟶ *und* ⟵ **Nichtbeteiligung der Franken**
– also nicht über das Kaisertum an sich, sondern über den Ablauf der Krönung?

Gewusst wie: Textquellen vergleichen

Die Quellenlage zur Kaiserkrönung Karls des Großen bietet die ideale Gelegenheit, mit den Schülern quellenkritisches Arbeiten und die Methode des Quellenvergleichs einzuüben. Zwei Quellen, der offizielle päpstliche Bericht im Liber Pontificalis und der aus dem vertrauten Kreis des fränkischen Hofes stammende Bericht Einhards, schildern dasselbe Ereignis, wobei jede Partei für sie Günstiges hervorhebt, für sie Ungünstiges verschweigt.

Zur Interpretation der beiden Quellen wird die Klasse in eine päpstliche und in eine kaiserliche Partei eingeteilt; gemeinsam werden die jeweiligen Ergebnisse verglichen und an der Tafel gesammelt; die in der Diskussion als am wahrscheinlichsten gehaltene Version des Vorgangs wird festgehalten. Wichtig ist es, den Schülern die Fragwürdigkeit historischer Wahrheiten zu vermitteln. So ist die im beigefügten Tafelbild aus der Quellenlage abgeleitete Interpretation des Vorgangs nur eine von weiteren möglichen Thesen, die statt dessen ebenfalls als Diskussionsergebnis festgehalten werden könnten – so die Einhard folgende „Überrumpelungsthese", so die These vom „Bescheidenheitstopos" Einhards in der literarischen Tradition Suetons.

5. Der König reist und regiert

Konzeption

Dieses Kapitel ist von der Thematik her besonders umfangreich; es bündelt alle Aspekte karolingischer Herrschaftspraxis, um den Schülern einen vielschichtigen und damit möglichst ausgewogenen Eindruck zu gewährleisten, gleichzeitig muss eine didaktische Reduktion auf wesentliche Grundstrukturen erfolgen. Ausgehend von der Größe des Reiches wird der Bogen vom Amt des Herrschers selbst zu den ihn umgebenden Amtsträgern des zunächst umherziehenden königlichen Hofes gespannt. Der Verfassertext endet in Aachen mit der Beschreibung der sich in der zweiten Hälfte von Karls Regierungszeit immer stärker herauskristallisierenden Lieblingspfalz als residenzartigem Machtzentrum.

Die dem Kapitel zugeordneten Materialien nehmen Einzelaspekte dieser Herrschaftspraxis unter die Lupe, so das Erscheinungsbild des Königs und seine Rolle als Gesetzgeber und Feldherr. Durch eine handlungsorientierte Umsetzung der Versorgung des königlichen Hofes an den Aufenthaltsorten des Jahres 775 wird das Reisekönigtum untersucht. In Verbindung mit der Karte der Auftaktdoppelseite kann hier ein Itinerar erstellt werden, das den Schülern die räumlichen und zeitlichen und organisatorischen Dimensionen im Unterschied zur heutigen Regierungsweise zeigt. Die dreigeteilte Karte leitet zum Ende der karolingischen Herrschaft über, indem sie das Problem der Herrschaftsübergabe und damit auch des Weiterlebens dieses Reiches beleuchtet, und sie öffnet – nach dem folgenden eher strukturellen Kapitel – damit den Blick auf das ottonische Reich.

Aspekte der Unterrichtsgestaltung

Das Kapitel bietet Materialien zu folgenden Themenbereichen:
- Das Reisekönigtum wird in seiner Bedeutung für den Erhalt und die Organisation der Herrschaft erarbeitet,

Tafelbild

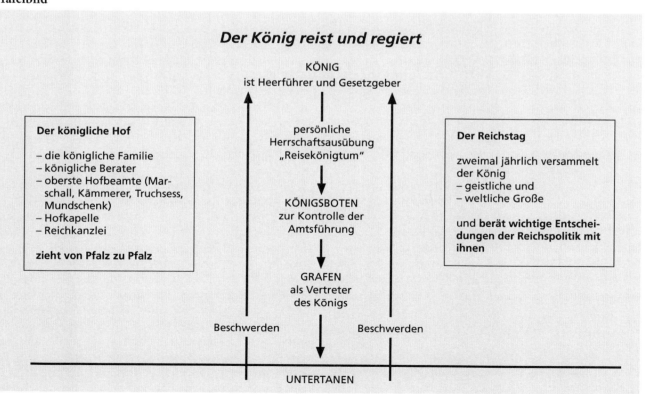

Der König reist und regiert

KÖNIG
ist Heerführer und Gesetzgeber

persönliche
Herrschaftsausübung
„Reisekönigtum"

Der königliche Hof

- die königliche Familie
- königliche Berater
- oberste Hofbeamte (Marschall, Kämmerer, Truchsess, Mundschenk)
- Hofkapelle
- Reichkanzlei

zieht von Pfalz zu Pfalz

KÖNIGSBOTEN
zur Kontrolle der
Amtsführung

Der Reichstag

zweimal jährlich versammelt
der König
- geistliche und
- weltliche Große

und **berät wichtige Entscheidungen der Reichspolitik mit ihnen**

GRAFEN
als Vertreter
des Königs

Beschwerden   Beschwerden

UNTERTANEN

ebenso wird ein Einblick in Architektur und Funktion der Pfalz gewährleistet (Arbeitsaufträge 1, 2, 5).

– Wer war Karl der Große? Zum Erscheinungsbild und der Rolle Karls des Großen können Verfassertext, Q1, Q3 und Q4 herangezogen werden (Arbeitsaufträge 3, 4).

– Die Reichsteilungen in Karte D3 ermöglichen die Verfolgung des karolingischen Reiches über die Zeit Karls des Großen hinaus und gestatten den direkten Übergang zu den Ottonen.

Zusatzinformationen zum Verfassertext

Grundlegend ist zunächst die Bedeutung des Reisekönigtums, als Regierung „vom Sattel aus" ohne eine ortsgebundene Zentralverwaltung wie es sie zur Zeit des auf Rom konzentrierten Imperium Romanum gab oder wie es sie in den heutigen Nationalstaaten gibt. Für die Zeit seiner Anwesenheit an einem bestimmten Ort übte der König richterliche Funktionen aus, konnte örtliche Machthaber zur Rechenschaft ziehen und so vielleicht dem „kleinen Mann" in dessen Ohnmacht der lokalen adeligen Führungsschicht gegenüber Hilfe bieten. Sicherlich spielte auch der in die vorchristliche Zeit zurückreichende Glaube, der König sei ein gerechter und friedenstiftender Heilsbringer und schenke durch seine bloße Anwesenheit Feldern, Vieh und Menschen Fruchtbarkeit, noch eine gewisse Rolle. Somit fühlten sich sowohl der lehnsrechtlich ihm verbundene Adel als auch das einfache Volk nur dem König als Person, nicht dem Reich als einer abstrakten Institution verpflichtet. Das Bild des Königs, der das als aristokratischer Personenverband erscheinende Reich verkörperte, und somit der personale Staatsgedanke, wurde erst langsam abgelöst von der Erkenntnis, dass das sich stetig entwickelnde Reichsgebilde auch unabhängig vom König existieren konnte.

Karl verstand es, den Adel durch Integration in die Reichsverwaltung unter gewisser Kontrolle zu halten. Als Grafen, „missi dominici" (weltliche und geistliche Sendboten mit jährlich wechselnden Sprengeln), Markgrafen und im Rahmen der mit ihm reisenden Hofkapelle wusste er sie kontrolliert an Macht und Entscheidungen zu beteiligen. Das königliche Gefolge war gleichzeitig Hofstaat und bildete die jederzeit verfügbare Regierungsmannschaft.

Je stärker der Ausbau einer in Aachen konzentrierten Zentralverwaltung voranging, desto deutlicher wurde Karls Hang zur Adaption byzantinischer Hofrituale bzw. Traditionen. So ließ er z.B. Arbeiter aus Byzanz für den Bau einer Orgel in der Aachener Pfalzkapelle anheuern, da dieses Instrument am byzantinischen Hof als Symbol kaiserlicher Macht galt und in seinem Reich keine Handwerker mit entsprechenden Fertigkeiten zu finden waren. Auch der oktogone Baustil der Aachener Palastkapelle – dem Bau der Kirche San Vitale in Ravenna entlehnt – fügte sich in dieses sukzessiv sich formende Bild einer Herrschaftsarchitektur ein.

Zusatzinformationen zu den Materialien

Q1 Die aus dem 9. Jh. stammende Bronzestatuette eines reitenden Königs aus der Metzer Kathedrale wird meist als Abbildung Karls des Großen gedeutet, zumal sie dem Münzporträt (S. 20) sehr ähnelt. Die Kleidung deckt sich mit den Beschreibungen Einhards, der den König aus nächster Nähe in der Hofgesellschaft gesehen und erlebt hat. Die Untertanen werden Begegnungen mit Karl meist so erfahren haben, dass sie zu ihm aufschauen mussten – entweder wegen seiner Körpergröße oder seiner zu Pferd zurückgelegten Reisen. Allerdings hätte auch Karls Enkel Karl der Kahle die Arbeit in Auftrag geben können, als er 869 in Metz gekrönt wurde. Die Statuette wird heute im Pariser Louvre ausgestellt. Zum Vergleich sollte Q4 herangezogen werden.

D1 Dieses Modell der Aachener Pfalz wurde nach Ausgrabungen rekonstruiert. Einzig erhalten ist noch die achteckige Pfalzkapelle als Kernstück des heutigen Doms. Den Platz der ehemaligen Königshalle nimmt heute das Aachener Rathaus ein. Die Ausmaße des innen liegenden rechteckigen Katschhof-Platzes entsprechen in etwa denen der karolingischen Pfalz. Es wurde an dieser Stelle bewusst die Aachener Pfalz gewählt, weil zum einen gut recherchierte Rekonstruktionen vorliegen, weil sie aber zum anderen auch neben der Paderborner eine zunehmend wichtige Rolle als Station des umherreisenden Königshofes spielte. Im Rahmen eines regionalen Zugriffs kann stattdessen auch auf andere Pfalzrekonstruktionen eingegangen werden. Falls dies von der Entfernung her möglich ist, kann dies auch mit einer Besichtigung der baulichen Reste verbunden werden. Die Pfalzen in Paderborn und Ingelheim sind auch gut erschlossen bzw. in Schrift-Publikationen oder als CD-ROM verfügbar.

Q2 Dieser Blick in die Aachener Pfalzkapelle ist eine mittlerweile klassische Perspektive, die in unnachahmlicher Weise nicht nur die Bedeutung des Oktogons und der Doppelstöckigkeit für die mittelalterliche Herrschaftsarchitektur als Symbol einer übermenschlichen Vollkommenheitsstufe zeigt, sondern gleichzeitig auch den später von Friedrich Barbarossa gestifteten zwölftorigen Deckenleuchter als Abbild des irdischen und himmlischen Jerusalem und den Thron auf der Empore in den Mittelpunkt rückt. Neuere Untersuchungen haben ergeben, dass letzterer definitiv aus karolingischer Zeit stammt, somit durchaus der Thron Karls des Großen sein kann. Seine Position zwischen den normalen Gläubigen im Erdgeschoss und dem Bild Gottes als Weltherrscher in der Kuppel deutet auf die Position des Herrschers zwischen göttlicher und menschlicher Sphäre hin. Der Leuchter hat einen Durchmesser von 4,20 Meter, hängt an einem 27 Meter langen eisernen Seil und trägt 48 Lichter.

Q3 Die Abbildung stellt drei Personen dar, von denen die am oberen Rand zu erkennende Schrift die linke als Karl den Großen und die rechte auf gleicher Höhe als seinen Sohn Pippin bezeichnet. Durch eine Krone, die einer Tiara ähnlich ist, und den Thron ist Karl als Herrscher gekennzeichnet, durch Schwert und Stab sind beide in ihrer Tätigkeit als Gesetzgeber dargestellt. Pippin sitzt auf einem Faltstuhl. Seine rechte Hand weist auf den vor einem Schreibpult sitzenden Schreiber zu ihren Füßen, der wohl auf die Schreibstube des Hofes und ihre Funktion, die Anordnungen des Herrschers schriftlich zu fixieren und für die Verteilung durch Boten zu präparieren, hindeuten soll. Karl wird bewusst nicht als Kriegsherr, sondern als Gelehrter dargestellt. Die Abbildung stammt aus dem Liber legum, einem Gesetzbuch vom Ende des 10. Jh., das eine ältere Handschrift des Lupus von Ferrières (um 805–862) aus der Zeit zwischen 829 und 836 kopiert. Dieser hatte für den Markgrafen Eberhard von Friaul während eines Aufenthalts im Kloster Fulda eine Sammlung germanischer Volksrechte und karolingischer Kapitularien zusammengestellt. Die Kopie wird in der Bibliotheca Capitolare in Modena aufbewahrt.

Q4 Gerade in Anlehnung an Q1 äußert sich Einhard als Vertrauter und Berater Karls sehr deutlich zum Erscheinungsbild sowie zum alltäglichen Verhalten Karls des Großen. Der Auszug ist der Vita Karoli Magni entnommen, der Herrscherbiographie, in welcher der Autor durchaus kritische Anmerkungen machte, wie am Ende des Auszugs zu erkennen ist.

D2 Diese Liste bietet den Schülern die Möglichkeit, anhand des Itinerars Karls des Großen die Reisewege und Entfernungen des Jahres 775 nachzuvollziehen. Es könnte jedes beliebige aufgezeichnete Jahr seiner Herrschaft sein, doch in diesem Jahr zeigt sich sehr gut sowohl der Ausgriff ins Sachsengebiet als auch die Vorbereitung auf den Italienfeldzug ins Gebiet der Langobarden.

D3 Die klassische dreigeteilte Karte macht die Entwicklung des Frankenreiches in allen Stadien seiner nachkarolingischen Teilung nachvollziehbar, ohne dass der Verfassertext darauf eingehen muss. Sinnvoll wäre es, einen aktuellen Atlas mit entsprechenden Karten Westeuropas hinzuzunehmen, um die räumlichen Dimensionen der damaligen Teilreiche mit den heutigen zu vergleichen und den Schülern auch die Bedeutung der Sprachgrenze zwischen romanischem und germanischem Einfluss zu verdeutlichen.

Zu den Fragen und Anregungen

1 Aus den Eroberungen Karls ergab sich die Herausforderung, diesem gewaltigen Reich eine feste innere Ordnung und Stabilität zu geben. In Zeiten der Naturalwirtschaft und primitiver Verkehrsverhältnisse bedingten die Größe des Reichs und die mittelalterliche Herrschaftstheorie die Dezentralisierung von Herrschaft, deren persönliche Ausübung „im Umherziehen". In Krieg und Frieden durchritt daher der König sein Reich und der Hofstaat folgte dem Herrscher auf seinen Reisen.

2 Der Hofstaat umfasste bis zu tausend Personen, die alle versorgt werden mussten. Neben der königlichen Familie und den engen Vertrauten des Königs gehörten auch die Angehörigen der Hofkapelle und der Reichskanzlei sowie die Inhaber der höchsten Hofämter, Kämmerer, Marschalk, Truchsess und Mundschenk zum königlichen Gefolge. Dazu kamen die zahlreichen Hofbediensteten, die oberen Hofbeamten ebenso wie das einfache Hof- und Hausgesinde, Diener, Zofen, Knechte und Mägde.

Der Marschall als Stall- und Quartiermeister leitete und organisierte die Reisetätigkeit des Hofes. Er legte die Reiseroute fest, stellte Pferde und Fuhrwerke bereit, plante den Pferdewechsel, erkundete die Verkehrswege und eventuelle Gefahren und Hindernisse (Räuberunwesen, Feinde, Sümpfe, Gebirge, undurchdringliche Wälder, reißende Flüsse), er sorgte für den nötigen Geleitschutz und bereitete die Aufnahme des Hofstaates in der nächsten Pfalz vor.

Truchsess und Mundschenk waren für die Verpflegung und den Transport der Nahrungsmittel verantwortlich; sie hatten jeweils die Aufsicht über Küche und Keller.

Die ständige Unrast bedeutete eine ungeheure Anstrengung und setzte körperliche Unversehrtheit voraus.

3 Als positive Aspekte sind auf jeden Fall seine äußere Gestalt sowie sein Gesicht zu nennen. Die Kleidung wird relativ objektiv beschrieben, seine Esskultur und kulturellen Vorlieben werden ebenfalls positiv dargestellt. Einhard kritisiert wenig, wenn doch, dann konzentriert er sich vorsichtig auf Karls Hang zu Weitschweifigkeit und leichter Korpulenz; er äußert also relativ unbedeutende Kritikpunkte.

4 Die Darstellungen verweisen einerseits auf das Reise- und Heerkönigtum (Q1), andererseits auf die Aufgabe des Herrschers als Gesetzgeber (Q3). Während die zeitgenössische Reiterstatue Karls Statur und Physiognomie in realistischer Weise abbildet, scheint die sehr viel spätere Buchmalerei der Schilderung Einhards insbesondere in Bezug auf die Kleidung des Königs zu folgen. Deutlich werden sollte hier die unterschiedliche Funktion der jeweiligen königlich-kaiserlichen Tracht. Die unterschiedlichen Pflichten des Alltags und des Festtags mussten Karl als Herrscher oder als Privatmann erscheinen lassen. Wenn er als Reisekönig auf den staubigen Straßen des Reiches unterwegs war, konnte er nicht seinen vollen kaiserlichen Ornat tragen. Außerdem hatten seine Festkleidungsstücke meist symbolischen Charakter und sollten deshalb bei einer bestimmten Gelegenheit auch ein bestimmtes politisches oder zeremonielles Programm ausdrücken.

5 Die Inszenierung soll schülergerecht die wissenschaftliche Diskussion um karolingische Renaissance, Renovatio, Correctio aufgreifen.

Architektur: Aachen als „zweites Rom", als Kaiserresidenz und Regierungssitz; Palastgebäude (Palatina, Kaiserpalast in Trier, Lateranpalast in Rom), Pfalzkapelle (Oktogon als Grundriss, byzantinische Palastkapellen, Ravenna), Steingebäude, Kuppeln, Säulen, Mosaike, Marmor, Thermen.

Kunst: Reiterstandbild (Marc Aurel/Kapitol in Rom, Theoderich der Große/Ravenna).

Bildung: Pflege der Kulturtechniken des Lesens und Schreibens (Hofkapelle, Reichskanzlei), der antiken Sprachen (Griechisch, Latein), Rhetorik, Literatur, Astronomie.

Gründe der didaktischen Reduktion ließen weitere Aspekte der Renovatio im Kapitel unerwähnt (Leistungen der Hofschule unter Alkuin und Einhard, Lehrkanon der septem artes liberales, Geschichtsschreibung, Aufzeichnung der Volksrechte, karolingische Schriftreform und „Sprachreinigung").

Bewusst werden sollte den Schülerinnen und Schüler allerdings auch das Zivilisationsgefälle zwischen römischem und karolingischem Reich, so die primitive Infrastruktur (Verfall der Römerstraßen), der Verlust von wirtschaftlicher und sozialer Differenzierung (Handel, Handwerk, Geldwesen).

Literatur

Epperlein, Siegfried, Leben am Hofe Karls des Großen, Regensburg 2000.

Fusenig, Annette/Schlotterhose, Ruth, Von Karl, Kardamom und Königen. Aachen für junge Leute, Aachen 2001.

Godmann, Peter/Jarnut, Jörg/Johanek, Peter (Hrsg.), Am Vorabend der Kaiserkrönung. Das Epos „Karolus Magnus et Leo Papa" und der Papstbesuch in Paderborn 799, Berlin 2002.
Ohler, Norbert, Reisen im Mittelalter, München 1986 (zum Reisekönigtum).
Schneidmüller, Bernd, Sehnsucht nach Karl dem Großen, GWU 5/6 2000, S. 284–301.

6. Der König vergibt Lehen

Konzeption

An dieser Stelle soll das wesentliche Instrument aller herrschaftlichen Beziehungen im 9. Jahrhundert, das Lehnswesen, in seiner der Verwaltung des germanischen Großreiches dienlichen Funktionsweise, aber auch in seiner mit Nachteilen versehenen Begrenztheit für die einzelnen gesellschaftlichen Gruppen besprochen werden. Die Vermittlung erfolgt von seiner Entwicklung und Tradition her vornehmlich über den Verfassertext. Die eigentliche Darstellung und Funktionsweise dieses Gesellschaftssystems in den verschiedenen Ausformungen geschieht dann über die Abbildungen des Sachsenspiegels aus dem 13. Jh. In diesem Rechtsbuch erfüllten die Abbildungen auch genau diese Funktion der Vermittlung rechtlicher Grundlagen. Da Schüler der Altersstufe häufig ohne Führung nicht in der Lage sind, sich auf solchen Abbildungen zu orientieren, wurde ein überblicksartiger Führer durch das Bildmaterial in Form einer kurzen Textanleitung verfasst, die eigentliche Beschreibung der Gesten, Gebäude, Personengruppen und deren Interaktionen bleibt jedoch unbedingt dem Unterrichtsgespräch überlassen. Die sicherlich größte Hürde für die Schüler liegt hier im Wechsel von der personenorientierten Darstellung hin zur eher typenorientierten.
Die Standards schreiben den Begriff der Lehnspyramide vor. Auf die Abbildung einer Lehnspyramide gemäß der Heerschild-Gruppierung nach Eike von Repgow oder einer anderen zeichnerischen Darstellung der Lehnsgesellschaft wurde an dieser Stelle bewusst verzichtet, da sie den Schülern das Bild einer statischen Gesellschaft vermitteln würde, die in dieser Form nie existierte und daher von der Fachwissenschaft schon seit vielen Jahren stark angezweifelt wird (vgl. Hartmut Boockmann, Über einen Topos in den Mittelalter-Darstellungen der Schulbücher: Die Lehnspyramide, in: GWU 6/1992, S. 361–372). So kritisiert Boockmann die übliche, die Heerschildordnung Eike von Repgows vereinfachende Darstellung einer Lehnspyramide heftig, im Grunde genommen verwirft er auch jede andere Darstellungsmöglichkeit. Eine sinnvolle Alternative bietet die Umsetzung im Rollenspiel („Projekt: Eine Lehnspyramide bauen"); hier wird den Schülern einerseits die hierarchische Ordnung, andererseits die Dynamik der Lehensgesellschaft bewusst.

Aspekte der Unterrichtsgestaltung

Einzige Aufgabe dieses Kapitels ist es, in einem systematisch-strukturellen Zusammenhang die Entstehung und Funktionsweise des Lehnswesens zu erläutern. Die aus den oben erwähnten Überlegungen entstandene Entscheidung, keine Lehnspyramide abzubilden, zeigt sich dann in den bildlichen Darstellungen aus dem Sachsenspiegel (Q2), denen im Ablauf einer Unterrichtsstunde eine zentrale Rolle zukommen sollte. Denn sie schildern die zentralen Akteure und wesentlichen Inhalte des Lehnswesens. Das Bild des Handgangs in Q1 taucht in Q2 nochmals auf und bietet somit einen Wiedererkennungswert, der den Einstieg in die Bilderreihe vereinfacht. Q3 führt zum vorhergehenden Kapitel zurück und verknüpft somit die Grundherrschaft mit den Prinzipien des Lehnswesens. Eine handlungsorientierte Umsetzung des Erarbeiteten ist allerdings empfehlenswert (Projekt).

Tafelbild

An dieser Stelle könnte der Versuch unternommen werden, die Schüler ohne Hinweis auf die oben dargelegte Problematik der Lehnspyramide ein adäquates Schaubild zeichnen zu lassen, das die Funktionsweise des Lehnswesens, wie in Q2 dargestellt, wiedergibt. Boockmanns Alternativvorschläge sind allerdings auch nicht durchgängig geeignet, den Schülern ein besseres Verständnis des abstrakten Sachverhalts zu ermöglichen.
Didaktisch sinnvoll und altersgerecht erscheint es, die abstrakte Herrschaftsordnung auf die konkret-sinnliche, lebensweltliche Ebene der Schüler herunterzubrechen und begreifbar zu machen. Das Projekt „Eine Lehnspyramide bauen" lohnt den Aufwand; es wirkt motivierend, erleichtert Verstehen und damit Behalten und es macht die Dynamik und die Fragilität der lehnsrechtlichen Herrschaftsordnung erfahrbar.

Zusatzinformationen zum Verfassertext

Deutlich werden soll in diesem Kapitel die Funktion des Personenverbandsstaats. Der frühmittelalterliche Mensch war personell eingebunden in ein Netz aus Verwandten, Freunden und ihm in Treue Verbundenen, die in einer relativ unsicheren Welt ein gewisses Maß an Friedfertigkeit und Sicherheit gaben. Zeremonien, rechtsrituelle und -symbolische Handlungen entwickelten sich zu Spielregeln, die dem Netz aus Verpflichtungen und Rechten einen institutionellen Rahmen gaben. (vgl. hierzu Gerd Althoff, Verwandte, Freunde und Getreue. Zum politischen Stellenwert der Gruppenbindung im frühen Mittelalter, Darmstadt 1990, S. 2 f.)
Dieses Netz entspann sich zwischen der Weite des zu beherrschenden Raumes einerseits, dem fehlenden Herrschermonopol und dem gleichzeitigen starken politischen und wirtschaftlichen Einfluss regional agierender Adelsfamilien andererseits. Allerdings sollte ebenfalls auf die zentrifugalen Kräfte des Lehnswesens verwiesen werden. Es gehörte zu den Schwierigkeiten mittelalterlicher Königsherrschaft, die Erblichkeit des Lehens möglichst einzudämmen und notwendigerweise dafür zu sorgen, dass der Thronfolger nach dem Tod des Königs das Lehnsband persönlicher Verpflichtung erneuern musste.
Grundlage jeglicher Beschäftigung mit dem Thema ist hier Eike von Repgows Sachsenspiegel mit sehr anschaulichem und inhaltlich gehaltvollem Bildmaterial, der auch selbst, als historische Quelle, die beste Möglichkeit zur Verdeutli-

chung mittelalterlicher Rechtsaspekte bereithält. Der Autor selbst wurde vermutlich um 1180 im Dorf Reppichau nahe Dessau geboren und trat zwischen 1215 und 1219 in die Ministerdienste des Grafen Heinrich I. von Anhalt. Dort verfasste er dann bis 1235 ein Rechtsbuch, den „Spiegel der Sachsen". Sinn der Aufzeichnung war es im Zuge der Verbreitung des römischen Rechts seit dem 12. Jh. zum einen, das bisherige Gewohnheitsrecht der sächsischen Stämme durch die Schriftform für Urteilsfindung und Rechtsprechung verfügbar zu machen, zum anderen diente sie der Konfliktvermeidung, da sie im Vorfeld gerichtlicher Auseinandersetzung Rat geben konnte. Das Buch bezieht sich in 234 Artikeln auf das bäuerliche Rechtsleben und geht in 78 Artikeln auf das Lehnsrecht ein. Um der einfachen Bevölkerung dienlich zu sein, mussten den auf Deutsch verfassten Texten Bilderhandschriften zur Seite gestellt werden. Später wurde es zum Vorbild für andere Aufzeichnungen, wie z. B. den Schwabenspiegel oder auch manche Stadtrechte.

Zusatzinformationen zu den Materialien

Q1 Die aus dem 13. Jh. stammende Miniatur aus den Libri Feudorum stellt den Handgang als die grundlegende und das Lehnsverhältnis besiegelnde Handlung dar: Der Vasall kniet vor dem Lehnsherrn, um ihm Treue zu geloben.

Q2 Die Abbildungen sind dem Sachsenspiegel aus dem 13. Jh. entnommen (vgl. oben). Deutlich wird in der Abbildung seine Funktion als Rechtsbuch, das für des Lesens Unkundige die jeweils geltenden Rechtsvorschriften in den Bildern durch Zuordnung und Gestik der Personen vermittelte. In den einzelnen Abbildungen wird die Bedeutung des „feudum" als Lehen deutlich: Herrschende und Beherrschte waren in der Zeit des Feudalismus durch viele Abhängigkeiten miteinander verbunden.

Wichtig ist anzumerken, dass die Schüler, die zunächst sicherlich die Personen beschreiben wollen, auf die symbolhafte Bildsprache hingewiesen werden: Farben (z. B. rot als Königsfarbe), Herrschaftszeichen (z. B. Krone für König), Rechtssymbole (z. B. Schwert), Hände (Schwuroder Zeigehand) oder Positionen (sitzender Lehnsherr oder kniender Lehnsträger).

a) Abt und Äbtissin sind durch Tonsur und Nonnenschleier erkennbar und sitzen. Ihre Untervasallen verrichten den Handgang kniend. Hier ist der Handgang in Form des Händeineinanderlegens (Schutz und Treue-Symbolik) dargestellt.

b) Als Kronvasallen knien Abt und Äbtissin nun vor dem thronenden Herrscher und berühren das Lilienszepter.

c) Abt und Äbtissin thronen nun, weil sie durch den Handgang ihrem knienden Lehnsmann eine Burg als Lehen geben. Sie verpflichten den weltlichen Lehnsmann (Kleidung, Haartracht) damit auch zur militärischen Unterstützung.

d) Wiederum Abt und Äbtissin geben einem weiteren Kleriker (Abt wegen Kleidung, Haartracht) eine Kirche samt Dorf als Lehen. Symbol hierfür ist der Kirchenschlüssel, mit dem er symbolisch die Schlüsselgewalt übernimmt, also die Inbesitznahme vollzieht.

e) Dargestellt ist der Schwur eines Vasallen, den er vor seinem Lehnsherrn, einem Kronvasallen (erkennbar an der Lilienkrone) ablegt. Der Schwur findet vermutlich

über einem Reliquienkästchen statt. Beide Beteiligten heben die Schwurhand zum Eid.

f) Der Untervasall leistet seinem Lehnsherrn, dem Kronvasallen, mit „Rat und Tat", hier durch die Handgeste als „Rat" erkennbar, den von ihm im Lehnseid versprochenen Dienst. Er ist als Ratgebender dargestellt, der mit seinen Händen eindeutig auf etwas zeigt bzw. dem um Rat Fragenden etwas erklärt.

g) Der Untervasall, nun als Ritter gekleidet, verpflichtet sich zur „Tat", zur militärischen Hilfe gegenüber seinem Lehnsherrn. Die Schwerter und die zeigenden Hände sollen das symbolisieren.

h) Das Gleiche ist hier nochmals zwischen Kronvasall und Herrscher dargestellt. Die Macht des Herrschers symbolisieren wiederum Thron und Zepter. Der Kronvasall zeigt mit der Hand auf sich, ebenso wie der Ritter im vorigen Bild.

Wie in einem Bilderbuch werden hier Rechte und Pflichten der betroffenen Parteien deutlich, die von den Schülern versprachlicht werden können.

Q3 Die Buchmalerei aus dem 9. Jh. stellt eine Kampfszene dar, in die ein fränkischer Panzerreiter hineingeraten ist. Gut ist die teure Ausrüstung des Reiters zu erkennen, deren Beschaffung das System der Grundherrschaft voraussetzte.

Q4 Der Befehl Karls des Großen an seinen Lehnsmann Abt Fulrad von Altaich in Bayern verdeutlicht seine Funktion als Heerführer, gewährt aber auch Einblick in die Vorbereitungen für eine Heerfahrt wie diese ins Sachsengebiet.

Zu den Fragen und Anregungen

1 Die Suchaufgabe im Buch (vgl. S. 16) dient als immanente Wiederholung, um Wissen neu zu perspektivieren und Gedächtnisstrukturen zu verfestigen.

2 Die Ausstattung eines Panzerreiters war äußerst kostspielig. Allein die Kosten für Rüstung und Streitross entsprachen dem Wert des Rinderbestandes eines ganzen Dorfes. Nicht berücksichtigt sind in der Aufstellung D1 die Kosten für Sattel, Steigbügel, Reisepferd, Pferdeknechte, Verpflegung für Ross, Tross und Reiter. Außerdem musste der Kampf zu Pferde zunächst erlernt und dann ständig geübt werden.

3 Nur eine Elite, die von Arbeit freigestellt war und über großen Grundbesitz verfügte, konnte sich den Kriegsdienst als Panzerreiter leisten und in Friedenszeiten Verwaltungsaufgaben übernehmen. Lebensgrundlage dieser Elite war das „Lehen" als eine Vermögensausleihe in Form von Land und Leuten. So entstand unter den Karolingern ein durch Besitz- und Herrschaftsrechte in einzelnen Landschaften verwurzeltes adliges Berufskrieger- und Berufsbeamtentum.

Abt Fulrad hatte als Kronvasall und Lehnsmann die Vasallenpflicht der „Heerfahrt" zu erfüllen; der Befehl zur Einberufung war Teil des Lehnsverhältnisses. Der Abt musste mit seinen Leuten (wiederum Untervasallen) zur Heeresversammlung kommen, sollte dafür sorgen, dass seine Leute gewappnet und gerüstet und ausreichend mit Proviant versorgt waren.

4 siehe Zusatzinformationen zu den Materialien.

5 Gestützt auf ihre Untervasallen konnten die Kronvasallen einen Treuebruch gegenüber dem König wagen, denn durch die Unterbelehnungen war dieser als oberster Lehnsherr von allen Untervasallen abgeschnitten. Einen Treuevorbehalt gegenüber dem König gab es im Deutschen Reich nicht.

Gleichzeitig wurden die Lehen durch die im 9. Jahrhundert gewährte Erblichkeit („Leihezwang") der Verfügungsgewalt des Königs entzogen. So verhinderte das Lehnswesen einerseits den Aufbau zentrierter Bezirke königlicher Herrschaft und erhob andererseits den Adel zum Mitregenten. In Mitteleuropa führte das Lehnswesen langfristig zur Adelsherrschaft.

Literatur

Ganshof, François Louis, Was ist das Lehnswesen? 7. Aufl., Darmstadt 1989.

Koolman, Egbert/Gäßler, Ewald/Scheele, Friedrich (Hrsg.), der sassen speyghel. Sachsenspiegel – Recht – Alltag, Ausstellungskatalog zu „Bilderhandschriften des Sachsenspiegels – Niederdeutsche Sachsenspiegel" und „Nun vernehmet in Land und Stadt – Oldenburg – Sachsenspiegel – Stadtrecht", in der Reihe „Veröffentlichungen des Stadtmuseums Oldenburg", hrsg. von der Stadt Oldenburg, Kulturdezernat, Bd. 21, Oldenburg 1995, 2 Bde.

7. Otto der Große begründet das deutsche Kaisertum

Konzeption

Dies Kapitel nimmt – ebenso wie die Werkstatt-Seiten „Reichsinsignien" und die „Gewusst-wie"-Seite „Eine Urkunde entschlüsseln" – die ottonische Herrschaft ins Zentrum der Betrachtung. Im Mittelpunkt stehen aber nicht die ottonischen Herrscher, sondern zunächst die Kontinuitätslinien aus karolingischer Zeit, aber auch die Frage, inwieweit die ottonischen Herrscher das karolingische Herrschaftssystem gewandelt und auf sich und die neue Situation zugeschnitten haben. Wesentlicher Aspekt ist dabei das Herrschaftsverständnis der Ottonen, wobei der Frage der Herrschaftsnachfolge und dem Problem, inwieweit die erbliche Komponente des Geblütsrechts mit der Wahl eines Herrschers vereinbar war, besonderes Gewicht zukommt. Außerdem soll in diesem Kapitel die Entwicklung zum deutschen Reich und zum deutschen Kaisertum nachvollzogen werden, verbunden mit einem Blick auf die im Herrschaftssystem verwurzelten Frauen – in Person der Kaiserinnen Adelheid und Theophanu. Gerade Theophanu bietet eine gute Rekursmöglichkeit auf das Verhältnis zu Byzanz und damit Anlass zur Wiederholung und abschließenden Zusammenschau aller Kapitel der Themeneinheit.

Aspekte der Unterrichtsgestaltung

Dem Kapitel wurde zwar eine eindeutige Tendenz gegeben, um die Ottonen nicht aus dem „historisch leeren Raum" kommen zu lassen, sondern deutlich zu machen, dass sie sehr wohl an die karolingische Tradition angeknüpft hat-

ten. Doch lassen sich bei der Erarbeitung durchaus unabhängige Schwerpunkte setzen und mit unterschiedlichen Materialkombinationen unterschiedliche „Unterrichtsmuster" legen:

– Ein didaktischer Zugang kann zunächst die Nachfolge im Amt der Könige bzw. die Begründung eines deutschen Reichs sein, was neben dem Verfassertext auch Q1, Q3 und Q4 sowie Q13 thematisieren. In diesem Rahmen können auch die räumlichen Verschiebungen, wie in D1 ersichtlich, sowie die dezidiert dargelegte und die karolingische Tradition rezipierende ottonische Krönungspraxis (Werkstatt: Reichsinsignien) einbezogen werden.

– In einem anderen Zusammenspiel knüpfen Q2, Q3 und Q4 wiederum eine Verbindung zum thematischen Strang Byzanz und oströmisches Kaisertum; dieser Strang durchzieht seit dem ersten Teilkapitel die Einheit Herrschaft.

– Letztlich zeigen der Verfassertext, Q2, Q4 und Q5 auch die strukturelle Veränderung von Herrschaft unter den Ottonen mit der Einbindung der Reichskirche in das Lehnswesen und mit der Einbeziehung der Kaiserinnen in die Regentschaft.

Zusatzinformationen zum Verfassertext

Ausgehend von der Aachener Inthronisierung 936 können die Beachtung fränkischer Traditionen, die Betonung des sakralen Königtums und der Amtscharakter des Herzogtums herausgestellt werden. Gerade unter Otto I. jedoch führte die häufige Anfeindung seiner königlichen Macht bei der Vergabe offizieller Ämter zur Hinwendung an die kirchlichen Würdenträger, was das somit entstandene Reichskirchensystem als Garanten des Fortbestands der königlichen Position schuf. Dies wird auch in den Itineraren deutlich, die vermehrt Bischofssitze und Abteien als Stationen auf königlichen Reisen offenbaren.

Ein anderer, diskussionswerter Bereich ist die Mitregentschaft der Herrscherfrauen. Amalie Fößel führt aus, dass die Königin bei ihrer Herrschaftsausübung keinerlei Beschränkungen in der Art und Weise ihrer Mitwirkung unterlag, sondern dass ihr die ganze Bandbreite politischer und repräsentativer Aufgaben offen stand. Allerdings handelte sie, rechtlich betrachtet, immer als Stellvertreterin des Herrschers. Ihre Legitimation bestand in der persönlichen Verbindung als Ehefrau oder Mutter, allerdings erhielt sie auch durch Weihe, Salbung und Krönung eine sakral fundierte Autorität und trug den aus der Spätantike stammenden Titel „consors regni" (Amalie Fößel, Politische Handlungsspielräume der Königin im hochmittelalterlichen Reich, in: GWU 11/2002, S. 650–664, hier S. 651). Aus dem klassischen Latein kommend stand „consors" für „gleichen Anteil habend, Teilhaber, Mitgenosse" und damit auch für „Mitregent". Die Krönung zur Königin erhielt erstmals im Jahr 1002 Kunigunde, die Gemahlin Heinrichs II. Zuvor waren Adelheid und Theophanu 962 und 972 jeweils in Rom zu Kaiserinnen gekrönt worden.

Frauen in niedrigeren gesellschaftlichen Schichten bekamen durch die „Geschlechtervormundschaft" des Mannes ihre rechtliche Handlungsunfähigkeit attestiert. Selbst die Königinnen galten streng genommen als nicht wehrfähig, obwohl sie häufig die Regentschaft für unmündige Kinder übernahmen. Schwierig den Schülerinnen und Schülern zu verdeutlichen ist die Frage nach dem informellen Einfluss auf die königliche Politik bzw. den königlichen Hof. Da schlüssige Quellen zu diesem Bereich fehlen, kann nur spekuliert werden, was aus der zeitlichen Entfernung aber historisch nicht vertretbar ist.

Zusatzinformationen zu den Materialien

Q1 Die um 1270 geschaffenen Doppelstatuen Ottos I. und Adelheids haben ihren Platz im Chor des Domes in Meißen, also an bevorzugter Stelle. Das Kaiserpaar wird als Stifter des Meißener Doms verehrt. Otto und Adelheid tragen alle Zeichen ihrer Würde, der Kaiser Krone, Zepter und Reichsapfel, die Kaiserin ihre Krone und den Hermelin gefütterten Mantel. Beide wirken wie ein frommes Ehepaar, das einander zugewandt am Gottesdienst teilnimmt.

D1 Die bewusst reduzierte Karte dient der Orientierung, um zum einen Veränderungen gegenüber dem karolingischen Reich zu dokumentieren und zum anderen die Ausdehnung des ottonischen Reiches mit seinen politischen Hauptakteuren darzustellen. Da der deutsche König seit 951 gleichzeitig langobardischer und seit 1033 burgundischer König war, bestand das ottonische Reich seitdem aus drei Königreichen und den slawischen Gebieten. Hinzuweisen ist auf die vornehmlich in den östlichen Marken eingesetzten Markgrafen, deren Machtfülle durch den von ihnen zu gewährleistenden Schutz wuchs.

Q2 Thietmar von Merseburg beschreibt Theophanu in seiner Chronik als starke Herrscherin, die sich vollends ins ottonische Reich integriert hatte. Ihre älteste Tochter Sophia (975–1039) war seit 989 Kanonissin in Gandersheim und seit 1002 ebenfalls dort Äbtissin sowie seit 1011 Äbtissin des Stifts Essen. Ihre zweitälteste Tochter Adelheid (977–1043), seit 999 Äbtissin des Stifts Quedlinburg und seit 1014 Äbtissin von Gernrode, Frose und Vreden, übernahm 1039 nach Adelheids Tod ihr Äbtissinnenamt von Gandersheim.

Q3 Dieses Weihwassergefäß, um 1000 vermutlich am Mittelrhein gefertigt, wird dem Besitz Ottos III. zugeschrieben. Das nur 17,5 cm hohe Gefäß wurde aus Elfenbein geschnitzt, Henkel und Metalleinsatz wurden 1863 durch den Aachener Stiftsgoldschmied Martin Vogeno hinzugefügt. Die Basis des zweigeschossigen Gefäßes bildet ein achteckiger Grundriss. Im unteren Geschoss stehen bewaffnete Wächter vor den geöffneten Toren einer Stadt, die das himmlische Jerusalem symbolisiert, was für die Schüler auch durch die Grundrissparallele zur Aachener Pfalzkapelle nachvollziehbar ist (vgl. S. 24/25).

Im oberen Geschoss sind sitzende Figuren zu sehen, die jeweils von korinthischen Säulen mit Vorhängen eingerahmt werden. Dies sind zunächst drei thronende Figuren: Petrus, links von ihm Kaiser Otto III. (per Inschrift hinter dem Edelsteinband identifiziert) und rechts ein Papst, vermutlich Sylvester II. Die drei jeweils zwischen ihnen stehenden Figuren sind ihren Attributen nach zwei Erzbischöfe, zwei Bischöfe und ein Abt. Auf der Abbildung ist die Kaiserfigur Ottos III. zu erkennen.

Der rechts neben ihm stehende Erzbischof könnte Erzbischof Willigis von Mainz sein, zeitweilig auch Kanzler

unter den ottonischen Kaisern. Auffallend ist seine hohe Stirn, mit der er auch auf einem Siegel aus der Zeit dargestellt ist. Ein Rankenfries mit Jagdszenen bildet den oberen Abschlussrand. Zwei plastisch vorspringende Masken bilden die Halterungen für den Henkel. Damit lässt sich gut die Fortführung karolingischer Traditionen und Symbolik nachvollziehen, da nicht nur das kaiserlich-imperiale Achteck der Fast-Vollkommenheit, sondern auch die Stadtsymbolik des himmlischen Jerusalem und die Anspielungen auf das Gottesgnadentum erkennbar sind. Hier werden sie gepaart mit dem deutlichen Hinweis auf die kirchlichen Stützen des ottonischen Herrschaftssystems.

Theophanu brachte aus Byzanz auch eine spezielle Form der Herrschaftsidee mit – eine Familie befreundeter Herrscherhäuser, wobei sie besonders mit Blick auf die östlichen Nachbarn sich um die Verwirklichung dieser Idee bemühte.

Wegen einiger Fehler in der Inschrift und dem Kleidungsgemisch der Figuren nehmen Historiker an, dass die Schnitzerei in Süditalien, einem Randgebiet des byzantinischen Reiches, entstanden ist, wo verschiedene Stileinflüsse zusammenkamen. Andere sehen ihren Ursprung in Mailand. Das $18 \times 10{,}3$ cm große Objekt, das sich heute im Musée National du Moyen Age de Cluny in Paris befindet, verdeutlicht ebenfalls die Vorbildfunktion, die Byzanz auch in kultureller Hinsicht für das westliche Kaisertum darstellte.

Q4 Die Elfenbeinschnitzerei wurde in der Zeit von 972–983 ganz im Trend eines zu der Zeit sowohl im Osten als auch im Westen verbreiteten Bildtyps gefertigt. Kaiserin Theophanu (959/960–991), Tochter von Patrikios Konstantinos Skleros und Sophia Phokaina, verleugnete ihre Herkunft als byzantinische Prinzessin nicht, sondern setzte sich vehement für den Frieden zwischen beiden Reichen ein.

Unter einem von Säulen getragenen Baldachin steht in der Mitte eine antikisch gewandete übergroße Christusgestalt und krönt die ebenfalls auf durchbrochenen Fußschemeln stehenden, aber – für den Bildtyp üblich – deutlich kleineren Figuren Ottos II. (links) und Theophanus (rechts). Die teils lateinischen, teils griechischen Inschriften bezeichnen die Figuren als „Otto Imperator Augustus Romanorum", d. h. „Otto, der erhabene Kaiser der Römer", und seine Gemahlin als „Theophanu Imperatrix Augustus", d. h. „Theophanu, erhabene Kaiserin". Der Stifter der Schnitzerei liegt in der ehrerbietenden Proskynese dem Kaiser zu Füßen. Möglicherweise war es der Notar Theophanus und spätere Gegenpapst, Johannes Philagathos. Das Herrscherpaar trägt edelsteinbesetzte Gewänder und Kronen mit seitlich herabhängenden Pendilien, Theophanu auch einen Juwelenkragen, was auf byzantinische Einflüsse schließen lässt, wobei Ottos Mantel hingegen eher westlich wirkt.

Q6, Q7, Q8, Q10 Die aus dem 10. Jh. stammende Reichskrone (Q6) ist zwar nicht die von Otto bei seiner Krönung getragene Krone, wird aber wegen ihres Symbolgehalts für das Heilige Römische Reich in der Schatzkammer der Wiener Hofburg aufbewahrt. Ihr Plattenkranz wurde vermutlich 978/980 in den Werkstätten der Abtei Reichenau für Otto II. gefertigt, Kreuz und Bügel kamen jedoch später hinzu. Ihr theologisches Bildprogramm, das die Übertragung der göttlichen Herrschaft auf den weltlichen Herrscher darstellt, zeigt deutlich das politische Programm der Ottonen, d. h. die Ableitung ihrer Herkunft aus dem biblisch-alttestamentarischen Königshaus (mit der Darstellung von David, Salomon, Ezechias und Christus auf den seitlichen Emailplatten) und den Hinweis auf das Gottesgnadentum. Zwölf große Edelsteine auf der Stirnplatte repräsentieren die zwölf Apostel, auf der Nackenplatte die zwölf Stämme Israels.

Weitere Herrschaftsinsignien waren die Heilige Lanze (Q7), das Reichskreuz, der Reichsapfel (Q8), das Reichsschwert (Q10) und der Krönungsmantel. Die Heilige Lanze galt als Sieg bringend, weil sie mit einem Nagel vom Kreuz Christi eine Reliquie in sich barg. Sie war erst unter Heinrich I. erworben worden und zwar von Rudolf von Habsburg, der sie wiederum von lombardischen Adligen erhalten haben soll. Die Heilige Lanze galt daher als Symbol der Herrschaft über Italien und Burgund.

Q9 Wie Otto zum König erkoren wird, ist eine klassische Quelle, die nicht nur in den einzelnen Abschnitten der Krönungszeremonie das dahinter stehende politische und religiöse Herrschaftsprogramm erkennen lässt, sondern auch die an der Zeremonie Beteiligten benennt, so dass hier auch Kontinuitäten oder Veränderungen am Herrscherhof gegenüber dem Karolingerreich erarbeitet werden können. Außerdem bietet der Bericht Widukinds einen guten Einblick in die symbolträchtigen Handlungen im Rahmen einer Krönungsfeierlichkeit. Auf der einen Seite zeigt sie die dynastische erbrechtliche Seite durch die Designation des Vaters, auf der anderen Seite offenbart sie den Wahlcharakter durch Beteiligung der Adeligen, ohne aber die Bedeutung des Sakralen im Krönungsritual zu vergessen.

Q13 Die Buchmalerei folgt dem klassischen Bildprogramm ottonischer Herrschaftsbilder. Umgeben von hohen geistlichen und weltlichen Würdenträgern thront der Kaiser unter einem von Säulen getragenen Baldachin und empfängt die Huldigung von vier Frauen, die die Provinzen des Reichs versinnbildlichen: Roma, Gallia, Germania, Slawinia. Das Bild dokumentiert den Herrschaftsanspruch des Kaisers über das christliche Abendland. Abstammung, Erbe und Bildung prägen die Kaiser- und Romidee Ottos III.: als Sohn der byzantinischen Kaisertochter Theophanu betonte er die Gleichrangigkeit des Kaisertums von Ost- und Westrom und verpflichtete sich einer „Renovatio imperii Romanorum", die nicht nur die Macht und Größe des Römischen Reichs wiederherstellen, sondern Rom wieder zur Kaiserresidenz und Reichshauptstadt erheben sollte.

Zu den Fragen und Anregungen (Seite 38)

1 Die Königslandschaft ist eindeutig aus dem zentral- und nordfranzösischen Raum (ausgehend vom Pariser Becken, der Île-de-France) der fränkischen Zeit nach Osten ins nach den Reichsteilungen übrig gebliebene Ostfränkische Reich verschoben worden. Schwerpunkt war das Herzogtum Sachsen sowie der Oberrhein und der Norden des Herzogtums Bayern. Die meisten Bistümer befanden sich bisher ebenfalls in dem zuerst genannten Raum, hatten dann unter Karl dem Großen ostwärtigen Zuwachs, u. a.

auch im Sachsengebiet, erhalten und prägten danach unter den Ottonen vornehmlich den Raum der östlichen Marken. Somit dienten sie also neben der Grenzbefestigung auch der Christianisierung des weiter östlich gelegenen Slawengebietes (u. a. Meißen, Zeitz, Magdeburg, Brandenburg, Regensburg).

2 Ottos Bruder Brun wurde 953 Erzbischof von Köln; im September des gleichen Jahres verlieh ihm der König das Herzogtum Lothringen. Als Erzbischof und Herzog vereinte Brun geistliche und weltliche Gewalt in seiner Hand; das ottonische Reichskirchensystem kündigte sich an. Die Kirche förderte zum einen die Reichseinheit, denn die rebellischen Stammesherzogtümer konnten mit königsgetreuen Angehörigen der Reichskirche durchsetzt werden, die Kirche entpflichtete andererseits im Todesfall des Kronvasallen den König vom „Leihezwang" und verschaffte ihm die Verfügungsgewalt über Amt und Lehen. Belehnte der König die Angehörigen der Reichskirche wie weltliche Herren und verlangte dafür auch die Übernahme weltlicher Aufgaben (Heeresfolge, Dienste in Verwaltung und Diplomatie), so verschmolz auch die Einsetzung des geistlichen Würdenträgers und des weltlichen Lehnsträger zu einem einzigen Akt. Der König beanspruchte als Lehnsherr die Investitur der Reichsbischöfe und Reichsäbte.

3 Die Herrscherin erfüllte nach dem Tode des Herrschers seine Pflichten und nahm seine Position ein; sie bewahrte die Krone für ihren minderjährigen Sohn, sie förderte die Frommen und hielt die Ordnung im Reich aufrecht, sie überwand die „Hochfahrenden" und behielt die Oberhand über aufständische Reichsfürsten. Erfolgreich war die Herrscherin nach Ansicht des Bischofs trotz, nicht wegen ihres weiblichen Geschlechts. Thietmar von Merseburg verschweigt, dass Theophanu schon zu Lebzeiten Kaiser Ottos II. selbst politisch aktiv war, indem sie in einem eigenen Aufgabenfeld oder mit dem Kaiser gemeinsam Entscheidungen fällte, also Herrschaft ausübte, wie es bereits Kaiserin Adelheid getan hatte. Beide Kaiserinnen entstammten wichtigen Monarchien der damaligen Zeit und konnten so auch ihre familiären Beziehungen zum Wohle der Ottonen einsetzen.

4 Herrschaft auszuüben war im Mittelalter abhängig von der persönlichen Autorität und von der persönlichen Anwesenheit des Herrschers. Dazu bedurfte es eines starken Durchsetzungswillens, auch der Bereitschaft, Herrschaft mit Gewalt durchzusetzen sowie einer robusten Gesundheit, um den Strapazen des Reisekönigtums standzuhalten. Frauen durften im Mittelalter keine Waffen tragen, hatten es also schwer, selbst einen Herrschaftsanspruch mit Waffengewalt durchzusetzen. Frauen mussten andererseits Kinder, insbesondere Söhne gebären, um über den Thronfolger die Herrschaft in der Familie zu erhalten, waren also durch die häufigen Schwangerschaften körperlich eingeschränkt und gesundheitlich gefährdet. Bezeichnenderweise eröffnete daher erst die „Freiheit vom Gebären" durch Witwenschaft (Adelheid, Theophanu, vgl. Q2), durch Trennung vom Ehemann (Mathilde von Tuszien, vgl. „Konflikte") oder durch den geistlichen Stand (Äbtissin Mathilde von Quedlinburg, vgl. Q2; Hildegard von Bingen, vgl. „Orte"; Roswitha von Gandersheim) die eigene Ausübung von Herrschaft.

5 Die Darstellung des thronenden Kaisers Otto III. knüpft an spätantike Vorbilder an.

Auf beiden Seiten des Kaisers stehen zwei Würdenträger als Vertreter der Stände, auf denen die Herrschaft der Ottonen ruht, rechts zwei Geistliche (die rechte Seite ist der Ehrenplatz), links zwei Krieger. Ihre Blicke sind auf den Kaiser gerichtet; der Geistliche zur Rechten legt seine Hand auf die Lehne des Throns, der Krieger zur Linken umklammert sein Schwert und hebt die Hand zum Treueschwur. Weltliche und geistliche Lehnsträger stützen die Herrschaft des Königs und Kaisers gleichermaßen.

Dem Kaiser huldigen die Völker in Gestalt von vier Frauen. Deren Rangfolge zeigt die bevorzugte Stellung Roms und versinnbildlicht die Kaiser- und Romidee Ottos III., sein Reich soll das Römische Imperium unmittelbar fortsetzen, nicht Aachen, sondern Rom selbst ist „caput mundi", das Zentrum der Welt.

6 Die Parallelen zwischen dem karolingisch-fränkischen und dem ottonisch-deutschen Reich wurden schon von den Zeitgenossen Ottos gesehen: „Siehe, wie das Reich der Deutschen einen ganz ähnlichen, sozusagen verwandten Anfang hat wie das Reich der Franken." (Otto von Freising, Chronik, Buch VI, Kapitel 24).

Als mögliche Aspekte des Vergleichs könnten untersucht werden: der Herrschaftsraum (Ausdehnung des Reichs), die Legitimation der königlich-kaiserlichen Herrschaft, das königlich-kaiserliche Selbst- und Amtsverständnis, rechtliche Strukturen der Königsherrschaft (Sippenrecht, Designation und Erbfolge, Mitregierung der Herrscherinnen), die Herrschaftsordnung des Lehnswesens.

Werkstatt: Die Reichsinsignien

Das römische Reich galt im politisch-theologischen Verständnis des Mittelalters als das letzte der großen Weltreiche, deren Abfolge die Geschichte der Menschheit strukturierte. Nach der Deutung des Propheten Daniel würde es bis ans Ende aller Tage andauern und erst von der Herrschaft des Antichristen abgelöst werden. Das Kaiserreich war in die Heilsgeschichte eingefügt. Sollte das Reich vergehen, wäre das Weltende gekommen, denn es war das letzte irdische Reich. Die Hoffnungen der mittelalterlichen Menschen ruhten daher auf dem Kaiser. Er stand als „monarcha mundi" an der Spitze der Christenheit, er sollte sie vor Feinden schützen, den Glauben verteidigen und die christliche Botschaft durch Mission und Heidenkrieg verbreiten, er sollte Recht und Ordnung, Frieden und Gerechtigkeit setzen.

Die Reichsinsignien versinnbildlichen die endzeitliche Bedeutung des Imperiums und die sakrale Herrschaft des Kaisers. Es sind heilige Gegenstände, die den Herrscher der irdischen Sphäre entheben.

Zu den Fragen und Anregungen

1 Die einzelnen Schritte der Krönungszeremonie sind folgende: Im Säulenhof der Basilika erfolgten die weltliche Inthronisation, Huldigung und Treueeid; dann folgte der Einzug in die Kirche, begleitet vom Erzbischof. Es schloss sich die Akklamation durch das Volk und die Einkleidung mit den Herrschaftsinsignien durch den kirchlichen Würdenträger an. Nach der Salbung (Erinnerung an alttestamentarische Bräuche) wurde der zu Krönende zum Thron zurückgeführt. Wichtig ist, dass die Trennung von weltli-

Tafelbild

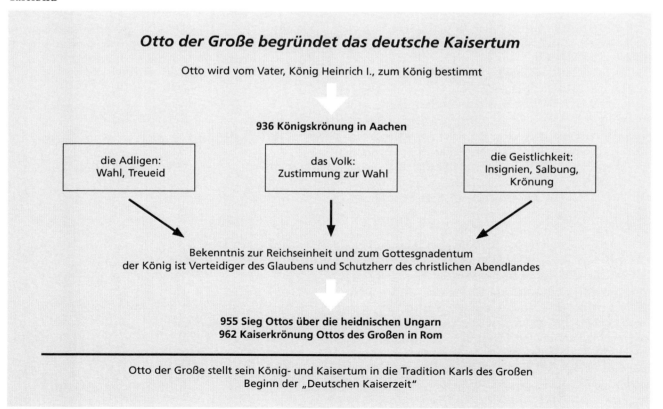

Otto der Große begründet das deutsche Kaisertum

Otto wird vom Vater, König Heinrich I., zum König bestimmt

↓

936 Königskrönung in Aachen

| die Adligen: Wahl, Treueid | das Volk: Zustimmung zur Wahl | die Geistlichkeit: Insignien, Salbung, Krönung |

Bekenntnis zur Reichseinheit und zum Gottesgnadentum
der König ist Verteidiger des Glaubens und Schutzherr des christlichen Abendlandes

↓

**955 Sieg Ottos über die heidnischen Ungarn
962 Kaiserkrönung Ottos des Großen in Rom**

Otto der Große stellt sein König- und Kaisertum in die Tradition Karls des Großen
Beginn der „Deutschen Kaiserzeit"

cher und geistlicher Inthronisation erkennbar wird und dass beide Zeremonien in einem Gebäudekomplex von vorher bestimmten Amtsträgern (Fürsten und Bischöfen) durchgeführt wurden.

2 Die Heilige Lanze ist die siegreiche Reliquie. Der von Gott auserwählte Kaiser führte sie als Zeichen des Glaubens im Kampf gegen die Heiden. Der Sieg über die heidnischen Ungarn sicherte Otto eine hegemoniale Stellung in Europa, er war zum Schutzherrn des christlichen Abendlandes geworden. Dieser Vormachtstellung des Königs innerhalb der Hierarchie der weltlichen Fürsten konnte nur der Kaisertitel entsprechen. Die Kaiserkrönung Ottos 962 bedeutete daher nur die förmliche Bestätigung der auf dem Lechfeld erworbenen herausragenden Position.

3 Die Goldplatten der Reichskrone ergeben zunächst ein Achteck mit der schon beschriebenen Symbolik der königlich-kaiserlichen Vollkommenheit. Das Christus zeigende Emaillebild verdichtet zusammen mit der Inschrift „Durch mich regieren die Könige" die Legitimation mittelalterlicher Herrschaft auf ihre Kernbotschaft; es ist dies die unmittelbare Beziehung des Herrschers zu Christus. Dem Kaiser ist die Herrschaft von Gottes Sohn übertragen worden, er herrscht „von Gottes Gnaden". Die alttestamentarischen Könige David und Salomon stellen den Bezug zum Königtum der Bibel, den ersten Königen, her und setzen das ottonische Königtum somit in engen Zusammenhang bzw. in die Traditionslinie des biblischen Herrschertums.

Gewusst wie: Eine Urkunde entschlüsseln

Diese Urkunde ist ein so genanntes Diplom, das König Otto I. 936 in der Königspfalz Werla (nördlich des Harzes) für die Abtei Corvey (bei Höxter) ausstellen ließ, die zu der Zeit das bedeutendste Kloster im Herzogtum Sachsen war. Abt Folkmar reiste an den sich in der Pfalz zu Werla aufhaltenden Königshof, um sich gewisse Rechte wie das Wahlrecht und den Zehntbezug von den eigenen Gütern beurkunden sowie die Immunität, die seine Amtsvorgänger von früheren Herrschern schon erhalten hatten, routinemäßig bestätigen zu lassen. Als ein wichtiges Zentrum für die Christianisierung Sachsens war es für die Herrscher wichtig, besonders diesem Kloster weitgehende Rechte zu gewähren. Die Abfassung dieser Urkunde auf Pergament übernahm der Notar Adaldag, einer der Hofgeistlichen der königlichen Kanzlei, den Otto ein Jahr später zum Erzbischof von Hamburg-Bremen ernannte.

Heute wird das Schriftstück im Nordrhein-Westfälischen Staatsarchiv in Münster in der Abteilung „Kaiserurkunden" verwahrt. Den Schülern kann ein „Rundgang" durch die Urkunde angeboten werden, auf dem sie viele Informationen über die Hofkanzlei und den Umgang Ottos mit den Klöstern entdecken. Dabei können sie feststellen, wo sich Otto I. im Jahre 936 aufhielt, welche Hofmitglieder Erzkaplan und Notar waren und was er dem Kloster Corvey bestätigte. An dieser Stelle kann man sehr gut die Problematik der Informationsbeschaffung über eine weitgehend nicht schriftlich kommunizierende Zeit ansprechen. Durch den Vergleich mit ähnlich strukturierten Überlieferungen ist

bezüglich des in dieser Urkunde dokumentierten Vorgangs auf eine bestimmte, damals übliche Verfahrensweise zu schließen. Es wird den Schülern auch deutlich, dass die Hofkanzlei den Herrscher auf Reisen von Pfalz zu Pfalz begleitete und dass seine Untertanen, wie Abt Folkmar von Corvey, lange Reisen unternehmen mussten, um dem Herrscher ihre Anliegen vorzutragen bzw. Rechtsakte bestätigt zu bekommen. Für die Pfalz Werla sind beispielsweise von 926 bis 1024 insgesamt 17 Königsaufenthalte nachweisbar. Da dort ab einem bestimmten Jahr keine Urkunden mehr ausgestellt wurden, nimmt man an, dass die Pfalz an Bedeutung verloren hatte.

Literatur

Das Kaiserreich der Deutschen. Die Ottonen und ihre Zeit. Themenheft G/Geschichte 12/2002.

Fößel, Amalie, Die Königin im mittelalterlichen Reich. Herrschaftsausübung, Herrschaftsrechte, Handlungsspielräume, Stuttgart 2000.

Fößel, Amalie, Politische Handlungsspielräume der Königin im hochmittelalterlichen Reich, in: GWU 11/2002, S. 650–664.

Jäschke, Kurt-Ulrich, Notwendige Gefährtinnen. Königinnen der Salierzeit als Herrscherinnen und Ehefrauen im römisch-deutschen Reich des 11. und beginnenden 12. Jahrhunderts, Saarbrücken 1991.

Mayr-Harting, Henry, Warum 799 in Paderborn? in: Christoph Stiegemann/Matthias Wemhoff (Hrsg.), 799 – Kunst und Kultur der Karolingerzeit. Karl der Große und Papst Leo III. in Paderborn, Ausstellungskatalog 2 Bde., Mainz 1999.

Schnith, Karl (Hrsg.), Frauen des Mittelalters in Lebensbildern, Graz/Wien/Köln 1997 (darin ein Kapitel über Adelheid und Theophanu).

Schulze, Hans, Sachsen als ottonische Königslandschaft in: Matthias Puhle (Hrsg.), Otto der Grosse. Magdeburg und Europa, Ausstellungskatalog zur gleichnamigen Europarats-Ausstellung in Magdeburg, 2 Bde., Mainz 2001.

Orte des Lebens im mittelalterlichen Europa

Inhalte und Schwerpunkte

Die Themeneinheit stellt drei „Orte" des Lebens im Mittelalter vor, wobei der Schwerpunkt auf dem frühen Mittelalter liegt. Üblicherweise rechnet man zu den „Orten des mittelalterlichen Lebens" die Stadt, das Dorf, die Burg und das Kloster. Gemeint sind damit Schauplätze des historischen Geschehens, an denen man zwar auch Herrschaftsgeschichte, primär aber die Sozial- und Wirtschaftsgeschichte, sowie die Alltags-, Kultur- und Mentalitätsgeschichte einer Epoche aufzeigen kann. Die Stadt wird hier zunächst ausgeklammert; ihr ist eine eigene umfangreiche Themeneinheit zugewiesen.

Das Leben der überwiegenden Anzahl der Menschen im frühen Mittelalter ist geprägt vom natürlichen Rhythmus der Bearbeitung des Landes. Man schätzt, dass nördlich der Alpen in dieser Zeit etwa 7 Mio. Menschen lebten, von denen nur eine kleine Zahl als Reiterkrieger oder Geistliche von der schweren körperlichen Arbeit auf dem Lande ausgenommen waren.

Das erste Kapitel der Themeneinheit zeigt die gesellschaftlichen Rahmenbedingungen, unter denen die Menschen auf dem Lande lebten.

Das zweite Kapitel ist dem Alltagsleben auf dem Land gewidmet. Den Schülerinnen und Schülern wird eine Welt vorgestellt, die nach dem Rhythmus der Natur ausgerichtet und in der das Überleben mit heute nur schwer vorstellbaren Mühen verbunden war. Sie erfahren, dass unser Wissen über diese Zeit zu großen Teilen den Methoden und Ergebnissen der Mittelalterarchäologie zu verdanken ist, und dass auch mit der experimentellen Archäologie Erkenntnisse über diese Zeit gewonnen werden können.

Im dritten Kapitel werden die grundlegenden Veränderungen vorgestellt, die zu deutlichen Verbesserungen bei den Anbau- und Bearbeitungsmethoden führten. Der Bogen wird dabei bis ins hohe Mittelalter gespannt.

Das vierte Kapitel macht die Schülerinnen und Schüler mit einem weiteren Lebensort des Mittelalters bekannt: dem Kloster. Hier wird die Entwicklung der Mönchsorden, ihre Bedeutung für die mittelalterliche Gesellschaft und das Leben im Kloster selbst thematisiert.

Das fünfte Kapitel gibt einen Überblick über die weitere Entwicklung des Mönchtums und gibt einen Ausblick auf die Reformbewegungen.

Im sechsten Kapitel der Themeneinheit wird der dritte Ort mittelalterlichen Lebens, die Burg, und ihre Bewohner, die Ritter, behandelt. Dabei wird die Entwicklung des Rittertums kurz skizziert, das Alltagsleben auf einer Burg vorgestellt und der Werdegang adliger Kinder erläutert.

Das siebte und letzte Kapitel wirft ein kurzes Schlaglicht auf die Gesellschaftsordnung des Mittelalters, die jedem Menschen einen fest gefügten Platz in einer – wie man meinte – gottgewollten Ordnung zuerkannte.

Auftaktdoppelseite 40/41

Die Auftaktdoppelseite illustriert mit ihren drei Bildkombinationen die in der Themeneinheit vorgestellten Bereiche des mittelalterlichen Lebens. Sie bietet sich an, das Vorwissen der Schülerinnen und Schüler zu dem Themenkomplex zu aktivieren. Dies kann in Form einer Mindmap geschehen, auf die dann bei der weiteren Bearbeitung der Themeneinheit zurückgegriffen werden kann, um sie zu ergänzen oder zu korrigieren.

Die Abbildungen links unten präsentieren Aspekte des ritterlichen Lebens, die bei den Schülerinnen und Schülern sofort Assoziationen auslösen dürften:

- Die Festung von Loarre in der Provinz Huesca wurde 1016–1025 im Auftrag von Sancho Ramírez I. von Aragon im Kampf gegen die Mauren erbaut. Da die Mauren bald weiter nach Süden abgedrängt wurden, war die Burganlage ihrer Funktion beraubt. Sie wurde Ende des 11. Jhs. in ein Augustinerkloster umgewandelt.
- Die Abbildung aus der Manessischen Liederhandschrift zeigt einen Ritter in voller Montur, zwei adlige Damen und einen Minnesänger bei einem Turnier. Die Manessische Liederhandschrift wird heute in der Universitätsbibliothek Heidelberg verwahrt.
- Die italienische Handschrift aus dem 13. Jh. präsentiert zwei gerüstete Ritter beim Tjostieren, dem Wettkampf zu Pferde im Rahmen eines Turniers, bei dem es galt, den Gegner aus dem Sattel zu heben.

Oben rechts finden sich Illustrationen des mittelalterlichen Lebens auf dem Lande:

- Die zeichnerische Rekonstruktion (1991) eines salischen Dorfes um 1100 lässt die Beschwernisse des Alltags nur erahnen: Die Wege waren nicht befestigt, die Häuser hatten keine verglasten Fenster, sondern kleine Öffnungen, die man im Winter mühsam zu verschließen versuchte. Der Rauch des offenen Feuers zog durch Rauchlöcher an den Giebeln aus dem Gebäude ab. Menschen und Tiere lebten unter einem Dach auf engem Raum zusammen. Das einzige Gebäude aus Stein ist der Wohnturm des adligen Dorfherrn im Hintergrund des Bildes.
- Die beiden Illustrationen von Bauern bei der Arbeit stammen aus dem Spätmittelalter. Das Säen aus dem Saattuch bleibt unverändert bis weit in die Neuzeit hinein. Das pflügende Pferdegespann zeigt bereits einen Räderpflug mit Sech und schollenwendender Pflugschar sowie den lastverteilenden Halskragen (Kummet) bei den Zugtieren. Dies sollte mit der Vorläufersituation auf S. 47 kontrastiert werden.

Unten rechts, im Kontrast zum dörflichen Leben, Steingebäude in prächtiger Architektur als Zeugnisse des Klosterlebens, in Kombination mit der Zeichnung aus einer Handschrift, die uns einen mittelalterlichen Mönch zeigt.

Die Abbildungen auf der ADS sind aus verschiedenen europäischen Ländern zusammengestellt; damit wird deutlich, dass die beschriebenen „Orte" in ähnlicher Ausprägung in ganz Europa anzutreffen waren und die Entwicklung bestimmten.

1. Bauern und ihre Herren – Leben in der Grundherrschaft

Konzeption

Die Herrschaft von König, Adel und Kirche im Mittelalter war deshalb so wirksam und dauerhaft, weil sie durch die Grundherrschaft abgestützt wurde. In dieser zentralen Organisationsform der mittelalterlichen Gesellschaft lebte der größte Teil der Bevölkerung und war wirtschaftlich, politisch, rechtlich und kulturell in sie eingeordnet. Sie erfuhr ihre Ausprägung in der Karolingerzeit und bestand letztlich als „Gutsherrschaft" mit adligen Sonderrechten bis ins 19. Jahrhundert fort. Kennzeichnend für diese Herrschaft über „Land und Leute" ist die Personalisierung von dinglichen Beziehungen, die persönliche Abhängigkeit der mehr oder weniger unfreien Grundholden von ihrem Leib- wie Gerichtsherrn. Ein Vergleich dieses Rechtszustands mit der heutigen persönlichen „Freiheit" drängt sich auf, muss allerdings differenziert durchgeführt werden, um erhellend wirken zu können.

Möglichkeiten der Unterrichtsgestaltung

Den Zugang zu dem komplizierten und variantenreichen Geflecht von Leistungen und Abhängigkeiten zwischen Herren und Holden kann in arbeitsteiliger Gruppenarbeit oder im Unterrichtsgespräch aus den Quellen Q1 bis Q4 ermittelt werden. Hierbei sollten die Schüler kritisch die Herkunft der Quellen berücksichtigen: Sowohl Texte wie Bilder entstammen der Sphäre der Herrschenden, die Grundhörigen selbst bleiben stumm. Die letztlich für beide Seiten prekäre Form der Existenz darf weder zu trivialer Harmonisierung noch zu vorschnellen Ausbeutungsunterstellungen führen, bei aller Tendenz zu einer immanenten Ungerechtigkeit im Gefälle der Abhängigkeit zwischen Grundherren und Hörigen. Ist das Prinzip der Grundherrschaft hinreichend begriffen, kann ihre Funktion in der Form der Villikationsverfassung unschwer anhand von D1 erarbeitet werden.

Zusatzinformationen zum Verfassertext

Der Begriff „Grundherrschaft" ist keine in den Quellen vorzufindende Definition dieser Herrschaftsform, sondern ein moderner Ordnungsversuch der Historiker aus der Vielzahl von Einzelbefunden. Durch das Obereigentum an Grund und Boden erwirbt der Herr (König, Adel, Kirche) Herrschaftsmacht über die darauf existierenden Menschen. In diesem Zusammenspielen von faktischer Gewalt und Rechtsordnung gibt es keine Trennung von öffentlichen und privaten Bereichen. Umstritten bleibt, wie weit überkommene Gewohnheitsrechte diese Herrengewalt einzuschränken vermochten. Ebenso wird in den Quellen nicht der Begriff „Bauer" verwendet, sondern zahlreiche Abstufungen zwischen „frei" und „unfrei". Ein Bauern„stand" bildet sich erst im hohen und späten Mittelalter durch die soziale und rechtliche Ausgliederung des Rittertums und der Stadtbürger im Zuge der sich formierenden Ständegesellschaft.

Tafelbild

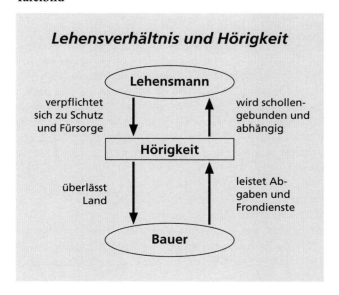

Zusatzinformationen zu den Materialien

D1 Die Zuordnungsaufgabe 1 ermöglicht eine rasche Verständnisüberprüfung des unvertrauten Aufbaus einer klassischen Villikation.

Q1 Bis in die Neuzeit hinein erfolgte der Getreideschnitt mit der Sichel, um Körnerverluste möglichst gering zu halten. Sensen dienten fast nur zur Heuernte. Die Buchmalereien des Mittelalters ordnen dem Rang in der Gesellschaft eindeutige Form- und Farbmerkmale auch in der Kleidung zu. Die Bauern tragen arbeitsgerechte, kurze Kittel in Erdfarben, während der beaufsichtigende Meier außer durch seine längere blaue Kleidung noch durch Accessoires wie Hut, Stab und Horn als sozial herausgehoben gekennzeichnet ist.

Q2 Die Illumination aus einer spätmittelalterlichen Handschrift des Sachsenspiegels zeigt in der typisch didaktisch-deiktischen Überzeichnung der Aktion die Zahlung von Abgaben an den Grundherrn, wobei hier die marktmäßige Verwandlung von Produkt in Geld deutlich wird.

Q3 Die Grundherrschaft des Bischofs von Augsburg war von beachtlicher Größe: Die 740 Tagwerk des Sallandes entsprechen etwa 250 ha, mit den ausgegebenen Hufen betrug die gesamte landwirtschaftliche Fläche etwa 850 ha, die man mit ihrem Ertrag aus extensiver Bewirtschaftung allerdings nicht kurzschlüssig mit der Intensivnutzung von heute gleichsetzen darf. Zu der recht differenzierten Aufzählung der Quelle gehören auch die in vielen größeren Grundherrschaften des Frühmittelalters vorhandenen Tuchmanufakturen (Genitien), in denen unverheiratete Gesindefrauen für die Herrschaft arbeiteten.

Q4 Die Quelle schildert anschaulich die Konsequenzen eines vorgeblich freiwilligen Eintritts in eine Grundherrschaft. Zum Bedingungsgefüge des Personenverbandsstaates gehört auch das Recht der unmittelbaren Appellation an der Herrscher (hier Konrad II.), auch wenn es im konkreten Fall an Kommunikationshindernissen scheitert.

Zu den Fragen und Anregungen

1 Die relativ einfache Zuordnungsaufgabe von Personengruppen und Gebäuden und ihre bildhafte Umsetzung machen die bäuerliche Lebenswelt für die Schülerinnen und Schüler anschaulich und fassbar.

2 In der Karolingerzeit wurde das Recht der Waffenführung für die freien Bauern zur Last ständigen Kriegsdienstes. Freiwillig oder gezwungen begaben sie sich in die Abhängigkeit eines Grundherrn. Dieser verpflichtete sich zu Schutz und Fürsorge der nun waffen- und wehrlosen Grundholden, umgekehrt eröffnete gerade diese Wehrlosigkeit der abhängigen Bauern den Weg zu Machtmissbrauch, Unterdrückung und Willkür.

3 Gezeichnet werden der Fronhof mit Wiesen, Ackerland, Mühle und Tuchmacherei, freien und unfreien Hufen, nicht aber der Herrenhof, hier der Bischofssitz im weit entfernten Augsburg.

4 Deutlich werden soll, dass Menschen als bloßes Zubehör des Produktionsmittels Boden verstanden wurden, dass die Rechtsverhältnisse der mittelalterlichen Grundherrschaft bis ins 19. Jh. andauerten, also in die Zeit der durchaus noch fassbaren Familiengeschichte der Schüler hinein.

5 Die Aufgabenstellung fordert zum Perspektivenwechsel auf und sichert so die Alterität des Problems der Grundherrschaft ab. Grundherrschaft bedeutete nicht nur Unterdrückung und Willkürherrschaft, sondern garantierte auch Schutz, Fürsorge und Sicherheit in einer von persönlichen Verpflichtungen, nicht von abstrakten Institutionen geprägten Welt.

2. Alltag im mittelalterlichen Dorf

Konzeption

Das Kapitel stellt das ländliche Mittelalter synchron um die Jahrtausendwende als kleine Welt eines labilen Gleichgewichts dar und als Beispiel einer Mangelgesellschaft im ständigen Risiko. Es formuliert den Versuch des Überlebens durch Anpassung, Urbarmachen und Siedlungsbau und die entscheidende Rolle des Bauern als Träger der Entwicklung zur Kulturlandschaft. Diese Existenzform war bestimmt durch den mündlichen Kontakt und kannte keine weit gespannten Kommunikationsmöglichkeiten. Kenntnis und Funktion der christlichen Religion blieben im Alltag der Meisten oft nur marginal; magische Deutungsversuche von Naturerscheinungen und örtlich-heidnische Überlieferungen prägten gegen den immer wieder formulierten Widerstand der aristokratischen Herrenkirche die anthropologischen Konstanten häufig wesentlicher.

Am Ende des VT werden die unterschiedlichen Methoden der historischen und archäologischen Erkenntnisgewinnung über das mittelalterliche Alltagsleben angesprochen – nicht nur auf dem Land: Geringe Überlieferung durch Texte oder Bilder bedingen viel Nachspüren durch Ausgrabungstechniken (Friedhöfe, Kloaken, Dendrochronologie, Experiment).

Der experimentellen Archäologie ist es gelungen, wichtige Probleme der frühgeschichtlichen Lebensverhältnisse plau-

sibel zu erklären. Erfahrungsgemäß stößt die Wiederaufnahme archäologischer Fragestellungen bei den Schülern auf positive Resonanz und kann helfen, das andere und ferne Mittelalter auf ungewohnten Lernwegen zu erschließen. Empfehlenswert ist eine Verzahnung mit dem Kapitel Grundherrschaft. Fachübergreifend ist eine Kooperation und/oder Projektunterricht mit den Fächern Geographie, Biologie, Kunst und Religion günstig.

Möglichkeiten der Unterrichtsgestaltung

Der Versuch einer Annäherung an die gänzlich fremde Lebensweise kann nur vom Vorwissen (und Vorurteil) der Schüler ausgehen; ihr Abholen dort ist unabdingbar notwendig zum historisch hinreichend korrekten Verständnis. Daher sollte eine Kontrastierung mit der (post)industriellen Gesellschaft leitendes Unterrichtsprinzip sein: Kaum 5 % der Bevölkerung arbeiten heute noch in der Landwirtschaft. Ein Vergleich mit Entwicklungsländern kann den problemorientierten Blick schärfen. Die Perspektive der Bauern muss auch bei den übrigen Mittelalter-Kapiteln immer wieder gesucht werden.

Die Exkursion in ein Dorf und seine Umgebung bietet sich an; dort lässt sich die Spurensuche in Wald, Gemarkung und Dorf durchführen; das gilt ebenso für die Erforschung von Flurnamen nach der Topographischen Karte 1 : 25 000 und/oder eine Befragung.

Museen und Ausstellungen betreiben Forschung im Versuch und Vorführungen als Demonstration der bereits gewonnenen Erkenntnisse. Die Erkundung eines Freilandmuseums bäuerlicher Kulturdenkmale muss berücksichtigen, dass dem oft steril-nostalgischen Ambiente jeglicher Anteil der alltäglichen Arbeit mit Lärm, Gestank und Schmutz fehlt und nur mühsam simuliert werden kann. Hier kann dem Schüler in Kooperation mit diesen Institutionen der Unterschied zwischen wissenschaftlichem Experiment und museumspädagogischer Vermittlung bewusst gemacht werden: Auf der einen Seite das Sammeln von Ideen, Prüfen von Hypothesen und Einschätzen der Gültigkeit verschiedener Deutungen – auf der anderen Seite die Attraktivität für Besucher und das Gewinnen von Langzeiterfahrungen.

Zusatzinformationen zum Verfassertext

Der Hakenpflug riss den Boden nur wenig auf und musste daher mehrmals kreuzweise über den Acker geführt werden. Ochsen zogen Pflug und Wagen, ein Stirnjoch übertrug ihre Kraft auf das Rückgrat. Dem Pflügen folgte das Eggen, um die Erde zu zerkrümeln. Das Säen geschah aus der Hand; die Getreidesorten glichen eher noch Gräsern und wuchsen oft mannshoch. Die Erträge der gesamten Arbeit schwankten sehr, und die Abgaben wirkten gerade in schlechteren Jahren erdrückend. Viele Bauern ernährten wenige Herren. Oft verblieb der Bauernfamilie nur die Hälfte der Ernte – und davon musste zuerst das Saatgut für das kommende Jahr zurückgelegt werden! Die Äcker konnten nur wenige Jahre genutzt werden, weil der Boden schnell erschöpft war. Dann verlegte man sogar die Siedlungen, was bei der einfachen Pfostenbauweise kaum Schwierigkeiten bereitete.

Über Regenstürme und Frost, Trockenheit und Naturkatastrophen berichten die Chroniken sehr genau; denn häufig genug waren Hungersnöte und Mangelkrankheiten die Folge. In einem harten Winter verhungerte oder erfror das Vieh, in einem trockenen Sommer verdorrte das Getreide, in einem nassen verfaulte es auf dem Halm. In solchen Notfällen und bei Geburten und Krankheiten, bei Gewitter und Brand war jeder auf die Hilfe seiner Nachbarn angewiesen. Trotzdem konnten mit einem Schlag die Lebensgrundlagen ganzer Dörfer verloren gehen.

Ehe: Für ein gemeinsames Leben war nicht die Liebe der zukünftigen Partner entscheidend, sondern das Einverständnis der männlichen Verwandten von Braut und Bräutigam. Es galt, den zum Überleben notwendigen Besitz zu erhalten und womöglich zu vermehren. Unfreie brauchten außerdem die Eheerlaubnis ihres Grundherrn.

Zusatzinformationen zu den Materialien

D1 Bei der Interpretation der Karte ist v.a. die zusammenfassende Legendensignatur „frühe Wohnfläche, Steppe, Heide, Moor, Überschwemmungsgebiet" in Einzelzuschreibungen zu differenzieren, um Missverständnisse zu verhindern. Die Karte fixiert den Zustand vor dem inneren Landesausbau und sollte vor dessen Behandlung erneut herangezogen werden.

Q1 Die Illumination zeigt die alltagsnotwendige Zusammenarbeit von Mann und Frau.

Q2 Die hochmittelalterliche Buchmalerei belegt den sorgsamen Umgang mit den Erntefrüchten: Schneiden mit der Sichel, um Körnerverluste gering zu halten; Obst- oder Weinlese in Körbe, um die Früchte zu schonen. Der Pflug wird von Ochsen unter dem Joch gezogen, ist allerdings kein reiner Hakenpflug mehr, sondern wird durch das senkrechte Schneidbrett (Sech) ergänzt, wendet aber wegen der noch fehlenden Pflugschar nicht die Scholle.

Q3 Anschaulich werden die anfallenden Arbeiten vorgeführt. Das Holzhacken zerlegt die im Winter gefällten Stämme; der Hirt schlägt im Herbst die Eicheln zur Schweinemast von den Bäumen; Kornernte mit der Sichel im Spätsommer; das urtümliche Keltern der Weintrauben nach der Lese im späteren Herbst.

Q4 Die Wöchnerin zeigt auf das eng gewickelte Neugeborene; vier Zeugen haben seinen ersten Schrei gehört und es damit als lebend und erbfähig anerkannt – wenn es ehelich geboren ist.

Q5 Das Experiment zieht immer mehr in den Methodenschatz auch der Archäologie ein. Die Wissenschaftler vergleichen verschiedene Pflugarten (vom Haken- bis zum Schollen wendenden Räderpflug) und Zugtiere (Ochsen unter dem Joch vs. Pferde mit dem Kummet) in ihren Leistungen und können so Rückschlüsse auf Ernährungsgrundlagen und mögliche Siedlungsgrößen ziehen.

Q6 Das Fresko an der Außenwand der Kirche ermahnt den Betrachter, die Werkzeuge, also seine Alltagsarbeit, an Sonn- und Feiertagen niederzulegen. Bei einem Besuch in einem Museum ländlicher Kulturdenkmale können die Schüler (und Lehrer) anhand dieses Bildes versuchen, Werkzeuge und Arbeitsbereiche zu identifizieren. Es wird dabei deutlich werden, über welch lange Zeiträume – teil-

weise bis heute! – sich Gerätschaften auf Grund ihrer Funktionalität unverändert erhalten haben.

Q7 Das frühe Gebot der Sonntagsheiligung fällt wie das Fresko durch seinen konkreten Detailreichtum auf und belegt den ganz pragmatischen Zugriff der Kapitularien.

Q8 und **Q9** (erklären sich selbst und aus dem VT.)

Q10 Nach Möglichkeit sollte der Lehrer weitere Zeugnisse des vorherrschenden Aberglaubens im Unterricht verwenden, um so konkret wie farbig die Diskussion in einer multikulturellen Gesellschaft anzuregen.

Zu den Fragen und Anregungen

1 und **2** Großer Wert sollte hier auf eine genaue Beschreibung und Erläuterung gelegt werden, um die Arbeitsabläufe eines weithin fremden Bereichs schrittweise erschließen zu können. Ausgehend von der Bedeutung der Sonn- und Feiertagsruhe sollte Bedeutung und Wert von Arbeit (Last, Sinnstiftung) problematisiert werden.

3 Das magische Weltbild des Mittelalters wird für die Schülerinnen und Schüler greifbar in der Bedeutung von bäuerlichem Aberglauben und Bauernweisheiten in einer nicht rational erklärbaren Welt.

4 Das einfache Rechenbeispiel lässt die Schüler die Fragilität der menschlichen Existenz in der Agrargesellschaft erkennen:

Aussaat:	100 Scheffel	Aussaat:	100 Scheffel
Ernte:	300 Scheffel	Missernte:	150 Scheffel
Saatgut:	100 Scheffel	Saatgut:	100 Scheffel
Verbrauch:	200 Scheffel	Verbrauch:	50 Scheffel

5 Sitte und Brauch als Markierung von Lebenszeit und -stufen sollten den Schülern in allen Jahrgangsstufen als anthropologische Konstanten deutlich werden.

3. Das Leben auf dem Land ändert sich

Konzeption

Dieses Unterkapitel versucht, der Gefahr der Alltagsgeschichte zu entgehen, Entwicklungen und Veränderungen zugunsten einer im Wesentlichen gleichförmigen „longue durée" zurücktreten zu lassen. Das enorme Bevölkerungswachstum Mitteleuropas von 3 auf 12 Millionen bedingte den Einsatz neuer Bewirtschaftungsformen des Bodens; dies führte zu der so genannten Vergetreidung, Verzelgung und Verdorfung. In manchen Gebieten geschah das Vererben durch Realteilung des Besitzes, auch an Grund und Boden, was die ständige Verkleinerung der einzelnen Betriebsflächen bis zur Existenzgefährdung zur Folge hatte. Die Modernitätsschübe des späteren Mittelalters versuchten die Bauern durch Beharren auf Sitte, Brauch und Herkommen zu bewältigen. Seit dem 15. Jh. existieren Weistümer in vielen Dörfern als schriftliches Bestreben, den sich verändernden Alltag zu ordnen. Insgesamt sind für das Verständnis entscheidend die Darstellung der wesentlichen Faktoren in der Beziehung zwischen Entwicklungen der

Agrartechnik, verbesserten Anbaumethoden, Neulandgewinnung und sich ausbreitender Geldwirtschaft, die daraus folgende Intensivierung von Handel und Verkehr und letztlich die für Jahrhunderte anhaltende Arbeitsteilung mit dem Aufkommen der Städte.

Möglichkeiten der Unterrichtsgestaltung

Der Einstieg kann geschehen durch einen Vergleich der Landschaft im Mittelalter mit der Landschaft heute, wobei vor allem die Dreifelderwirtschaft gründlich erklärt und untersucht werden muss. Hier bietet sich in Zusammenarbeit mit dem Fach Erdkunde die Befragung eines Landwirts an oder ein Kurzreferat aus dem Schülerbuch für Erdkunde (Fruchtfolge, Tiere, Arbeitsgeräte/Maschinen, Gebäude). Im fächerübergreifenden Unterricht und/oder der Projektmethode mit Musik und Deutsch kann mit Erfolg und Spaß ein „Dorffest" organisiert werden.

Zusatzinformationen zum Verfassertext

In diesem Kapitel sollten im Unterricht folgende ökologischen Grundfragen in den Problemhorizont des Schülers gerückt werden:
- Von der Subsistenzwirtschaft zur Überproduktion (Rodung, Entsumpfung, Fruchtwechsel, neue Geräte, Klimagunst).
- Agrarrevolution und Agrarkrise: Klimaverschlechterung, Missernten, Hungersnöte, Pestepidemien, Wüstungen.
- Der Wald heute: Rodungen für Verkehr und Sport (Skipisten); Gefahr von Überschwemmungen, Erdrutschen, Lawinen; Verwaldungsprozesse; Waldraubbau in tropischen Regenwäldern.

Zusatzinformationen zu den Materialien

D1 Die Dreifelderwirtschaft muss gründlich erklärt und untersucht werden, s. a. Arbeitsblatt.
Q1 Vgl. Legende des Bildes.

Zu den Fragen und Anregungen

1 In diesem Zusammenhang sollte auch die Spracherziehung im Geschichtsunterricht beachtet werden, also besonders das Umsetzen nonverbaler Materialien wie Karten in Sprache. Das Auffinden von Ortsnamen wie Wernigerode, Osterode, Lüderode (Harz), Rodach (Thüringer Wald), Rodheim, Hötzelsroda, Rodach (Taunus) oder Bayreuth, Tirschenreuth (Erz-, Fichtelgebirge) lassen die Schülerinnen und Schüler das Gelernte umwälzen und zur Erklärung der gegenwärtigen Welt anwenden.
2 Besonderen Wert sollte auf Grund und Funktion der Arbeitsteilung gelegt werden..
3 Als Alternativen sollten genannt werden: das durch den Innovationsschub des 12. Jhs. ermöglichte gute Wirtschaften im Lebensort Dorf selbst (technische Neuerungen, Dreifelderwirtschaft) sowie die durch die Dynamisierung der Gesellschaft eröffneten Mobilitätsangebote (Stadt, neues Land in den Rodungsgebieten der Mittelgebirge oder im Neusiedlungsland im Osten).

4 Die den Standards entsprechende historische Spurensuche schafft einerseits Identität und führt andererseits zur lebensweltlichen Verankerung des erworbenen Wissens. Idealerweise „erschaffen" die Schülerinnen und Schüler vor Ort die gesamte bäuerliche Lebenswelt des Mittelalters.

Literatur für Lehrerinnen und Lehrer

Abel, Wilhelm, Geschichte der deutschen Landwirtschaft vom frühen Mittelalter bis zum 19. Jh., 2. Aufl., Stuttgart 1982.
Blum, Jerome (Hrsg.), Die bäuerliche Welt. Geschichte und Kultur in sieben Jahrhunderten, München 1982.
Borst, Arno, Lebensformen im Mittelalter, Berlin 1973.
Borst, Otto, Alltagsleben im Mittelalter, Frankfurt 1983.
Duby, Georges, Krieger und Bauern, Frankfurt 1977.
Franz, Günther, Deutsches Bauerntum im Mittelalter, Darmstadt 1976.
Franz, Günther, Geschichte des deutschen Bauernstandes vom frühen Mittelalter bis zum 19. Jh., Stuttgart 1976.
Goetz, Hans-Werner, Leben im Mittelalter, 4. Aufl., München 1991.
Kühnel, Harry (Hrsg.), Alltag im Spätmittelalter, 2. Aufl., Graz 1986.
Matthew, Donald, Mittelalter (Weltatlas der alten Kulturen), 5. Aufl., München 1991.
Rösener, Werner, Bauern im Mittelalter, München 1985.

Literatur zum Weiterlesen für Schülerinnen und Schüler

Sancha, Sheila, Das Dorf, Hildesheim 1983.
Pleticha, Heinrich, Ritter, Bürger, Bauersmann, Würzburg 1985.
Fix, Philippe, So leben die Bauern – früher und heute, Ravensburg 1987.

Filme, Medien

Arbeitsmappen der Hilfswerke (Misereor, Adveniat, Terre des hommes)
Liedersammlungen, z. B.
Fritz, T./Schmeckenbecher, E., Es wollt ein Bauer früh aufstehn, Dortmund 1978.

FWU 10 001 25: Der Bauer im Spätmittelalter, 16 Min. sw
FWU 32 441 09: Bauern und Grundherr, 15 Min., f
FWU 42 012 84: Die Bauern in der Grundherrschaft, 20 Min., f

4. Im Dienste Gottes und der Menschen – das Kloster

Konzeption

Die den Schülerinnen und Schülern von heute gänzlich entschwundene Welt der Mönche, Nonnen und Klöster soll ihnen in Lebensweise und Wertehorizont möglichst anschaulich und konkret nahe gebracht werden. Dazu dienen auch die zahlreichen Abbildungen im Kontrast zwischen Mittelalter und Gegenwart; sie zeigen Funktionen und Aufgaben der monastischen Lebensform durch die Jahrhunderte. Der St. Galler Idealplan fordert zum Aufspüren der vielfältigen Verflechtungen der nur scheinbar geschlossenen Hauswirtschaft eines Klosters mit der mittelalterlichen Welt auf; an ihm lassen sich weite Bereiche des Ordo-Gedankens erarbeiten und darstellen. Bezogen auf das Individuum ist dieses Prinzip bis heute prägend, wie das Schema eines benediktinischen Tageslaufs belegt.

Möglichkeiten der Unterrichtsgestaltung

Als Einstieg empfiehlt sich die Analyse und Interpretation des Luftbildes von Kloster Maulbronn (vgl. Q7), als methodische Ergänzung oder Variante auch die Auswertung des Sankt Galler Idealplans auf den Methodenseiten. Im weiteren Verlauf sollte die Andersartigkeit durch die möglichen Vergleiche mit der Gegenwart des Ordenslebens einen Platz im Leben der Schüler finden, der ihnen vielleicht sogar in Ansätzen spirituelle Zugänge eröffnen mag.

Zusatzinformationen zum Verfassertext

Der VT verknüpft den Zugang über individuelles Schicksal und Handeln mit generellen Normen und Aufgaben der Klöster. Das interdependente Beziehungsgeflecht der weltlichen mit der geistlichen Aristokratie, das Streben nach Vogteien und dynastischen Grablegen in Hausklöstern, sowie die immer noch weiter zu erforschende machtpolitische Bedeutung der Filiationen und Memorialverbrüderungen soll hier nicht thematisiert sein, muss allerdings bei der Erkundung eines Klosters immer mitbedacht werden.

Zusatzinformationen zu den Materialien

Q1 Die Illumination zeigt eine Oblation, die Übergabe eines minderjährigen Kindes durch Eltern und/oder männliche Verwandte an ein Kloster zur Aufnahme als Mönch(sschüler). Die Rechtshandlung wird durch den Zeigegestus erklärt und unterstrichen: Der Vater überreicht die Urkunde an den Abt, der hier durch den Nimbus als heilig markiert ist; dieser hat das Kind bereits am Arm ergriffen und dadurch dem Kloster inkorporiert, weshalb die Hände von Sohn und Vater sich auch nicht mehr berühren. Mönche und Verwandte sind als Zeugen notwendig, sie werden als „Umstand" dargestellt. Kinder konnten bereits mit 8–10 Jahren einem Kloster offeriert werden, um dort zu lernen. Dies sollte also nicht kurzschlüssig als familienfeindlich missverstanden werden, sondern als Chance zum Aufstieg in der kirchlichen Hierarchie und damit möglicherweise auch in der weltlichen – allerdings ohne legitime Erben.

Q2 Die Buchmalerei des französischen Spätmittelalters stellt sehr anschaulich den Bettensaal eines Hospitals dar. Die meisten Betten sind auch in einem Krankenhaus doppelt belegt. Den Nonnen in Äbtissinnentracht sind einige der Kardinaltugenden mit ihren Attributen als Vorbild bei

gegeben (von links nach rechts übersetzt: Weisheit, Mildtätigkeit, Stärke, Gerechtigkeit).

Q3 In dieser seltenen Darstellung sitzen ein Mönch und ein vermutlich gesellschaftlich höher stehender Laie bei der Schreibarbeit in einem durch Rundbögen und Säulen angedeuteten Skriptorium.

Q4 Diese Textstelle aus den Institutiones des Cassiodor kennzeichnet die Bedeutung der in Q3 illustrierten Tätigkeit des Abschreibens der Heiligen Schriften: Der Schreiber als mühsamer Multiplikator des kirchlich erwünschten Wissens seiner Zeit.

Q5 Aus c. 48 sollte das sprichwörtliche „ora et labora" abgeleitet werden, das in solch zugespitzter Form nicht in der Regel steht.

Q6 Die Buchmalerei zeigt in einem angedeuteten Raum mit Lehrstuhl, Bücher in Wandregalen und einem Drehregal anschaulich und detailgetreu eine Unterrichtsszene mit Novizen der verschiedenen Einkleidungsgrade. Hier sind die äußerst wertvollen Bücher nicht angekettet, weil ein Diebstahl im Kloster wohl nicht zu befürchten ist.

Q7 Das ehemalige Zisterzienserkloster Maulbronn liegt in einer für diesen Orden typischen Lage und Anlage als Rodungskloster in einer ursprünglich unerschlossenen Talniederung. Der See am oberen Bildrand ist der letzte einer Reihe von Fischteichen; Fisch als Fastenspeise spielte im Ernährungsplan eines Klosters eine bedeutende Rolle. Der bauliche Befund hat sich fast unverändert seit dem Spätmittelalter bis heute erhalten. Die strenge Ordenszucht sollte sich auch in der Architektur wieder finden lassen: so verzichtet die Klosterkirche auf einen Turm, der durch einen Dachreiter über der Vierung ersetzt ist. Außerdem durfte es keinen polygonalen Chorschluss geben, sondern nur den typisch geradwandigen. Ebenso war jede Form von Bauplastik unzulässig, die zisterziensischen Bauten leben von der klaren Geometrie ihrer Formen. Die exemplarische Zweiteilung in inneren und äußeren Klosterbezirk ist gut zu erkennen und zuzuordnen. Die Klausur als innerer Bereich ist den Mönchen vorbehalten, die Laienbrüder (Konversen) hatten in der Kirche einen vom Mönchschor getrennten Raum, ihre Schlaf- und Speisesäle liegen an der dem äußeren Klosterbezirk zugewandten Seite. Sie arbeiteten entweder in den Wirtschaftsgebäuden innerhalb der Klostermauern oder auf den weit im Lande im Streubesitz liegenden Wirtschaftshöfen, den Grangien.
Hat der Schüler sich einmal gründlich mit dieser Klosteranlage beschäftigt, kann er seine Erkenntnisse problemlos auf jeden Grundriss eines Klosters der alten Orden übertragen und wieder finden. (Vergleich mit Cluny, S. 58.)

Q8 Die drastisch geschilderten Missstände, die sich keineswegs nur im Kloster Frienisberg finden lassen, belegen deutlich den Niedergang vieler Orden im Spätmittelalter. Sie sollten mit der Klosterregel Benedikts kontrastiert werden, um die Notwendigkeit der „ecclesia semper reformanda" sichtbar zu machen und auf die diversen reformatorischen Bestrebungen vorbereitend hinzuweisen.

Zu den Fragen und Anregungen

1 Aus dem für dieses Lernalter recht verdichteten Text sollte in semantischer Analyse Schritt für Schritt die Funktion des Schreibens (und Lesens) für das Seelenheil ermittelt werden.

2 Der Vergleich könnte im Sinne der historischen Anthropologie das jenseits aller Zeitgebundenheit Gleichbleibende der Instruktionssituation aufzeigen.

3 c. 4: Leben gemäß der Bergpredigt; c. 5: Gehorsam als Tugend vs. Brechen des Einzelwillens; c. 48: Trivialerfahrung auch im Sprichwort „Müßiggang ist aller Laster Anfang"; c. 66: Möglichst weit reichende Autarkie gegen immer drohende Verweltlichung.

4 Siehe Erläuterung zu Q8.

5 Tendenz: Der Staat als totaler Fürsorgestaat vs. immer wieder diskutierte Notwendigkeit des Subsidiaritätsprinzips.

5. Klöster entstehen und breiten sich aus

Konzeption

In zulässiger didaktischer Reduktion beschränkt sich das Kapitel auf die Darstellung der Benediktiner und der aus ihnen jeweils hervorgehenden Reformorden der Cluniazenser und Zisterzienser. Diese Verkürzung ist nicht nur des Lernalters wegen vertretbar, sondern auch von der Sache her begründbar: Die Regel Benedikts prägt das Mönchtum des Abendlandes bis heute, auch und gerade die Reformer beriefen sich auf sie und ergänzten sie durch ihre ordensspezifischen Schwerpunkte (Consuetudines).

Möglichkeiten der Unterrichtsgestaltung

Der Verfassertext stellt die Entwicklung von Männerorden dar, der Materialienteil beschäftigt sich mit Frauenorden. Beide Teile können arbeitsunterrichtlich durch eine geschlechtsorientierte Untersuchung des bisher Erfahrenen verbunden werden. Reizvoll kann hier ein gespiegelter Gruppenunterricht sein: Die Jungen beschäftigen sich – einschließlich der Internetrecherche – mit den Zisterzienserinnen und Hildegard von Bingen, die Mädchen analysieren den VT und beurteilen das Verhältnis von Ursache und Wirkung am Verhältnis von Missbrauch und Reform (unter Einbezug von Q8 aus dem vorhergehenden Kapitel). Natürlich ist auch die umgekehrte Anordnung denkbar!

Zusatzinformationen zum Verfassertext

Die Gefährdung der asketischen Ordensideale hatte mancherlei Ursachen:
- Zahlreiche Schenkungen machten die Klöster reich. Mit ihnen kauften sich die zukünftigen Mönche in das Kloster ein; andere Menschen wollten damit sicherstellen, dass vor allem nach ihrem Tode für sie gebetet oder Messen gelesen wurde.
- Die Landwirtschaft warf aufgrund durchdachter Ökonomik erhebliche Erträge ab, die reinvestiert werden konnten.
- Das Kloster als Versorgungsstätte nachgeborener Adelskinder, die ihr vertrautes Leben auch hinter Klostermauern fortsetzen wollten.
- Dieser wachsende Reichtum artete häufig in Verweltlichung aus.

– Auch die Indienstnahme von Mönchen und Gebäuden für weltliche Zwecke in Diplomatie und Gastung musste die Askese aufweichen.

Zusatzinformationen zu den Materialien

Klosterkirche Cluny: Von dieser ehemals größten Kirche der Christenheit (im 12. Jahrhundert) steht nur noch ein Querhaus mit Turm. Ein Vergleich etwa der Anzahl der Schiffe oder des überreichen Chorschlusses mit seinen mehrfachen Kapellenkränzen mit der geforderten Schlichtheit in Maulbronn belegt den Weg in den Reichtum auch architektonisch.

Q1 Die religiöse Frauenbewegung des Hochmittelalters als durchaus auch emanzipatorischer Schub konnte letztlich nur durch Gründung von Frauenorden kanalisiert werden, um die amtskirchliche Kontrolle gegen drohende Abweichung bis zur Ketzerei zu behalten. Anfangs übte der Abt eines benachbarten Männerklosters die geistliche Aufsicht aus, bestimmte die Priestermönche zur religiösen Betreuung und führte Visitationen durch. Eine Aufnahmesperre der Zisterzienser im 13. Jahrhundert konnte den Zustrom nicht bremsen und hatte lediglich neue Ordensgründungen zur Folge.

Q2 Die Buchmalerei des 12. Jahrhunderts zeigt in einem Architekturensemble Hildegard von Bingen, wie sie im Zustand der visionären Entrücktheit den Flammenstrom der göttlichen Eingebungen in Worte zu fassen bemüht ist. Das erstaunte Hineinlugen des Mönchleins in den Arkadenraum wird von der Illumination deutlich und deiktisch formuliert.

Zu den Fragen und Anregungen

1 Die Arbeitsaufforderung bedingt wie jedes Planspiel konkrete Faktenbezogenheit, nicht frei schweifende Vermutungen.

2 (Individuelle Schülerlösungen.)

3 Die durchaus emanzipatorische Vorstellung eines möglichst selbstbestimmten Lebens ist im Horizont der Zeit nur jenseits von Ehe und Familie mit ihren alltäglichen Zwängen zu verwirklichen.

6. Ritter und Burgen

Konzeption

Das Kapitel muss die komplexe Geschichte des europäischen Wehrbaus in seinen architektonischen wie sozialökonomischen Grundbedingungen und Varianten extrem vereinfachen. Grundsätzlich gilt es hierbei jedoch zu beachten, nicht in einer naiv-romantischen Sehweise befangen zu bleiben, sondern die Basisfaktoren von Herrschaft in der mittelalterlichen Gesellschaft zu betonen.

Das Rittertum war im rechtlichen Sinne kein Stand, sondern eine durch gemeinsame Lebensformen und kulturelle Ideale zusammengehaltene soziale Gruppe. In ihr verbinden sich der zähmende Einfluss der Kirche mit dem treuen Dienst für den jeweiligen Lehnsherrn, überwölbt durch

Frauendienst und höfische Minne. Im Spätmittelalter bildet das aus der ursprünglich unfreien Ministerialität aufgestiegene Rittertum den größten Anteil des niederen Adels und grenzt sich nach unten zunehmend scharf von den Bauern ab (Meier Helmbrecht).

Möglichkeiten der Unterrichtsgestaltung

„Höflichkeit" und „Ritterlichkeit" kommen zwar im aktiven Sprachgebrauch der Schülerinnen und Schüler kaum mehr vor, als Zielvorstellungen von Erziehung sind sie allerdings auch in unserer heutigen Gesellschaft noch präsent. Daher kann der Unterricht mit einer spontanen Sammlungsphase einsetzen, die um diese beiden Begriffe kreist.

Im Anschluss daran erarbeiten die Schülerinnen und Schüler über den didaktischen Zugriff der Geschlechtergeschiche die ritterliche Lebenswelt in Partner- oder Gruppenarbeit. Dabei sollte zum einen die Entwicklung des Burgenbaus und der Alltag auf der Burg anhand der Bild- und Textquellen und des Verfassertextes erklärt werden, zum anderen lassen sich aus den zeitgenössischen Quellen die ritterlichen Lebensformen, zumindest in ihrer Idealisierung, erschließen sowie die identifikationsstiftenden Regeln und Rituale des Rittertums nachvollziehen. Die Arbeitsergebnisse werden präsentiert. Die abschließende Diskussion über den Tugendkatalog der „Edelleute" (Aufgabe 2) spannt den didaktischen Bogen zurück zur Einstiegsphase.

Die Exkursion zu einer Burganlage in der Region ist natürlich nachdrücklich zu empfehlen.

Zusatzinformationen zum Verfassertext

Es gibt mehrere Gründe für den hochmittelalterlichen Schub im Befestigungsbau:
– Der Wandel von der Fluchtburg zum dynastischen Herrensitz.
– Das Sicherheitsbedürfnis des Adels in unruhigen Zeiten, v. a. auch seit dem Investiturstreit.
– Die Demonstration von Macht und die Burg als ein Zeichen adligen Selbstbewusstseins.
– Der Ausbau der Herrschaft über Land und Leute durch König und Adel.
– Der Schutz von Zollplätzen, Geleitstraßen, Bergbaugebieten oder Grenzregionen.
– Der Ausgangspunkt für Rodungen.

Zusatzinformationen zu den Materialien

D1 Diese Frühform einer Befestigungsanlage sollte mit den Abbildungen späterer Stadien kontrastiert werden, damit sich keine falschen Vorstellungen festsetzen.
Q1 Die Buchmalerei gibt Aufschluss über die Waffentechnik des Spätmittelalters im Übergang von Bogen und Armbrust zu den weittragenden Handfeuerwaffen und Belagerungsgeschützen.
Q2 Es handelt sich um die Illumination einer Handschrift vermutlich des 14. Jahrhunderts (Troja-Roman des Benoit de Sainte-Maure, hier Schwertleite des Sohnes von Achill). Diese Schwertleite, das Umgürten mit dem Schwert, ist

die Regelform der Erhebung in den Ritterstand, nicht die Spätform des „Ritterschlags". Sporen, Helm und Wappen vervollständigen die Zeremonie im Zeltlager eines Feldzuges. Das sakrale Element der Feier wird durch die Adorantenhaltung des Betroffenen deutlich, wie die Musiker wiederum auf den weltlichen Festcharakter verweisen.
Q3 Der Text entstammt einem Brief Ulrich von Huttens an seinen Freund, den Nürnberger Patrizier und Humanisten Willibald Pirckheimer; er bezieht sich auf die Familienburg Steckelberg bei Fulda, von der heute nur noch Mauerreste vorhanden sind. Der Verfasser will sein prekäres Leben mit dem scheinbar bequemen in einer spätmittelalterlichen Stadt kontrastieren.
Q4 Mit D1 vergleichen.
Q5 Diese Benimmregeln sind ein nicht unwesentlicher Bestandteil der Zähmung der Affekte des mittelalterlichen Menschen; sie belegen den langen Weg zur „Höflichkeit".
Q6 In Koppelung mit Q3 sollte der Arbeitsalltag von Abhängigen thematisiert werden, mit Rückbindung an das Mönchsleben.
Q7 Der Text ist auch Beleg für die zeitgenössische kirchliche Kritik am Fehdewesen des Adels, der damit so legal wie legitim seine Herrschaft aus eigenem, nicht vom Herrscher abzuleitendem Recht unterstrich. Gottes- und Landfriedensbestrebungen und beginnende Monopolisierung der staatlichen Macht künden den Weg in die Neuzeit an.
Q8 Dieser kurze Text sollte mit den Illustrationen aus der Heidelberger Liederhandschrift korreliert werden, um der Rolle der adligen Frau hinreichend gerecht zu werden.
Q9 bis **Q11** Die Manessische oder Große Heidelberger Liederhandschrift entstand kurz nach 1300 in Zürich. Ihre Auftraggeber, die Manesse, waren ein bedeutendes Zürcher Patriziergeschlecht. Die Illuminationen der Handschrift sind daher in einem großbürgerlichen Milieu für ebensolche Leser geschaffen worden und belegen die Idealisierung ritterlicher Lebensformen aus dem Blick von Stadtbürgern.

Zu den Fragen und Anregungen

1 Siehe Möglichkeiten der Unterrichtsgestaltung sowie Zusatzinformationen zum VT und zu den Materialien.
2 Die Auseinandersetzung mit dem Begriff „Höflichkeit" und seiner in den Materialien auffindbaren Genese könnte zusätzlich mit Ausflügen in die Sprachgeschichte bereichert werden („in die Schranken weisen", „im Stich lassen", „eine Lanze brechen", „im Schilde führen" etc.).

7. Die Ständegesellschaft

Konzeption

Das Kapitel „Ständegesellschaft" versucht, eine durch die vielschichtige und kontroverse fachhistorische Diskussion wenig beeinflusste gegenwartsgenetische Auseinandersetzung zu ermöglichen. Es kommt nicht auf die verschiedenen, in der Zahl der Stände voneinander abweichenden Modellbildungen an, sondern auf den Rechtsbegriff der „Freiheit" und seine Problematisierung. Thematisiert werden muss die Systemstörung durch die Regel „Stadt-luft macht frei", aber auch weitere, wenn auch individuelle Möglichkeiten der Systemflucht (Frage 3). Wesentlich ist aber auch die Unter- und Außerständigkeit von Randgrup-pen, wie Armen, Tagelöhnern, unehrlichen Berufen und Juden, die alle zusammen einen zahlenmäßig erheblichen Teil der mittelalterlichen Gesellschaft bildeten. Frauen kommen in der vorgelegten Trias einer Ständeordnung nicht vor, haben allerdings als Herrscherinnen, Äbtissin-nen und Zunftmeisterinnen durchaus an der ständischen Freiheit Anteil.

Möglichkeiten der Unterrichtsgestaltung

Der bekannte Holzschnitt kann in seine Bestandteile zer-legt als Folienpuzzle präsentiert werden, das nach Schüler-vermutungen zusammengesetzt wird. Danach können die Fragen und Anregungen den Unterrichtsgang unmittelbar in der Art eines Arbeitsblattes steuern.

Zusatzinformationen zu den Materialien

Q1 Der Holzschnitt zeigt mit den drei lakonischen Impe-rativen die Funktion der drei Stände in der christlichen Ordnung der Welt (Ordo-Gedanke).

Christus als Weltenherrscher thront auf zwei Regenbogen, die ihn mit dem Erdkreis verbinden; seine im Segensges-tus ausgebreiteten Arme tragen in den Handflächen die Wundmale, sein Haupt ist umgeben von einem Nimbus mit kreuzförmigen Strahlen.
- Der Klerus als erster Stand wird vom Papst angeführt, er ist durch die Tiara und den Doppelkreuzstab des Patriarchen hervorgehoben.
- Den Adel als zweiten Stand führt der römisch-deutsche Kaiser an, markiert durch Bügelkrone und Kreuzszep-ter.
- Die Bauern sind in ihrer typischen Werktagskleidung bei der Landarbeit mit dem Karst dargestellt.

Zu den Fragen und Anregungen

1 Siehe oben. Die ideologische Botschaft des Holzschnittes tritt den Schülerinnen und Schüler durch den Entwurf eines Gegenbildes vor Augen: Ausgehend von hundert darzustellenden Menschen müssten 93 Bauern ergänzt werden

2 Die Schülerinnen und Schüler lesen die vertrauten Grimmschen Märchen neu vor der Folie der bis zu den Modernisierungsschüben des 19. Jahrhunderts geltenden Schranken der Ständegesellschaft. Als Beispiele könnten genannt werden: Der gestiefelte Kater, Rumpelstilzchen, Aschenputtel, Tischlein deck dich etc.

3 Hier sollten größere historische Stränge gezogen, Bekann-tes neu perspektiviert, auf Kommendes verwiesen werden. Bekannt sind bereits aus anderen Zusammenhängen die Möglichkeit des gesellschaftlichen Aufstiegs der unfreien Ministerialen zu freien Burgherrn und Adligen (Kapitel 6) sowie die Aufstiegsmöglichkeiten innerhalb des Klerus, insbesondere zur Zeit der Reformkirche (Kapitel 4).

Konflikte im mittelalterlichen Europa

Einleitung

In den vorangegangenen Kapiteln wurden die einzelnen Konstituenten der mittelalterlichen Welt vorgestellt, nun sollen ihre potentiellen Konfliktfelder im Mittelpunkt stehen. Das damalige Miteinander war wie das heutige gekennzeichnet von Konflikten, die in den unterschiedlichen Lebensbereichen auftreten konnten. Der im aktuellen Sprachgebrauch häufig benutzte Oberbegriff „Konflikte" lässt die Schüler die meist sehr komplexen historischen Sachverhalte zuordnen und bietet den Lernenden damit eine Brücke in die „entlegene" Vergangenheit des Mittelalters. Die Darstellung von Entstehung, Bewältigung und Ergebnissen beispielhafter und grundlegender Konflikte rücken das Mittelalter an die Gegenwart heran, sie tragen zur Sinngebung der Gegenwart bei, beim Verständnis etwa der unterschiedlichen Wege zum modernen Nationalstaat in Deutschland und in den westlichen Nachbarstaaten, beim Entstehen von Parlamenten als Formen der Partizipation von Herrschaft bis zur Übernahme durch das Volk, oder bei der Durchsetzung des staatlichen Gewaltmonopols gegen Fehde oder Partikulargerichte. So gab es immer wieder Strategien der Konfliktvermeidung bzw. -bewältigung, die hier auch erwähnt und in ihrer gesellschaftlichen und politischen Tragweite erörtert werden sollen. Ziel der didaktischen Reduktion dieser Themeneinheit ist es, den mittelalterlichen Geschehnissen das Unwirkliche und Rätselhafte zu nehmen und sie als normale, auf unterschiedlichen gesellschaftlichen Ebenen ausgefochtene Konfliktsituationen des damaligen politischen Alltags zu deuten.

In dem Zusammenhang sollte erwähnt werden, dass sich Zeremonien, rechtsrituelle und -symbolische Handlungen zu Spielregeln entwickelten, die dem Netz aus Verpflichtungen und Rechten einen institutionellen Rahmen gaben. Was aber geschah, wenn dieser zeremonielle Rahmen gesprengt wurde bzw. nicht nur Wohlverhalten erzeugte? Dann mussten Grenzen und Regeln neu definiert werden, vielleicht neue Formen der Konfliktbereinigung wie der auch heute noch vielfach zitierte „runde Tisch" entwickelt werden, der das Problem der im Sitzplatz nachvollziehbaren Rangordnung nicht ganz vermied, sie aber zumindest vereinfachte. Über die Bedeutung von Ritualen im Zusammenleben der mittelalterlichen Gesellschaft und ihre potenzielle Konfliktanfälligkeit ist in der Geschichtssoziologie in letzter Zeit viel geforscht worden, u. a. von Gerd Althoff (Rituale – symbolische Kommunikation. Zu einem neuen Feld der historischen Mittelalterforschung, in GWU 3/1999, S. 140–154).

Inhalte und Schwerpunkte

Der gesamten mittelalterlichen Welt liegt der Konflikt der Kirche mit der weltlichen Macht zugrunde. Diesen Fundamentalkonflikt fächert dieses Kapitel in einzelne Aspekte auf und ordnet diese als Bausteine dem Herrschaftskapitel zu. Rückbezüge und Vergleiche überspannen als didaktische Bögen beide Kapitel und sichern Kompetenzprogression und nachhaltiges Lernen. Zunächst wird der Blick auf den Konfliktbereich Kirche gelenkt, indem innerkirchliche Streitpunkte thematisiert werden. Die Frage „Wer vertritt den richtigen Glauben?" stellt einerseits die Armuts- und Ketzerbewegungen in den Mittelpunkt und geht andererseits auf die Frage ein, wie die Amtskirche auf diese neuen Herausforderungen reagierte. Gerade die Ketzerverfolgung und die daraus resultierende Inquisition zeugen vom Machtgebrauch und -missbrauch der Kirche.

Das nächste Kapitel leitet dann auf die Kontrahenten Papst und Kaiser über, indem – mit einem Schwerpunkt auf der Behandlung des Investiturstreits – die Frage der Machtverteilung zwischen geistlicher und weltlicher Macht diskutiert wird. Dieser Konflikt zwischen der Kirche und der weltlichen Macht durchzieht die gesamte Geschichte der mittelalterlichen Welt. In diesen Rahmen passt dann auch die „Gewusst-wie"-Seite „Ein Bild betrachten", die anhand einer Konstantins-Darstellung die Frage päpstlicher Repräsentation in den Mittelpunkt rückt und die schon in Kapitel 1 angesprochene Problematik nun endgültig als ein das Mittelalter bestimmendes Konfliktpotenzial analysiert. Die zweite Gelenkstelle bildete der König und Kaiser. Er wird nochmals in den Mittelpunkt gerückt, wenn seine Position im Reich selber und im Kreis der Fürsten beleuchtet wird. Die Problemkreise der mühsam zu haltenden Reichseinheit und der stetig wachsenden fürstlichen Beteiligung an der Macht runden die Betrachtung ab, wobei der schrittweise Ausbau der Landesherrschaft seinen Höhepunkt in der verfassungsgleichen „Goldenen Bulle" fand. Das letzte Kapitel „König und Adel in England und Frankreich: Wer eint die Länder zu starken Staaten?" zeigt, im Gegensatz zu den immer brüchiger werdenden Grundlagen des deutschen Königtums, dass es in den beiden Königreichen des Westens gelang, die Monarchien zu konsolidieren und die Macht in den Hauptstädten London und Paris zu zentrieren. England und Frankreich überlebten die Zerreißprobe des Hundertjährigen Krieges. Frankreich konnte die zentrifugalen Tendenzen des Lehnswesens überwinden, England über die Bindung des Königs an die Magna Carta und das sich herausbildende Parlament das rigide normannische Lehnsstaatsmodell verändern.

Den Schülerinnen und Schülern soll an diesem Kapitel bewusst werden, dass in den zwei westlichen Nachbarstaaten Deutschlands über die Herausbildung zentralistischer Monarchien die Voraussetzungen für moderne Staatswesen geschaffen wurden; das Mittelalter „gebar" gleichsam die französische und die englische Nation. Dabei entwickelten beide Länder im Ringen um die Vorherrschaft ein Bewusstsein ihrer nationalen Eigenständigkeit mit ausgeprägten Gruppenidentitäten, die sich bis heute in die kollektive Psyche eingegraben haben.

Auftaktdoppelseite 70/71

Die Auftaktdoppelseite geht von der dem Kapitel zugrunde liegenden Frage aus „Wer geriet mit wem in Konflikt?". Sozusagen als erste Bilddokumente möglicher Konfliktbereiche dienen die fünf Abbildungen dem Aufriss von Konfliktherden und damit verbundener Spekulationen. Es empfiehlt sich, in einem ersten Durchgang die Bilder nach Spontaneindrücken beschreiben und anhand der Fragen erste Antworten finden zu lassen, wobei sicher die langfristigen Folgen in diesem Stadium noch nicht beurteilt werden können. Als Hausaufgabe könnte sich anschließen, die Schüler mehr über einen der sie interessierenden Begriffe wie „Ritterfehde", „Ketzertum" oder „Parlament" in Lexika oder dem Internet herausfinden zu lassen, dann die auf Einzelblättern eingereichten Ergebnisse zu sammeln und sie bei den folgenden Einzelkapiteln heranzuziehen.

Eine andere Einstiegsmöglichkeit besteht darin, nur anhand des Armbrustschützen zur Thematik hinzuführen. Die aus historischen Filmen und anderen Abbildungen bekannte Figur aktiviert das Vorwissen, ermuntert zu zeitlicher Einordnung, führt zur Bestimmung von Themenkreisen wie Bewaffnung, Bekleidung, Krieg usw. Ein sinnvoller Einstieg ergibt sich auch, wenn man die auf S. 279 im Methodenglossar beschriebene Methodik „Ein Bild zum Sprechen bringen" mit den Punkten 1–7 vorzieht und in der Gesamtgruppenarbeit mit allen Schülern das genaue Hinsehen und das Versprachlichen des Gesehenen einübt. Nach der Erarbeitung der einzelnen Kapitel könnte man am Ende der Themeneinheit zur Auftaktdoppelseite zurückkehren und unter Einbeziehung der Ergebnisse und der jetzt bekannten methodischen Schritte 8–11 der Bildbetrachtung die Frage nach den langfristigen Folgen von den Schülern beantworten lassen.

Die Ritterfehde deutet zunächst auf die gewisse Normalität von Konflikten im alltäglichen Leben hin. (Zweikämpfe (von Tugenden und Lastern) – Sieg der Demut über den Stolz, Einzelblatt aus dem Trierer *Speculum virginum*, aufbewahrt im Kestner-Museum Hannover).

Die Darstellung des Gelehrten Jan Hus als ein zum Tod auf dem Scheiterhaufen verurteilter Ketzer soll Anlass geben, zu den innerkirchlichen Konflikten durchaus unterschiedliche Meinungen zu äußern. Die Frage, warum der König vor seinem Fürsten kniet, führt direkt in den Konflikt zwischen Welfen und Staufern, indem zunächst die für Schüler absurd scheinende Situation auf der Abbildung thematisiert wird. (Der Kniefall Friedrich Barbarossas vor dem Herzog Heinrich dem Löwen; aus der Sächsischen Weltchronik, Hamburger Handschrift, vor 1290) Die Einträchtigkeit von Papst und Kaiser hingegen soll den Schülern Gelegenheit geben, über die Möglichkeit einer solchen Situation nachzudenken und die Frage zu stellen, was nun eigentlich wahrscheinlicher ist (Papst und Kaiser sitzen als Häupter der Christenheit gemeinsam auf einem Thron; Sachsenspiegel, Heidelberger Handschrift, ca. 1360). Die Abbildung unten rechts zeigt genau genommen nur einen Teil des Parlaments, das später so genannte House of Lords, hervorgegangen aus dem Großen Rat (Great Council), in dem sich der König mit den direkten Kronvasallen/ Magnaten beriet, Recht sprach und Hilfsgelder einforderte. Die Commons, Vertreter der Grafschaftsritter und des Stadtbürgertums berieten und beschlossen getrennt. Seit 1377 trug ein Sprecher (Speaker), an der Schranke (Bar) stehend, dem König und den Magnaten ihre Bitten und Entscheidungen vor. – Eine Volksvertretung in unserem Sinne war diese Ständeversammlung noch nicht, die Mitglieder wurden nicht gewählt, sondern vom König und in den Grafschaften von den königlichen Sheriffs berufen. – Neben Eduard I. sehen wir, durch Wappen und Inschriften kenntlich gemacht, links den König von Schottland, rechts den Prinzen von Wales sitzen, ebenfalls links, am Wappen erkennbar, den Erzbischof von Canterbury, rechts den päpstlichen Gesandten. In der Mitte sitzen auf Wollsäcken – ein Zeichen für den Reichtum Englands durch den Wollhandel vorwiegend mit Flandern – die Richter, davor die Schreiber. Die Bischöfe und Äbte (Lords Spiritual) sitzen links, der hohe Adel (Lords Temporal) sitzen rechts, beide zusammen bilden die Peerage, den Hochadel.

1. Die Kirche und die Gläubigen: Wer vertritt den richtigen Glauben?

Konzeption

Bedingt durch die Verfestigung des päpstlichen Machtanspruchs formierten sich im 12. Jh. religiöse Bewegungen, deren oberstes Ziel eine Rückbesinnung auf Inneres und Armut war. Diese Bewegung war Anlass für die Amtskirche, den nicht linientreuen Ketzern die Waffe der Amtskirche, die Inquisition, entgegenzusetzen. Diesen Konflikt aus heutiger Perspektive zu verfolgen ist mit entsprechendem Einblick in beide Seiten der Kontrahenten möglich. Die Frage des gegenseitigen Verhaltens und der gegenseitigen Kritik wird ebenso besprochen wie die Vorgehensweise. Die Auswahl der Materialien ermöglicht es, diesen Konflikt multiperspektivisch anzugehen.

Aspekte der Unterrichtsgestaltung

Es lassen sich zwei Hauptthemen herausarbeiten, die beide eng miteinander verknüpft sind: Zum einen geht es um die Darstellung abtrünniger Gruppierungen, wie im VT und Q4 dargestellt, zum anderen um die Reaktionen der Amtskirche, was besonders der VT, aber auch Q2, Q3 und Q5 thematisieren. Beides sollte nicht voneinander getrennt werden, um den multiperspektivischen Ansatz nicht zu vernachlässigen, doch können diese inhaltlichen Bereiche durchaus arbeitsteilig oder als Hausaufgabe aufgegeben werden.

Zusatzinformationen zum Verfassertext

Zunächst sind es in verschiedenen Regionen, vornehmlich im heutigen Südfrankreich und Italien, kleine Gruppen, die sich von der Amtskirche des Klerus abwenden und den üblichen Kirchenkult ablehnen. Doch um die Jahrtausendwende hatten häretische Bewegungen im Abendland Fuß gefasst und breiteten sich immer weiter aus. Die Überlieferung ist nur bruchstückhaft und meist zufällig, doch lassen sich generell übereinstimmende Kritikpunkte entnehmen. Zu nennen sind zunächst die Albigenser, benannt nach der südfranzösischen Stadt Albi. Dieser Ort hatte sich als Hochburg der Manichäer kristallisiert. Sie nannten sich selbst die „Reinen" oder „Katharer". Seit Beginn des 13. Jhs. ist der Begriff Ketzer, vermutlich abgeleitet vom italienischen „gazzari", als Bezeichnung für Irrlehrer bekannt. Auf

Tafelbild

Was kritisieren die Ketzer an der Amtskirche?	Was kritisiert die Amtskirche an den Ketzern?
– Priester vernachlässigen ihre Pflichten und leben auf Kosten der armen Gläubigen – Geistliche sind geldgierig und leben nicht mehr nach den Geboten des ersten Papstes Petrus – kein Leben nach dem Armutsgebot mehr – sie sprechen den Päpsten die von Gott erhaltene Gewalt ab – sie lehnen Heiligenverehrung und Sakramente ab	– sie verbreiten Irrlehren, Häresien – sie verstecken sich in den Gemeinden, leben also im Untergrund

der einen Seite stand nun eine stark verweltlichte Amtskirche, auf der anderen eine auf Askese bedachte Gegenkirche. Als die Albigenser begannen, das Volk gegen die staatliche Macht und gegen Rom aufzuhetzen, führten französische Barone 1209–1229 einen langen Krieg gegen sie.

Auch in den aufkeimenden Städten wurde der Ruf nach einer Kirche der Armen laut, gerade in einer Zeit, als soziale Unruhen die bestehenden Ordnungen erschütterten. Auch die Amtskirche hatte es, wie andere Institutionen, versäumt, sich der Seelsorge des kleinen Mannes anzunehmen. In Lyon beispielsweise predigte der wohlhabende Kaufmann Peter Waldes (†1217) Armut, nachdem er nach einem inneren Bekehrungserlebnis sein gesamtes Vermögen unter den Armen verteilt hatte. Die Laienbewegung der Wanderprediger, auch „Waldenser" genannt, die sein Ansinnen weitervermitteln wollten, wurde von der Amtskirche verboten, so dass auch diese ihr den Gehorsam aufkündigten. Die 3. Lateransynode verurteilte 1179 beide Bewegungen als Irrlehren. Kaiser Friedrich Barbarossa forderte eine bischöfliche Untersuchung, die *inquisitio*, und die Übergabe der Ketzer an die weltliche Macht zur weiteren Bestrafung. Papst Innozenz III. rief dann sogar zum Kreuzzug gegen die Albigenser auf. Das Inquisitionsgericht geriet zunehmend zur festen Institution. Nach seinem Erscheinen in einer Stadt hatten die Betroffenen eine Gnadenfrist von 30 Tagen für ein freiwilliges Geständnis. Danach kam es zur Verhandlung auf Basis von Zeugenaussagen. Lebenslanger Kerker, aber auch Feuertod auf dem Scheiterhaufen lauteten oft die Urteile, immer verbunden mit der Konfiskation der Güter. Wesentlich stärker als in Deutschland oder England wütete die Inquisition auf der Iberischen Halbinsel. Getaufte Juden und Mohammedaner waren in Spanien bevorzugte Opfer der Inquisitionsverfolgung. Papst Paul III. richtete 1542 die Kardinalskongregation der Inquisition ein, deren heutige Nachfolgeinstitution die Kongregation für die Glaubenslehre ist. Seit dem 2. Vatikanischen Konzil entfernte sich die katholische Kirche aber offiziell mit der Erklärung über die Religionsfreiheit von den mittelalterlichen Verfolgungsmaßnahmen.

Zusatzinformationen zu den Materialien

Q1 Diese allegorische Illustration aus einem Manuskript des 15. Jh., betitelt als „Festung des Glaubens", symbolisiert wie kein anderes Dokument die Kirche als eine wehrhafte Burg des Glaubens, die vom Papst und den Bischöfen vor den feindlichen Angriffen der Ungläubigen und Ketzer verteidigt wird. Interessanterweise ist es eine französische Arbeit, zumal die Ketzerbewegung mit den Katharern im Süden Frankreichs ihren Ausgang nahm. Die zeitliche Einordnung der Abbildung sollte kein Problem darstellen, da im ausgehenden Mittelalter vor der Zeit der Reformation diese schon im Hochmittelalter vorhandenen Kritikpunkte noch einmal kulminierten, somit auch bewusst deutlich herausgestellt wurden. Doch sollten die Schüler darauf hingewiesen werden.

Q2 Der Holzschnitt aus dem 15. Jh. zeigt, wie ein Ketzer von den Geistlichen der weltlichen Macht zum Gericht übergeben wird. (Diese Abbildung wie auch Q3 sind entnommen aus: Deggau, Befreite Seelen, S. 214)

Q3 Dieser Holzschnitt aus dem 15. Jh. zeigt die Verbrennung eines Ketzers im Beisein des zuständigen Bischofs. Durch den Akt der Verbrennung konnte die Seele gerettet und dem Glauben gemäß wieder in den Himmel aufgenommen werden.

Q4 Die Quelle stammt aus den Inquisitionsbriefen des Jacqués Fourniers und zeugt von der durchaus deutlichen Kritik der südfranzösischen Katharer an der Amtskirche.

Q5 Gegen die Kritik in Q4 gesetzt ist dieser Beschluss des Konzils von Toulouse aus dem Jahr 1229, der das Vorgehen gegen die Abtrünnigen kanalisieren wollte.

Zu den Fragen und Anregungen

1 Priester vernachlässigen ihre Pflichten und leben auf Kosten der armen Gläubigen. Die Geistlichen sind sehr geldgierig und leben somit nicht mehr nach den Geboten Petri, des ersten Papstes. Daher sprechen die Katharer ihnen auch die Gewalt ab, die einst die Päpste von Gott erhalten hatten. Im VT wird auch deutlich, dass sie Heiligenverehrung und Spendung der Sakramente ablehnten. Als „frommes" Leben verstanden sie ein Leben nach den Regeln, die Jesus einst selbst aufgestellt und nach denen er gelebt hatte. Im Vordergrund stand dabei das Armutsgebot.

2 Ihnen wird der Vorwurf der Häresie gemacht, also des Verbreitens von Irrlehren. Sie verstecken sich in den Gemeinden, lebten also, dem Vorwurf nach, weitgehend im Untergrund.

3 Die Maßnahmen der Zerstörung des Eigentums, der allgegenwärtigen Schnüffelei kennt man eigentlich von allen Diktaturen der Geschichte. Damit wurden in jeder Dorfgemeinschaft Spitzel aktiv, die eine Atmosphäre von gegenseitigem Misstrauen erzeugten. Jeder Missliebige konnte so durch den Vorwurf der Ketzerei unschädlich gemacht bzw. aus dem Weg geräumt werden, ohne dass er sich dagegen wehren konnte.

Literatur

Deggau, Hans-Georg, Befreite Seelen. Die Katharer in Südfrankreich, Köln 1995.

2. Papst und Kaiser: Wer steht höher in der Rangordnung?

Konzeption

Hatten die Ottonen noch große Teile des Klerus als Verfügungsmasse zur Festigung ihrer eigenen Machtposition zu Diensten, so änderte sich diese Situation im 11. Jh. Daher stellt dieses Kapitel den Konflikt zwischen König Heinrich IV. und Papst Gregor VII. in den Mittelpunkt. Exemplarisch, da in voller Tragweite erschlossen und uns bekannt, können hier die wesentlichen Züge des päpstlich-kaiserlichen Konflikts um die Vorherrschaft im alten Europa nachvollzogen werden. Der Sinn des Wormser Konkordats als friedensstiftendes Dokument und Kompromiss wird genau so thematisiert wie die heutige Sicht auf diesen Konflikt, wobei gerade der Kruzifixstreit im bayerischen Schulwesen oder der so genannte „Kopftuchstreit" um die Bedeutung eines muslimisch-religiösen Kleidungsstücks für die Einstellung in den staatlichen Schuldienst deutscher Bundesländer oder sein Verbot im laizistischen Frankreich auch heute wieder verstärkt den Blick auf die Verquickungen von Politik und Religion legen. Allerdings hatte der mittelalterliche Streit noch weiter reichende Dimensionen, da es um die geistige Vorherrschaft in Europa ging.
Exemplarisch wird dieser Konflikt am so genannten Investiturstreit aufgezeigt. Es ist sicherlich sinnvoll, den Konflikt in der Sekundarstufe I auf die Auseinandersetzung zwischen den Akteuren Papst Gregor VII. und König Heinrich V. zu konzentrieren, was auch der Quellenlage durchaus entgegenkommt.

Tafelbild

Wer ist mächtiger – Papst oder Kaiser?

Papst Gregor VII.:	Kaiser Heinrich IV.:
– sieht sich als Herrscher über alle Christen – ihm ist es erlaubt, den Kaiser zu bannen – stellt sich über den Kaiser (= Primatsanspruch des Papstes)	– fühlt sich als direkt von Gott ernannt und gesalbt – lehnt jeglichen Mittlerversuch des Papstes ab – sieht sich im Recht bei Ernennung und Investitur von Bischöfen

Aspekte der Unterrichtsgestaltung

Das Kapitel ermöglicht zum einen die chronologische Erarbeitung des Investiturstreits, der kleinschrittig als Ursache-Folge-Konzept betrachtet werden kann. Der VT sowie Q1 sind diesbezüglich hilfreich. D1 und Q2–Q5 hingegen ermöglichen eher eine strukturelle Betrachtung der Problematik der Machtverteilung, die hinter der Chronologie der Ereignisse steht. Die aus den Fugen geratene Balance der Gewalten kann an diesen Materialien erarbeitet werden.

Zusatzinformationen zum Verfassertext

Dieses Kapitel findet durchaus seine Anknüpfung in der Gegenwart. Staaten, in denen aus machtpolitischem Kalkül Bürgerkriege im Namen der Religion geführt werden oder in denen die Politik fest mit der Religion verschmolzen ist, wie in vielen islamisch geprägten Gesellschaften, zeugen auch heute von Machtkämpfen zwischen weltlicher und geistlicher Einflusssphäre. Im Mittelalter galt das von Otto I. installierte Reichskirchensystem als Rückhalt monarchischer Macht. Die Ausdehnung dieser königlichen Kirchenherrschaft erreichte ihren Höhepunkt unter Heinrich III. Erst die Vormundschaftszeit für seinen unmündigen Sohn ließ unter der Führung des Erzbischofs und Erzkanzlers Anno von Köln bischöfliches Macht- und Selbstbewusstsein im eigenen Reich erwachsen. Der junge König hatte zunächst nur den Ausbau seiner sächsischen Hausmacht dagegen zu setzen. Erzbischof Anno galt schon bei seinen Zeitgenossen als ein Mitglied der Führungsschicht, der es glänzend verstand, um sich herum eine Netzwerk bester klerikaler und politischer Kontakte zu knüpfen. Er förderte Verwandte und Freunde und verstand es so, fundamental Hilfe und Wohlverhalten gegenüber seiner Politik zu schaffen.

Zusatzinformationen zu den Materialien

Q1 Das Detail aus der Gnesener Domtür aus dem 12. Jh. stellt die Investitur des Bischofs Adalbert von Prag durch Kaiser Otto II. dar.

Q2 Dieses Bild korrespondiert mit dem Bild von der Auftaktdoppelseite. Saßen Kaiser und Papst dort noch einträchtig beieinander, so erhalten sie hier in der französischen Buchmalerei des 13. Jh. die Insignien ihrer Macht – Schwert und Schlüssel – aus den Händen von Christus. Beide sind auf gleicher Höhe, scheinen also ebenbürtig positioniert, doch wirkt die Gestalt des Papstes insgesamt etwas größer. Die Schüler sollten auch auf den Vorzug der rechten Seite (rechts von Christus) hingewiesen werden. Allerdings ist umstritten, ob dies wohl irgendeine Bedeutung hat. An dieser Stelle kann auch ein vergleichender Rückverweis auf die Abbildung von Karl dem Großen und Papst Leo III. aus dem Lateranpalast erfolgen (S. 20).

Q3 Heinrich IV. fordert in einem auf der Synode von Worms Ende Januar 1076 verfassten Brief an den Papst eindeutig dessen Rücktritt mit der Begründung, dass dieser sich den päpstlichen Thron nur angemaßt habe. Auch er sieht sich von Gott selbst eingesetzt, als „von Gottes Gnaden König".

Q4 In Rom lässt Papst Gregor die Wormser Briefe vor der gerade tagenden Lateransynode verlesen. Sie lösen einen derartigen Sturm der Entrüstung aus, dass der Papst selbst die kaiserlichen Boten vor Übergriffen schützen muss. Am 22. Februar 1076 verkündet der Papst im Beisein der Kaiserinmutter Agnes und geschickt als Gebet an den Apostel Petrus formuliert die Verdammung Heinrichs IV., der es gewagt hat, sich gegen die Kirche Gottes zu erheben.

Q5 Der gebannte Kaiser zieht über die winterlichen Alpen und trifft den auf der Reise nach Norden begriffenen Papst in Canossa, der Stammburg der Markgräfin Mathilde von Tuszien. Sie selbst sowie Abt Hugo von Cluny, Heinrichs Pate, vermitteln zwischen Kaiser und Papst. Die Miniatur zeigt Mathilde auf dem Höhepunkt ihrer Macht. Ihr Lehnsherr, der König, beugt vor ihr die Knie und bittet um ihre Hilfe.

D1 Der Historiker Michael Borgolte stellt den Investiturstreit als revolutionären Umbruch dar, der dem Papst eindeutig Pluspunkte verschafft hatte.

Zu den Fragen und Anregungen

1 Der Papst erhält den Schlüssel als Zeichen für seinen Zugang zum Himmel, da Petrus als „Pförtner" des Himmelstores galt. Der Kaiser hingegen erhält das Schwert, das ihn eindeutig als Beschützer der Kirche und der kirchlichen Lehre ausweist.

2 Der Kaiser fühlte sich als direkt von Gott ernannt und gesalbt, somit lehnte er jeglichen Vermittlungsversuch des Papstes ab und sah sich auch im Recht bei der Ernennung und Investitur von Bischöfen. Der Papst hingegen setzte sich als Herrscher über alle Christen, dem es erlaubt war, selbst den Kaiser zu bannen. Damit stellte er sich über diesen, was mit dem Begriff des Primatsanspruchs des Papstes umrissen wird.

3 Gregor VII. bannte den gesalbten König und Kaiser und erschütterte damit die Grundlage der mittelalterlichen Weltordnung, die Herrschaftsberechtigung des von Gott selbst berufenen Herrschers. Borgolte spricht vom „Umsturz der Hierarchieverhältnisse", nach dem nur der Papst an der Spitze der Kirche stand und der Kaiser in seiner religiösen Legitimation eingeschränkt war. Damit holte der Papst die deutsche Kirche unter seine Gewalt und nahm ihr die unterstützende Funktion des deutschen Herrscherhauses. So konnte er in die deutschen Verhältnisse hineinregieren. Gregor zielte nicht auf eine völlige Vernichtung der königlichen Herrschaft, sondern auf deren eindeutige Unterwerfung unter die päpstliche Autorität, also auf eine Inversion der Machtverhältnisse zwischen den beiden Gewalten Kaiser und Papst; deren revolutionärer Anspruch kann am besten zeichnerisch verdeutlicht werden.

4 Der Konflikt zwischen Kaiser und Papst spaltete die Reichsfürsten in zwei feindliche Parteien. Die sich widerstreitenden Ideologien und die komplexen machtpolitischen Interessen hatten eine schlichte Zuordnung von hier weltlichen, dort geistlichen Kronvasallen in die beiden Lager längst aufgehoben. Unter den deutschen Bischöfen gab es ebenso Befürworter des althergebrachten Reichskirchensystems und Verfechter des unangreifbaren Gottesgnadentums des Königs wie glühende Anhänger der römischen Reformkirche und ihrer Forderung nach der „libertas ecclesiae". Andere Kronvasallen waren um eine Vermittlung der römischen Reformvorstellungen und der Vorstellungen des deutschen Hofes bemüht. Die deutsche Fürstenopposition wiederum sah im eskalierenden Konflikt eine Gelegenheit, die Übermacht des Königs zu beseitigen und die freie Königswahl durchzusetzen. Entsprechend verzichtete der Gegenkönig Rudolf II. auf die dynastische Erbfolge und auf das königliche Designationsrecht.

Als historischer Rahmen des Streitgesprächs könnte bereits die Reichssynode in Worms Ende Januar 1076 oder die Fürstentage zu Tribur im Oktober 1076 oder Forchheim im März 1077 inszeniert werden.

5 Als Beispiele wären zu nennen, dass die Bischöfe auch vom Ministerpräsidenten des Bundeslandes, in dem das Bistum liegt, vereidigt werden müssen. Die Kirche hat mit diversen staatlichen Institutionen Konkordate, d.h. Verträge zwischen einer staatlichen Institution und dem Vatikan, geschlossen. Außerdem werden in Deutschland die Kirchensteuern durch die staatliche Finanzverwaltung eingezogen, was allerdings im Nachbarland Frankreich oder in den USA beispielsweise nicht der Fall ist.

3. Der König und die Fürsten: Wer gewinnt den Kampf um die Macht?

Konzeption

Dieses Kapitel konzentriert den Konfliktkomplex zwischen König und Kaiser einerseits und den Fürsten andererseits zunächst auf den Streit zwischen Welfen und Staufern, also zwischen fürstlichem Landesherrn und kaiserlichem Lehnsherrn. In einem zweiten Teil wird dann die Entwicklung während der Regierungszeiten Friedrichs II. und Karls IV. weiterverfolgt, indem die immer breitere Machtbasis landesherrlicher Herrschaft und die damit eng verbundene Einschränkung königlicher Macht dargestellt werden. Die schon während des Investiturstreits deutlich gewordene Schwächung monarchischer Macht führte in der Folge zum deutschen Wahlkönigtum, zur Territorialisierung und zum Dualismus von Kaiser und Reich.

Tafelbild

Kaiser Friedrich I. gegen Herzog Heinrich

- **beteiligte Parteien:**
  Kaiser Friedrich I. Barbarossa aus der Familie der Staufer
  Herzog Heinrich „der Löwe", Herzog von Sachsen und Bayern aus der Familie der Welfen

- **Ursachen:**
  Ausbau des jeweiligen Machtbereichs schränkt den jeweils Anderen ein

- **Anlass:**
  Kaiser Friedrich benötigt die militärische Hilfe seines Vasallen Heinrich, dieser fordert Regalien als Gegenleistung

- **Verlauf:**
  Heinrich verweigert seinem Lehnsherrn, dem Kaiser, die Heeresfolge
  Reichsprozess gegen Heinrich

- **Lösungsversuch:**
  Sturz Heinrichs: Reichsacht, Verlust der Reichslehen, Verbannung aus dem Reich

Aspekte der Unterrichtsgestaltung

Dieses Kapitel bietet mehrere Themenbereiche, die das Ringen um die Macht im deutschen Reich bedingen:

- So kann zunächst anhand des VT und Q1 und Q2 der Familienkonflikt der Staufer und Welfen thematisiert werden, der sich zum grundlegenden strukturellen Konflikt zwischen Herrscher und Landesherrn ausweitete.
- Die Problematik wachsender Hausmachtpolitik wird mit Hilfe der Karte D1 und Q3 thematisiert, wobei hier zusätzlich die Person und Rolle Friedrichs II. von Hohenstaufen erarbeitet werden kann. Dazu benötigt man aber zusätzliches Material.
- Die endgültige Machtverschiebung auf das Kurfürstenkolleg, von Q5 und Q6 dargestellt, kann nochmals mit Blick auf das Spätmittelalter ins Auge gefasst werden.

Zusatzinformationen zum Verfassertext

Die während des gesamten Mittelalters andauernde Spannung zwischen einem durch eigene Mittel und eigene Hausmacht versorgten Königtum, das sich immer mehr Macht aneignen wollte bzw. einmal erworbene Befugnisse ungern abgeben mochte, und dem Adel, der schon seit der Herrschaft der Merowinger immer versuchte, seine Position und Pfründe vor dem königlichen Zugriff zu sichern bzw. sie zu vermehren, kam im 12. Jh. voll zum Ausbruch. Der Herrscher war abhängig von den „Großen des Reiches". Der schon in den vorhergegangenen Kapiteln mehrfach erörterte strukturell angelegte Gegensatz zwischen dem vom traditionellen Herrschaftsansatz her immer noch personenverbandsstaatlich orientierten Königtum und dem zu geschlossenen Herrschaftsbereichen tendierenden Hochadel steuert in diesem Konflikt einem Höhepunkt zu. Fürstliche Machtkonzentration des „norddeutschen Teilkönigs", wie H. Boockmann Heinrich den Löwen nannte, verband sich in seiner Person mit dem Verlangen, die Grenzen königlicher Herrschaftsausübung auszutesten – ein hochadliges Konfliktverhalten.

In der Forschung gilt mit der unter tumultartigen Szenen vorgenommenen Wahl 1125 der geblütsrechtliche Anspruch des Staufers Friedrich von Anfang an als in Frage gestellt, so dass die Konfliktsituation im Grunde genommen schon vorprogrammiert war. (Biegel, S. 24f.) Auf der anderen Seite stand ihm mit Heinrich dem Löwen eine der „umstrittensten Herrscherpersönlichkeiten des Mittelalters" (Biegel, S. 55) gegenüber, dem Attribute wie „Landesverräter", „rücksichtsloser Machtpolitiker" oder „Herzog mit fast königsgleichem Ansehen" verliehen wurden. (Biegel, S. 55)

Als ein weiteres Ergebnis der zum Ausbau der Landesherrschaften tendierenden Entwicklung kann die „Goldene Bulle" von 1356 angesehen werden. Diese Urkunde trägt ihren Namen seit dem 15. Jh., weil sie nicht – wie andere feierliche Königsurkunden – mit einem Wachs-, sondern mit einem Goldsiegel beglaubigt war. Sie galt bis zum Ende des Reiches 1806 als Fundamentalgesetz, sollte aber nicht, wie häufig dargestellt, als ein purer Sieg der Fürsten über den Herrscher gedeutet werden. Vielmehr wurde sie erst nach langen Verhandlungen auf zwei Hoftagen in Nürnberg und Metz schließlich als eine Art Kompromiss zwischen Kaiser Karl IV. und den Kurfürsten verabschiedet. In der Einleitung ist das deutliche Plädoyer – im Sinne Karls IV. – für die Eintracht im Reich und gegen die Zwietracht unter den

Kurfürsten zu finden. Viele der bis dahin schon üblichen Protokollfragen wurden in dem Dokument erstmalig kodifiziert, so auch die endgültige personelle Besetzung des Wahlgremiums. Dies sollte erst im Zuge des Dreißigjährigen Krieges um den König von Bayern erweitert werden. (Boockmann, Stauferzeit, S. 269) Gleichzeitig kann man aus ihr die Zurückweisung des päpstlichen Anspruchs, die Wahl des Königs und zukünftigen Kaisers zu approbieren, ablesen. Allein die Wahl der Kurfürsten machte den neuen Herrscher regierungsfähig.

Zusatzinformationen zu den Materialien

Q1 Aus dem Besitz eines Paten von Friedrich Barbarossa, dem Grafen Otto von Cappenberg, stammt eine in der Art eines Reliquiars gebildete Büste, die Barbarossa darstellen soll und tatsächlich das Gesicht des Kaisers so wiedergibt, wie es Chroniken beschreiben.

Q2 Das Evangeliar zeigt die Selbstsicht Heinrichs als ein von Gott gekrönter, königgleicher Herrscher aus königlichem Geblüt. Sichtbar wird dieser Ehrgeiz Heinrichs des Löwen auch in seiner nach dem Muster der Kaiserpfalz Goslar gestalteten Braunschweiger Pfalz. Der herzoglichen Selbstdarstellung steht die politische Wirklichkeit gegenüber, der Rang des mächtigen Doppelherzogs als Vasall von des Königs, nicht von Gottes Gnaden.

Q3 Diese Buchmalerei stammt aus einem Buch, das Friedrich II. wohl selber über die Falkenjagd verfasst hatte. Er wird hier als thronender Herrscher mit einem abgerichteten Falken dargestellt. Diese Abbildung soll den Schülern die Möglichkeit eröffnen, über den Text des Fürstenstatuts hinaus den Blick auf die dahinter stehende Kaisergestalt zu werfen.

Q4 Das „Statutum in favorem principum" von 1232, von dem Heinrich Mitteis behauptete, jeder Satz habe eine „Niederlage für das Reich" bedeutet, war ein weiterer Schritt, ehemals kaiserliche Rechte auf die Landesherren zu verlagern, so dass der Machtzuwachs gut erkennbar ist. Zu bemerken ist, dass Friedrich II. dies auf Bitten seines Sohnes, den er in Deutschland als König Heinrich VII. installiert hatte, tat. Die Fürsten hatten es diesem ein Jahr zuvor abgerungen.

D1 Die Karte geht auf den Zustand im Spätmittelalter ein und zeigt das Reich im Jahr der Verabschiedung der Goldenen Bulle. Die Herrschaftsgebiete mit je dahinter stehender Hausmacht werden deutlich.

Q5 Diese Buchmalerei aus dem Jahr 1370 stellt den Zustand dar, den die Goldene Bulle festgeschrieben hatte. Neben dem Kaiser sind die drei kirchlichen und vier weltlichen Kurfürsten mit jeweiligem Wappen und entsprechendem Ornat abgebildet. Diese Darstellung führt wieder auf die karolingische Hofordnung zurück, da die Kurfürsten deutlich erkennbar Gegenstände für die mit der Kurfürstenwürde verbundenen höchsten Reichsämter in den Händen halten: Erzkanzler waren alle geistlichen Kurfürsten, Erzschenk (zuständig für die Getränke), Erztruchsess (Speisen), Erzmarschall (Pferde, Waffen), Erzkämmerer (Kasse).

Q6 Dieser Auszug aus dem Text der Goldenen Bulle von 1356 lenkt das Augenmerk auf die Königswahl, die erstmals in organisierter Form vonstatten ging. Die Kurfürsten durften Frankfurt nicht verlassen, bis sie sich auf einen Königskandidaten geeinigt hatten. Der gewählte König musste dann als eine seiner ersten Aufgaben den Kurfürsten ihre Privilegien mit Erbrecht bestätigen. Der Text der „Goldenen Bulle" war damals schon in deutscher Sprache verfasst.

Ein paar interessante Details des Textes sollten erwähnt werden. Der Begriff „künftiger Kaiser" (Z. 4) deutet darauf hin, dass die Tatsache der erfolgten Wahl zum König über den Kaisertitel entschied, nicht mehr der Papst. „Mehrzahl" (Z. 17) meint Mehrheitsentscheidung, so dass nicht mehr, wie noch unter den Herzögen bei der Wahl Ottos des Großen, absolute Einstimmigkeit erzielt werden muss.

Zu den Fragen und Anregungen

1 Heinrichs Krönungsbild folgt der seit der Karolingerzeit herausgebildeten Programmatik des Herrscherbildes. Gottes Hände bestimmen den Erwählten zum König von Gottes Gnaden, der König ist „Gesalbter des Herrn", wird von Gott selbst gekrönt. Nur wird hier nicht die Krönung eines Königs und einer Königin, sondern eines Herzogs und einer Herzogin dargestellt. Dieser ehrgeizige Anspruch Heinrichs gründet sich auf seine edle Abstammung aus königlich-kaiserlichem Geblüt, auf eine standesgemäße Heirat mit der Tochter des englischen Königs, aber auch auf die reale Machtposition als Doppelherzog von Bayern und Sachsen. Landesherrliche Machtfülle, die Übernahme zahlreicher königlicher Rechte, das Bewusstsein ebenbürtiger Abstammung ließen den „König des Nordens" auf eine Weise seine politische Macht demonstrieren, die eindeutig königlichen Traditionen entsprach.

2 Die Fürsten brauchten keine Konkurrenz auf ihrem Land fürchten. Die Fürsten konnten dort selbst entscheiden, ohne dass sich der König irgendwie einmischen konnte. Dieser verzichtete auf die ursprünglich dem König vorbehaltenen Rechte des Burgenbaus, der Stadt- und der Marktgründung. Die Landesherren bekamen damit ihr eigenes Münzrecht und Rechtsprechung. Ihre Leute durften von den königlichen Beamten nicht behelligt werden. Den Märkten auf ihrem Gebiet wurde Bestand versprochen. Der König selbst sicherte sich seine Herrschaft durch den Ausbau von Königslandschaften und eine planmäßig betriebene Hausmachtpolitik. Er übernahm damit die Territorialisierungspolitik der Fürsten; der Familienbesitz wurde vermehrt, das Reichsgut ausgebaut, weite Flächen herrschaftlich so durchdrungen, dass geschlossene Landesherrschaften die dynastische Position absicherten.

3 Die sieben Kurfürsten kamen an einem festgeschriebenen Ort (Frankfurt) zusammen, um mehrheitlich einen König zu wählen. Da dieser auch zukünftiger Kaiser war, wurde ein immerwährender Zusammenhang zwischen beiden Ämtern geschaffen. Es waren nicht mehr Vertreter aller beteiligten Stämme, sondern festgelegte Fürsten, die ihre Funktion durchaus als Machtposition ausbauten. Die Strukturen des Lehnswesens führten im Deutschen Reich zur Herausbildung des Wahlkönigtums; als zentraler Akt der Königserhebung wurde zusehends der Wahlvorgang selbst begriffen. Der gewählte König musste dann als eine seiner ersten Aufgaben den Kurfürsten ihre Privilegien mit Erbrecht bestätigen.

4 Die Darstellung folgt der karolingischen und ottonischen Hofordnung, links des thronenden Kaisers stehen die geistlichen, rechts die weltlichen Fürsten. Aus den die Herrschaft des Königs tragenden und diesem untergeordneten Kronvasallen sind ranggleiche Kurfürsten geworden, deutlich in deren Position und Größenverhältnis zum König und Kaiser.

Literatur

Biegel, Gerd, Heinrich der Löwe: Kaiserenkel, Kaiserfreund, Kaiserfeind, Braunschweig 1995.

Boockmann, Hartmut, Stauferzeit und spätes Mittelalter, 2. Aufl., Berlin 1993.

Rotter, Ekkehard, Friedrich II. von Hohenstaufen, München 2000.

4. König und Adel in England und Frankreich: Wer eint die Länder zu starken Staaten?

Konzeption

Die in diesem Kapitel thematisierten Konflikte waren wegweisend für die Herausbildung der modernen zentralistischen Einheitsstaaten in England und Frankreich. Anders als in Deutschland, wo die Ausbildung territorialer Landesherrschaften bis heute zu einer föderalistischen Gliederung mit eigenen Landeshauptstädten geführt hat, sind die beiden Länder des Westens ihrer zentralen Ausrichtung auf je eine Hauptstadt verhaftet geblieben, auch wenn sich in jüngster Zeit in Frankreich und England Tendenzen zur stärkeren Beachtung regionaler Besonderheiten zeigen. Die Schülerinnen und Schüler sollen die Voraussetzungen, die Entwicklungen und Erscheinungsformen der westeuropäischen Länder England und Frankreich kennen lernen, erfahren, dass sich, anders als in Deutschland mit seinen kleinräumigen Landesfürstentümern, das Königtum gegenüber den Großen behaupten konnte, keine Teilgewalten zuließ, Elemente moderner Staatlichkeit wie Verwaltung, Heer, Steuer, Justiz von der Krone her organisierte und überwachte; in England wurde dabei die Königsmacht aber durch die Mitwirkungsrechte des Parlaments beschränkt, während in Frankreich die Ständeversammlung den König nur beriet, aber nicht zu einem Gegengewicht der Monarchie geworden war.

Aspekte der Unterrichtsgestaltung

Als Einstieg eignet sich eine Lehrererzählung zu den dramatischen Ereignissen des Jahres 1066, die dann auf die gemeinsame Interpretation von Q1 (Frage 1) fokussiert und durch Schülerreferate zur Herkunft und Lebensweise der Normannen ergänzt werden kann. In einem nächsten Schritt werden die Herrschaftssicherung der Normannen und die Entstehung des englischen Parlaments dargelegt und die Ergebnisse an der Tafel festgehalten. Der Weg Englands und Frankreichs durch die Wirren des Hundertjährigen Krieges zu zwei zentralisierten, auf der Machtstellung des jeweiligen Königs beruhenden Staaten mit eigener nationaler Identität wird von den Schülerinnen und Schülern selbstständig in zwei nationalen Gruppen anhand des Verfassertextes, des Bild- und Kartenmaterials erarbeitet (Frage 2 und 3). Die Ergebnisse werden präsentiert. Selbsttätiges Arbeiten, Identifikation und handlungsorientierte Umsetzung sichern den Aufbau narrativer Kompetenz, der Fähigkeit zu temporalen und kausalen Verknüpfungen und über die Verarbeitungstiefe ein langfristiges Behalten.

Tafelbild

> ### *Entstehung des englischen Parlaments*
> **Ausgangspunkt:**
> normannische Eroberung 1066 – Feudalsystem mit königlicher Zentralgewalt – König größter Grundbesitzer – große Zahl von Kronvasallen mit unzusammenhängenden Lehen in verschiedenen Landesteilen
>
> **Verwaltung:**
> Übernahme der Grafschaftseinteilung aus angesächsischer Zeit mit absetzbaren Beamten, Grafschaftsgerichte, zusätzlich königliches Gericht
>
> **Zentralorgan:**
> *Curia Regis* = König + Versammlung der Kronvasallen, Beratung der Reichsangelegenheiten, Gesetzgebung und Gerichtsbarkeit Aufspaltung in:
>
> a) engerer Kronrat (hohe Beamte, ausgewählte Kronvasallen)
> b) großer Kronrat (alle Kronvasallen), Steuerbewilligungsrecht
>
> Opposition der Kronvasallen gegen willkürliche Besteuerung
>
> ### *Ergebnis: Magna Carta 1215*
>
> Begriff „Parlament" ab Mitte des 13. Jhs., Ursprung des Repräsentativmodells: Vertreter der Commons, von frz. *Communes* (Gemeinden) dazu geladen
>
> Im 14. Jh. endgültige Trennung in zwei Kammern:
> *House of Lords/House of Commons* = Oberhaus/Unterhaus

Zusatzinformationen zum Verfassertext

Im Hundertjährigen Krieg ist nicht 100 Jahre lang gekämpft worden. Nach Verträgen folgten lange Kampfpausen. In ernsthafte Gefahr geriet die französische Monarchie, als 1356 in der Schlacht von Poitiers der König gefangen genommen wurde und 1415 nach der Schlacht bei Azincourt, als ganz Nordfrankreich und Paris den Engländern zufiel. Am Ende des Ringens war allerdings die Kraft der Engländer erschöpft, eine letzte Landung im Jahr 1475 mit 12000 Mann und dem Plan, zusammen mit den Burgundern Frankreich zu besiegen und aufzuteilen, schlug fehl. Nach Zusicherung hoher Geldsummen waren die Engländer zum Abzug bereit. Mit der Durchsetzung des Erbganges statt der Wahl wie in Deutschland war das französische

Königtum erstarkt. Die Valois-Dynastie des ausgehenden 15. Jahrhunderts finanzierte ein stehendes Heer durch die „Taille", die Kopfsteuer, die ohne Mitwirkung der Stände erhoben wurde. In England ging am Ende des 15. Jahrhunderts der Kampf zwischen den Häusern Lancaster und York zugunsten von Heinrich Tudor aus, der Einheit und Ordnung wieder herstellte.

Der Aufstieg des Herzogtums Burgund hatte sich vor dem Hintergrund des Hundertjährigen Krieges vollzogen. Am Ende hatte sich Frankreich von den Engländern befreit, aber Ludwig XI. blieb noch der burgundische Gegner. Ein Bündnis mit dem deutschen Kaiser und den Schweizern führte zur Niederlage der Burgunder bei Grandson, Murten und Nancy. Der Traum Karls des Kühnen, das lotharingische Zwischenreich wieder zu errichten, war zerstoben. Allerdings war die burgundische Frage für Frankreich nicht gelöst, da Maria von Burgund den deutschen Kaisersohn, den späteren Maximilian I. heiratete, die Freigrafschaft Burgund habsburgisch wurde und so der französisch-habsburgische Dauerkonflikt um die Vorherrschaft in Europa entstand.

Der kurze Abschnitt „Das Volk – Leidtragender der Konflikte" auf S. 86 soll trotz anderer Gewichtung des Gesamtkapitels den Blick der Schülerinnen und Schüler auf die namenlose Masse richten und den Lehrer dazu anregen, bei weitergehendem Schülerinteresse, einen besonderen Akzent zu setzen. So könnte z.B. anhand des Arbeitsblattes zur Pest das Leiden der Bevölkerung in England und Frankreich in der Mitte des 14. Jahrhunderts begriffen werden. Zurückströmende und marodierende Söldnersoldaten waren eine Landplage, Banden und Bettlergruppen durchstreiften beide Länder. Dazu kamen ein Temperatursturz und Überflutungen, Missernten, Hungersnöte, Teuerungen. Ein Chronist berichtet für England, dass die Armen Katzen, Hunde und Taubenmist aßen, für England und Frankreich gleichermaßen ist Kannibalismus nachgewiesen, Arme verzehrten ihre eigenen Kinder.

Zusatzinformation zu den Materialien

Q1 Der Stickteppich, eigentlich ein mit Wollfäden bestickter Leinenstreifen, ist wahrscheinlich in Canterbury im Auftrag des Bischofs von Bayeux, Wilhelms Halbbruder, angefertigt worden. Er wird heute im „Centre Guillaume le Conquérant" in Bayeux aufbewahrt und gilt als Meisterwerk der englischen Kunst des 11. Jahrhunderts. Er ist ca. 71 m lang und 50 cm hoch. Neuere Forschungen verlegen aus stil- und militärgeschichtlichen Gründen die Entstehung allerdings nach Frankreich (vgl. Wolfgang Grape, Der Teppich von Bayeux, München 1994). Die vollständige lateinische Inschrift lautet: HIC HAROLD: – REX INTERFEC:TVS EST ET FVGA:VETERUNT ANGLI. Die Attacke der normannischen Reiterei führt zu einem blutigen Handgemenge. Die Normannen erschlagen die Angelsachsen. Harold, so nehmen die Interpreten an, wird durch die fehlende Figur unterhalb der Wörter „interfectus est" dargestellt. In der unteren Bordüre sehen wir die Ausplünderung der Toten, ihnen sind z.T. die Kettenhemden abgestreift worden. Es ist das Ende des Kampfes, der insgesamt 8 Stunden dauerte und in mehrere normannische Attacken zerfiel.

Q2 Die zur Zeit des Hundertjährigen Krieges entstandene französische Buchmalerei formuliert den programmatischen Anspruch der französischen Könige auf die Oberherrschaft über die zu englischen Königen aufgestiegenen normannischen Herzöge.

Q3, Q5 Jeanne d'Arc oder Joanetta Darc aus Domrémy in den Vogesen ist *die* Symbolgestalt der Geschichte Frankreichs und des französischen Nationalgefühls. Sie hatte geholfen, die nationale Einheit wieder herzustellen und dauerhaft zu befestigen. Daher wird ihrer immer wieder auf Briefmarken gedacht oder sie wird wie andere Figuren aus der Zeit des Hundertjährigen Krieges auf den traditionellen französischen Spielkarten als Pik Dame abgebildet, Agnès Sorel, die Mätresse Karl VII. als Karo-Dame, Karl VII. selbst als Herzkönig. Johanna wurde 1904 von der katholischen Kirche zum Gegenstand der Verehrung gemacht, 1908 selig, 1920 heilig gesprochen. In der Kathedrale von Orléans geben die Glasfenster die Stationen ihres Lebens wieder, in Rouen wurde ihr zu Ehren und zum ewigen Gedächtnis auf ihrem Verbrennungsplatz ein Kreuz errichtet. Jedes Jahr im Mai findet ein großer Festzug statt. Noch immer wird ihre Rolle kontrovers diskutiert. Es wird gefragt, ob ihr ungebrochener Nachruhm nur ein Ausfluss des französischen Nationalismus des 19. Jahrhunderts war, in dem sie zur großen Kriegsheiligen stilisiert wurde.

Q4 Einen ihrer größten Siege errangen die Engländer 1346 bei Crécy in der Picardie. Fast die gesamte französische Kavallerie wurde vernichtet, dabei hatten adlige Panzerreiter bis Ende des 13. Jahrhunderts die Schlachtfelder beherrscht. Es war ein Triumph der zu Fuß kämpfenden Infanterie über die Kavallerie, der Triumph des Langbogens über die neu eingeführten Schusswaffen.

Frankreich verlor einen Großteil seines Adels. Das englische Kontingent setzte sich aus Berittenen, Fußtruppen und Bogenschützen zusammen. Die Pfeile der Langbogenschützen konnten noch aus einer Entfernung von 200 m die Ritterrüstungen durchschlagen, bis zu 12 Pfeile pro Minute konnten abgeschossen werden. Zudem zielten die Bogenschützen auf die Pferdeleiber, brachten die Pferde zu Fall, die dann die Ritter unter sich begruben, die sowieso wegen der schweren Rüstung nicht imstande waren, aus eigener Kraft aufzustehen. Die auf französischer Seite eingesetzten genuesischen Armbruster waren mit ihren Waffen den Bognern hinsichtlich Reichweite und Schussgeschwindigkeit völlig unterlegen. Übrigens waren Bogen und Armbrust als mechanische Fernwaffen von den Päpsten bereits Mitte des 12. Jahrhunderts geächtet worden, Christen war der Einsatz bei Strafe der Exkommunikation verboten, „jene tödliche und gottverfluchte Kunst der Ballisten-, Bogen- und Armbrustschützen."

D1 Die beiden Karten erlauben es den Schülerinnen und Schülern, den gesamten Verlauf der Auseinandersetzung zwischen England und Frankreich zu skizzieren. Es empfiehlt sich, für die Bearbeitung die methodischen Schritte aus dem Methodenglossar „Geschichtskarten verstehen" auf S. 281 anzuwenden.

Zu den Fragen und Anregungen

1 Die Normannen kämpften zu Pferde, im Gegensatz zu den Angelsachsen, die meist ihre Pferde am Schlachtrand abstellten und zu Fuß in den Kampf zogen. Die Bewaffnung beider Völker mit Schwertern, Streitäxten und Wurflanzen war ähnlich. Die Normannen schützten sich durch Schilde, die sie an einer Schlaufe im Inneren des Schildes hielten. Die Schilde hatten eine halbkreisförmig gerundete Oberkante mit einer Spitze am unteren Ende. Den Leib bedeckte ein Kettenhemd, das noch nicht die Knie schützte. Auf dem Kopf trugen sie den sog. normannischen Helm, der aus einem Stück geschmiedet war. Er hatte eine konisch getriebene Form, besaß am vorderen oberen Helmrand ein angesetztes Nasenstück. – Sicher haben viele Kinder über die Normannen gelesen oder Filme gesehen. Erfahrungsgemäß sind es meist grausige Details aus der normannischen Frühzeit, die im Gedächtnis haften geblieben sind. Es empfiehlt sich daher, im Gespräch dieses „Räuberbild" zurechtzurücken.

Die Schülerinnen und Schüler entnehmen die relevanten Fakten – Sieg Wilhelms des Eroberers und Aufbau einer zentralen, auf den König als Großgrundbesitzer zugeschnittenen Verwaltung – dem Verfassertext, die Lehrkraft entwickelt in dieser gemeinsamen Arbeit das Tafelbild.

2 Englische und französische Kronvasallen begrüßen sich in französischer Sprache; dies entspricht der formalrechtlichen Beziehung zwischen dem französischen König als Lehnsherr des Herzogs der Normandie und seit 1066 englischen Königs. Hatte bereits die Eroberung Englands das reale Machtverhältnis zwischen Lehnsherr und Vasall verschoben, so konnten die normannischen Könige im Verlauf des 12. Jahrhunderts ihre Macht durch die Eroberung des Nordens und Westens Frankreichs weiter ausbauen. Die Jahre 1214/15 wurden zu Schlüsseldaten der französischen und englischen Geschichte. Der französische König Philipp II. konnte alle englischen Besitzungen auf dem Festland zurückerobern, der englische König Johann Ohneland wurde von den Baronen zum Schwur auf die „Magna Carta" gezwungen. Inhaltlich stellten deren Regelungen lediglich eine Bestätigung geltender Rechtsnormen und Feudalpflichten dar. Der König war wie alle „Freien" (*freemen*) dem Recht unterstellt und die Freiheiten sollten für alle Freien im gesamten Königreich gelten. Erst 1225 wurde die Carta endgültig von Heinrich III. bestätigt und gesiegelt, seit diesem Datum heißt sie die Große Urkunde. Die Magna Carta gilt über die Jahrhunderte hinweg als *der* Grundstein des englischen Verfassungsrechts. (Die Entstehungs- und Rezeptionsgeschichte ist in aller Ausführlichkeit dargestellt bei: Geoffrey Hindley, The Book of Magna Carta, London u. a. 1990.)

3 Erbansprüche des englischen Königs auf den französischen Thron führten zum Hundertjährigen Krieg, der mit dem Sieg der Engländer bei Crécy und der Kriegsheldin Jeanne d'Arc den jeweiligen nationalen Mythos hervorbrachte. Die Leiden des Volkes diesseits und jenseits des Kanals durch Hungersnöte, Teuerungen, Feudalabgaben und Sondersteuern für den Krieg, Pestepidemien und Bandenunwesen waren unsäglich. Am Ende des Krieges hatten sich zwei von nationaler Identität, unterschiedlicher Kultur und Sprache getragene und geeinte Staaten herausgebildet, beide gekennzeichnet von einer politisch erstarkten und wirtschaftlich vom Adel unabhängigen königlichen Macht.

Literatur zum Weiterlesen für Schülerinnen und Schüler

Faber, Gustav, Die Normannen. Piraten, Entdecker, Staatengründer, Berlin 1991.

Nicholson, Robert/Watts, Claire, Jetzt weiß ich mehr über die Wikinger, Freiburg 1992.

Nougier, Louis-René, So lebten sie zur Zeit der Wikinger, Nürnberg 1983.

Obermeier, Siegfried, Richard Löwenherz, München 2003.

Sutcliff, Rosemary, Drachenschiffe drohen am Horizont, München 1977.

Sutcliff, Rosemary, Randal, der Ritter, München 1987.

Sutcliff, Rosemary, Robin Hood, München 1987.

Städte verändern das Leben

Einleitung

Stadt ist für die heutige Gesellschaft die selbstverständliche Lebensform, im Mittelalter war sie die seltene Ausnahme. Die Untersuchung ihrer Entstehungsbedingungen und Entfaltungsmöglichkeiten im Mittelalter ist daher in besonderer Weise geeignet, das Prozesshafte und das Veränderungspotential in der Geschichte zu vermitteln. Mit dem Phänomen der Stadt ist so der Begriff der Dynamisierung eng verknüpft: Die Wurzeln der Stadt liegen in der (keineswegs nur als statisch zu verstehenden) Feudalgesellschaft wie sie in den vorangehenden Kapiteln entfaltet wurde. Agrarwirtschaft, Christentum und Lehnswesen prägen die Welt, aus der die Stadt hervorgeht und mit der sie zugleich aufs Engste verbunden ist. Vor diesem Hintergrund zielt die Unterrichtseinheit auf die Frage nach dem Neuen und Vorwärtsweisenden der Stadt für das ökonomische, politische und soziale Leben der Menschen.

Hier sind vor allem drei Aspekte zu nennen, die in der Ausgestaltung der Einheit eine zentrale Rolle spielen:

1. **Der Markt** als zentraler Ort des Austausches verweist auf die veränderte Wirtschaftsweise. Nicht mehr die naturabhängige, auf Subsistenz angelegte bäuerliche Produktion, sondern das für den Markt produzierende Handwerk und der die Distribution organisierende Handel bestimmen das Wirtschaftsgeschehen. Damit entstehen die beiden sozialen Gruppen, die das städtische Leben entscheidend prägen: Handwerker und Kaufleute. Zugleich bilden sich die modernen, bis heute vorherrschenden Strukturelemente von Arbeitsteilung, Verkehrs- und Geldwirtschaft heraus.

2. **Die Kommune** als politischer Verband der Bürger mit weitgehenden Selbstbestimmungsrechten stellt eine neue Form eigenständiger Herrschaft dar und ist nach Max Weber im universalen Vergleich die entscheidende Besonderheit der okzidentalen Stadt. In der Besetzung ihrer Organe (Bürgermeisteramt, Ratsversammlung und Gericht) durch die wirtschaftlich potente Gruppe der Fernhändler spiegelt sich der Umschlag von ökonomischer zu politischer Macht, die in den innerstädtischen Kämpfen des späten Mittelalters von Aufsteigergruppen zunehmend in Frage gestellt wird.

3. **Persönliche Freiheit – soziale Ungleichheit** als Elemente moderner Gesellschaften entstehen in der mittelalterlichen Stadt: Nicht mehr grundherrliche oder persönliche Abhängigkeit, sondern formale Rechtsgleichheit, freier Besitz und Freizügigkeit bestimmen die Lebenssituation der Stadtbewohner. Nach Besitz, politischer Partizipation und sozialen Rechten sind sie allerdings in eine streng hierarchisierte Sozialstruktur eingebunden, die immer wieder zu heftigen Konflikten führt.

Inhalte und Schwerpunkte

Das erste Kapitel betont die fast „städtelose" Ausgangssituation um 1000 n. Chr., um dann die allgemeinen Rahmenbedingungen von Agrarrevolution und Bevölkerungswachstum (Rückgriff auf S. 50 f.) und die herrschaftlichen und topografischen Ansatzpunkte der Stadtentwicklung zu erläutern. Der Markt als Zentrum (vgl. ADS und Karten Trier, S. 94 und Freiburg, S. 107) der neuen Siedlungs- und Wirtschaftsweise wird als Ort des Austausches vorgestellt, der die strukturellen Neuerungen von Spezialisierung, Arbeitsteilung und Geldwirtschaft spiegelt.

Das zweite Kapitel thematisiert die städtische Sozialstruktur und die politische Herrschaft: Die Bewohner der Städte sind – im Gegensatz zu den Menschen auf dem Lande – persönlich frei, aber die soziale Differenzierung und die unterschiedlichen politischen Partizipationschancen treten im engen Zusammenleben besonders krass hervor, so dass ein vielschichtiges Bild der städtischen Gesellschaft entsteht, das geprägt ist von Bürgern und Einwohner, Randgruppen und „Unehrlichen", der besonderen Situation der Frauen, den rechtlichen Sondergruppen der Kleriker und Juden. Eng verbunden mit dem sozialen Status ist die politischer Herrschaft, die von den Patriziern (Fernkaufleute, Ministeriale) zum eigenen und zum Wohle der Stadt erkämpft oder auch erkauft wird vom Landesherrn und ein für die Feudalgesellschaft sonst unbekanntes Maß an Selbstbestimmung enthält.

Im dritte Kapitel wird am Beispiel der Zunft das die städtische Gesellschaft prägende Genossenschaftsprinzip vorgestellt, das gleichermaßen wirtschaftliche und soziale Funktionen erfüllt. Das „Nahrungsprinzip" als Mittel der Existenzsicherung durch Konkurrenzbeschränkung und die gemeinschaftliche sozialen Absicherung von Krankheit und Notfällen charakterisieren dieses Prinzip.

Mit der Werkstatt „Spurensuche" werden zwei Ziele verfolgt: Zum einen soll das Erscheinungsbild der mittelalterlichen Stadt (vgl. ADS: Nürnberg) in seinen charakteristischen Zügen bewusst gemacht werden und zum anderen wird der Blick auf die mittelalterlichen Überreste in der eigenen oder benachbarten Stadt gelenkt.

Das vierte Kapitel behandelt den Fernhandel am Beispiel der Hanse. Auch hier spielt das genossenschaftliche Element eine zentrale Rolle. Zugleich wird der überregionale, gesamteuropäische Rahmen des Phänomens Stadt betont: Mittelmeer- und Hanseraum (vgl. ADS) wachsen zu einem gemeinsamen Wirtschaftsraum zusammen. Die Gefahren, Schwierigkeiten und Probleme des Fernhandels (Transport, ungesicherte Straßen, christliches Zinsverbot; Zollschranken) verweisen auf dessen Modernität innerhalb der Feudalgesellschaft.

Das fünfte Kapitel ist den Juden im Mittelalter gewidmet: Als Händler und Finanziers waren sie ein städtisches Phänomen, das als zentrales Beispiel für Fremdenfeindlichkeit und die Mechanismen der Marginalisierung steht. Das Kapitel betont die wirtschaftliche und kulturelle Bedeutung der jüdischen Minderheit sowie die religiös und ökonomisch motivierte Irrationalität der Verfolgung.

Im sechste Kapitel werden die Lebensbedingungen in der mittelalterlichen Stadt beispielhaft behandelt: Das enge Zusammenleben konfrontiert die Menschen mit „modernen" Umweltproblemen wie Müll und Wasserverschmutzung. Hinzu kommen spezifische Probleme von Hygiene und Feuer (Holzbauweise) und der großen Epidemien (Pest), auf welche die Menschen mit religiösem Eifer oder auch Hass (Juden) reagieren.

Das siebte Kapitel behandelt die Rolle von Kirche und Religion in der Stadt. Beispielhaft soll hier die untrennbare Verschränkung von weltlichem und religiös-kirchlichem Leben gezeigt werden. Dazu dient die Darstellung des christlichen „Lebensrahmens" im Alltag (Tageslauf, Pfarrgemeinde) und auf allen Lebensstationen (Taufe etc.) sowie die weltliche Nutzung des Kirchengebäudes. Den Sonderrechten der Kirche (Befreiung vom weltlichen Gericht und von allen städtischen Pflichten und Leistungen) werden ihre besonderen Leistungen im Sozialbereich, bei der Seelsorge (neue Orden, Beginen) und in der Bildung gegenübergestellt.

Die „Gewusst-wie"-Seiten führen in die Untersuchungsmethode von Bauwerken ein und verbinden dies mit einem knappen Abriss zur romanischen und gotischen Stilepoche.

Auftaktdoppelseite 90/91

Die Bilder und Texte der ADS stellen die Veränderung der Lebensbedingungen im Kontrast zur bisher behandelten agrarisch-feudalen Welt in den Vordergrund: Der Markt und die Bürgergemeinde (Siegel) als entscheidende Differenz und als neues ökonomisches bzw. politisches Strukturprinzip, einschließlich der daraus erwachsenden Konflikte. Die Karte mit den wichtigsten Handelsverbindungen und den beiden zusammenwachsenden Handelszonen verweisen auf das gesamteuropäische Phänomen der Stadtentwicklung und die mit dem Fernhandel verbundene Horizonterweiterung der Menschen. Die Schedelsche Stadtansicht von Nürnberg steht stellvertretend für das Erscheinungsbild der neuen Siedlungsform.

Die ADS eignet sich als Einstieg in das Thema „Stadt" auf unterschiedliche Weise:

– Gruppenarbeit zu den einzelnen Abbildungen unter der Fragestellung, welche Neuerungen oder Veränderungen erkennbar sind im Vergleich zu den anderen „Orten des Lebens";
– Vergleich des Dorfbildes von Heudorf (S. 50) mit der Ansicht von Nürnberg.

Das Marktbild entstammt einer französischen Handschrift (1349) und stellt – unter dem Schutz des Marktkreuzes als Zeichen des Marktfriedens! – den Austausch zwischen agrarischer und gewerblich-handwerklicher Produktion dar: Im Hintergrund die Verkaufsstände der Töpfer und Tuchhändler, mittig und im Vordergrund Geflügel, Schweine, Rinder und Feldfrüchte. Die Kleidung verweist auf die bäuerliche und städtische Herkunft der Marktbesucher, die Pflasterung und dichtgedrängten Häuser charakterisieren die Stadt.

Die Darstellung des Augsburger Aufstands ist eine Federzeichnung aus einer um 1480 entstandenen Chronik, die historisch getreu die Ereignisse aus dem Jahre 1368 wiedergibt: Die unzufriedenen Handwerker trafen sich bewaffnet vor dem Rathaus, um die Bildung von Zünften und deren Beteiligung am Stadtregiment durchzusetzen.

Die erstmals 1493 erschienene Weltchronik des Nürnberger Arztes, Humanisten und Chronisten Hartmann Sche-

del (1440–1514) enthält zahlreiche Stadtbeschreibungen und -ansichten, die z. T. Phantasiedarstellungen sind, für seine Heimatstadt Nürnberg aber eine präzise Ansicht bietet, die allerdings durch den leicht erhöhten Betrachterstandpunkt und die übliche Überbetonung der Höhendimension den Eindruck gedrängter Dichte vermittelt. Die Abbildung zeigt typische Elemente einer Stadt: scharfe Abgrenzung vom umgebenden Land, Befestigung (Wall, Graben, Mauer), dichte Bebauung, zahlreiche Kirchen, überragende Position der Burg (Herrensitz).

Das Stadtsiegel von Lübeck trägt die Umschrift *Sigillum Burgensium de Lubeke* (Siegel der Bürger von Lübeck) und drückt die 1226 durch die Erhebung zur freien Reichsstadt errungene Selbstständigkeit aus. Das Schiff (Kogge) ist mit einem Schiffer und einem Kaufmann besetzt, deren erhobenen Schwurhände die freie Vereinigung der Bürger symbolisieren.

1. Warum die Städte entstanden

Konzeption

Dieses Kapitel zielt darauf ab, zunächst (im Sinne einer weltgeschichtlichen Orientierung) bewusst zu machen, dass das für uns selbstverständliche Phänomen Stadt im mitteleuropäischen Raum erst von der Jahrtausendwende an eine bedeutsame Rolle spielt, im Vergleich zu Rom, Griechenland und dem Orient also spät einsetzt, dann aber diese Regionen mit der Industrialisierung überflügelt. Ausgehend von dieser Erkenntnis steht dann die Frage nach den Ursachen und Bedingungen dieser Dynamisierung durch den mittelalterlichen Aufschwung im Mittelpunkt: Neben den strukturell-langfristigen Bedingungen der sich wechselseitig beeinflussenden Faktoren von Agrarrevolution und Bevölkerungswachstum sollen hier die aktuellen Interessen von Herrschaft und Schutzbedürfnis nichtagrarischer Bevölkerungsgruppen sowie die konkreten topografischen Ansatzpunkte erkannt werden. Der dritte Aspekt in diesem Kapitel lenkt den Blick auf die wesentliche Neuerung im ökonomischen Bereich: der durch den Markt symbolisierten Verkehrswirtschaft mit allen Folgen für die Wirtschaftsweise und das Zusammenleben der Menschen.

Aspekte der Unterrichtsgestaltung

Angesichts des abstrakten Bedingungsgefüges der Stadtentstehung empfiehlt sich ein Einstieg über die konkrete Frage 5, die mit dem VT und D 3 und 4 zu den topografischen und herrschafts- bzw. personenbezogenen Bedingungen der Stadtentstehung und -entwicklung führt. Daran anschließend kann die eher abstrakte Frage 1 mit dem VT und D 1 bearbeitet werden. Mit den Fragen 2 und 3 wird der Blick auf die europäischen Städtelandschaften des Mittelalters und auf die vergleichsweise niedrigen Bevölkerungszahlen gelenkt. Die Frage 4 erlaubt eine genaue Untersuchung der Interessen der an der Stadtentwicklung Beteiligten, die auch mit der Frage 7 verbunden werden kann. Als Ergebnis könnte ein Tafelbild zur Entstehung der mittelalterlichen Stadt gestaltet werden.

Tafelbild

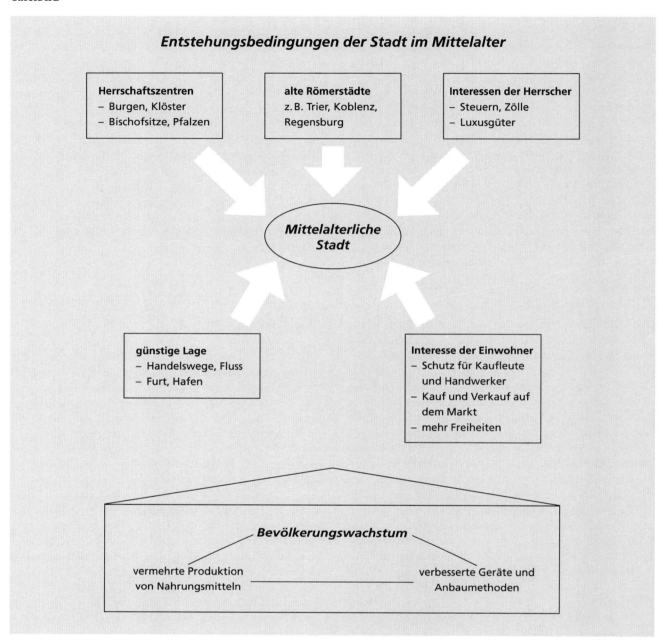

Zusatzinformationen zum Verfassertext

Städte im weitesten Sinne gab es im Bereich des heutigen Deutschlands vor dem Aufschwung des 11. Jhs. nur im Gebiet des ehemaligen Römischen Reiches, d. h. südlich der Donau und linksrheinisch. Dabei ist in allen Fällen von einer Siedlungskontinuität bei massiver Schrumpfung auszugehen (Trier z. B. um ca. 90%). Keltische „oppida" und die norddeutschen Wike (Handelsplätze des 8. bis 10. Jhs.) gelten im Gegensatz zu den herrschaftlichen Zentren der Burgen, Bischofsitze und Klöster nicht als Wurzeln der mittelalterlichen Städte. Das Bevölkerungswachstum wurde nur zu rund einem Viertel von den Städten, der größte Anteil von der Binnenkolonisation, der Rest von der Ostsiedlung absorbiert. Die Unterscheidung von „gewachsenen" und Gründungsstädten (Freiburg) ist nicht scharf zu ziehen, da meist frühere Siedlungskerne einbezogen wer-

den. Zu ergänzen wäre die Zentralitätsfunktion der Städte für alle Lebensbereiche.

Zusatzinformationen zu den Materialien

D1 Die Grafik berücksichtigt urkundlich erfasste Stadtgründungen bzw. deren erste Erwähnung im Zehnjahresrhythmus. Die auf Schätzungen basierende Kurve der Bevölkerungsentwicklung steigt seit dem 7. Jh. stetig an, sinkt mit den Pestwellen ab 1348 rasch ab und erreicht den Stand des 14. Jhs. erst wieder um 1600.

D2 Die Zahlen verweisen auf die frühen Wirtschaftszentren in Flandern/Brabant (erstes „Industriezentrum" der Tuchproduktion) und in Oberitalien (Orienthandel, Kreuzzüge).

D3 Die Karte belegt eindrucksvoll den Schrumpfungsprozess der römischen Residenzstadt und das allmähliche

Wachstum, das einerseits die römischen Baureste (Kirchen) verwendet, andererseits aber ein völlig neues Straßennetz herausbildet.

D4 Soest geht auf einen merowingischen Königshof zurück, der seit der Karolingerzeit den Hellweg als wichtige Verbindungs- und Handelsstraße vom Rhein zur Weser sicherte. Zusammen mit den Salzquellen und der Expansionspolitik der Kölner Erzbischöfe (Patroklistift und Bischofspfalz) waren so günstige Voraussetzungen für die Stadtentwicklung gegeben.

Q1 Die französische Darstellung zeigt eine „gehobene" Käuferschicht (modische Schnabelschuhe, wertvolle Kleidung; gediegenes Interieur), die neben Schuhen teuren Schmuck und Zinngefäße erwirbt. Darstellungstechnisch: Keine Zentralperspektive, noch Bedeutungsperspektive.

Q2 Die „klassische", allerdings aus späteren Urkunden rekonstruierte Quelle zur Stadtgründung steht im Kontext der Territorialpolitik der Zähringer, die mit ihrer Städtepolitik Herrschaftssicherung und Wirtschaftsförderung betrieben. Während der Boden gegen Zins im herzoglichen Besitz bleibt, betont die Urkunde den für Handel und Gewerbe notwendigen Schutz, die Sicherung des Besitzes und die Freiheiten (im Sinne der Privilegierung) bei der Wahl des Vogts (noch nicht Schultheiß!) und des Gerichts.

Q3 Die Markt- und Gewerbeordnung zeigt die herrschaftliche Ordnungsfunktion für Handel und Gewerbe: Die harten Maßnahmen zur Friedensicherung verweisen auf die offensichtliche Gewaltbereitschaft, die strengen Preis- und Handelskontrollen auf die Notwendigkeit gegen betrügerische und unlautere Handelspraktiken vorzugehen, die Fremdenbestimmung auf soziale Probleme der Ausgrenzung Ortsfremder.

Q4 Kaufleute verpackten ihre Waren meist in Säcken oder Fässern.

Zu den Fragen und Anregungen

1 Die Bevölkerungsentwicklung führte zusammen mit den Veränderungen im Agrarsektor (vgl. S. 50/51) zur Produktivitätssteigerung, so dass nicht mehr alle Menschen zur Nahrungsproduktion benötigt wurden.

2 Die Karte zeigt eine Konzentration in den Niederlanden/Belgien, Deutschland und Norditalien – ein Befund, den die Statistik D2 (außer Deutschland: geringe Einwohnerzahlen!) bestätigt.

3 Das Wachstum der Städte im Zeitalter der Industrialisierung sprengt die mittelalterliche Größenordnung völlig. Neben den traditionellen Städtezentren entstehen jetzt neue: Ruhrgebiet, Sachsen, Mittelengland.

4 Stichworte: Geringer Bodenzins und Zollbefreiung, Schutz, besondere Rechtabsicherung der Frau, eigenes Gericht, freie Verfügbarkeit über Besitz, Männer nur begrenzt zum Kriegsdienst verpflichtet.

5 Trier: Römerstadt, Bischofssitz, Fluss, Brücke; Soest: Handelsweg, befestigter Herrensitz, kirchliches Zentrum, Salzquellen.

6 Vgl. Q1.

7 Vgl. Q3.

2. Macht „Stadtluft" frei und gleich?

Konzeption

Neben der zentralen Fragestellung, die in der Überschrift des Kapitels bereits angesprochen wird, greift das zweite Kapitel folgende Aspekte auf, die für das Verständnis der mittelalterlichen Stadt relevant sind:
– Wie müssen sich Lernende von heute den baulichen Aufbau einer mittelalterlichen Stadt vorstellen?
– Wie wurde die Stadtherrschaft organisiert?

Zur Klärung des baulichen Akzents erfolgt eine immanente Abgrenzung von der heutigen Stadt, die alle aus eigener Anschauung kennen und Vergleiche insofern selbständig ziehen können; außerdem wird im Verfassertext mit dem zeitgenössischen Leben im ländlichen Raum verglichen. An diesen Vergleich wird auch die Frage nach der „Freiheit" angebunden und beantwortet. Während diese Aspekte in die Geschichtserzählung von „Gerold" eingeflossen sind (VT S. 96/97), wird die Herrschaftsorganisation vor allem im anschließenden Sachtext aufgegriffen.

Der *Aufbau der Stadt* wird ebenfalls im Zuge dieser Geschichtserzählung behandelt. Gerold erinnert sich seiner ersten Eindrücke und verdeutlicht im Vergleich zu den Gegebenheiten im ländlichen Raum den Aufbau der Stadt, indem er Eindrücke einer Begehung von der Stadtmauer her bis zum Zentrum am Markt schildert. Die bauliche (und verbunden damit auch die soziale) Gliederung der Stadt vom Randbezirk an der Stadtmauer mit den hüttenartigen Behausungen der städtischen Unterschicht und Gartenland über die Gassen der Handwerker mit ihren mehrgeschossigen Fachwerkhäusern bis hin zu den stattlichen Steinhäusern der Kaufleute illustrieren dies; gleichzeitig werden auch Anknüpfungspunkte für die Behandlung der Frage der (Un-)Gleichheit angeboten.

Die Frage nach *Freiheit und Gleichheit* wird auch schon in der Erzählung von Gerold angerissen, indem darin der Rechtsstatus des „freien" Städters (vgl. dazu auch die Erläuterung des Begriffs „Bürger" auf S. 98) in Kontrast gesetzt wird zu den aus dem Unterricht bereits bekannten unfreien Grundholden (vgl. S. 43). Die Frage nach dem Wert dieses Rechtsstatus für den einzelnen wird zur weiteren Abgrenzung mit der Fragestellung der sozialen Gleichheit in Bezug gebracht. Im weiteren Verfassertext im Abschnitt „Arm und ehrlos – aber frei" wird der Aspekt weiter vertieft.

Die Frage nach der *politischen Organisation in der Stadt* ist der letzte wichtige Themenaspekt dieses Kapitels. An den sozialen Aspekt der Ungleichheit anknüpfend wird der Zusammenhang mit der Stadtherrschaft aufgezeigt. Dazu bietet der Abschnitt „Stadtherren bestimmen" zunächst einen chronologisch geordneten Überblick über die Stadtherrschaft des Königs (bis Mitte des 10. Jahrhunderts) über die Stadtherrschaft der Landesherren bis hin zu der ab dem 12. und vermehrt im 13. Jahrhundert erstrebten, allerdings nicht überall erreichten Selbstregierung der Bürger an.

Mithilfe des Begriffs „Bürger" – der auch als Historisches Stichwort auf S. 98 unten mit einer Definition berücksichtigt ist – kann der gedankliche Bogen von den sozialen Strukturen in der Stadt (Thema Ungleichheit) zu den politischen Strukturen geschlagen werden: denn es sind die Patrizier (Kaufleute, in der Stadt wohnende Adlige, aufgestiegene Ministeriale der Landesherren) als sozial privilegierte Gruppe innerhalb der Stadt, deren Emanzipationsstreben in die Forderung nach politischen Selbstbestimmungsrechten einmündet.

Der abschließende Abschnitt „Stadtrat und Bürgermeister" liefert nicht nur Einblicke in die politischen Strukturen der Stadt, sondern auch genügend Beispiele, mit deren Hilfe das Interesse der städtischen Oberschicht an der Ausübung der Stadtherrschaft belegt werden kann.

Möglichkeiten der Unterrichtsgestaltung

1. Stunde:

Einstieg: Die Geschichtserzählung „Gerold" (VT S. 96/97) wird vom Lehrer oder Schülern vorgelesen. Es folgt ein kurzes Unterrichtsgespräch, v. a. mit dem Ziel der Ausräumung eventueller Verständnisprobleme. Im Anschluss bearbeiten die Schüler in Partnerarbeit das Arbeitsblatt „In der mittelalterlichen Stadt". Die Auswertung in der Klasse erfolgt mittels einer OH-Folie von diesem Arbeitsblatt.

Wenn noch Zeit bleibt, kann der restliche Verfassertext, S. 98/99, gemeinsam gelesen und ebenfalls kurz besprochen werden, andernfalls müsste das Lesen Teil der Hausaufgabe werden.

Hausaufgabe: Erarbeitet Arbeitsauftrag 1 auf S. 100.

2. Stunde:

Einstieg: Unterrichtsgespräch zu D1, S. 96/97 zum Wohnen in der Stadt; dabei Einbeziehung der gestellten Hausaufgabe in dieses Gespräch. Anschließend kann in arbeitsteiliger Partner- oder Gruppenarbeit auf die verschiedenen Formen von Freiheit und Gleichheit eingegangen und die Frage nach der Herrschaft in der Stadt gestellt werden (Fragen 2 und 3 auf S. 100). Es schließt sich ein Auswertungsgespräch in der Klasse an, dabei kann das Tafelbild eingesetzt werden.

Hausaufgabe: Verfassertext des Folgekapitels zu Zünften lesen (S. 101/102) und Arbeitsauftrag 2 auf S. 105 erarbeiten.

Tafelbild

Bürger und Bewohner in der Stadt	
Frei?	*Gleich?*
Ja!	**Nein!**
Städter kennen keine Hörigkeit, sie bestimmen selbst, unterstehen nur dem Stadtherrn bzw. Stadtrat.	In der Stadt leben sowohl Bettler, wie arme, wohlhabende und reiche Menschen. Auch Bürger und Bewohner sind ungleich: - Bürger wählt und kann gewählt werden, hat Recht auf Berufsausübung; - Bewohner lebt auch in der Stadt, hat aber keine derartigen Rechte.

Der letzte Satz des VT schließlich „Auf die Entscheidungen der Patrizier konnten die anderen Stadtbewohner keinen Einfluss nehmen" eröffnet eine Gelegenheit für eine Gesamtschau der Frage von „Freiheit und Gleichheit" im Sinne der Kapitelüberschrift.

Zusatzinformation zu den Materialien

D1 Die Darstellung stellt in ihren beiden Teilen die Wohn- und Lebensverhältnisse zweier grundverschiedener gesellschaftlicher Gruppen in der mittelalterlichen Stadt dar: Links (auf S. 96 unten) sieht man eine Feierlichkeit im vornehmen Umfeld dargestellt: vornehme Kleidung, die überreich gedeckte Tafel, die Reste auf dem Boden, die Dienstmagd, die weitere Speisen aus der Küche herbeibringt, der Repräsentationsraum mit dem Ofen visualisieren dies.

Rechts (auf S. 97 unten) ist als Gegenentwurf die Essenszubereitung in einer armen Familie dargestellt: die bescheidene Kleidung, das nackte Kind, die einfachste Ausstattung des Raums, die Feuerstelle stehen dafür.

Die Darstellung veranschaulicht das soziale Gefälle in der Stadt und bietet für Schüler entsprechende Sprechanlässe an.

Q1 Bettler waren keine seltene Erscheinung in der mittelalterlichen Stadt. Die Ursachen ihrer sozialen Notlage können vielschichtig sein, in der Buchmalerei ist eine Krücke als Hinweis auf ein Gebrechen zu erkennen. Der Spender gibt sein Almosen als Zeichen seiner Großherzigkeit und Nächstenliebe, der Beschenkte dankt es ihm durch Gebete für sein Seelenheil.

Q2 Die Teilnahme an der Tanzveranstaltung im Augsburger Repräsentationsraum ist, wie ein Blick auf die Kleidung der Teilnehmer zeigt, ein Privileg der wohlhabenden Bürger. Verschiedene sind auch in der Darstellung namentlich benannt.

Q3 Die französische Buchmalerei zeigt die bevorstehende Schlachtung eines Rinds. Auf dem Tisch, der sich – wie es üblich war – vor dem Haus bzw. Verkaufsstand befindet, liegt das benötigte Schlacht- und Fleischerwerkzeug bereit.

Q4 Der Holzschnitt aus dem in Augsburg 1476 veröffentlichen Werk „Nützliche Lehre und Predigt, wie sich zwei Menschen in dem Heiligen Sakrament der Ehe halten sollen" zeigt eine Familienszene. Die idealisiert dargestellte Kaufmannsfamilie mit drei Kindern wird bei ihrer Abendbeschäftigung dargestellt: Mutter und Tochter spinnen, die Tochter erlernt diese hausfrauliche Fertigkeit von ihrer Mutter; der Sohn befasst sich mit einem Buch, um später – wie der Vater – die Geschäfte führen und auch Berechnungen vornehmen zu können. Die Ehefrau, im Unterschied zur Tochter dargestellt mit Haube, hält mit dem Fuß die Wiege mit dem jüngsten Kind in der Schaukelbewegung. Die Ausstattung des Raums zeugt von Wohlstand. Der Kachelofen mit der Ofenbank, die Butzenscheiben in den Fenstern, die Ölhängelampe, der schwere Tisch, das Vorhandensein einer eigenen Schlafkammer stehen beispielhaft hierfür.

Q5 Der Text des unbekannten Autors schildert aus der Sicht der Bürger die Vorgänge um die Erringung der Stadtherrschaft in Straßburg mittels eines militärischen Sieges über den Bischof Walter von Geroldseck. Die Stadt erhielt bald darauf den Status einer „Freien Reichsstadt" zugesprochen. Die Quelle steht repräsentativ für Berichte aus anderen Städten, in denen die Bürger ebenfalls versucht haben, sich mit Gewalt aus dem landesherrlichen Stadtregiment zu befreien.

Q6 Diese Quelle gibt eine von verschiedenen Kleiderordnungen wieder, deren Ziel die Manifestation der sozialen Differenzierung innerhalb der Einwohnerschaft der Stadt durch die Zuordnung von Kleidungsbestandteilen zu einem bestimmten Steueraufkommen ist.

Q7 Herzog Heinrich der Löwe benennt in seiner Eigenschaft als Stadtherr von Lübeck die Kriterien, die ein Bürger für die Ratsfähigkeit besitzen muss. Anhand der Aufzählung lässt sich leicht nachvollziehen, dass nur die bereits länger in der Stadt ansässigen Patrizierfamilien (also Kaufleute, Adlige und Ministerialen) neben freier Geburt und ehrbarer Tätigkeit auch grundbesitzend, aber nicht im Handwerk tätig waren.

Q8 Das Kinderspielzeug aus Lübeck regt zu einem Vergleich mit der Erfahrungswelt der Schüler (Spielzeug, aber auch Lebenssituation der Kinder) an.

Zu den Fragen und Anregungen

1 Siehe untenstehende Tabelle.

Noch zwei Anmerkungen zur Lösung dieses Arbeitsauftrags:
a) Informationen zum „Leben auf dem Land" bietet das Kapitel „Alltag im mittelalterlichen Dorf" ab S. 45 an. Durch Rückgriff auf diese Angaben ist eine immanente Wiederholung des entsprechenden Lernstoffs möglich.

b) Eine weitere sinnvolle Ergänzung ist möglich nach der Bearbeitung des 3. Kapitels („Zünfte regeln das Leben der Handwerker"). Insofern bietet es sich an, Platz für zusätzliche Eintragungen vorzusehen.

2 Antworten könnten z.B. lauten:
Als *Patrizier* lobe ich die Freiheit der Stadt, die ihren Bürgern – zu denen ich als wohlhabender und grundbesitzender Kaufmann gehöre – eine Selbstverwaltung ermöglicht. Wir entscheiden die wichtigen Belange selbst und lassen im eigenen Namen Recht sprechen und durchsetzen. Der Frage der Gleichheit messe ich keine Bedeutung zu. Schließlich gebe ich den Armen immer ein Almosen – was können die denn noch mehr wollen?

Als *Magd* bewundere ich meinen Kaufmann. Ich schätze meine Freiheit, besonders wenn ich an meine Base denke, die als Hörige im Dorf schuftet. Natürlich beneide ich den Herrn um seinen Wohlstand, aber ich komme ja so zurecht. Und wenn es ihm nicht so gut ginge, hätte ich keine Arbeit.

Als *Tagelöhner* erlebe ich täglich die Ungerechtigkeit in dieser Stadt. Die Reichen zeigen uns Armen dauernd ihren Wohlstand und nutzen obendrein ihren Einfluss dazu aus, um im Stadtrat alles nach ihren Vorstellungen und zu ihren Gunsten auszurichten. Und dann reden sie immer von der „Freiheit"! Was nutzt die mir denn, wenn ich morgens nie weiß, ob ich abends etwas zu essen haben werde?

Frei? Soll das Freiheit sein, wenn ich als *Bettler* ständig der Willkür der Stadtherren ausgesetzt bin? Und gleich? Ich bettele um ein Almosen – und die Patrizier stellen mit ihrer vornehmen Kleidung ihren Reichtum heraus. Frei und gleich? Lächerlich!

	Erscheinungsbild	Einwohner	Arbeiten	Wohnen	Rechtsstatus (möglicher zusätzlicher Aspekt)
Leben auf dem Land	niedrige Häuser, landwirtschaftlich genutzte Flächen	ärmere und reichere Dorfbewohner	Bauern	eingeschossige Häuser, meist aus Holz	häufig Hörigkeit Verpflichtung zu Frondiensten
Leben in der Stadt	Die Stadt erscheint wie eine große Burg (Stadtmauer, Türme, Graben, Bewachung; Abfolge zur Stadtmitte: Gartenland – niedrige Häuser – Fachwerkhäuser – Steinhäuser)	Handwerker (Meister, Gesellen, Lehrlinge); Kaufleute; städt. Bedienstete; Knechte und Mägde; Tagelöhner; Geistliche; Unehrliche (Bettler, Spielleute, Henker) Stadtluft macht nicht gleich: es gibt beträchtliche Unterschiede im Wohlstand, die sich in der Kleidung und den Wohnverhältnissen äußern. Die „Bürger" besitzen politische Vorrechte gegenüber anderen Stadtbewohnern.	Handwerker arbeiten im Erdgeschoss ihrer Häuser und vor den Häusern auf der Straße.	abhängig von der Lage und den Besitzverhältnissen des Eigentümers: – eingeschossige Holzhäuser für die Armen; – Fachwerkhäuser der Handwerker; – Steinhäuser der Kaufleute	„Stadtluft macht frei" nach „einem Jahr und einem Tag".

3 Streitende Parteien sind
- die Straßburger „mit all ihren Berittenen und dem halben Fußvolk" (Z. 1–2) bzw. „alle Bürger" (Z. 14);
- der Bischof mit seinem „Kriegsvolk" (300 Reiter und 5000 Mann zu Fuß) (Z. 7–8).

Streitige Sachverhalte sind
- die befürchtete Maßnahme des Bischofs gegen die Stadt (Z. 5–6);
- die Stadtherrschaft insgesamt (Überschrift und Z. 20–24).

Der Verfasser steht auf Seiten der Bürger. Belege sind
- seine begeisterte Wortwahl bei der Schilderung des für die Bürger günstigen Ausgangs (Z. 20–24);
- die Zurückweisung des Anspruchs des Bischofs (Z. 24–26).

Die Schilderung aus der *Sicht der Bürger* könnte lauten:
Wir Straßburger fühlten uns und den Verkehr auf den Handelsstraßen in unsere Stadt durch unseren Stadtherrn, den Bischof, bedroht. Der hatte in Mundolsheim einen bedrohlichen Kirchturm errichtet, den wir abreißen wollten. Der Bischof aber wollte dies nicht zulassen und stellte eine große Streitmacht auf, um uns zu besiegen. Zum Glück waren wir Bürger und Bewohner von Straßburg aber stärker und konnten die Leute des Bischofs besiegen. So gelang es uns, nach dem Tod des Bischofs einen Frieden zu schließen, der die Stadtherrschaft in unsere Hände brachte.

Die Schilderung aus der *Sicht eines Domherrn* könnte lauten:
Unser Herr Bischof hatte den Turm der Kirche zu Mundolsheim befestigen lassen, um auf der Straße nach Straßburg endlich Sicherheit zum Nutzen aller herstellen zu können. Die Straßburger jedoch unterstellten ihm in ihrer Boshaftigkeit üble Absichten und brachen diesen Turm wieder ab. Dass unser Herr Bischof sich das nicht gefallen lassen konnte, ist ja selbstverständlich. So bot er seine Streitmacht auf, doch die Straßburger – gewiss mit dem Teufel im Bunde – gewannen die Schlacht. Diese Untreue zerbrach dem Herrn Bischof das Herz, voll Kummer verstarb er bald darauf und weilt sicher schon im Himmel. Mir und den übrigen Domherren blieb keine Wahl: wir mussten einen Frieden schließen, den die Sünder in Straßburg nicht verdient haben. Doch der Vater im Himmel wird sie beim Jüngsten Gericht für soviel Treulosigkeit strafen!

4 Die soziale Ungleichheit in der Stadt soll sich nach Willen des Rates (in dem ja die wohlhabenden Patrizier sitzen) in Äußerlichkeiten zeigen – die vornehme Kleidung soll ein Privileg der (Einfluss-) Reichen sein und bleiben. Die Strafandrohung (Z. 17–21) und auch die Wiederholung und Erneuerung der Verordnung zeigen, dass diese umstritten war und Verstöße dagegen immer wieder vorkamen. Als weiterer Grund für die Erneuerung kommt eine Anpassung an veränderte Gegebenheiten (Steueraufkommen) in Betracht.

5 Herzog Heinrich will die Mitgliedschaft im Rat auf die Gruppe der frei geborenen und grundbesitzenden, aber nicht im Handwerk tätigen Bürger – also die Patrizier – beschränken. Offenbar geht er davon aus, dass diese Gruppe die Geschicke der Stadt gut mitlenken kann, ohne des Herzogs Rechte in Frage zu stellen. – Von den genannten Bedingungen dürfte heute keine mehr gestellt werden, weil sie gegen den Gleichheitsgrundsatz verstoßen. Das passive

Wahlrecht wird nur durch eine Altersvorgabe und Regeln zur Staatsangehörigkeit eingeschränkt.

3. Zünfte regeln das Leben der Handwerker

Konzeption

Bereits die Überschrift benennt die beiden Themenschwerpunkte des Kapitels: Zunächst werden die Handwerker und ihre Art des Wirtschaftens in der mittelalterlichen Stadt kurz vorgestellt und dann wird ausführlicher auf die Zünfte als spezifische Organisationsform dieses Berufsstandes eingegangen. Der einleitende Absatz des Verfassertextes knüpft inhaltlich an Aussagen in den beiden vorangegangenen Kapiteln an: Die Arbeitsteilung als Folge landwirtschaftlicher Überproduktion und die Möglichkeit zur Spezialisierung als Handwerker wurden im 2. Absatz „Der Städteboom und seine Ursachen" des 1. Kapitels „Warum die Städte entstanden" auf S. 92 bereits thematisiert.

Mit der Darstellung der Spezialisierung im Handwerk als Folge steigender Ansprüche an die Qualität von Waren und mit Beispielen zu dieser Spezialisierung beginnt die Darstellung. Danach wird das Augenmerk auf die Zünfte gelenkt, die als „Vereinigung von Handwerkern des gleichen Berufszweiges" vorgestellt werden, deren Mitglieder in enger räumlicher Nähe wohnen. Letzteres wird an Beispielen von Straßennamen belegt, wie sie überall vorkommen können. Als Ergänzung wäre die Nennung entsprechender Straßennamen in der eigenen oder nächstgelegenen Stadt mit mittelalterlichem Kern durch die Schülerinnen und Schüler oder die Lehrkraft hilfreich.

Die folgenden Absätze stellen die unterschiedlichen Aufgaben und Wirkungsbereiche der Zünfte vor, zunächst die das Wirtschaften betreffenden. Im Kontrast zu marktwirtschaftlichen Vorstellungen der Gegenwart werden typische Rahmensetzungen der Zünfte vorgestellt – vergleiche dazu auch den Begriff „Zunftzwang" auf S. 101.

Im Zuge der unvermeidlichen didaktischen Reduktion musste hier auf „typische" Regelungen abgehoben werden; in der Realität des Mittelalters war dies allerdings von Stadt zu Stadt und von Jahrhundert zu Jahrhundert immer etwas anders organisiert. Diese Differenzen erklären sich aus den unterschiedlichen lokalen Zuständigkeiten und den variierenden Interessenslagen der Entscheidungsbefugten (Landesherr als Stadtherr, Patrizier im Rat, Rat mit Zunftbeteiligung) mit deren spezifischen Eigeninteressen. Auch hier lohnt sich natürlich, konkrete Regelungen aus dem Nahraum zu ergänzen.

Als weiterer Aspekt wird die Wirkung der Zünfte als Solidargemeinschaft ihrer Mitglieder betrachtet. Dass neben manchen Vorteilen auch Schwierigkeiten für den Einzelnen erwachsen können, illustriert das Beispiel der Handwerkerwitwe (es war eine Weberin) aus Hildesheim. Der Dirigismus, der dem zünftischen System zu eigen ist, wird an diesem Schicksal noch einmal verdeutlicht.

Als abschließenden Aspekt geht der Verfassertext auf das Streben der Handwerker nach Teilhabe an der politischen Emanzipation in der Stadt ein. Dieser Sachverhalt knüpft

Tafelbild

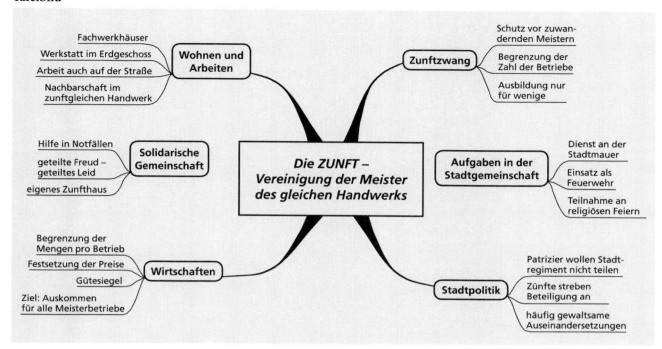

an das vorangehende Kapitel an und zeigt den Fortgang der Entwicklung, der von den Zunftmeistern nunmehr im Konflikt mit den patrizischen Ratsherren ausgetragen wird, auf.

Möglichkeiten der Unterrichtsgestaltung

Unterrichtsentwurf für zwei Unterrichtsstunden
1. Stunde:
Einstieg: Unterrichtsgespräch zu Q 1, S. 101 und Einbeziehung der Besprechung der Hausaufgabe (Verfassertext lesen und Bearbeiten des Arbeitsauftrags 2 auf S. 105).
Anlage eines Tafelbilds „Die Zunft – Vereinigung der Meister des gleichen Handwerks" nach dem obigen Muster.
Rückgriff auf Inhalt der letzten Stunde: Entwicklung des Stadtregiments; dazu Lektüre des letzten Absatz des Verfassertextes; anschließend kurzes Unterrichtsgespräch dazu.
Durchführung einer arbeitsteiligen Gruppenarbeit:
1. gemäß Arbeitsauftrag 4 auf S. 105
2. gemäß Arbeitsauftrag 5 auf S. 105.
Hausaufgabe: a) (falls die Zeit im Unterricht nicht ausreiche) Bearbeitung selbständig abschließen und b) Material der anderen Gruppe lesen sowie deren Aufgabenstellung durchdenken.

2. Stunde:
Q7 auf S. 104 lesen und Vortrag des Arbeitsergebnisses der Gruppenarbeit zu Arbeitsauftrag 4 auf S. 105.
Einordnung des Vorgangs in den größeren Zusammenhang: Vortrag des Arbeitsergebnisses der Gruppenarbeit zu Arbeitsauftrag 5 und Tafelbild; anschließende Lehrerüberleitung zur Kritik an den Zünften.
Abschließendes Auswertungsgespräch.

Zusatzinformationen zu den Materialien

Q1 Die aus Italien stammenden Zunftzeichen zeigen von links nach rechts
funari – Seiler; armaroli – Waffenschmiede; chalzol – Schuhmacher; panattier – (Brot-)Bäcker.
Weiterhin abgebildet sind jeweils typische Werkzeuge oder Produkte.
Q2 Die italienische Darstellung aus dem späten 14. Jh. zeigt die Arbeit einer Schneiderwerkstatt mit Meister und Gesellen. Wie üblich vollziehen sich wesentliche Teile des Geschehens vor der eigentlichen Werkstatt, in der die Stoffe geschützt aufbewahrt werden.
Q3 Diese Quelle schildert ausführlich die Organisation einer Zunft, ihre Aufgaben und Leistungen sowie ihre Mitwirkung in den verschiedenen Bereichen des städt. Lebens. Die Quelle ist so ausführlich gehalten, dass leistungsfähige Klassen weite Teile der im Verfassertext enthaltenen Informationen hieran selbst erarbeiten können.
Q4 Die italienische Darstellung aus dem frühen 15. Jahrhundert handelt eigentlich von der Gemahlin (Tanaquil) eines Königs aus der frühen Geschichte Roms (Tarquinius Priscus), Tanaquil ist die Frau am Webstuhl. Gezeigt werden Arbeitsschritte der Produktion von Tuchen, wie sie auch in zünftischer Organisation hergestellt wurden: im Vordergrund wird Wolle gekardet und zu Garn versponnen, im Hintergrund zu Tuch verwoben. Wie Q4 auf S. 99 zeigt, konnte dies allerdings auch Teil von Hausarbeit sein, gerade im bäuerlichen Umfeld.
Q5 Der Amtsbrief der Kölner Garnmacherinnen, deren Produkte durch Kaufleute überregional vermarktet wurden, steht zunächst stellvertretend für die Gattung „Amtsbrief", da die enthaltenen Regelungen über die Ausbildung und Zulassung zur Meisterstellung als typisch gelten können. Zusätzlich repräsentiert die Quelle die nur an wenigen Orten anzutreffenden weiblichen Zünfte. In Köln gab es übrigens noch drei weitere Frauenzünfte: die der Goldspinnerinnen, Seidmacherinnen und Seidspinnerinnen.

(Die Seidmacherinnen ließen auch Männer zu, auch im Zunftvorstand. Das hatte Folgen: im späten 16. und 17. Jh. wurde das Gewerbe dann von männlichen Handwerkern beherrscht.)

Q6 Die Darstellung aus dem Ratsbuch von Augsburg (1368) zeigt sitzende Patrizier, an ihren mit wertvollen Pelzkrägen versehenen Gewändern und der Kopfbedeckung erkennbar. Sie erwarten die den Raum betretenden Vertreter der Zünfte, die ihre Kopfbedeckung abgenommen haben. Auf einem Tisch in der Mitte des Raums liegen Zunftsymbole und eine Bibel bereit.

Q7 Die Quelle über den Weberaufstand in Köln vermittelt einen Einblick in die Auseinandersetzungen zwischen den aufstrebenden Zunftmeistern und den auf den Erhalt der gewonnenen Macht bedachten Patriziern. Der von einem klaren Sympathisanten der „alten Ordnung" geschriebene Text bringt auch die emotionale Erregung über den Vorgang der Machtübernahme durch die Zünfte zum Ausdruck. Die „Weberherrschaft" in Köln (eigentlich mehr eine Zünfteherrschaft, da die Weber aus anderen Zünften unterstützt wurden) währte übrigens ca. 15 Monate. Danach gelang es den Patriziern im Bündnis mit einigen, den Webern feindlich gesonnenen Zünften, die Weber und ihre Verbündeten in einem südlichen Stadtteil zu besiegen und die alte Ordnung vorübergehend (bis 1396) wieder herzustellen.

Q8 Die niederländische Darstellung illustriert den Produktionsprozess in der Werkstatt eines Hufschmieds. Links erkennt man die Feuerstelle mit Esse, (Holz-) Kohle, Blasebalg und Greifzange; rechts bearbeiten die mit Lederschurz gekleideten Schmiede mit Hämmern das Metallstück, das über den Amboss gebogen werden soll. Die Darstellung veranschaulicht die Arbeitsgänge, die einigen Schülern möglicherweise auch von Schmiededemonstrationen auf Mittelaltermärkten her bekannt sind.

Q9 Die Differenzierung der Zünfte war von Stadt zu Stadt unterschiedlich ausgeprägt. Das Beispiel der Magdeburger Schmiedezünfte zeigt ein hohes Maß an Binnendifferenzierung auf. Wirtschaftlicher Schutz voreinander durch Beschränkung auf bestimmte Tätigkeiten zum Zweck einer Sicherung des Auskommens für alle kann an diesem Beispiel gut aufgezeigt werden.

Q10 Es gibt nur vereinzelt zeitgenössische Quellen aus dem Mittelalter, die an der Zunftorganisation Kritik üben. In dem vorliegenden Auszug aus der „Reformatio Sigismundi" wird in der Hauptsache der Einfluss, den die Zünfte durch ihre Aufnahme in den Stadtrat gewinnen und – laut Quelle – zur eigenen Bereicherung und zum Schaden der Stadt nutzen, problematisiert.

Zu den Fragen und Anregungen

1 Für die kleinschrittige Erschließung der Quelle bietet sich die Anwendung der methodischen Schritte in „Eine Textquelle auswerten" an (siehe Methodenglossar auf Seite 276).

Daran orientiert ergibt sich folgende Lösung in acht Unterpunkten:

1. Orts- und Personenangaben: Die genannten Orte sind Straßburg (Sitz der antwortenden Tucherzunft) und Schweinfurt (Sitz der anfragenden Wollweberzunft); die Personen sind Mitglieder der Tucherzunft.

2. Unklare Begriffe:
   Möglicherweise unklare Begriffe könnten sein:
   Z. 01: Stube = Versammlungsraum der Zunft;
   Z. 05: redlicher Mann = vertrauenswürdiger Mann;
   Z. 07: Kleiner Rat = Ratsgremium im engeren Sinn;
   Z. 10: Großer Rat = erweitertes Ratsgremium;
   Z. 14: besiegeln = ein Gütesiegel zuteilen;
   Z. 19: Harnisch = Rüstung;
   Z. 34: Banner = eigentlich ein Feldzeichen, hier Zunftfahne;
   Z. 42: Münster = die Straßburger Hauptkirche, der „Dom";
   Z. 45: Ölmüller = Handwerker, die in einer Mühle Öl aus Pflanzen gewinnen;
   Z. 47: Gerber = Handwerker, die Tierhäute zu Leder verarbeiten.

3. Sinnabschnitte:

Zeilen	Inhalt
01–04	Zunftstube und Gemeinschaftseinrichtungen
05–10	Mitwirkung an der Stadtregierung durch Delegation je eines „redlichen Mannes" in den Großen/ Kleinen Rat bzw. das Gericht
(11–13)	(paraphrasiert:) Wahl des Vorstehers und vier weiterer Mitglieder des Zunftvorstands/-gerichts
13–17	Tätigkeit des Gremiums der Tuchprüfer/-siegler
18–24	Teilnahme an Bewachung und Verteidigung der Stadt
25–28	Bedingungen zum Erwerb des „Stubenrechts" und der Zunftmitgliedschaft
29–32	Anspruch auf Bewirtung in der Stube bei Neumitgliedschaft, „Freud und Leid"
33–40	Niederschlagung von Aufruhr, Brandbekämpfung als gemeinschaftliche Pflichten
41–47	Religiöse Aspekte: Kerzen, Leichentuch, Prozessionsordnung

4. Zusammenfassung:
   Der Text schildert die innere Organisation der Straßburger Tucherzunft und die Rechte und Pflichten ihrer Mitglieder gegenüber der Zunft und gegenüber der städtischen Gemeinschaft.

5. Autor/Publikum:
   Die Straßburger Tucherzunft (sicherlich deren Vorsteher bzw. Vorstand) schreibt der Schweinfurter Wollweberzunft. Es handelt sich um eine Antwort, der also eine Anfrage vorausgegangen sein muss.

6. Zeitlicher Abstand:
   Der Text ist zeitgenössisch; es werden die Verhältnisse zum Zeitpunkt der Abfassung dargestellt.

7. Einseitige Darstellung:
   Darauf gibt es keinerlei Hinweise; ob alle dargestellten Regelungen reibungslos funktionieren oder mehr oder weniger regelmäßig Konflikte hervorrufen, bleibt aber z. B. offen.

8. Einordnung in Zusammenhang:
   Der Text handelt von der Organisation einer Zunft und den Rechten und Pflichten ihrer Mitglieder. Die Regelungen können als beinahe idealtypisch gelten, wie der Vergleich mit dem Verfassertext aufzeigt.

2 In seiner Rede weist der Zunftmeister auf die Leistungen der Zünfte in der Stadt hin:

Leistungen der Zünfte	
für ihre Mitglieder	**für die Stadtgemeinschaft**
– Wohnen in enger Nachbarschaft ermöglicht Nachbarschaftshilfe, zumal keine Konkurrenzsituation besteht (VT) – Sicherung der wirtschaftlichen Existenz durch Regelungen und Beschränkungen bei Produktion, Personal, Preisen, Ausbildungsgängen (VT; vgl. auch Definition „Zunftzwang") – Sicherung der Qualität, Gütesiegel (VT; Q3, Z. 13–17) – Unterstützung für Bedürftige, Witwen und Waisen (VT) – Zunftstube dient als geselliger Mittelpunkt in „Freud und Leid", bei Festen und Todesfällen (VT; Q3, Z. 29–32) – Leitung der Zunft haben Zunftvorsteher und einige Meister (Q3, Z. 11–13)	– wirtschaftliche Leistung durch Warenproduktion (VT; Q3, Z. 13–17) – Mitarbeit in der Stadtverteidigung: Bewachung der Stadtmauer/eines Stadttors (VT; Q3, Z. 23–24) – Stellung eines militärischen Aufgebots im Falle innerer oder äußerer Bedrohung (Q3, Z. 33–34) – „Feuerwehr" (Q3, Z. 38–40) – Religiöses Leben: Stiftung eines Altars, Teilnahme an Prozessionen (VT; Q3, Z. 41–47) – Forderung: Mitwirkung an der Stadtregierung, Sitze im Stadtrat (dieses Ziel war oft nur mit Gewalt zu erreichen) (Q3, Z. 5–8; Q6)

Als Folgen der Auflösung ergäbe sich naturgemäß, dass alle diese Leistungen nicht mehr erbracht würden und entweder ganz wegfielen oder von anderen wahrgenommen werden müssten.

3 Die geäußerten Vorwürfe sind, dass die Zünfte
– zu „gewaltig" würden, also zuviel Macht und Einfluss bekommen hätten (Z. 4–7);
– auf Kosten und zum Schaden der Gemeinschaft in die eigene Tasche wirtschafteten (Z. 7–14);
– gegenseitig Verstöße gegen die geltende Ordnung deckten (Z. 15–18).

Diese – vermutlich von Patriziern erhobenen – Vorwürfe bringen das Misstrauen gegenüber den angeblich zu mächtig gewordenen Zünften zum Ausdruck. Sicher schildern sie aber richtig, dass die Zunftmeister im Rat (wie die Patrizier übrigens auch) ihre politische Stellung zum eigenen wirtschaftlichen Vorteil, auch auf Kosten der Gemeinschaft, auszunutzen bereit waren.

In seiner Rede streitet der Zunftmeister (natürlich) die Vorwürfe ab und weist stattdessen auf die Leistungen der Zünfte für das Zusammenleben in der Stadt hin – wie sie sich aus der Lösung zum 2. Arbeitsauftrag ergeben.

4 Aus der stark gekürzten Quelle lässt sich folgender Sachverhalt entnehmen:
– Der Streit entzündet sich um die Rechtsprechung in der Stadt. Der Stadtrat ermittelt noch und hält die Prozessordnung ein (Z. 4–8),
– die Weber aber fordern die sofortige Aburteilung und Hinrichtung des Beschuldigten (Z. 1–4).
– Dies wird zum Anlass eines Aufstands der Weber und anderer Zünfte gegen den von den Patriziern gestellten Stadtrat (Z. 10–13).
– Es erfolgt die Bildung einer neuen Stadtregierung mit einem Rat aus Patriziern (Z. 15–17) und einem aus den Zünften (Z. 17–21).
– Die Zünfte unter der Leitung der Weber üben nunmehr das Stadtregiment aus: Schlüssel, Siegel, Schatz sind in ihrer Gewalt (Z. 24–27).

Ablesbar daraus ist eine allgemeine Unzufriedenheit mit und ein tiefes Misstrauen gegenüber den Vorgehensweisen des patrizischen Stadtrats – und deren Vermittlung. Als Konsequenz erfolgt die gewaltsame Machtübernahme durch die Zünfte, um das Geschehen im Rat, im städt. Gericht usw. selbst beeinflussen zu können.

5 Die Ausübung der Stadtherrschaft war ursprünglich ein Vorrecht des Königs, das er zunehmend Landesherren und Bischöfen überlassen hat. Diese Stadtherren üben ihr Privileg mittels des Einsatzes von Ministerialen aus. Ab dem 13. Jahrhundert reißt in vielen Städten der von den Patriziern gestellte Stadtrat diese Kompetenzen an sich, oft durch einen militärischen Sieg über den Stadtherrn. Im Lauf des 14. Jahrhundert streben auch die Zunftmeister ihre Beteiligung am Stadtregiment an; auch diese ist häufig nur durch Gewaltanwendung gegenüber den Patriziern zu erreichen.

Werkstatt: Auf Spurensuche in Städten

Konzeption

Dieses „Werkstatt"-Kapitel zielt darauf ab, Jugendlichen ihren gegenwärtigen Lebensraum Stadt als historisch gewachsenes Ensemble bewusst zu machen und damit die geschichtliche Dimension ihrer Umwelt zu veranschaulichen. Dazu bedarf es zunächst einer Vorstellung der charakteristischen Elemente der mittelalterlichen Stadt, damit diese dann auch – mit geschärftem Blick – im eigenen Lebensbereich erkannt werden können.

Aspekte der Unterrichtsgestaltung

Zur Vorbereitung der Spurensuche in der eigenen oder benachbarten Stadt empfiehlt es sich zunächst, die Zuordnungsaufgabe für Freiburg in Gruppen zu erarbeiten und die Ergebnisse zu besprechen. Mit dieser systematischen Auflistung der wichtigsten Elemente der mittelalterlichen Stadt kann dann die eigene Stadt erkundet werden. Dabei sollte eine genaue Betrachtung des Stadtplans und besonders des mittelalterlichen Stadtkerns am Anfang stehen, da zwar meist eine Reihe der mittelalterlichen Reste bekannt sein werden, aber die Spurensuche anhand des Plans als Methode, die auch auf weitere Städte übertragbar ist, wohl eher unbekannt sein dürfte. Zur Anregung des detektivischen Spürsinns können dann – wie in den „Fragen und Anregungen" notiert – einzelne Suchgruppen gebildet werden.

Zusatzinformationen zum Verfassertext

Bertold III. von Zähringen gründete um 1120 die Stadt Freiburg. Die Zähringerherzöge – sie nannten sich nach der nahe Freiburg gelegenen Burg Zähringen – erkannten schon früh, dass in politischer, wirtschaftlicher und militärischer Hinsicht neuen Bürgerstädten die Zukunft gehörte. Sie waren es, die durch Städteneugründungen oder den Ausbau von alten Siedlungen zu Städten, wie Freiburg, Offenburg, Villingen, Neuenburg, Freiburg im Üchtland und Murten, eine Blüte des Städtewesens seit dem Ende der Römerherrschaft einleiteten. Bereits im Jahre 1146 predigte Bernhard von Clairvaux in Freiburg für den Kreuzzug. Um 1200 wurde mit dem Bau des heutigen Münsters begonnen. Zur gleichen Zeit waren weite Teile der Stadtmauer im Bau oder bereits schon fertig gestellt. Zu Beginn des 14. Jahrhunderts zählte Freiburg rund 9000 Einwohner. Insgesamt 30 Kirchen, Kapellen und Klostergebäude waren bis dahin gebaut worden. 1457 wurde durch Herzog Albrecht VI. von Österreich die Universität gegründet. Nach dem Aussterben der Zähringer im Jahre 1218 kam Freiburg an die Grafen von Urach, die sich dann „von Freiburg" nannten. Gegen Ende des 13. Jahrhunderts erhält Freiburg eine Zunftverfassung. 1327 erwirbt die Stadt das herrschaftliche Münzrecht. Im Jahre 1368 unterstellte sie sich dem mächtigsten Herrn am Oberrhein, dem Hause Habsburg. Bis 1805 teilte Freiburg als vorderösterreichische Hauptstadt Freud und Leid des Hauses Österreich. Von der Schlacht bei Sempach 1386 über den Bauernkrieg bis zum Bayerischen Erbfolgekrieg 1744 standen die Freiburger an der Seite Österreichs. 1806 ging Freiburg an das neu gegründete Großherzogtum Baden über. Im Vormärz spielte der Freiburger Liberale Karl von Rotteck eine bedeutsame Rolle. Die Industrialisierung machte sich vor allem ab 1870 durch einen deutlichen Bauboom bemerkbar. Die Einwohnerzahl war bis kurz vor Ausbruch des Zweiten Weltkrieges auf 100 000 gestiegen. 1952 kam Südbaden mit Freiburg an das neue Bundesland Baden-Württemberg.

4. Fernhandel – ein schwieriges Geschäft

Konzeption

Während sich die beiden vorangehenden Kapitel mit der „Binnenstruktur" der Städte beschäftigten, geht der Blick jetzt wieder – ähnlich wie im 1. Kapitel – über die Stadtmauer hinaus, nimmt den gesamteuropäischen Zusammenhang auf und zielt damit auf den Erkenntnisgewinn, dass es sich bei den Städten um ein allgemeines Phänomen der europäischen Geschichte handelt. Gemeineuropäisch ist auch der Aspekt der Dynamisierung des gesellschaftlichen Wandels. Denn die Probleme und Schwierigkeiten,

mit denen der Fernhandel zu kämpfen hat, gehen ganz wesentlich auf die agrarisch-feudalen Rahmenbedingungen zurück: Zollschranken und Unsicherheit der Verkehrswege, Währungsvielfalt und Herrschaftswillkür, christliches Zinsverbot.

Es ist dann zu zeigen, dass die Transportprobleme zu Lande nicht zufällig dazu führen, dass es vor allem Seestädte sind, die den Fernhandel bestimmen. Dabei tritt hier der bereits von der ADS bekannte Handelsraum der Hanse beispielhaft in den Vordergrund, an dessen Entwicklung die gesellschaftlichpolitische Dynamik des Fernhandels entfaltet werden kann: Mit dem spezifisch mittelalterlichen Instrument der Genossenschaft erkämpfen sich die „Hansen" zunächst eine ökonomische Basis, erweitern ihren Einflussbereich im Zuge der Ostsiedlung, so dass ihre wirtschaftliche Macht in der Phase der „Städtehanse" zunehmend auch zur politischen Kraft wird, die den Feudalmächten durchaus ebenbürtig ist. Nach italienischem Vorbild übernehmen die Hansekaufleute im Zuge der Sesshaftwerdung auch die neuen Wirtschafts- und Finanztechniken (auswärtige Kontore, doppelte Buchführung, Kredit- und Bankenwesen). Im Niedergang lässt sich dann eine Ursachenkombination aus weltgeschichtlicher Schwerpunktverlagerung (Kolumbus und die Folgen) und traditioneller Beharrung erkennen. Die oberdeutschen Städte (Fugger) sind hier ausgespart, da sie S. 170 ff. thematisiert werden.

Aspekte der Unterrichtsgestaltung

Zum Einstieg eignet sich Frage 2, da so ein erster Überblick über den Handelsraum, die Routen und Waren erarbeitet werden kann. Hierbei ist es sinnvoll mit der Karte auf der ADS oder besser noch einer entsprechenden Wandkarte zu arbeiten. Die Anfertigung einer eigenen Karte könnte als Hausaufgabe dienen. Anschließend kann zusammen mit dem VT die Frage 1 behandelt werden, so dass die Politik, Entwicklung (Kaufleute- zu Städtehanse) und die Organisationsform (als Grafik) der Hanse deutlich werden. In einem dritten Schritt lassen sich – wiederum ausgehend vom VT – die Probleme des Fernhandels diskutieren. Dazu kann arbeitsteilig mit der Frage 4 und 5 gearbeitet werden; das Schiffbruchbild (Q1) kann auch als Schreibanlass genutzt werden. Frage 3 erlaubt, das enorme Anforderungsprofil an angehende Kaufleute zu untersuchen und mit der Frage 6 zu verbinden zu einer Diskussion über die Motivation mittelalterlicher Fernkaufleute. Als Zusammenfassung bietet sich ein Tafelbild an, das Bedingungen, Organisationsform, Waren und Reichweite der Hanse erfasst (siehe S. 61).

Zusatzinformationen zum Verfassertext

Neben dem Hanseraum müssen als Wirtschafts- bzw. Handelszonen noch Flandern/Brabant und vor allem der Mittelmeerraum und die oberitalienischen Städte genannt werden. Sie sind von jeweils unterschiedlichen Entwicklungsbedingungen und Strukturen geprägt: Die oberitalienischen Städte verdanken ihren Aufstieg den Kreuzzügen und dem Orienthandel, sind in Stadtstaaten organisiert, die sich in inneren und äußeren Auseinandersetzungen blutig bekriegen. Ihre Wirtschafts- und Finanztechniken

Tafelbild

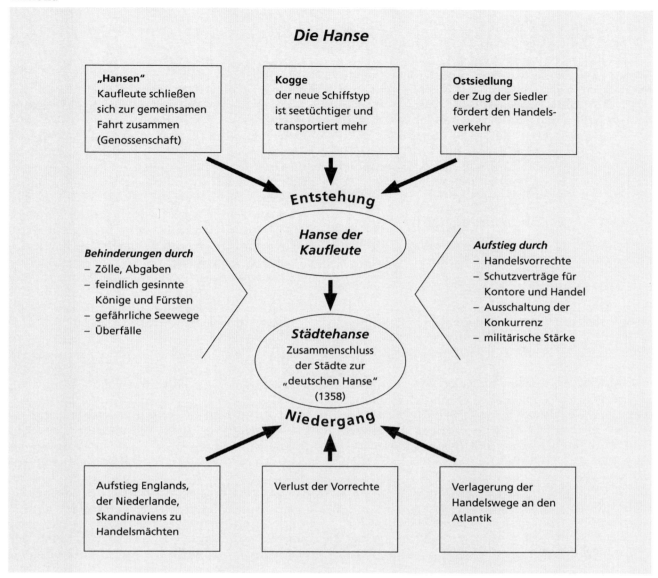

sind europäisches Vorbild (z. B. Bankbegriffe bis heute italienisch: Giro etc.). Flandern/Brabant sind durch Tuchproduktion (beste Wolle aus England) und -export aufgestiegen. Die Hanse versorgt (Nord)Europa mit Rohstoffen, Getreide, Hering des Nordens und ist ab Mitte des 14. Jhs. als Städtebund organisiert, dessen hierarchische Struktur (Einteilung der Städte nach „Quartieren", Delegierte zum Hansetag in Lübeck) politische Schlagkraft besitzt. Die Hanse steht damit häufig im Interessensgegensatz zu den Territorialmächten, vor allem der Ostsee-Anrainer, aber auch den deutschen Kaisern. Der Austausch zwischen den Handelszonen fand zunächst auf den Champagne-Messen (13./14. Jh.), dann auch – verstreuter – vor allem in Paris, Lyon, Genf, Frankfurt/M. und Leipzig statt.

Zusatzinformationen zu den Materialien

D1 Die Kogge bestimmte den hansischen Schiffsverkehr vom 13. bis in das 16. Jh., im Mittelmeer dominierte die Galeere. Der im Bremerhafener Schiffsmuseum ausgestellte Koggefund von 1962 vermittelt einen anschaulichen Eindruck dieses aus dem Jahre 1380 stammenden Schiffstyps, der Frachtzwecken diente, während die Mannschaft auf Deck schlief.

D2 Die Statistik entstammt den so genannten Pfundzollbüchern; der Pfundzoll wurde nur in Kriegszeiten beim Ein- und Auslaufen der Schiffe erhoben; die Statistik spiegelt also eine besondere Situation wider (z. B. die geringe Einfuhr russischer Pelze), stellt aber für die statistikarmen mittelalterlichen Verhältnisse einen genauen Jahresüberblick mit den charakteristischen Warengruppen und Herkunftsorten dar. Wendisch = slawisch, hier sind die Städte um Lübeck gemeint.

D3 Zölle an Straßen, Flüssen, Brücken, Grenzen sind eine wichtige herrschaftliche Einnahmequelle im Mittelalter; allein am Rhein gab es im Spätmittelalter 60 Zollstellen, die durch die territoriale Zersplitterung entstanden. Besonders gedrängt lagen sie im engen Rheintal zwischen Bonn und Bingen, das Ausweichen über die Höhenstraßen war unwirtschaftlich wegen dortiger Zölle und Geleitgeldern.

Q1 Der Holk (Nachfolgeschiff der Kogge mit größerer Ladekapazität, höherem Kastell und mehreren Masten) ist auf ein Felsenriff aufgelaufen, die Masten gebrochen, die Mannschaft versucht sich zu retten, die meisten ertrinken.

Das Epitaph in der Tradition des Votivbildes (Gnadenbitte für die Toten) schildert das Ereignis und stellt die Stifter links und rechts vom Kreuz dar.

Q2 Der Vertrag zeigt die Hanse auf dem Höhepunkt ihrer Macht: Mitglied zu sein, war erstrebenswert und wirtschaftlich vorteilhaft, strenge Auflagen (Pflicht zu Kriegsleistung, Blockadebeteiligung) konnten durchgesetzt werden und zeigen die Machtfülle und praktische Politik.

Q3 Die Quelle zeigt die klassische Kaufmannsausbildung: Schreiben und Rechnen (vgl. S. 123), auswärtige Ausbildung, erste Anlagegeschäfte; Einsatz im Erzhandel (typische Beteiligung der Handelsgesellschaften am Bergbau, v. a. Kupfer und Silber; vgl. S. 171 f.).

Zu den Fragen und Anregungen

1 Privilegien und Vorrechte, kriegerische Mittel (wie Territorialherren), genossenschaftliche Zusammenschluss, Wirtschaftsmaßnahmen (wie Boykott, Blockade). Bremen will wieder an Privilegien teilhaben.

2 Vgl. ADS: Ostseeroute (Schweden/Schonen, Preußen, Livland, Russland: Rohstoffe, Nahrungsmittel); Westroute (Flandern: v. a. Tuche); Landroute/Flüsse (Lüneburg, wendische Städte, Westfalen, Rheinland: Nahrungsmittel, Rohstoffe).

3 Alter 5/6 bis 13: Schulische Ausbildung (Latein, Deutsch, Mathematik); 13 bis 16: Lehre in Venedig; 17/18: zweiter Italienaufenthalt: Bankgeschäfte; 18/19 bis 21: Verwaltung der Bergwerksbeteiligung und des Erzhandels im Eislebener und Grefenthaler Kontor; 21: Verwaltung der Handelsgeschäfte in der Nürnberger Zentrale.

4 Territoriale Zersplitterung, zentraler Handelsweg, keine Ausweichmöglichkeiten; Behinderung des Handels und enorme Verteuerung der Waren.

6 Fernhandel bot im Gegensatz zu Handwerk und lokaler Kaufmannstätigkeit für Nichtadlige/Bürger einträgliche Gewinnmöglichkeiten.

5. Juden im Mittelalter: willkommen, geduldet, verfolgt

Konzeption

Mit den Begriffen „Willkommen, geduldet, verfolgt" wird schlagwortartig das Spektrum der Lebenswirklichkeiten jüdischer Menschen im Mittelalter umrissen. Die Reihenfolge der Begriffe ist dabei nicht nur vom Positiven zum Negativen, sondern auch chronologisch geordnet (wobei Ausnahmen die Regel bestätigen, da lokale Feindseligkeiten bis hin zu Pogromen über den gesamten Zeitraum hinweg auftreten konnten). Dies zeigt sich auch in den exemplarisch ausgewählten Daten in der vorangestellten Zeittafel. Um die Unsicherheit der Lebensverhältnisse und die Kurzfristigkeit von Entwicklungen aufzuzeigen, beginnt das Kapitel mit zwei Beispielen:

– 1084: „willkommen" – die Einladung von Juden nach Speyer und
– 1096: „verfolgt" – Pogrome als Folge religiöser Hysterie im Zusammenhang des Ersten Kreuzzugs.

Der Abstand von zwölf Jahren entspricht übrigens in etwa der Lebensspanne der Schüler(innen), für die das Kapitel geschrieben ist. (Der Erste Kreuzzug wird übrigens auch im Kapitel „Ob Gott es wirklich wollte?", S. 136/137, thematisiert.)

An den Intentionen Karls d. Gr. und Bischof Rüdigers zeigt der Verfassertext auf, dass für die tolerante Judenpolitik nicht nur die Einstufung als „Volk der Bibel" verantwortlich ist, sondern auch handfeste wirtschaftliche Interessen. Zu diesen wirtschaftlichen Leistungen der jüdischen Bevölkerungsminderheit werden anschließend die kulturellen in Verbindung gebracht. Diesem gegenüber gestellt werden die aus Unverständnis und Vorurteilen gespeisten Ressentiments der christlichen Bevölkerungsmehrheit und deren Auswirkungen auf das Alltagsleben (Ausschluss von Zünften, Geldverleih als „Wucherer").

Im letzten Teil des Kapitels schließlich wird die Phase der Verfolgung und deren Auswirkungen thematisiert; als Beispiele dienen – neben den schon erwähnten Ausschreitungen beim Ersten Kreuzzug – die Folgen der Pestepidemie von 1348. An den aufgeführten Vorwürfen können die

Tafelbild

Warum sind Juden willkommen?	Warum werden Juden verfolgt?
– wegen wirtschaftlicher Leistung (Händler) – wegen Abgabenzahlungen an den Stadtherren – wegen kultureller Leistungen als Gelehrte und Ärzte	– als Opfer religiöser Hysterie, z. B. beim Ersten Kreuzzug 1096 – als Opfer von Gräuelmärchen, z. B. Brunnenvergiftung bei Pestepidemie 1348 – als Opfer von Unverständnis und Misstrauen wegen „Andersartigkeit"
Gründe der Veränderung:	
– Von den Willkommen-Aspekten profitieren v. a. Stadtherren und städtische Führungsschicht, die Verfolgung geht vom ungebildeten Volk aus, das an Einfluss gewinnt. – Katholische Kirche betreibt Ausgrenzungspolitik gegen Nichtchristen (Laterankonzil 1215) – Tätigkeit als Geldverleiher – Christen zeitweise verboten – bringt Kreditnehmer gegen Juden auf.	

Schüler deren Absurdität leicht erkennen, so dass sich die Frage nach dem „Warum?" geradezu aufdrängt.

Der Verfassertext endet mit der Auswanderung der Juden nach Osteuropa, die sich verstärkt, nachdem mit der Aufhebung des Geldverleihverbots für Christen im Jahr 1435 das verbliebene wirtschaftliche Interesse an jüdischen Stadtbewohnern erloschen war und sie vielerorts ausgewiesen wurden.

Möglichkeiten der Unterrichtsgestaltung

Unterrichtsentwurf für zwei Unterrichtsstunden:
1. Stunde:
Einstieg: Brainstorming zum Thema „Jude"/„Judentum" mit Tafelbild (Mobilisation von Kenntnissen aus Religionsunterricht etc.)
Ergänzung: Wofür kennt ihr Beispiele – dafür dass Juden willkommen sind – dass sie geduldet sind – dass sie verfolgt werden?
Anschließende Lehrerüberleitung zum Verfassertext des Kapitels, Lesen des Textes und Klärung von Fragen.
In Partnerarbeit wird der Arbeitsauftrag 4 auf S. 115 bearbeitet; die Auswertung und Fixierung der Ergebnisse erfolgt an der Tafel, ggf. als Ergänzung des Tafelbilds.
Hausaufgabe: Arbeitsauftrag 2 auf S. 115.

2. Stunde:
Lesen und Auswertung von Q3 auf S. 114; dabei Einbeziehung des als Hausaufgabe bearbeiteten Arbeitsauftrags 2 auf S. 115. Es schließt sich an eine Lehrerüberleitung zu Pestpogromen; Lesen des Abschnitts „Die Pest fordert viele Opfer" im folgenden 6. Kapitel.
In Partnerarbeit kann dann der Arbeitsauftrag 3 auf S. 115 bearbeitet werden; anschließendes Auswertungsgespräch ggf. mit Erarbeitung eines Tafelbilds.
Der Lehrerergänzung sollte als Gegenwartsbezug Gemeinsamkeiten und (v. a.) Unterschiede zu den Pogromen in der NS-Zeit ansprechen. Als Hausaufgabe kann dann Arbeitsauftrag 5 auf S. 115 bearbeitet werden.

Zusatzinformationen zum Verfassertext

Abschließend sei noch darauf hingewiesen, dass die weitere Geschichte der Juden in Deutschland und Europa in Geschichtsbüchern kaum mehr behandelt wird, bis sie dann im Kontext des Nationalsozialismus und der schrecklichen Auswirkungen von Hitlers Judenhass wieder aufgegriffen wird. Das auf S. 114 vorgeschlagene Projekt „Jüdisches Leben in unserer Stadt" vermag diese Lücke – eine entsprechende jüdische Siedlungstradition und die Existenz geeigneten Materials vorausgesetzt – unter Anwendung des lokalhistorischen Zugangs sinnvoll zu schließen.
Da einige Schulen derartige Projekte bereis durchgeführt und die Ergebnisse im Internet veröffentlicht haben, kommt alternativ auch die Nutzung dieses Mediums in Betracht.

Zusatzinformationen zu den Materialien

Q1 Das Bild der Wormser Jüdin zeigt auf dem Mantel einen gelben Ring, der die Zugehörigkeit zur jüdischen Bevölkerung verdeutlicht. Diese auf das Laterankonzil von 1215 zurückgehende Kennzeichnung wurde in den Kleiderordnungen vieler Städte (vgl. Q6, S. 100) aufgegriffen. Hieran lässt sich aufzeigen, dass die Verpflichtung zum Tragen des „Judensterns" in der NS-Zeit historische Vorbilder hatte. Die Gans im rechten Arm weist auf jüdische Speisegesetze hin; die Geburtshelferkröte in der linken Hand ist als Hinweis auf Kinderreichtum und die Bedeutung der jüdischen Mutter für die jüdische Abstammung zu verstehen.

Q2 Der im Vergleich zu den christlichen Mitbürgern meist hohe Bildungsgrad der Juden ist in ihrer Verpflichtung zum Thora-Studium begründet, daher beherrschten sie das Lesen und Schreiben. Die jüdische Bevölkerungsgruppe brachte zahlreiche Gelehrte hervor, die auch als Ärzte wirkten und gefragt waren. Der hier zu sehende Arzt (mit Judenhut, rechts) behandelt einen katholischen Bischof (liegend mit Bischofshut). Der Gehilfe hält ein Uringlas bereit, da das Abschmecken des Urins ein wichtiges Diagnosemittel darstellte.

Q3 Die Frau trägt eine Haube, der Mönch ist an der Tonsur erkennbar. Der Jude, etwas abseits stehend und damit entfernter vom König als die anderen, trägt ein knöchellanges Gewand, einen spitzen Hut und Bart. Ein Zeichen auf dem Gewand, wie der in Q1 zu sehende Ring, fehlt. Die Geste des Königs (er weist auf die Lilie als Friedenssymbol) zeigt, dass der König den Untertanen Frieden und Sicherheit verspricht.

Q4 Das abgedruckte Privileg Friedrich I. greift Zusagen auf, die schon sein Großvater Heinrich V. gegeben hatte. Der Wortlaut erlaubt durch seine Zusagen einen Blick auf die Lebenssituation der Juden (siehe dazu die Lösung zu Arbeitsauftrag 2).

Q5 Wie auch Q1 zeigt diese Abbildung das hohe Bildungsniveau von zumindest Teilen der jüdischen Bevölkerung. Theologische Disputationen, bei denen – wie hier dargestellt – aus bedeutenden religiösen Schriften zitiert wurde, kannten die Christen jener Zeit auch.

Q6 Der Auszug aus der Straßburger Chronik steht stellvertretend für gleichartige Vorgänge in anderen Städten. Der Text schildert gut nachvollziehbar die Motive der handelnden Parteien und schildert den Ablauf des Pogroms (siehe Lösung zu Arbeitsauftrag 3). Deutlich wird u. a., dass die besser gebildeten Patrizier den Gräuelmärchen weniger Glauben schenken und an einer Rechtssicherheit mehr interessiert sind als das aufgestachelte „Volk", worunter man sich sicher die Handwerkerschaft der Stadt vorstellen muss – die Zünfte profitieren dann ja auch von der Beute des Pogroms.

Q7 Gezeigt wird die Flucht der jüdischen Bevölkerung aus einer fränkischen Stadt, die in einer Handschrift mit hebräischen Klageliedern enthalten ist. Die Illustration ist eines von wenigen zeitgenössischen Bildzeugnissen jüdischen Ursprungs.

Zu den Fragen und Anregungen

2 Der Kaiser gewährt
– Sicherung des Eigentums und Erbrechts (Z. 1–5);
– freies und sicheres Umherziehen und Handelstätigkeit im Reich (Z. 8–12);
– Schutz vor Zwangstaufen, Möglichkeit zu überlegtem freiwilligem Übertritt zum Christentum (Z. 14–22);

– Schutz vor Mordanschlägen bei Androhung drastischer Strafen (Z. 23–29);

– eigene jüdische Gerichtsbarkeit unter dem Gemeindevorsteher (Z. 30–37);

– Appellationsrecht an den Herrscher (Z. 37–39).

Wenn man davon ausgeht, dass alles, was ausdrücklich garantiert werden muss, nicht selbstverständlich ist, kann man aus der Auflistung die Probleme der jüdischen Bevölkerung herauslesen: die Sicherheit der Person, des Eigentums, des Reisens und des Handelns und die ungestörte Ausübung der Religion sind nicht ohne weiteres gewährleistet. (Allerdings müsste hier ergänzt werden, dass dieses alles auch für Christen im Mittelalter nicht immer gesichert war!)

Der Kaiser gewährt zudem eine eigene Gerichtsbarkeit, offenbar weil christlichen Richtern misstraut wurde bzw. diese die Regeln des Zusammenlebens unter den Juden nicht kannten.

3 Ausgangssituation: Der Stadtrat („die Stadt") hatte Kredite bei jüdischen Geldverleihern aufgenommen und dafür Schutzbriefe gegeben (Z. 1–3), außerdem einen hohen Zinsfuß für Kredite genehmigt (Z. 4–6). Als Folge daraus sind die Juden beim „Volk" verhasst (Wuchervorwurf) (Z. 6). Das „Volk" erhebt die Beschuldigung der Brunnenvergiftung (Zusammenhang: Pestepidemie) (Z. 7–9) und fordert, die Juden zu verbrennen (Z. 9–10). Bürgermeister und Stadtrat pochen auf die Einhaltung von Recht und Ordnung, besonders auch der gewährten Schutzbriefe (Z. 12–13). Das „Volk" setzt sich durch, ein Pogrom mit Judenverbrennung folgt (Z. 14–18). Im Ergebnis sind die Schulden bei den Juden getilgt und das Barvermögen wird unter den Zünften verteilt (Z. 20–24). Die „Juden" verlassen sich auf die ihnen vom Rat gegebenen Zusagen, die vom „Volk" jedoch gebrochen werden. Ihr Glaube geht ihnen dabei vor alle Zweckmäßigkeitserwägungen. Der Stadtrat und die Bürgermeister wollen die den Juden gegebene Zusage einhalten und stellen sich schützend vor sie. Das „Volk" hingegen polemisiert und führt auch das Pogrom durch.

4 *willkommen:*

– Am Hof Karls d. Gr. und in seinem Reich (Gegenleistung: Gefolgschaft, Treue, Abgaben) (VT);

– Einladung Bischof Rüdigers von Speyer an Juden, 1084 und Gewährung von Privilegien, Beteiligung an städt. Aufgaben (Stadtverteidigung) (Gegenleistung: Handelsbeziehungen und Leistung von Abgaben an Stadtherren) (VT);

– kulturelle Leistung als Gebildete, besonders Ärzte (VT, Q1).

geduldet:

– Ab ca. 1000 n. Chr. leben Juden in eigenen Gassen und Vierteln, ihre Möglichkeiten werden beschränkt (z.B. Verbot von Handwerkstätigkeit) und sie müssen sich ihre Anwesenheit durch Abgaben „erkaufen" (VT);

– In der Rechtsordnung gelten für sie eigene Vorschriften (VT, Q3).

verfolgt:

– 1096 im Zuge des Ersten Kreuzzugs Ermordung bzw. Selbstmord Tausender Juden (VT);

– ab 1348 blutige Übergriffe nach Pestepidemie, Juden sollen Wasser und Brunnen vergiftet haben (VT/Q7);

– ab ca. 1435 Ausweisung aus vielen Städten, Verlust von Existenz und Heimat (VT).

5 Welche Gruppen genannt werden, wird sich am Umfeld der Schüler(innen), der aktuellen Medienberichterstattung und ggf. Beispielen aus anderen Unterrichtsfächern orientieren.

In Hinblick auf die zweite Teilfrage sollten eine vorurteilsfreie, möglichst aus eigener Anschauung gespeiste Befassung mit den genannten Gruppen (im Gegensatz zu der unaufgeklärten, Vorurteil-beladenen Unwissenheit des Mittelalters), das Einholen von Auskünften aus unterschiedlichen Quellen und die vom Toleranzgedanken geprägte Liberalität unseres demokratischen Systems anklingen.

6. Feuer – Wasser – Seuchen: Umwelt und Überleben in der Stadt

Konzeption

Die Allgegenwart des Todes ist eine für uns kaum nachvollziehbare Realität des gesamten Mittelalters gewesen; in besonderem Maße gilt dies für die Städte, wo durch das enge Zusammenleben und die mangelnde Hygiene die Zahl der Todesfälle höher war als die der Geburten. Ursachen und Reaktion dieser Todesnähe sind Thema des Kapitels, das versucht an exemplarischen Beispielen der Lebensbedingungen und des Alltags diese Erfahrungen zu vermitteln. Wegen der schwierigen Quellenlage („Alltag" war im Mittelalter uninteressant und die häufig ausgestellten materiellen Zeugnisse wie Gefäße etc. sind „stumm") blieben die Auswahlmöglichkeiten beschränkt. Die Aspekte Müll/Abfall und Wasser wurden auch ausgewählt, da sie aktuell sind und unseren Problemhorizont berühren. Feuer gehörte – anders als heute – ebenfalls zu den regelmäßigen Erfahrungen der Städter, da das Baumaterial und die mangelnden Löschmöglichkeiten immer wieder zu verheerenden Stadtbränden führten. Die Pestepidemien verschärfen das Gefährdungspotential in extremer Weise und führen einerseits zum Zerfall sozialer Strukturen und andererseits zu Formen gesteigerter Frömmigkeit. Der nüchterne Historiker muss die ganze Breite der Folgen analysieren: Das profitable Ergebnis für die Überlebenden.

Aspekte der Unterrichtsgestaltung

Zum Einstieg bietet sich die Arbeit mit dem Bild vom Berner Stadtbrand an (Frage 1), da hier eine Geschichte erzählt wird, in der die unterschiedlichen Rollen und Tätigkeiten von Frauen, Männern und Kindern festgehalten werden. Als Übergang kann dann der VT herangezogen werden, um auf diesem Hintergrund Frage 4 samt Q4 zu behandeln (Wohnverhältnisse und Hygiene), die den Alltag und die beengten Wohnverhältnisse (VT!) illustrieren können. Die Frage 3 mit der Grafik bedarf wegen der abstrakten Präsentation einer genauen und schrittweisen Erörterung, die das besondere Schicksal der Kinder und Frauen herausarbeitet. Der Komplex „Pest" wird am besten mit der Lektüre des Textes von Boccaccio (Q3) begonnen, mit der Analyse des Totentanzes können die unterschiedlichen Reaktionen und Folgen, wie sie auch der VT bietet, besprochen werden. Die

Tafelbild

Fragen 5 und 6 sind in dieser eher nachdenklichen Einheit als abschließende Reflexion geeignet, da hier auch der Gegenwartsbezug eine Rolle spielt.

Zusatzinformationen zum Verfassertext

Die angeführten Aspekte von städtischer Enge/Ansteckung, Müll, Wasser und Feuer stellen das kontinuierliche Gefährdungspotential dar. Hauptfaktoren für kurzfristige Schwankungen der demografischen Entwicklung sind nach Eberhard Isenmann (Die deutsche Stadt im Spätmittelalter, Stuttgart 1988, S. 38 ff.) Krieg, Hunger und Pest. Dabei sind es bei Krieg nicht so sehr die unmittelbaren Tötungen, sondern eher die indirekten Folgen durch Verwüstung der Feldflur, Brände, Wirtschaftsstörungen. Hunger als Folge von Missernten trifft wegen der kommunalen Vorsorgemaßnahmen (Vorratshaltung) oftmals das Land stärker als die Stadt und dort besonders die ärmere Bevölkerung. Die Pest stellt den massivsten Einschnitt bei der Bevölkerungsentwicklung dar, blieb wegen der unregelmäßigen und unberechenbaren Wiederkehr (bis ins 18. Jh.) sowie der Ursachenunkenntnis (Rattenfloh) eine fortwährende Geißel, die geradezu irrationale Reaktionen herausforderte. Einziges wirksames Hilfsmittel blieb die rechtzeitige Flucht aufs Land (Rahmenhandlung von Boccaccios Decamerone; vgl. Q3).

Zusatzinformationen zu den Materialien

D1 Steinhäuser der Bürger entstehen meist erst im 15. Jh. (in Süddeutschland z.T. früher), steinerne Wohntürme sind Zeichen der Oberschicht; heizbare Räume sind auch am Ende des Mittelalters selten; im Erdgeschoss spielt sich das Geschäftsleben ab, die Privaträume liegen im Obergeschoss; alte Kellergewölbe werden vielfach für neue Hausbauten weiterverwendet.

D2 Die Tabelle mit den Ergebnissen der Skelettuntersuchungen fassen zwei Friedhöfe zusammen. Die besondere Gefährdung der Frauen im gebärfähigen Alter (vgl. die Legende), der Kinder in den ersten Lebensjahren und das maximale Lebensalter von ca. 70 Jahren sind die wichtigsten Merkmale.

Q1 Der große Brand von Bern brach gegen 5.00 Uhr morgens am 14. Mai 1405 aus; angeblich wegen zahlreicher Sünden der Einwohner. Er breitete sich wegen des starken Windes schnell aus und zerstörte ca. 600, meist aus Holz gebaute Häuser.

Q2 Totentanzdarstellungen tauchen als Fresken und Drucke und in Textform seit dem 14. Jh. in den meisten europäischen Ländern auf; sie stellen einen Reigen im Wechsel von Skelett/verwesender Leichnam und Angehörigen aller Stände (Kaiser bis Bettler; Papst bis Mönch) und Altersgruppen dar und verweisen auf die Gleichheit aller Menschen vor dem Tod.

Q3 Der Text entstammt der Rahmenhandlung von Boccaccios Decamerone: Aus dem von der Pest heimgesuchten Florenz fliehen zehn junge Leute aufs Land und erzählen an 10 Tagen je 10 Geschichten. Giovanni Boccaccio (1313–1375) war Zeuge der Pest in Florenz.

Zu den Fragen und Anregungen

1 Frauen/Mönche stehen wartend abseits; Kinder zwischen den geretteten Gütern; die Männer tätig-löschend mit Eimern, deren geringer Inhalt den Misserfolg erahnen lässt. Gerettet werden Truhen (mit den Wertgegenständen, Dokumenten), Zeugbündel und wertvolle Metallkessel.

2 Symptome: Nasenbluten, v.a. Pestbeulen an Leisten und Achselhöhlen; Verhalten: Flucht vor Erkrankten, Askese oder (alternativ) Lustbefriedigung als Vorbeugung und Reaktion, Zerfall der Familien und Gesellschaft aus Furcht vor Kontakt, nur vereinzelte Hilfe aus Mitleid oder Habgier. Verhaltensweisen im Totentanz: Überraschung, Abwehr, Nichtachtung.

3 Vgl. D2.

4 Entwicklung vom Holz/Fachwerkbau zum repräsentativen Steinhaus (Schaugiebel), vom bäuerlichen Einraumhaus zum Kaufmannshaus mit getrenntem Geschäfts- und Privatbereich. Der herrschaftliche Wohnturm wird integriert. Leben und Arbeit zunächst ungesondert wird zunehmend getrennt und komfortabler (Kamin).

5 Motive für Stadtzuzug: „Freiheit" (vgl. „Gerold": Befreiung aus der Grundherrschaft, S. 96), Schutz und Sicherheit, Verdienstmöglichkeit, attraktive und abwechslungsreiche Umgebung.

6 Pest: kein Schutzmittel, erfasst alle sozialen Schichten, Unkenntnis über tatsächliche Verbreitung (Rattenfloh), räumliche Flucht und religiöse Zuflucht; AIDS: Kondome, soziale Risikogruppen, grundsätzliche Kenntnis über Verbreitung, aber Vorurteile und Unwissen (nicht nur in Afrika, sondern auch hierzulande!).

7. Kirche in der Stadt – von gegenseitigem Nutzen

Konzeption

Der Bereich der christlichen Kirche und Religion ist heute für viele Jugendliche fernes und fremdes Terrain, gleichwohl ist für das Verständnis des Mittelalters und besonders der von Kirchenbauten geprägten mittelalterlichen Stadt dieses Thema von grundlegender Bedeutung. Das Kapitel zielt zum einen auf die Vermittlung der Erkenntnis, dass in der Stadt eine untrennbare Einheit des kirchlich-religiösen und des weltlichen Bereichs bestand, dass also die mittelalterlichen Einwohner gar nicht bewusst zwischen diesen beiden Lebensbereichen unterschieden. Zum anderen geht es darum zu verdeutlichen, dass im Rahmen der städtischen Bedingungen neue Formen der Frömmigkeit und spezifische – heute meist kommunale oder staatliche – Aufgaben der Kirche entstanden.

Der Zugang zum ersten Schwerpunkt (Verschränkung der weltlichen Lebensbereiche mit Kirche/Religion) wird dadurch erleichtert, dass die Annäherung über Alltagsphänomene wie Tagesablauf, Zeiteinteilung, Arbeitszeiten, weltliche Nutzung der Kirchen geschieht. Erst dann folgen so schwierige Komplexe wie „Seelenheil" und „christliche Obrigkeit", die konkret und mit Quellenbeispielen veranschaulicht das Stiftungswesen und das christliche Verständnis des Rates vorstellen. Der zweite Komplex ist kontrovers angelegt, da zunächst die im Mittelalter zu vielfältigen Auseinandersetzungen führende Sonderstellung der Geistlichkeit hervorgehoben wird, der dann die spezifischen Leistungen von Kirche und Religion für die Stadt gegenüber gestellt sind. Zu betonen sind hier die selbstverständliche Integration der „sozialen Frage" in die städtische Lebenswelt durch die religiös geprägten Formen der Stiftungen, Almosen und Hospitäler – Aufgaben, die heute meist in kommunaler oder staatlicher Verantwortung liegen. Daneben liegt hier der Schwerpunkt auf den aus der Armutsbewegung hervorgehenden Formen der neuen Frömmigkeit, die durch das städtische Milieu eine besondere Prägung erfahren (Bettelorden, Frauenklöster und Beginen). Das Schülerinnen und Schülern besonders naheliegende Thema der Ausbildung (Schule und Universitäten) und deren pragmatische Ausrichtung wird durch die Schreibübung veranschaulicht.

Aspekte der Unterrichtsgestaltung

Zum Einstieg kann zunächst der VT (S. 120 f., bis Absatz „Treffpunkt der Gemeinde") gemeinsam gelesen werden, um anschließend eine Liste „Die Rolle der Kirche in der Stadt" zu erstellen, an deren einzelnen Punkten (etwa: Brotmaß, Tages/Arbeitszeit, Wochen/Jahresrhythmus, Fasten, Taufe …, Stiftungen, Versammlungsort, Türme) die Unterschiede zu unserer Zeit diskutiert werden. Dann kann zur Vertiefung und Problematisierung Frage 5 behandelt werden. Als Erläuterung und Illustration bieten sich dann Q2 und Q4 („soziale Frage") und Frage 1 und 2 an. Abschließend können dann als Zusammenfassung

über das Zusammenwirken des geistlichen und weltlichen Bereichs die Fragen 3 und 4 bearbeitet werden.

Zusatzinformationen zum Verfassertext

Die Stadt verstand sich als christliches Gemeinwesen, als Sakralgemeinschaft, in der die weltliche Obrigkeit zur Abwehr von Gottesstrafen auf die Einhaltung der christlichen Lebensführung achtete. Der Anteil der Geistlichen an der Stadtbevölkerung schwankte zwischen ca. 5 und 10 % und rekrutierte sich bis zu Zweidritteln aus der Stadt selbst. Das Moment der statuskonformen Versorgung nachgeborener Söhne und Töchter spielte dabei eine große Rolle: Die Kapitelstellen in den Stiften gingen v.a. an Patrizier, Bürgersöhne wurden Pfarrer und Handwerkernachkommen lasen die Messe an den zünftischen Altarstiftungen; Töchter traten – je nach Status – in die Frauenstifte, -klöster oder Beginengemeinschaften ein. Meist waren diese Eintritte mit Stiftungen verbunden. Der kirchliche Anteil am

Tafelbild

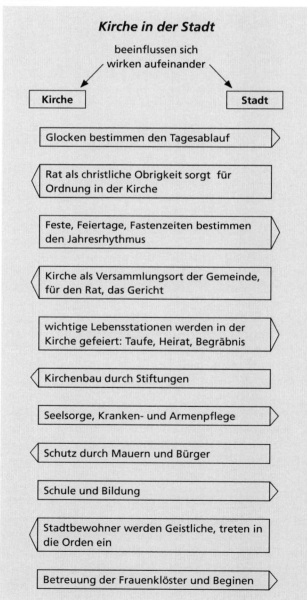

städtischen Grundbesitz konnte 30 % betragen und bezog sich nicht nur auf Kirchen und Klöster, sondern auch auf Kaufhallen, Mühlen etc.; die dort arbeitenden Laien waren ebenfalls von städtischen Verpflichtungen befreit. Dem städtischen Fiskus entstanden so große Einnahmenausfälle, die er durch verschiedenste Maßnahmen (Übertragungs- und Verkaufsverbote an die „tote Hand") zu begrenzen suchten. Das *privilegium immunutatis* (Steuer- und Dienstleistungsfreiheit) und erst recht das *privilegium fori* (eigener Gerichtsstand) wurden jedoch nirgends entscheidend beschnitten. Von der Präsenz der Kirche in der Stadt geben die Zahlen für Erfurt (1500: ca. 18 000 Einwohner) ein anschauliches Bild: 2 Stifte, 22 Klöster und Ordenshäuser, 23 nichtklösterliche Kirchen, 36 Kapellen, 6 Hospitäler.

Zusatzinformationen zu den Materialien

D4 Neben dem Dom mit dem bischöflichen Grundbesitz im Stadtzentrum sind in Münster 6 Pfarrkirchen, 15 Klöster, 12 Residenzen auswärtiger Klöster, 2 Bettelordensvertretungen und 11 Beginenhäuser zu verzeichnen; der kirchliche Grundbesitz belief sich 1771 auf ca. 30 %.

Q1 Neben den Brotmaßen finden sich auch viele Längen- und andere Größenmaße.

Q2 Altarbild aus St. Wolfgang in Rothenburg: Der Hl. Rochus, meist in Pilgerkleidung (Hut, Stab) mit einer Pestwunde am Oberschenkel und einem Brot herbeibringenden Hund dargestellt betritt ein Hospital; der relative Wohlstand des behandelten (und der anderen) Kranken wird durch Ausstattung und Wertgegenstände deutlich; eine verheiratete Frau (Haube) reicht Speisen, eine geistlich gekleidete Frau gibt (ebenso ein Mann) Zuspruch; beengte Platzverhältnisse, keine Geschlechtertrennung im Saal sind üblicher Standard; im Hintergrund, verdeckt von der Säule Altar und Kapelle. Aus Stiftungen wurden vielfach städtische Spitäler eingerichtet.

Q3 Die Bettelorden der Dominikaner (gegr. 1215) und der Franziskaner (gegr. 1220/23) sind als Gegenbewegung zur reich gewordenen Amtskirche und deren Klöster entstanden. Braune Kutte der Franziskaner, weiße der Dominikaner; Bezeichnung als Barfüßer, da sie entweder ohne Schuhe oder nur mit Sandalen gekleidet waren.

Q4 Die Beginen sind Teil der seit dem 12. Jh. anwachsenden religiösen Frauenbewegung und entstanden in den Niederlanden; anfangs eher von bürgerlichen, gegen Ende des Mittelalters eher von ärmeren Frauen geprägt. Die Miniatur zeigt zwei Beginen (Witwentracht mit Kopftuch/Schleier) bei einer typischen Tätigkeit: Sie nähen einen gerade Verstorbenen in ein Leichentuch ein, um ihn dann in den Sarg zu legen; bürgerlich- wohlhabendes Interieur mit der Witwe.

Q5 und **Q6** In den Städten unterrichteten zunächst oft die Pfarrer, dann Geistliche Latein und später auch Deutsch; die Städte selbst richteten Schulen ein. Die über dem Bild angefügte Schrifttafel wirbt um Jungen, Mädchen und erwachsene Schüler beiderlei Geschlechts: Alle abgebildeten Personen, außer dem mit der Rute bewehrten Lehrer sind also Schülerinnen bzw. Schüler. Der Fibeltext zeigt die Inhalte: es geht um kaufmännische Korrespondenz bzw. Rechnung.

Q7 bis **Q9** Die Ratsbestimmungen aus Straßburg und Nürnberg zeigen die Verantwortlichkeit der „christlichen Obrigkeit" bis in die Ordnung des Kircheninneren und für die Aufrechterhaltung der christlichen Moral: Die Strafandrohungen als Spiegel tatsächlichen Verhaltens belegen den selbstverständlichen „Alltagsgebrauch" der Kirche als Treff- und Versammlungsort.

Zu den Fragen und Anregungen

1 Wenige Personen, Koedukation – auch mit Erwachsenen, „Rutenpädagogik", karge Einrichtung; nur Lesen und Schreiben, unmittelbare Kontrolle.

2 Kaufmannskorrespondenz; Scheffler = Böttcher, Fassbinder; Schleyffer = Schleifer; Schardmacher = Pfannenmacher; Schussler = Schüsselmacher; bemisch = böhmische Groschen; Kreutzer; blaphart = schweizerisch-süddeutsche Münze; lyn sin = Linsen; ar bis = Erbsen.

3 Anrecht auf Kirchenstühle im Todesfall; Geldstrafe für bestimmte Flüche (unter Anrufung Gottes oder von Heiligen), ersatzweise peinigende Körperstrafen; allgemeines Verbot während des Gottesdienstes in der Kirche umherzulaufen oder herumzuschauen; Verbot weltlicher Geschäftsabsprachen.

4 Kirche als zentraler Ort und gesellschaftlicher Treffpunkt, selbstverständliche Vermischung weltlicher und religiöser Sphäre.

5 Anteil am Grundbesitz 30 %; soziale und seelsorgerische Aufgaben von existenzieller Bedeutung – keinerlei Beteiligung der Kirche an städtischen Lasten, wirtschaftliche Konkurrenz der Betriebe auf Kirchengrund (Mühlen, Wein, Handwerker etc.).

Gewusst wie:
Ein Bauwerk untersuchen

Konzeption

Bauwerke können Bewunderung auslösen, sind aber zunächst „stumm" – in diesem Kapitel soll am Beispiel des Kaiserdoms in Speyer eine Anleitung dafür gegeben werden, wie „steingewordene Geschichte" zum Sprechen gebracht werden kann: Historische Bauwerke sind immer auch Selbstdarstellung und Machtdemonstration der Epoche, ihrer geistigen und materiellen Bedingungen. Die „Methodischen Arbeitsschritte" sollen vermitteln, dass es zunächst um eine genaue Wahrnehmung geht und dass erst mit ergänzenden Informationen eine vollständige Erschließung möglich ist. Die knappen Hinweise zu den beiden mittelalterlichen Stilepochen können nur eine erste Orientierung bieten, aus Platzgründen beschränkt sich dieses Kapitel auf die Sakralbauten.

Aspekte der Unterrichtsgestaltung

Mit Hilfe der „Methodischen Arbeitsschritte" und den Materialien auf S. 125 kann der Kaiserdom in Speyer beispielhaft erschlossen werden. Daran kann sich entsprechend den „Fragen und Anregungen" eine eigenständige Erkundung vor Ort oder auch während eines Wandertages oder einer Klassenfahrt anschließen.

Zusatzinformationen zum Verfassertext

Der Dom wurde vom ersten Salierkaiser Konrad II. (1024–1039) an der Stelle eines frühfränkischen Vorgängerbaus begonnen; die zeitgleiche Stadtplanung mit dem auf den Dom zulaufenden Straßensystem (v. a. die zentrale Achse der 650 m langen Marktstraße) hebt die Bedeutung der als kaiserliche Grablege (Konrad II. und Gisela; Heinrich III.; Heinrich IV. und Bertha; Heinrich V.; Beatrix, Gemahlin Friedrich Barbarossas; Philipp von Schwaben; Rudolf von Habsburg; Albrecht von Österreich; Adolf von Nassau) konzipierten Kirche hervor. Die Teilzerstörung des Dom und der Stadt 1689 im Pfälzischen Erbfolgekrieg führte 1755 zum Abbruch des Westbaus, einer barocken Zwischenlösung und 1854/57 zur neuromanischen Restauration (3 kleinere Westtürme!), erst 1957/72 wurde die ursprüngliche Dachneigung wieder hergestellt.

Zusatzinformationen zu den Materialien

D1 Der Dom ist in zwei großen Abschnitten einheitlich im romanischen Stil erbaut, nur der (an der Südseite der Apsis gelegene) Sakristeianbau ist gotisch; die neoromanischen Restaurationen des 18./19. Jahrhunderts (Langhaus und Westbau) passen sich dem ursprünglichen Stil an.

D2 Die Skizze zeigt die ursprüngliche Stadtanlage von 1030 mit der Konzentration auf den Dom; die Vorstädte belegen das rasche Wachstum der durch die Salierkaiser geförderten Stadt.

D3 Das Kapitell mit der Darstellung der Flucht nach Ägypten entstammt der Kathedrale St. Lazare in Autun; die Strebepfeiler der gotischen Kirchen fangen den Gewölbe- und Winddruck sowie die Eigenlast des Bauwerks auf.

Literatur für Lehrerinnen und Lehrer

Binding, Günther, Was ist Gotik?, Darmstadt 2000.

Borgolte, Michael, Europa entdeckt seine Vielfalt 1050–1250, Stuttgart 2002.

Boockmann, Hartmut, Die Stadt im späten Mittelalter, München 1986.

Bracker, Jörgen (Hrsg.), Die Hanse (Ausstellungskatalog), 2 Bde., Hamburg 1989.

Dollinger, Philippe, Die Hanse, 4. Aufl., Stuttgart 1989.

Engel, Evamaria, Die deutsche Stadt des Mittelalters, München 1993.

Ennen, Edith, Die europäische Stadt des Mittelalters, 4. Aufl., Göttingen 1987.

Geschichte lernen 30/1992, Gesundheit und Krankheit.

Geschichte lernen 47/1995, Wasser in der Geschichte.

Geschichte lernen 58/1997, Die Hanse.

Geschichte lernen 67/1999, Geld und Währung.

Geschichte lernen 88/2002, Stadt im Mittelalter.

Hartmann-Virnich, Andreas, Was ist Romanik?, Darmstadt 2004.

Hoffmann, Gabriele/Schnall, Uwe (Hrsg.), Die Kogge, Hamburg 2003.

Isenmann, Eberhard, Die deutsche Stadt im Spätmittelalter 1250–1500, Stuttgart 1988.

Jankrift, Kay Peter, Brände, Stürme, Hungersnöte. Katastrophen in der mittelalterlichen Lebenswelt, Stuttgart 2003.

Kiesow, Gottfried, Gesamtkunstwerk – die Stadt, Bonn 1999.

Meckseper, Cord, Kleine Kunstgeschichte der deutschen Stadt im Mittelalter, Darmstadt 1982.

Schubert, Ernst, Alltag im Mittelalter, Darmstadt 2002.

Filme, Medien

Die Stadt im Mittelalter. Alltagsleben hinter Turm und Mauern. Koproduktion Freies Historiker Büro und MicroMediaArts 1995.

Internet: vgl. Geschichte lernen 88/2002, Stadt im Mittelalter, S. 7–9.

Literatur zum Weiterlesen für Schülerinnen und Schüler

Siehe dazu: Geschichte lernen 58/1997, Die Hanse, S. 4 f., und: Geschichte lernen 88/2002, Stadt im Mittelalter, S. 4 f.

Kulturen treffen aufeinander

Einleitung

Die Themeneinheit führt in die Zeit, als die europäische Christenheit, nachdem sie die Einfälle von Arabern, Normannen und Ungarn überstanden hatte, im 11. Jahrhundert selber in Bewegung geriet und über ihre Grenzen in die benachbarten Kulturräume der Muslime und Slawen hineindrängte. Damit wurde ein dynamisches Zusammentreffen der Kulturen in Gang gesetzt; die Statik der Orte des mittelalterlichen Lebens aufgebrochen. Hauptschauplätze dafür waren das Heilige Land und der ostelbisch-baltische Raum sowie Spanien und Sizilien, wo nach einer schon längere Zeit zurückliegenden muslimischen Invasion nun die christliche Rückeroberung einsetzte.

Was sich damals im 11. Jahrhundert abspielte, lässt sich – unter einen modernen Begriff gebracht – als beginnende Migration von Teilen der europäischen Christenheit verstehen. Unter diesem Gesichtspunkt lassen sich bei der Betrachtung der damaligen Geschehnisse Erkenntnisse gewinnen, die sich auf vergleichbare Ereignisse der Folge- und Jetztzeit anwenden lassen.

Einen zentralen Impuls für den im 11. Jahrhundert einsetzenden Aufbruch Europas sehen heutige Historiker in dem merklichen Bevölkerungszuwachs der damaligen europäischen Christenheit, der die vorhandenen Möglichkeiten der Integration in den bestehenden Grenzen überstieg und daher bei Teilen der Bevölkerung die Bereitschaft schuf, den angestammten Wohnort für eine Zeitlang oder für immer zu verlassen.

Anlässe und Gelegenheiten, die Bereitschaft in die Tat umzusetzen, lieferten die Ereignisse der Zeit wie der Hilferuf des byzantinischen Kaisers angesichts der Bedrohung seines Reiches durch türkische Muslime oder die an kolonisationswillige westeuropäische Bauern gerichteten Einladungen slawischer Fürsten Ostelbiens. Solche Ereignisse ließen die vielfältigen Schub- und Zugfaktoren wirksam werden, welche die Menschen in Bewegung setzten, dieser Richtung und Ziel gaben. Welche Absichten, Interessen, Hoffnungen, Erwartungen dabei für die Beteiligten bzw. die unterschiedlichen Beteiligtengruppen eine Rolle spielten, wird in den Ausführungen der Themeneinheit ausgiebig zur Sprache gebracht und lässt sich etwa durch Fragen angehen wie:

„Wer oder was setzte die Menschen in Bewegung?"

„Was zog die Menschen an?"

„Warum verließen sie bereitwillig ihre Heimat?"

Die Antworten, welche die Schüler im Rahmen der Themeneinheit erhalten, sind zwar zeit- und situationstypisch, doch stellen sie Denkimpulse und Reflexionsmaterial zur Beurteilung ähnlicher Erscheinungen zur Verfügung.

Neben der Frage nach dem Zustandekommen der Bevölkerungsbewegungen steht die nach der Art und Weise, wie sich das Zusammentreffen der Kulturen vollzogen hat, im Mittelpunkt der Ausführungen. Durch die Auswahl der Hauptschauplätze sowie die (für jeden unter Beachtung einer sowohl sachlich als auch didaktisch legitimierten Fokussierung) geschilderten Geschehenskomplexe wird den Schülern ein breites Spektrum von unterschiedlichen Formen des Zusammentreffens vor Augen gestellt, das von friedlicher kooperativer Begegnung bis zu fanatisierter Gewalttätigkeit in Kreuzzugsform reicht. Die Ereignisse fordern nicht nur Überlegungen dazu heraus, wie es zu der einen oder anderen Form des Zusammentreffens gekommen ist und welche Folgen sie für die Beteiligten bzw. ihr Verhältnis zueinander gehabt hat, sondern sie und die an sie geknüpften Überlegungen sollten auch moralisch legitimierbares Urteilen im Hinblick auf wünschbare und nicht wünschbare Formen kulturellen Zusammentreffens anregen. Wie sehr es sich dabei um ein höchst aktuelles Desiderat historisch-politischen Lernens handelt, beweist die Diskussion um das 1996 erschienene Buch Samuel P. Huntingtons über den „Kampf der Kulturen".

Inhalte und Schwerpunkte

Aufbrüche aus der mittelalterlichen Welt, die Erweiterung des Horizonts mittelalterlicher Lebensorte umfassten alle Stände und umrissen Freiräume im geschlossenen Herrschafts- und Gesellschaftsgefüge. Diese fakultative Themeneinheit ist daher über Vor- und Rückverweise mit den beiden ersten Themeneinheiten des Buches, Herrschaft und Lebensorte, verzahnt. Sie kann als Block im Unterricht erarbeitet werden oder aber als Grundlage einer selbstständigen und das Kerncurriculum vertiefenden Schülerarbeit in Form von Hausaufgaben oder Einzelreferaten dienen. Die ersten beiden Kapitel greifen zeitlich in das frühe Mittelalter zurück und machen die Schülerinnen und Schüler mit der Entstehung des Islam, den Grundzügen seiner Glaubenslehre und der Entwicklung des islamischen Herrschaftsgebietes bis ins 11. Jahrhundert vertraut. Damit ist die Voraussetzung geschaffen, das wechselvolle Verhältnis zwischen Christen und Muslimen, das in den folgenden Kapiteln untersucht wird, besser zu verstehen.

Das Kapitel „Ob Gott es wirklich wollte? – Der erste Kreuzzug" schildert die Hauptereignisse des ersten Kreuzzugs. Zwei Geschehenskomplexe werden dabei schwergewichtig herausgehoben:
– Der Anlass des Kreuzzugs und die Motive der Hauptbeteiligten (Papst, „Arme", Ritter).
– Der gewalttätige Verlauf des Kreuzzugs (Judenpogrome am Rhein, Eroberung Jerusalems).

Das Kapitel „,Verständnis füreinander war die Ausnahme' – Kreuzfahrer im Heiligen Land" befasst sich mit ausgewählten Aspekten der Kreuzfahrerherrschaft im Heiligen Land. Zur Sprache kommen dabei u.a. die Entstehung der geistlichen Ritterorden, die Nutznießer der Kreuzzüge (die italienischen Seestädte, vor allem Venedig), die Gründe für die Perpetuierung der Spannungen und Friedlosigkeit zwischen Kreuzfahrern und Muslimen sowie die negativen Folgen dieses Zustands für die Kreuzfahrerstaaten und das byzantinische Reich.

Das Kapitel „Spanien und Sizilien – wo Europa der islamischen Kultur begegnete" weist drei Schwerpunkte auf: Entstehung und Erscheinungsformen der arabisch-islamischen Kultur in Kunst und Wissenschaften; Spanien und Sizilien als Hauptzonen für die Begegnung des christlichen Europa mit der arabisch-islamischen Kultur; der Wandel politischer Herrschaftsverhältnisse und sein Einfluss auf die Richtung des Kulturtransfers.

Das Kapitel „Neues Land im Osten: Frieden oder Krieg?" behandelt in ausgewählten Aspekten das komplexe Geschehen der sog. Ostkolonisation. Dabei werden folgende Schwerpunkte gesetzt:

- Die friedliche Kolonisation bzw. landwirtschaftliche Kultivierung des ostelbischen Slawengebiets durch mittel- und westeuropäische Bauern und Zisterziensermönche.
- Kreuzzüge, Staatsgründung und Kultivierungsarbeit des Deutschen Ordens.

Auftaktdoppelseite 128/129

Die Überschrift der ADS, der Einleitungstext und die Karte ergänzen sich zu einem Informationskomplex, der eine erste orientierende Überschau dazu darbietet, wo das in den folgenden Kapiteln behandelte Geschehen geografisch einzuordnen ist und um welche Hauptfragen es bei seiner Behandlung geht. Die vier Abbildungen sind so ausgewählt worden, dass sie sich im Verhältnis 1 : 1 den vier auf der Karte verzeichneten Begegnungszonen zuordnen lassen (die Bildlegenden liefern Hilfen dazu). Die Bildmotive vermitteln einen ersten Eindruck von der Art des Zusammentreffens der Kulturen, die bei der Behandlung der jeweiligen Begegnungszone im Mittelpunkt stehen wird.

Zu den Abbildungen im Einzelnen:

- Die Weltkarte von El-Idrisi (links oben): El-Idrisi wurde in Ceuta geboren, lebte und studierte lange Zeit in Córdoba, unternahm ausgedehnte Weltreisen, die ihn nach Asien, Afrika und England führten, und schuf im Auftrag Rogers, des normannischen Königs von Sizilien, an dessen Hof in Palermo ein umfangreiches Kartenwerk, dessen Glanzstück die hier abgebildete Weltkarte ist.
- Bei dem Normannenkönig, in dessen Kanzlei die Schreiber (links unten) ihren Dienst tun, handelt es sich ebenfalls um den oben genannten Roger. Er und seine Vorgänger unterwarfen zwar im 11. Jahrhundert die bis dahin in Süditalien und auf Sizilien herrschenden Byzantiner (Griechen) und Araber, aber deren kulturelle Hinterlassenschaft pflegten sie weiter.
- Die modern nachempfundene Szene (rechts oben) – sie könnte sich so oder so ähnlich irgendwann in der Gründerzeit des Deutsch-Ordens-Staates abgespielt haben – zeigt die dafür typische Mischung aus Kolonisation und Eroberung.
- Die Kampfszene (rechts unten), dargestellt auf einem Kirchenfenster von St. Denis in Paris, bezieht sich auf die Schlacht von Nicäa 1097, wo die Kreuzfahrer zum ersten Mal mit berittenen türkischen Bogenschützen zusammentrafen, die ihnen große Verluste zufügten und den Sieg schwer machten.

Die Vorgehensweise bei der Behandlung der ADS wird durch die Anordnung der Informationselemente auf den beiden Seiten schon nahe gelegt (sie bildet im Übrigen auch den „roten Faden" der vorliegenden Ausführungen zur ADS). Also:

1) Beginn mit der Überschrift und dem Einleitungstext.
2) Geographische Veranschaulichung der ersten beiden Sätze des Einleitungstextes anhand der Karte.
3) Zuordnung der Abbildungen zu den Begegnungszonen.
4) Lesen des Fragesatzes am Ende des Einleitungstextes und Benutzung desselben als Impuls zur Deutung der Abbildungen (mit Bezug auf die jeweils zugehörige Begegnungszone).

Dabei dürften Wissenslücken bewusst und Informationsbedürfnisse geweckt werden, womit eine geeignete motivationale Ausgangssituation für die Behandlung der Themeneinheit geschaffen wäre.

1. Mohammed, der Prophet Allahs

Konzeption

Das Kapitel behandelt die Entstehungsgeschichte des Islam, einschließlich seiner hauptsächlichen Lehrschriften. Im Mittelpunkt steht dabei die Lebensgeschichte seines Begründers Mohammed.

Der VT beginnt mit einer kurzen Schilderung der geografischen, wirtschaftlichen und gesellschaftlichen Verhältnisse der Stadt Mekka und ihrer Bewohner zur Zeit Mohammeds, in die dieser hineingeboren wurde und die für seinen weiteren Lebensweg von Bedeutung waren. Im Anschluss daran werden seine persönlichen Lebensumstände dargestellt bis zu dem entscheidenden Schlüsselerlebnis seines Lebens, seiner Begegnung mit dem Erzengel Gabriel, der ihm den Auftrag erteilt, seine Mitmenschen zum Glauben an den einen Gott (Allah) zu bekehren, was ihn freilich in Mekka, wo man seine Lehre ablehnt, in Lebensgefahr bringt. Der zweite Abschnitt des VT schildert Mohammeds fluchtartige „Auswanderung" aus Mekka bis zu seiner siegreichen Rückkehr als Herrscher von Medina. Dabei wird vor allem die Glückhaftigkeit seiner Begegnung mit Pilgern aus Yatrib (Medina) hervorgehoben, die zum zweiten Schlüsselereignis seines Lebens wurde. Denn sie mündete in den Vertrag, der ihn zum Herrscher von Medina machte und ihm die Machtmittel in die Hand gab, seine Lehre auch mit militärischem Nachdruck zu verbreiten, was nicht zuletzt seine Heimatstadt Mekka bei ihrer „Bekehrung" zu spüren bekommt. Der dritte Abschnitt des VT befasst sich mit der Lehre und den Lehrschriften des Islam. Zunächst wird den Schülern knapp das Verhältnis des Islam zu Judentum und Christentum erläutert. Dann werden das Zustandekommen, die Inhaltlichkeit und die Verbindlichkeit der beiden hauptsächlichen Lehrschriften des Islam – des Koran und der Hadithe – dargestellt.

Die Materialien ergänzen und erweitern das Informationsangebot des VT. So lässt die Abbildung Q1 sichtbar werden, dass die Heiligkeit des Koran nicht nur in seinem Inhalt zum Ausdruck kommt, sondern auch in seiner Kalligrafie fassbar werden soll. Abbildung Q2 veranschaulicht am Beispiel der berühmten Ibn-Tullun-Moschee in Kairo die Hauptgebäudeteile einer Moschee und ihre Funktionen. Dass Mohammed nicht „nur" Prediger im Auftrage Allahs war, sondern auch weltlicher Herrscher, wird in Abbildung Q3 zum Ausdruck gebracht. Abbildung Q4 schließlich zeigt den seit Mohammed bis heute zentralen heiligen Ort und das zentrale heilige Gebäude des Islam, die Kaaba in

Tafelbild 1

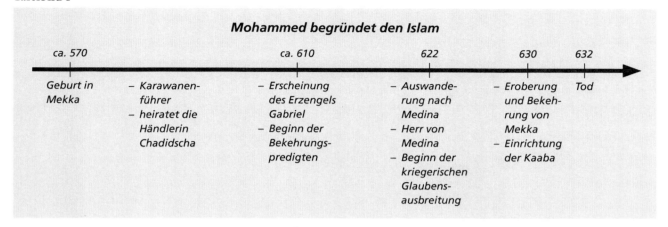

Mohammed begründet den Islam

ca. 570		ca. 610	622	630	632
Geburt in Mekka	– Karawanenführer – heiratet die Händlerin Chadidscha	– Erscheinung des Erzengels Gabriel – Beginn der Bekehrungspredigten	– Auswanderung nach Medina – Herr von Medina – Beginn der kriegerischen Glaubensausbreitung	– Eroberung und Bekehrung von Mekka – Einrichtung der Kaaba	Tod

Mekka. Die Textquellen entstammen den beiden im VT genannten Hauptschriften des Islam und berühren Aspekte (Verhältnis Juden, Christen, Muslime aus muslimischer Sicht; Hauptpflichten des Muslims; Verschleierung der Frau), die im Hinblick auf die Erfahrungswelt der Schüler Ansatzpunkte für Überlegungen und Gespräche werden können.

Möglichkeiten der Unterrichtsgestaltung

Empfohlene Bearbeitungszeit: ca. 2 Unterrichtsstunden; 1. Stunde: Begründung des Islam; 2. Stunde: Leben nach islamischen Vorschriften.

1. Stunde
Einstieg: Betrachtung der Abbildung Q3; dabei Aktivierung der Vorkenntnisse zu Mohammed; Widersprüche und Kenntnislücken begründen den Übergang zur Erarbeitung.
Erarbeitung: Gemeinsames Lesen und Besprechen der Abschnitte 1 und 2 des VT, S. 130 f. Dabei könnte das obige Tafelbild 1 entstehen.

Vertiefung: Erneute Betrachtung der Abbildung Q3 im Lichte des Erarbeiteten.

Tafelbild 2

Leben nach dem Islam
(„Hingabe" an Gott)

heilige Schriften	heiliger Ort	5 Hauptpflichten
Koran Hadithe (Thora und Evangelium werden als göttliche Offenbarungen anerkannt)	Mekka (Kaaba)	1. Glaubensbekenntnis 2. Tägliches Gebet 3. Almosenabgabe 4. Wallfahrt nach Mekka 5. Fasten im Ramadan

2. Stunde
Einstieg: Betrachtung der Abbildung Q1, Q2, Q4. Aufgabe: Überlegen, in welchen Zusammenhang sich das Abgebildete bringen lässt (allesamt Gegebenheiten, die etwas mit dem Leben nach islamischen Vorschriften zu tun haben). Äußerung von Vermutungen und Überleitung zur Erarbeitung mit dem Hinweis, dass nach der Erarbeitung jeder selbst erkennen wird, ob seine Vermutung richtig war.
Erarbeitung: 1) Gemeinsames Lesen und Besprechen des letzten Abschnitts des VT. 2) Arbeitsteilige Partner- oder Gruppenarbeit an Q5 und Q6. Dabei kann möglicherweise Tafelbild 2 entstehen.

Vertiefung: Diskussion im Anschluss an die Lektüre von Q7; (und) Frage 5.

Zusatzinformationen zum Verfassertext

Die entscheidenden Verhandlungen zwischen Mohammed und den Pilgern aus Yatrib (Medina) fanden 620–622 jeweils im Frühjahr zur Zeit der Wallfahrten in Aqaba bei Mekka statt. 621 kam es zu einer ersten Absprache, die es Mohammeds Gesandten Mus'ab ibn Umair erlaubte, in Yatrib den Islam zu predigen. Er war sehr erfolgreich, und daher nahm Mohammed 622 die Huldigung durch die Abordnung aus Yatrib an, in der ihm die höchste Autorität und der Oberbefehl in der Stadt nach seiner Übersiedlung zugesichert wurden. Damit war die vertragliche Basis geschaffen, auf die hin er mit seinen Anhängern nach Yatrib (Medina) auswanderte. Mohammeds staatsmännisches Geschick zeigte sich gleich nach seiner Ankunft, als er eine Verfassung für Medina ausarbeitete und in Kraft setzte, in der das Zusammenleben der aus Mekka eingewanderten und der einheimischen Muslime sowie der gleichfalls in Medina lebenden Juden nach dem Prinzip der Gleichberechtigung – bemerkenswerterweise auch der religiösen – geregelt wurde. Die Verfassung verwandelte die Bewohner Medinas in eine Gemeinde, in der – über herkömmliche Sippen- und Stammesgewohnheiten hinweg – jeder für jeden stand und über allem als oberste Autorität das durch Mohammed repräsentierte Gesetz Allahs. Das war etwas völlig Neues und Revolutionäres in der arabischen Welt. An die Stelle der alten Sonderrechte von Sippen und Stämmen trat das allgemeingültige göttliche Gesetz Allahs, verkündet durch Mohammed (und später durch seine Nachfolger). Es war die Geburtsstunde des islamischen Staates bzw. – wie ein moderner Biograf Mohammeds sagt – der Demokratie islamischer Prägung, in der zwar niemand individuell frei gegenüber dem göttlichen Gesetz ist, aber alle gleich als Diener Allahs und zu brüderlicher Hilfe verpflichtet sind.

Die Eingebungen Mohammeds wurden zu seinen Lebzeiten auf Beschreibstoffen wie Palmblättern, Steinen, Holz, Leder von Sekretären aufgeschrieben. Nach Mohammeds Tod ließ sein Nachfolger Abu Bakr die losen Blätter von Mohammeds „Chefsekretär" Said ibn Thabit sammeln. Aber erst der dritte Kalif, Otman (644–656), ließ daraus den Koran zusammenstellen, wobei uneinheitlich überlieferte Suren vereinheitlicht wurden und das Ganze in die Sprache der Quraisch gebracht wurde. Angeordnet wurden die Suren – außer der ersten – nach dem Prinzip abnehmender Länge.

Die Hadithe („Berichte"), in denen Handlungen und Aussprüche Mohammeds und anderer Führungspersönlichkeiten des frühen Islam als vorbildlich an die Nachwelt überliefert werden sollten, gingen im 8. Jahrhundert in die Hunderttausende. Viele davon waren „verdächtig", weil in den verschiedenen streitenden Richtungen des Islam Hadithe erfunden wurden, um die eigene Anschauung zu legitimieren. Daher entstanden im 9. Jahrhundert mehrere Wissenschaftsschulen, die sich mit der Unterscheidung von echten und gefälschten Hadithen befassten. Sechs dieser Schulen und die von ihnen herausgegebenen Hadithesammlungen erlangten quasi kanonischen Rang. Die bedeutendste Sammlung darunter ist die von Sahih al-Buchari (810–870), aus der auch Q6 stammt.

Zusatzinformationen zu den Materialien

Q2 Achmed ibn Tullun, türkischer General des Kalifen von Bagdad, machte sich, als er von diesem zum Statthalter von Ägypten eingesetzt worden war, zum unabhängigen Herrscher (868–884). Um Kairo das Gesicht einer echten Residenzstadt zu geben, ließ er eine Reihe prachtvoller Bauten errichten. Nach dem Sturz der Dynastie 905 wurden viele davon zerstört, die Moschee aber blieb erhalten.

Q3 Königliche Attribute Mohammeds: Thron, Turban mit Schmuck, Handhaltung und – nicht zuletzt – der Diener mit dem Fliegenwedel, da ein solcher Dienst einem Herrscher zukam.

Q5 Mohammed betonte in seinen Eingebungen mehrfach die Gemeinsamkeit des Glaubens bei Juden, Christen und Muslimen. So heißt es etwa in Sure 3: „Wir glauben an Allah und an das, was er uns gesandt hat, und an das, was er dem Abraham, Ismael, Isaak, Jakob und den Stämmen Israels offenbarte, und an das, was Moses, Jesus und den anderen Propheten von ihrem Herrn zuteil geworden ist; wir machen zwischen keinem von diesen einen Unterschied."

Zu den Fragen und Anregungen

1 Siehe Tafelbild 1. Jesus war der Sohn des Zimmermanns Josef und der Maria, stammte aus einer Handwerkerfamilie, begann mit 30 Jahren zu predigen und wurde mit 33 am Kreuz hingerichtet. Er hatte zwar zahlreiche Anhänger gewonnen, doch mussten diese Tod und Verfolgung fürchten. Mohammed wuchs als Waisenkind auf, stammte aus einer vornehmen, wenn auch armen Familie, begann mit 40 Jahren zu predigen, starb betagt an einer Krankheit mit 62 Jahren. Er brachte es zum Herrscher von Medina und hatte am Ende seines Lebens – z.T. mit Waffengewalt – einen Großteil der arabischen Welt für den Islam gewonnen.

2 Siehe Zusatzinformation zu Q3. Mohammed war geistlicher Herrscher, indem er das Gesetz Allahs verkündete, zugleich aber auch weltlicher Herrscher, der Allahs Willen in der Welt verwirklichte

Zum Vergleich könnten Herrscherbilder des christlichen Mittelalters herangezogen werden. Die Herrschaftslegitimation durch sakrale Überhöhung des Herrschers in beiden Religionen darf dabei nicht auf die rein funktionale und damit enthistorisierende Ebene reduziert werden: Religion schafft Lebenswahrheit.

3 In Medina wurde Mohammed zum mächtigen Mann, zum weltlichen und geistlichen Oberhaupt. Erst in Medina erhielt er von Allah den Befehl, den Islam auch mit Gewalt zu verbreiten. Als Herrscher war er dazu jetzt in der Lage, und er hatte Erfolg dabei.

4 Mohammed erkannte die Heiligen Schriften der Juden und Christen als Offenbarungen Allahs an und sah in den Propheten derselben seine Vorläufer. Den Islam betrachtete er als höchste und letzte Offenbarung Allahs.

2. Der Islam breitet sich aus

Konzeption

Im Mittelpunkt des Kapitels steht die Ausbreitung des Islam vom 7. bis 11. Jahrhundert. Der Fokus liegt dabei zum einen auf den Motiven, welche die Muslime zur Expansion ihres Herrschaftsgebiets antrieben, und zum anderen auf den Folgen, die sich daraus für die Unterworfenen ergaben.

Der VT beginnt mit einem Denkimpuls, der den Schülern die außerordentliche Schnelligkeit und Weite der muslimischen Expansion ins Bewusstsein heben und zugleich „fragwürdig" machen soll. Im anschließenden Abschnitt werden Gründe für die Expansion aus der Sicht der Eroberer geschildert. Dabei wird insbesondere auf den Begriff des „Heiligen Krieges" eingegangen. Mögliche Gründe aus der Sicht der Unterworfenen schließen sich an. Hervorgehoben werden hierbei die erträglichen Folgen für die Mehrzahl der Unterworfenen, nämlich Juden, Christen, Zarathustrier und Manichäer, die so genannten „Schriftbesitzer". Als Angehörige verwandter Religionen wurden sie mit Schonung behandelt, so dass es sie keine allzu große Überwindung kostete, sich den Muslimen zu unterwerfen. Der folgende Abschnitt thematisiert den Zusammenhang zwischen dem Aufkommen von inneren Streitigkeiten und Spaltungen in der Welt des Islam einerseits und dem allmählichen Erlahmen des Schwungs der arabischen Expansion. Aufgezeigt wird dies mit Bezug auf die früheste und folgenreichste Spaltung, die Spaltung in Sunniten und Schiiten im Streit um die legitime Nachfolge Mohammeds. Der letzte Abschnitt befasst sich mit dem Beginn der zweiten Welle der islamischen Expansion im 11. Jahrhundert, die von türkischen Sultanen und ihren Heeren aus türkischen Nomaden getragen ist. Die Schilderung endet mit der Eroberung Kleinasiens und der unmittelbaren Bedrohung von Konstantinopel durch die Türken (1080), d. h. mit den Ereignissen, an die das Kapitel über den 1. Kreuzzug anschließen wird.

Die Materialien erläutern und vertiefen die Ausführungen des VT. Q1 (Abbildung und Legende) weist auf ein wichtiges Ereignis vor allem für schiitische Muslime hin, an das bis heute ein wichtiger Gedenktag erinnert (über den muslimische Mitschüler etwas berichten können dürften). Die Übersicht D1 soll den Schülern einen groben Überblick über Spaltungen, Herrschaftsgebiete und Herrschaftszentren in der islamischen Welt vermitteln. Um sie geografisch zu veranschaulichen, könnte die Karte D2 herangezogen werden. Deren eigentliche Funktion ist freilich, den Schülern eine Übersicht über den Zeitraum und die Richtungen der ersten arabischen Expansion des Islam zu geben. Q4 soll einen anschaulichen Eindruck von den arabischen Eroberern selbst vermitteln. Die beiden Textquellen stellen wichtige Zeugnisse für die religiösen Antriebskräfte dar, die zum einen die Einsatzbereitschaft der Muslime im Glaubenskrieg beflügelten (Q2), ihnen zum anderen aber auch die Pflicht zur Schonung der Unterworfenen auferlegten (Q3). Dabei sind die beiden Quellen so ausgewählt worden, dass Q2 die religiöse Handlungsanweisung wiedergibt und Q3 ihre praktische Anwendung im Befehl für einen General.

Möglichkeiten der Unterrichtsgestaltung

Bearbeitungszeit für das Kapitel: ca. 2 Unterrichtsstunden, z. B. 1 Stunde: Die Ausbreitung des islamischen Herrschaftsgebiets durch Araber und Türken; 2. Stunde: Gründe für den Erfolg der Ausbreitung auf Seiten der Sieger und Besiegten.

1. Stunde

Einstieg: Tafelanschrieb „Die Welt des Islam heute" als stummer Impuls. Die Schüler aktivieren ihre Vorkenntnisse zur heutigen Verbreitung des Islam und wie es dazu gekommen ist. Die dabei geäußerten Vermutungen liefern mit ihren Unschärfen und Lücken die Überleitung zu einer systematischen Erarbeitung, wann und wohin sich der Islam ausgebreitet hat.

Erarbeitung: Lesen und Besprechen von Abschnitt 1 und Abschnitt 4 des VT. Erkenntnisse: 1) Es gab zwei Ausbreitungsphasen, die erste bis ca. 730, die zweite ab 1050; 2) die

erste Ausbreitungsphase wurde getragen von Arabern, die zweite von Türken. Daran schließt sich die genauere Erarbeitung der zeitlichen und räumlichen Dimensionen anhand der Karte (D2) an. Mögliches Tafelbild:

Tafelbild

Die Ausbreitung des islamischen Herrschaftsgebiets

Araber (bis ca. 730) — durch → Türken (ab 1050)
Syrien — Kleinasien
Persien
Armenien
Ägypten
Maghreb
Spanien
Sizilien

Vertiefung: Anhand der Karte D2 sowie der Karte auf der ADS zur Verbreitung des frühen Christentums. Mögliche Fragen: Welche der eroberten Gebiete (siehe Tafelbild) sind heute noch islamisch? Wo hat der Islam das Christentum verdrängt? Welche Gebiete hat der Islam wieder verloren? Welche hat er später noch hinzugewonnen (vgl. dazu Karte D2)?

2. Stunde

Einstieg: Betrachtung der Karte D2. Wiederholung des schon Erarbeiteten. Die Frage „Was zeigt die Karte und was zeigt sie nicht?" leitet zur Thematik der zweiten Stunde (siehe oben) über.

Erarbeitung: Lesen und Bearbeiten des 2. und 3. Abschnitts des VT sowie der Quellen Q2 und Q3. Gegebenenfalls arbeitsteilige Partner-/Gruppenarbeit; Leitfragen: Was förderte die Ausbreitung des Islam auf Seiten der Muslime? Was hemmte die Ausbreitung? Was förderte sie auf Seiten der Unterworfenen? Dabei entsteht beim Zusammentragen der Arbeitsergebnisse das Tafelbild unten.

Vertiefung: Diskussion, vgl. Frage 4.

Tafelbild

Ausbreitung des Islam
(wird)
gefördert / gehemmt
(bei)

Muslimen (Eroberern)
Lehre vom Heiligen Krieg (Erwartung von Beute und des Paradieses)

Unterworfenen (Juden, Christen usw.)
Erwartung von Schonung und Anerkennung ihrer Religion bei Steuerzahlung

Muslimen
durch Spaltung in Sunniten und Schiiten (Bürgerkriege)

Christen
durch Abwehr der muslimischen Expansion (Frankenreich, byzantinisches Reich)

Zusatzinformationen zum Verfassertext

Ideologischer Hintergrund für die Ausbreitung des Islam war die schon früh entwickelte Vorstellung von einer Zweiteilung der Welt in das Gebiet des Islams oder Friedens und das Gebiet des Krieges, das durch den „dschihad" zu erobern war. Diese Lehre ist in fundamentalistischen Kreisen bis heute lebendig. Duale Weltsichten dieser Art haben seit dem 20. Jahrhundert, der „Zeit der Ideologien" (Bracher), Konjunktur. So bildete die berühmte „Zwei-Lager-Theorie" das ideologische Fundament für den Ost-West-Gegensatz, wie die amerikanische Doktrin vom Kampf der demokratischen Welt der Zivilisation gegen die Welt des Terrorismus und des Bösen die ideologische Rechtfertigung für globale Interventionen an der Wende vom 20. zum 21. Jahrhundert liefert.

Zusatzinformationen zu den Materialien

D1 Als der türkische Sultan Selim I. 1517 Ägypten eroberte, fiel der dort residierende Abbasidenkalif, Nachfahre des 1258 anlässlich der Eroberung Bagdads durch die Mongolen nach Ägypten geflohenen einzig überlebenden Mitglieds der Abbasidenfamilie, in seine Hände. Angeblich übertrug dieser dem Sultan die Kalifenwürde. 1922 verlor der damalige türkische Herrscher – im Gefolge der türkischen Niederlage im Ersten Weltkrieg – Amt und Titel des Sultans. Er blieb weiterhin Kalif, bis Atatürk auch diese Würde 1924 abschaffte. Seitdem hat es mehrere Versuche gegeben (u.a. auch in der Bundesrepublik), das Kalifat wieder erstehen zu lassen.

Zu den Fragen und Anregungen

1 Das Christentum breitete sich in den Randgebieten des Mittelmeers und in Europa aus, der Islam in Vorder- und Zentralasien sowie in Nordafrika. Der Islam breitete sich von Anfang an mit staatlicher Gewalt aus. In den asiatischen und afrikanischen Randgebieten des Mittelmeers verdrängte er das Christentum. Das Christentum breitete sich zunächst nur durch Mission aus, die bald nach ihrem Beginn durch staatliche Verfolgung behindert wurde. Erst seit dem 4. Jahrhundert setzt sich der römische Staat für die Verbreitung in seinem Gebiet ein. Nach dem Untergang des weströmischen Reichs findet das katholische Christentum in den Herrschern des Frankenreichs seine Förderer. Frankenreich und byzantinisches Reich werden zu christlichen Bollwerken gegen die muslimische Expansion.

2 Im Auftrag Allahs befiehlt Mohammed den „Heiligen Krieg", dessen Ziel nicht die Bekehrung der Ungläubigen, sondern deren Unterwerfung ist. Der religiöse Fanatismus des Religionsgründers („schlagt ihnen die Köpfe ab") hat sich im Befehl des Kalifen in die pragmatische Mäßigung eines Realpolitikers gewandelt, der die Ungläubigen nicht nur zu unterwerfen, sondern auch zu beherrschen hat, beides dauerhaft und mit Profit. Machtpolitik verzichtet daher klug auf Misshandlung, Versklavung oder Enteignung der Besiegten.

3 Juden und Christen wurden als Angehörige verwandter Religionen schonend behandelt. Das dürfte ihren Widerstandswillen gegen die muslimische Eroberung verringert haben.

4 Streitigkeiten und Kämpfe der Muslime untereinander beanspruchten die militärische Kraft der muslimischen Herrscher so sehr, dass sie kaum mehr das Interesse daran und die Kraft dazu hatten, sich auch noch mit Herrschern und Völkern jenseits der Grenzen der islamischen Welt auseinander zu setzen. Die islamische Expansion setzte erst nach 1050 mit den Eroberungszügen der türkischen Khane und Sultane wieder ein, die bis zum Bosporus vordrangen und das christliche Bollwerk Europas, das byzantinische Reich, bedrohten.

5 Kalif: Stellvertreter oder Nachfolger Mohammeds; Sultan: weltlicher Machthaber. Seit 1055 war der sunnitische Kalif von Bagdad lediglich noch das nominelle Oberhaupt seines Reiches, die reale politische Macht übte der türkische Sultan aus.

6 Einsatz/Anstrengung für die Sache Allahs, entweder durch eine fromme Lebensführung im Alltag oder durch Teilnahme am Glaubenskrieg. (Bei der Diskussion kommt es auf die Stichhaltigkeit der Argumente an.)

3. Ob Gott es wirklich wollte? – der erste Kreuzzug

Konzeption

Das Kapitel behandelt den ersten Kreuzzug, exemplarisch für die konfrontative Dimension des Leitthemas der Themeneinheit „Kulturen treffen aufeinander". In den Mittelpunkt werden dabei die Zug- und Schubkräfte der europäischen Massenbewegung in den Vorderen Orient sowie deren Begleiterscheinungen gerückt. Chronologisch und thematisch knüpft das Kapitel an das vorausgegangene Kapitel über die Ausbreitung des Islam an, das mit der Bedrohung Konstantinopels durch die Türken endet und (thematisch) den „dschihad", den religiös motivierten Krieg des Islam, behandelt, dem hier der „Kreuzzug" als religiös motivierter Krieg der Christen gegenübergestellt wird.

Der VT weist eingangs auf das Ungewöhnliche der 1096/1097 einsetzenden europäischen Massenbewegung ins Heilige Land hin – didaktisch gesehen, um die Aufmerksamkeit der Schüler für die nachfolgenden Ausführungen zu gewinnen. Der zweite Abschnitt informiert darüber, wie es zum ersten Kreuzzug kam. Dargestellt wird die „Koinzidenz" mehrerer Komplexe von Zug- und Schubkräften, die Situation des Byzantinischen Reichs und das Hilfeersuchen seines Kaisers, die Beweggründe des päpstlichen Initiators und die Bereitschaft für das Unternehmen bei Teilen der europäischen Bevölkerung. Die beiden nächsten Abschnitte befassen sich mit der Durchführung des Kreuzzuges durch die beiden hauptsächlichen Teilnehmergruppen, die so genannten „Armen" oder einfachen Leute und die Ritter. In den Ausführungen zum Armenkreuzzug werden zunächst die Motive, welche die Armen (aber auch die Ritter) bewegten, genannt, sodann wird die spontane Gewaltbereitschaft gerade von Mitgliedern dieser Teilnehmergruppe des Kreuzzugs hervorgehoben, die sich in Exzessen gegen die Judengemeinden am Rhein sowie Untertanen des byzantinischen Kaisers entlädt und die schließlich auch zur Katastrophe des Armenkreuzzugs bei Nicäa führt. Demgegenüber betonen die Ausführungen zum Kreuzzug der Ritter die Planmäßigkeit des Vorgehens (bei der Vorbereitung, bei den Vereinbarungen mit dem byzantinischen Kaiser), die aus europäischer Sicht zum erfolgreichen Abschluss des Unternehmens mit der Eroberung Jerusalems führt.

Die Materialien erweitern und veranschaulichen die Informationen des VT. Thematisch konzentrieren sie sich auf zwei Schwerpunkte, deren Inhaltlichkeit über das damalige Geschehen hinaus bis in die Gegenwart denkwürdig und reflexionsbedürftig geblieben ist: die ideologischen Implikationen des Kreuzzugs und seine damit im Zusammenhang stehende überbordende Gewalttätigkeit gegenüber dem „Feind". Der erstgenannte Schwerpunkt wird vor allem durch die Materialien auf den „Gewusst-Wie"-Seiten (Q3–Q5) abgedeckt (diese Seiten sind thematisch in das Kapitel integriert). Auf den zweiten Schwerpunkt beziehen sich insbesondere die Materialien Q7–Q9, Berichte über die Ausschreitungen der Kreuzfahrer gegen Muslime (bei der Eroberung von Jerusalem). Dabei berücksichtigt die Materialauswahl mehrere Perspektiven: die Beschreibung der Ereignisse aus christlicher und muslimischer Sicht sowie die kritische Bewertung aus christlicher Sicht. Eine Sonderfunktion hat das moderne Foto von Jerusalem (Q6). Es soll den Schülern (mitsamt der Legende) verdeutlichen, dass die Stadt damals ein „Knotenpunkt" gemeinsamer und widerstreitender Interessen von Juden, Christen und Muslimen war und es und heute noch immer ist (wobei die hier beschriebene christliche Sicht überdies durch die Abbildung Q2 bestätigt wird, vgl. dazu auch die Zusatzinformationen zu den Materialien).

Möglichkeiten der Unterrichtsgestaltung

Bearbeitungszeit für das Kapitel: (Einschließlich der „Gewusst-Wie"-Seite) ca. drei Unterrichtsstunden. Mögliche Aufteilung des Inhalts: 1. Stunde: Anlass und Verlauf des ersten Kreuzzugs (anhand des VT); 2. Stunde: Wie die Menschen zum Krieg bewegt wurden (Sie zogen voll Hoffnung und Zorn) (anhand der „Gewusst-Wie"-Seite); 3. Stunde: Ob Gott das wirklich wollte? – Kritik des religiös motivierten Krieges (anhand der Materialien Q7–Q9).

1. Stunde

Einstieg: Lesen des VT „Ein ungewöhnliches Schauspiel" mit anschließenden Vermutungen; alternativ: Betrachtung der Abbildungen Q2, Q3, Q5, Q9 anhand der Fragen: Was erfährt der Betrachter? Was bleibt offen? Beide Möglichkeiten schaffen eine Fragehaltung bei den Schülern, von der her sich zur Erarbeitung überleiten lässt.

Erarbeitung: Lesen und Besprechen des VT; ggf. arbeitsteilige Gruppen-/Partnerarbeit: 1) Zweiter Abschnitt (Gründe für den Kreuzzug); 2) Dritter und vierter Abschnitt (Verlauf des Kreuzzugs).

Vertiefung: Einordnung der Abbildungen Q2, Q3, Q9 in das erarbeitete Geschehen und Erläuterung des Dargestellten von den erworbenen Kenntnissen her.

Mögliches Tafelbild (siehe oben).

Tafelbild

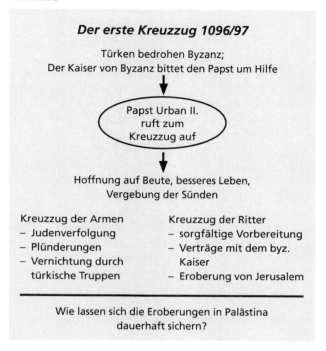

2. Stunde

(Die zweite Stunde kann mit dem Inhalt der „Gewusst-Wie"-Seiten bestritten werden. Die Bearbeitung erfolgt gemäß den entsprechenden Hinweisen.)

3. Stunde

Einstieg: Anschreiben der beiden Begriffe „Heiliger Krieg" und „Kreuzzug" als Impuls für freie Äußerungen. Es kommt zwangsläufig zu wiederholenden und beurteilenden Äußerungen sowie zum Vergleich beider „Spielarten" des religiös motivierten Krieges. Die Aufgabe, das spontane Sich-Äußern in ein systematisches Streitgespräch zu überführen, leitet zur Erarbeitung über.

Erarbeitung: Vorbereitung und Durchführung eines Streitgesprächs zur Frage: War es richtig, dass sich die christlichen Kreuzfahrer so gegenüber den Muslimen verhalten haben, wie sie getan haben? In Gruppen werden die Positionen „Papst" (Q4), „Kreuzfahrer" (Q7 a, c), „Muslim" (Q7 b; ggf. unter Einbeziehung von Q2–Q3 des Kapitels „Ausbreitung des Islam"), „Radulfus Niger" (Q8) vorbereitet. Im ersten Teil der Durchführung führen die Gruppensprecher am „runden Tisch" alleine das Streitgespräch, in einem zweiten Teil dürfen sich die Zuhörer mit Fragen und eigenen Stellungnahmen einmischen.

Vertiefung: Stellungnahme gemäß Frage 6.

Zusatzinformationen zum Verfassertext

Der Gedanke eines päpstlichen Kreuzzuges ins Heilige Land wurde erstmals von Urbans Vorgänger, Papst Gregor VII., geäußert (1074). Er selbst wollte sich dabei an die Spitze des Kreuzfahrerheeres stellen, während Kaiser Heinrich IV. während seiner Abwesenheit die Christenheit Europas regieren sollte. Der kurz darauf ausbrechende Streit zwischen Kaiser und Papst vereitelte den Plan.

Der Hilferuf aus Byzanz erreichte den Papst im März 1095 auf dem Konzil von Piacenza. Aber erst nach sorgfältigen Vorverhandlungen, insbesondere mit Vertretern des französischen Hochadels, entschloss er sich zu dem berühmten Aufruf auf dem Konzil von Clermont. Mit der Ernennung des Bischofs Adhémar von Le Puy zum obersten Leiter des Kreuzzugs machte er deutlich, dass der Kreuzzug ein päpstliches Unternehmen war.

Die Kreuzzugsbegeisterung des einfachen Volkes kam für die Initiatoren des Kreuzzugs damals überraschend. Aus heutiger Sicht lässt sie sich nicht zuletzt als ein Phänomen im Gefolge der raschen Bevölkerungszunahme verstehen, die für Mittel- und Westeuropa seit dem 11. Jahrhundert feststellbar ist. Sie brachte für viele einfache Menschen (und nicht nur für sie) wirtschaftliche Nachteile, die sich förderlich auf die Bereitschaft zur Emigration auswirkten. Dazu kamen 1076, 1089, 1094 verheerende Epidemien des Mutterkornbrandes, die vor allem unter dem einfachen Volk wüteten. Nicht von ungefähr wurden ihre Zentren zu Hauptrekrutierungszentren für den Kreuzzug der einfachen Leute.

Von den Judenpogromen wurden vor allem die Städte Mainz, Worms, Speyer und Köln betroffen. Als Anführer der brandschatzenden Horden nennen die Quellen einen deutschen Adligen namens Emicho von Leiningen. Die lokalen kirchlichen Behörden sowie die angesehenen Bürger suchten die Juden in Schutz zu nehmen, konnten aber schwere Übergriffe nicht verhindern.

Zusatzinformationen zu den Materialien

Q2 Illustration in einer spätmittelalterlichen Übersetzung der viel gelesenen Kreuzzugsgeschichte des Wilhelm von Tyrus, der selber in Jerusalem geboren und Kanzler des christlichen Königs von Jerusalem (1174–1184) war. Dem Illustrator ging es weniger um eine realistische Darstellung der Eroberung von Jerusalem als vielmehr um die Vergegenwärtigung der ideellen Bedeutung Jerusalems für die Christen. Daher stellen die fünf Szenen aus der Leidensgeschichte Jesu im oberen Mittelband des Bildes (Gefangennahme, Geißelung, Kreuzweg, Kreuzigung, Grablegung) und die Himmelfahrt Marias (links) zentrale Bildinhalte dar. Sie sollen in den Augen eines christlichen Betrachters die Eroberung der Stadt rechtfertigen.

Q4 Urbans Rede ist in vier Versionen überliefert, die alle mit zeitlichem Abstand entstanden sind. Daraus erklären sich manche Ungenauigkeiten. Dazu zählt vor allem die damals wohl in der Tat verbreitete Behauptung, Urban habe die Vergebung der Sünden für die Teilnahme am Kreuzzug verkündet. Tatsächlich hatte der Papst die Vergebung der Sündenstrafen in Aussicht gestellt. Das Missverständnis löste eine lebhafte theologische Diskussion aus, aus der schließlich die kirchliche Ablasslehre hervorging.

Q7a Der Augenzeuge war ein Ritter oder Geistlicher im Gefolge des Normannenfürsten Bohemund von Tarent (gest. 1111).

Q7b Der muslimische Geschichtsschreiber ist Ibn al-Atir (1160–1233). Er gilt als bedeutendster muslimischer Historiker des späten Mittelalters. Seine Schilderungen fußen auf umfangreichen Materialstudien und sind als relativ zuverlässig einzustufen.

Q8 Es sollte nicht übersehen werden, dass kritische Stimmen zum Kreuzzugsgeschehen Ausnahmen darstellten.

Zu den Fragen und Anregungen

1 Die Bedrohung Konstantinopels durch die Türken, der Hilferuf des byzantinischen Kaisers, die Bereitschaft des Papstes und großer Teile des christlichen Europa zum Kreuzzug, wenngleich aus unterschiedlichen Beweggründen.

2 VT: Nachweis des Vorrangs vor dem Kaiser, Eindämmung des Fehdewesens, Verteidigung des Christentums; Q4: Verteidigung des Christentums, Befreiung des Heiligen Landes, Aussicht der Kreuzzugsteilnehmer auf Erwerb materiellen Reichtums, Eindämmung des Fehdewesens, Sündenvergebung. Die Gründe stimmen größtenteils überein (weil sich die Ausführungen des VT ja an der Quellenaussage orientieren). Allerdings betont der VT solche Gesichtspunkte, die dem Papst persönlich Vorteile brachten. Der Papst betont in seiner Rede solche Gesichtspunkte, die den Angeredeten Vorteile versprachen, da er sie ja für sein Anliegen gewinnen wollte.

3 Kaiser von Byzanz: Beseitigung der Bedrohung von Konstantinopel, Rückeroberung der verlorenen Gebiete; Papst: (siehe Lösung 2); Arme: Beute, besseres Leben, Sündenvergebung; Ritter: (wie die Armen), dazu: Ruhm, Ehre, Land.

4 Q2, Q7a–c, Q9 schildern in ähnlicher Weise die Eroberung Jerusalems durch die Kreuzfahrer. Darüber hinaus ergänzen sie sich auch noch. So schildert Q7b das Schicksal muslimischer Überlebender auf ihrer Flucht nach Bagdad; Q7c berichtet davon, dass bei dem Blutbad, das die Eroberer anrichteten, auch einheimische Christen getötet worden sind.

5 Erwartet wird ein eigenständiges Urteil.

4. „Verständnis füreinander war die Ausnahme" – Kreuzfahrer im Heiligen Land

Konzeption

Das Kapitel behandelt Aspekte der Kreuzfahrerherrschaft im Heiligen Land bis zum Untergang der Kreuzfahrerstaaten. Abschließend wird in diesem Zusammenhang auf das Ende des Byzantinischen Reiches eingegangen, da sein Schicksal – wie in den Kapiteln über die Ausbreitung des Islam und den ersten Kreuzzug gezeigt wurde – eng mit Erfolg und Scheitern der Kreuzzüge verknüpft war.

Der VT informiert über Anstrengungen und Maßnahmen, die christliche Herrschaft im Heiligen Land aufrechtzuerhalten, über Formen des Zusammenlebens zwischen Europäern und Einheimischen sowie über das Scheitern der Kreuzzüge und seine Folgen. Der erste Abschnitt berührt kurz die Gesichtspunkte Bevölkerung und Herrschaft in den Kreuzfahrerstaaten und stellt das damit verbundene Hauptproblem derselben dar: den Mangel an bleibewilligen Europäern. Der zweite Abschnitt zeigt auf, dass aus dieser Problematik heraus die Institution der geistlichen Ritterorden entstand (erwähnenswert, weil ihre Nachfolgeorganisationen z.T. wenigstens den Schülern alltäglich präsenter sein dürften als die heutigen Organisationen anderer geistlicher Orden des Mittelalters). Im dritten Abschnitt werden die Hauptgründe behandelt, die für das bleibend spannungsgeladene Nebeneinander von Europäern und Orientalen im Heiligen Land verantwortlich waren: die begrenzten kulturellen und mitmenschlichen Kontakte sowie der von verantwortungslosen Gewalttätigkeiten geprägte alltägliche „Kreuzzugstourismus" durch kreuzfahrende „Kurzurlauber" im Heiligen Land. Dass dieses eher von Feindschaft als von Verständnis bestimmte Nebeneinander auch der letzten Auseinandersetzung, welche die Herrschaft der Kreuzfahrer im Heiligen Land beendet, seinen Stempel aufdrückte, schildert der vierte Abschnitt. Der letzte Abschnitt berichtet kurz über den Untergang des Byzantinischen Reiches, dessen Schutz einmal der Anlass für den Beginn der Kreuzzüge ins Heilige Land gewesen war.

Die Materialien verbreitern und konkretisieren das Informationsangebot des VT. Abbildung Q1 informiert über die „eigentlichen" Gewinner der Kreuzzüge, die italienischen Seestädte Pisa, Genua und Venedig. Ein Ereignis, dessen Gewalttätigkeit nachhaltig das Verhältnis zwischen Muslimen und Christen belastete (die Ermordung von muslimischen Gefangenen durch Richard Löwenherz), wird in Abbildung (und Legende) von Q2 präsentiert. Einen „Kontrapunkt" dazu stellt Abbildung Q3 dar (Waffenstillstand zwischen Kaiser Friedrich II. und Sultan al-Kamil), wobei die Legende die Singularität dieses Ereignisses heraushebt. In den beiden Textquellen (Q4 und Q5) kommen damalige Zeitzeugen zu Wort, die aus ihrer (christlichen bzw. muslimischen) Sicht über das Verhältnis von christlichen Besatzern und Einheimischen im Heiligen Land berichten. Ihre Berichte sind von hoher Anschaulichkeit und bereichern die eher generalisierenden Ausführungen des Abschnitts „Alltag in den Kreuzfahrerstaaten" um weitere Nuancen.

Möglichkeiten der Unterrichtsgestaltung

Bearbeitungszeit für das Kapitel: ca. zwei Unterrichtsstunden; 1. Stunde: Geschichte der Kreuzfahrerstaaten im Überblick; 2. Stunde: Europäer und Einheimische im Heiligen Land – Begegnung oder Konfrontation?

1. Stunde
Einstieg: Betrachtung der Zeitleisten des vorangegangenen und dieses Kapitels; alternativ: Tafelanschrieb nach folgendem Muster:

Tafelbild

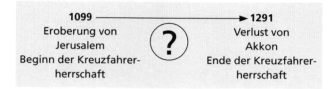

Beide Impulse provozieren die Frage, wie es von der (bekannten) Einrichtung der Kreuzfahrerherrschaft im Heiligen Land zu ihrem Ende gekommen ist. Damit lässt sich zur Erarbeitung überleiten.
Erarbeitung: Grundlage ist der VT, wobei allerdings in dieser Stunde nur die Informationen berücksichtigt werden, die zur Antwort auf die oben genannte Frage gehören. Gegebenenfalls Erarbeitung in drei (Partner-) Gruppen, z. B. Abschnitt 1–2, Abschnitt 3, Abschnitt 4–5. Bei der Sammlung der Ergebnisse könnte das unten stehende Tafelbild entstehen.

Vertiefung: Überlegung zu der Frage: Wo es Verlierer gibt, gibt es auch Sieger – auch auf Seiten der Europäer? (Bezugnahme auf Q1)

2. Stunde
Einstieg: Vergleich der Abbildungen Q2 und Q3 unter der Titelüberschrift des Kapitels. Erste Assoziationen und Überlegungen leiten über zur Erarbeitung.
Erarbeitung: Vorbereitung und Durchführung einer Diskussion der Frage: Was haben die Kreuzzüge für das Verhältnis zwischen Europäern und Orientalen gebracht? Dafür Aufteilung der Klasse in drei Gruppen: Gruppe 1 (Sicht eines im Orient ansässig gewordenen Kreuzfahrers gemäß Q4 und VT, Abschnitt 3); Gruppe 2 (Sicht eines damaligen Muslim gemäß Q5 und VT, Abschnitt 3); Gruppe 3 (Sicht eines oder mehrerer heutiger Historiker gemäß D1–D3 der „Kontrovers"-Seite 148).
Vertiefung: Auflösung der Diskussionsformation; im Plenum äußern die Schüler nunmehr ihre eigene Meinung zu der oben genannten Diskussionsfrage.

Tafelbild

Zusatzinformationen zum Verfassertext

Um kampffähige und siedlungswillige Personen nach Palästina zu locken, wurden hier einige rechtliche Vergünstigungen gewährt, die es in Europa nicht gab. So konnten Militärlehen an Töchter vererbt werden oder bei Fehlen eines direkten Nachkommen im Heiligen Land an entfernte Verwandte in Europa, wenn diese bereit waren, einen bleibewilligen Erben nach Palästina zu schicken. Hauptanziehungspunkte für europäische Einwanderer waren die Städte Akkon, Tyrus, Antiochia und Jerusalem sowie die Küstenlandstriche. Allerdings blieben die Europäer trotz aller Erfolge der Werbung für die Ansiedlung im Heiligen Land dort eine Minderheit von ca. 100 000 Personen.

In den Kreuzfahrerstaaten zeichneten sich die Angehörigen der geistlichen Ritterorden durch ihre Einsatzbereitschaft und Disziplin aus. Die etwa je 300 Mann starken Kontingente der drei Orden stellten daher das Rückgrat der christlichen Verteidiger dar. Diese bestanden (um 1180) neben den Ordensrittern aus 700 weltlichen Rittern, 5 000 Mann städtischer Fußtruppen und einer Anzahl von „Turkopolen" (einheimische Söldner, die als leicht bewaffnete Reiter für die Kreuzfahrer kämpften). Da die Ritterorden direkt dem Papst unterstellt waren, konnten ihre Oberen, die Großmeister, eine von den regionalen geistlichen und weltlichen Behörden im Heiligen Land unabhängige Politik betreiben.

Das Ende der Kreuzfahrerstaaten spielte sich vor dem Hintergrund (und in einem Zentrum) der räumlich weit gespannten Auseinandersetzungen ab, an denen die beiden mongolischen Großreiche der „Goldenen Horde" und der iranischen Ilkhane sowie der turkstämmige Mameluckensultan Ägyptens beteiligt waren. Dieser hatte 1260 bei Damaskus durch einen überraschenden Sieg den Vormarsch der ilkhanischen Mongolen gestoppt. Um gegen den zu erwartenden erneuten Angriff gewappnet zu sein, schloss er ein Bündnis mit dem zum Islam übergetretenen Khan der „Goldenen Horde", dem mächtigen Nachbarn der Ilkhane. Diese wiederum suchten Bündnispartner bei den christlichen Machthabern Europas und der Kreuzfahrerstaaten. Zwar verhielt man sich in Europa und mehr noch in den Kreuzfahrerstaaten sehr zurückhaltend gegenüber diesem Anerbieten, doch dürfte für den ägyptischen Sultan das Ende, das er 1291 den Kreuzfahrerstaaten bereiten konnte, auch die Beseitigung einer „unsicheren Größe" im Kampf der Großmächte um die Vorherrschaft in Vorderasien bedeutet haben. Provoziert wurde das Ende der letzten christlichen Bastion Akkon allerdings von Kreuzfahrern. Neu angekommene italienische Kreuzfahrer hatten – wie andere vor ihnen auch – die erstbeste Gelegenheit ergriffen, um sich gewalttätig an Muslimen zu vergehen, und wehrlose muslimische Bauern vor den Toren von Akkon niedergemetzelt. Damit war der bestehende Waffenstillstand zwischen der Stadt und dem Sultan gebrochen, dessen Vergeltungsschlag die Folge.

Zusatzinformationen zu den Materialien

Q1 Die Abbildung zeigt die beiden Standardschiffstypen der damaligen Zeit für den Seeverkehr zwischen Italien und Palästina. Die mit Rudern ausgestattete Galeere benötigte für die Strecke ca. 6 Wochen, allerdings war ihr Fassungsvermögen begrenzter als das der viel größeren, hochbordigen Galeasse. Dafür war diese auf Wind angewiesen und brauchte etwa doppelt so lange für die einfache Strecke wie eine Galeere.

Seit 1100 griffen die Seestädte in das Kreuzzugsgeschehen ein. Sie verdrängten rasch die bis dahin dominierenden Flotten der Ägypter und Byzantiner und übten die Seeherrschaft aus mit ihren Kriegs- und Transportschiffen, von denen bald Gedeih und Verderb der Kreuzfahrerstaaten abhing. Entsprechend groß war ihr Einfluss im Heiligen Land, in dessen Küstenstädte sie ausgedehnte Niederlassungen mit eigener Gerichtshoheit unterhielten und wo ihre Gesandten zu den tonangebenden Persönlichkeiten zählten. Vor allem Venedig gelang es, im östlichen Mittelmeer ein weit verzweigtes Netz von privilegierten Stützpunkten aufzubauen, mit dessen Hilfe auch nach dem Ende der Kreuzfahrerstaaten dank der geschickten Diplomatie des Dogen der Pilgerverkehr von Europa ins Heilige Land aufrechterhalten wurde.

Q2 Richard Löwenherz hatte versprochen, die Gefangenen gegen Lösegeld freizulassen. Als sich die Zahlung verzögerte, brach Löwenherz sein Versprechen und ließ die Gefangenen ermorden.

Q3 Der Vertrag beinhaltete: 10 Jahre Waffenstillstand zwischen Christen und Muslimen. Die Christen erhielten Jerusalem (das sie aber nicht befestigen durften) und die Dörfer zwischen Jerusalem und Akkon, die Muslime behielten ihre heiligen Stätten in Jerusalem und das übrige Umland der Stadt.

Q4 Autor ist Fulcher von Chartres, Chronist des ersten Kreuzzuges und Kaplan König Balduins I. von Jerusalem.

Q5 Der Muslim, der hier berichtet, ist Usama ibn Munqid (1095–1188), der Emir von Schaizar.

Zu den Fragen und Anregungen

1 Die Ereignisse stellen eine Kette von Gewalttaten dar, von beiden Seiten. Das zeigt, dass das Verhältnis zwischen Christen und Muslimen feindselig begann und auch so blieb.

2 Das Ereignis von 1229 war und blieb dagegen ein Einzelfall wie der Kaiser selbst als singuläre Gestalt, als Ausnahmeerscheinung aus der Welt des Hochmittelalters ragt. Als „moderner Monarch" erwies sich Friedrich II. vor allem in der Regierung des süditalisch-sizilischen Königreichs, wo Araber, Juden und Christen gleichberechtigt zusammenlebten.

3 Kulturelle Begegnungen zwischen Christen und Muslimen eröffnen den Europäern die orientalische Stadt- und Alltagskultur; bleiben aber die Ausnahme. Die hohe Fluktuation in den Kreuzfahrerstaaten schafft christliche und muslimische Parallelgesellschaften und verhindert eine dauerhafte Einbindung der Kreuzfahrer.

4 Die Eroberung Konstantinopels unterbricht den lukrativen Orienthandel der italienischen Seestädte und schafft mit der Suche nach alternativen Seewegen die Voraussetzung für die Europäisierung der Welt. Die türkische Expansion bedroht mit der Eroberung des Balkans nicht nur das Habsburgerreich, sondern das gesamte christliche Europa. Die Belagerung Wiens 1529 zeigt die Dramatik der Vorgänge; diese binden die Kräfte des Kaisers und begünstigen die Ausbreitung der Reformation im Reich.

5. Spanien und Sizilien – wo Europa der islamischen Kultur begegnete

Konzeption

Nachdem in den vorangegangenen Kapiteln vom kriegerischen Aufeinandertreffen von Christen und Muslimen im Rahmen der Kreuzzüge die Rede war, behandelt das vorliegende Kapitel Aspekte eines eher friedlichen Kulturaustausches, wie er sich – wenigstens partiell und zeitweise – für das Zusammenleben bzw. die Begegnung von Christen und Muslimen in Spanien und Sizilien feststellen lässt.

Im ersten und vierten Abschnitt des VT werden einzelne Bedingungen und Umstände aufgezeigt, unter denen sich der Kulturaustausch vollzog (seine Existenz unter islamischer und christlicher Vorherrschaft; Zusammenwirken von Christen, Muslimen und Juden; gegenseitige Toleranz). Hervorgehoben wird, dass die islamische Kultur lange Zeit der christlich-europäischen überlegen war und dass diese jener – vor allem bei der Einrichtung des universitären Wissenschaftsbetriebes seit ca. 1200 – mächtige Impulse verdankte. Wie es zu dieser Überlegenheit gekommen war und auf welche Gebiete sie sich erstreckte, darüber informieren der zweite und dritte Abschnitt des VT. Dargestellt werden die nicht zuletzt religiös motivierte Lern- und Kooperationsbereitschaft der Araber als die förderlichen Voraussetzungen für die Entstehung der arabischen Wissenschaft. Was sich hinter diesem Begriff verbirgt, wird den Schülern in einem knappen Überblick über die hauptsächlichen Arbeitsgebiete und bedeutende Leistungen der „arabischen" Gelehrten vermittelt.

Die Materialien erweitern und vertiefen das Informationsangebot des VT. So verweist etwa Abbildung Q1 (Operationsbesteck) auf ein Arbeitsfeld, auf dem arabische Wissenschaftler Spitzenleistungen vollbrachten. Abbildung Q2 (Alhambra) soll an einem berühmten Beispiel deutlich machen, dass die islamische Kultur den europäischen Christen nicht nur im Bereich Wissenschaft, sondern auch in den Bereichen Kunst und Kunstfertigkeit durch ihre eigenen Gestaltungsformen beeindrucken konnte. In Abbildung Q3 wird quasi in Form einer ins Bild gesetzten Episode das Vertrauen vergegenwärtigt, mit dem ein christlicher Herrscher seine Gesundheit in die Hände arabischer Gelehrter gibt. Die beiden Textquellen (Q4, Q5) befassen sich mit einem interessanten Phänomen alltäglicher Kulturbegegnung, indem sie – jeweils aus der Sicht der politisch Unterworfenen – veranschaulichen, dass politisch Unterworfene dazu neigen, sich auch der Kultur des politisch Herrschenden zu unterwerfen. Es dürfte den Schülern nicht schwer fallen, in ihrer Erfahrungswelt Beispiele zu finden (Amerikanisierung von Bereichen unserer Alltagswelt!), welche die Erfahrungen der beiden Zeitzeugen bestätigen können. Es sollte allerdings nicht übersehen werden, dass deren Aussagen – didaktisch gewollt – in Kontrast zur (Bild-) Aussage von Q3 stehen (zu einer noch nuancenreicheren Kontrastierung empfiehlt es sich, Q4 und Q5 des vorangegangenen Kapitels heranzuziehen).

Möglichkeiten der Unterrichtsgestaltung

Bearbeitungszeit für das Kapitel: ca. 2 Unterrichtsstunden; 1. Stunde: Spanien und Sizilien als Schaufenster islamischer Kultur und Begegnungsräume islamischer und europäisch-christlicher Kultur; 2. Stunde: Politische Herrschaft und kulturelle Beeinflussung.

1. Stunde
Einstieg: Betrachtung der Abbildung Q2 (Alhambra), um die Frage zu erzeugen, wie es dazu gekommen ist, dass es solche Zeugnisse islamischer Kultur in Europa gibt. Damit Überleitung zur Erarbeitung.
Erarbeitung: Lehr- bzw. Unterrichtsgespräch: 1) Geografische Orientierung (Karte auf der ADS); 2) Herrschaftsverhältnisse, Umstände der Begegnung, kulturelle Leistungen der Araber in Kunst, Wissenschaft, Alltagskultur (VT, Q1, Q2, Q3; linke Seite der ADS). Mögliches Tafelbild:

Tafelbild

Spanien und Sizilien als Begegnungsstätten mit islamischer Kultur

Kunst und Architektur z. B. Alhambra, Gartenanlagen ← Kulturelle Überlegenheit der Muslime in → Stadtkultur z. B. Schulen, Bäder, Krankenhäuser, Bibliotheken

↓ Wissenschaften z. B. Medizin, Mathematik, Astronomie, Physik, Chemie, Geografie, Technik

Impulse für die christlich-europäische Wissenschaft Universitätsgründungen in Europa ab 1200

Vertiefung: Überlegungen zur Frage, was in einem Europäer vorgegangen sein dürfte, der um 1000 Spanien oder Sizilien besuchte (zur Welt, aus der er kam, vgl. den ersten Abschnitt des Kapitels „Warum die Städte entstanden" auf S. 92); Einzel- oder Partnerarbeit mit Vortrag einiger Lösungen im Plenum.

2. Stunde
Einstieg: Im Anschluss an die Zeitleiste Überlegungen zur Frage: Welche Folgen könnten die Eroberung und die allmähliche Rückeroberung für die Kultur in Spanien und auf Sizilien gehabt haben? (Von den bisher erarbeiteten Informationen her, nämlich VT und Abbildungen, müsste es für die Schüler nahe liegen, die Fortexistenz der islamischen Kultur zu favorisieren.) Vermutungen dazu leiten zur Erarbeitung über.
Erarbeitung: Untersuchung des Verhältnisses von politischer Macht und kultureller Beeinflussung anhand der Quellen Q4 und Q5; Gruppen- oder Partnerarbeit, arbeitsteilig. Mögliches Tafelbild (siehe S. 80).

Vertiefung: 1) Anschreiben der Begriffe „Jeans", „E-Mail", „Coca-Cola", „Hamburger" (usw.) als Impuls zur Überlegung, ob das in den Quellen behauptete Verhältnis auch heute stimmt. 2) Problematisierung der Überlegungen durch Einbeziehung der Aussage von Q3 (ggf. von Q4 und Q5 des Vorkapitels).

Tafelbild

Politische Herrschaft und kultureller Einfluss in Spanien

	Christliche Quelle (9. Jh.)	Muslimische Quelle (14. Jh.)
politische Herrschaft	Araber/Muslime	vorwiegend christliche Könige
kulturelle Einflüsse	Christen studieren arabische Sprache und Literatur	Muslime übernehmen christliche Sitten in Kleidung, Hausbemalung, Reiten, Waffen

politisch Unterworfene übernehmen Kultur der Herrschenden

Zusatzinformationen zum Verfassertext

Spaniens große Zeit unter dem Islam bahnte sich an, als 756 Abd ar-Rahman, letzter Überlebender der von den Abbasiden gestürzten Omayadendynastie, das Land erreichte und dort ein unabhängiges Emirat mit Córdoba als Hauptstadt errichtete. Er und seine Nachfolger waren bestrebt, ihr Reich so mit den Segnungen islamischer bzw. orientalischer Kultur auszustatten, dass es den Vergleich mit dem Kalifenreich von Bagdad nicht zu scheuen brauchte. Seine Blütezeit erlebte das omayadische Spanien unter Abd ar-Rahman III. (912–961), der sein Reich zum Kalifat erhob, nachdem die gleichfalls mit Bagdad konkurrierende Fatimidendynastie in Ägypten diesen Schritt schon gegangen war. 1031 erlosch die Omayadendynastie und das Kalifenreich zerfiel in mehrere Königreiche. Für die Verbreitung der islamischen Kultur brachte dies lange Zeit keineswegs Nachteile, da die muslimischen Herrscher geradezu wetteiferten, ihre Residenzstädte (z. B. Sevilla, Granada, Valencia) prächtig auszustatten. Politisch und militärisch aber begann der Rückzug des Islam vor der christlichen Reconquista aus dem Norden, nur zeitweilig aufgehalten durch die Zusammenfassung der islamischen Kräfte unter den Dynastien der Almoraviden und Almohaden. Mitte des 13. Jahrhunderts war vom islamischen Spanien nur noch das kleine Königreich Granada übrig. Die Eroberung Siziliens durch die Araber erfolgte von Afrika (Tunesien) aus und war gegen 900 abgeschlossen. 909 wurde die Insel Provinz des fatimidischen Kalifenreichs von Ägypten unter einem Gouverneur, der auf Grund der Insellage seiner Provinz eine unabhängige Herrschaft ausüben konnte. Die neuen Herren sorgten dafür, dass die Gegebenheiten, die der übrigen islamischen Welt das Gepräge gaben, auch auf Sizilien heimisch wurden. Das betraf die landwirtschaftliche und gewerbliche Produktion (Papyrus, Seide), vor allem aber hielt die großartige islamische Stadtkultur mit ihren wissenschaftlichen, sanitären, medizinischen und architektonischen Errungenschaften

Einzug. Palermo galt unter damaligen Kennern der islamischen Welt als Kleinod unter ihren Städten.

Zusatzinformationen zu den Materialien

Q1 Knochensägen aus dem Lehrbuch des andalusischen Chirurgen Abu l'Qasim (†1013), durch seine Erkenntnisse zur Behandlung von Blutern, Gelenkentzündungen und Wirbeltuberkulose, Blasensteinen, Mund- und Kiefermissbildungen sowie Leistenbrüchen, zur Geburtshilfe und zum Nähen von Wunden ein herausragender Vertreter der arabischen Wissenschaft.

Q2 Die Alhambra hat ihren Namen von der Farbe des Baumaterials ihrer Mauern. Die Burg machte mehrere Bauperioden durch. Erstmals erwähnt ist sie im 9. Jahrhundert. Im 11. Jahrhundert – nun Burg der Hauptstadt des neuen Königreichs Granada – wurde sie verstärkt und erweitert. Der Umbau zum bis heute erhaltenen Prachtbau begann unter Mohammed I. ibn Al-Ahmar (1238–1273).

Q4 Beim Autor der Quelle handelt es sich um den Bischof Alvaro von Córdoba.

Q5 Ibn Khaldun (1332–1406), geboren in Tunis, war schon zu seinen Lebzeiten durch seine Gelehrsamkeit berühmt. Er kannte sowohl das islamische als auch das christliche Spanien (Unterhändler am Hof des Königs von Kastilien) aus eigener Erfahrung.

Zu den Fragen und Anregungen

1 In der arabischen Wissenschaft arbeiteten Juden, Christen und Muslime zusammen. Sie sammelten und übersetzten gelehrte Schriften der alten Griechen und Inder. Durch eigene Forschungen fügten sie dem, was sie dort fanden, neue Erkenntnisse hinzu. Weil ihre allgemeine Umgangssprache das Arabische war, nannte man das, was sie betrieben, „arabische Wissenschaft".

2 Mathematik: Zahlen- und Gleichungslehre, Differenzialrechnung; Astronomie: Berechnung der Planetenbewegung; Physik; Chemie; Medizin: z. B. Blutkreislauf beschreiben, Krankheiten bestimmen, Schmerzen lindern, Operationsinstrumente herstellen; Geografie: Berechnung der Gradeinteilung der Erde, ziemlich genaue Weltkarte.

3 Der Astrologe konnte sagen, ob die Gestirne günstig für den König standen; offensichtlich vertraute der König den Fähigkeiten der arabischen Gelehrten mehr als denen der christlichen.

4 An beiden Stellen trafen europäische Besucher auf Beispiele islamischer Kunst und auf die Errungenschaften der islamischen Stadtkultur. In (Hoch-) Schulen und Bibliotheken begegneten sie Zeugnissen der arabischen Wissenschaft und konnten sich über ihre Erkenntnisse informieren.

5 Häufig übernehmen politisch Unterworfene die Kultur der politisch Herrschenden. Beispiele dafür liefert die Entwicklung in Spanien im 9. Jahrhundert und um 1377. Das gilt aber nicht immer.

6 Eine durchgängige Übereinstimmung in der Beurteilung gibt es nicht. In D1 werden materielle und kulturelle Vorteile genannt. Das geschieht auch in D2. In D3 wird der kulturelle Gewinn durch die Kreuzzüge bestritten. In D1 wird der moralische Erfolg trotz der militärischen Niederlage betont, in D2 dagegen der türkische Abwehrerfolg. In D3 wird das Ergebnis der Kreuzzüge im Ganzen eher negativ gesehen.

6. Neues Land im Osten: Frieden oder Krieg?

Konzeption

Bewusst ohne den belasteten Begriff der „Ostsiedlung" im Titel zu verwenden, thematisiert das Kapitel die Wanderungsbewegungen nach Osten als Teil einer europaweiten Binnen- und Außenkolonisation. Der über lange Zeit friedliche Vorgang, Land zu erschließen und zu bevölkern, konnte neue Kultivierungstechniken anwenden und neues Recht bei der Gründung von Dörfern und Städten setzen. Die Vermischung der Siedler mit der jeweils autochthonen Bevölkerung erfolgte auf dem Boden von Rechtsangleichungen weithin ohne Gewalt. Dem wird die Eroberung, Zwangsmissionierung und schließlich Staatsbildung in Form eines „Kreuzzuges" des Deutschen Ordens gegenübergestellt, ohne dessen Kulturleistungen vergessen zu wollen.

Möglichkeiten der Unterrichtsgestaltung

Als Einstieg eignet sich das Historiengemälde auf der ADS-Seite. Aus der Bildbetrachtung ergibt sich die Fragestellung der Stunde: Wie und warum suchen sich Bauern und Kreuzritter neues Land im Osten? Der Lehrer lässt die Schüler nun Rollenkarten ziehen: Lokator eines Klosters, Lokator eines Adligen, Kreuzritter, Fernsehjournalist, den es mittels Zeitmaschine ins 13. Jahrhundert geschleudert hat. Die Schülerinnen und Schüler organisieren sich gemäß

ihrer Rollen in vier Gruppen und erarbeiten selbstständig entweder Frage 1 oder Frage 2 mit Hilfe des Verfassertextes, der Karte sowie der Bild- und Textquellen im Buch.

Der Unterrichtsgang sollte die win-win-Situation (siehe Tafelbild) der Migrationen deutlich machen und gegen spätere beiderseitige nationalistische Okkupationsdeutungen absetzen. Ausgehend von Q2 können die Lerngruppen 1 und 2 erkennen, dass und wie sich die beschwerlichen Unternehmungen der Neusiedler lohnten: großzügige Landzuteilung mit sicherer Rechtslage, zeitweilige Befreiung von Abgaben und Diensten und das Vererbungsrecht bedeuteten Lebenschancen für die nachgeborenen Bauernsöhne des Altsiedelgebiets und oft erst die Möglichkeit einer Familiengründung. Die Bedeutung des entwickelten deutschen Rechts der verschiedenen Oberhöfe für die Siedlungsbewegung können anhand der Quellen Q5 und Q6 eingeschätzt werden, die Konkurrenz von Autochthonen und Kolonisatoren mit den Quellen Q7 und Q8.

Die Lerngruppen 3 und 4 erkennen das Wechselverhältnis von Gewaltanwendung, mönchischer Lebensführung sowie Selbstaufgabe und missionarischer Kultivierung der Ordensritter auf dem Weg zum erst fortschrittlichen, dann aber anachronistischen Ordensstaat anhand der Quellen Q12 und Q13 und des Verfassertextes.

Die Arbeitsergebnisse können in einer zweiten Stunde im Rahmen einer fiktiven Fernsehsendung präsentiert werden, der Lehrer übernimmt die Rolle des Moderators.

Zusatzinformationen zu den Materialien

D1 Karte und Legende fassen Raum und Zeit der Ostsiedlungsbewegung generalisierend zusammen, ohne die baltischen Eroberungen des Deutschen Ordens zu berück-

Tafelbild

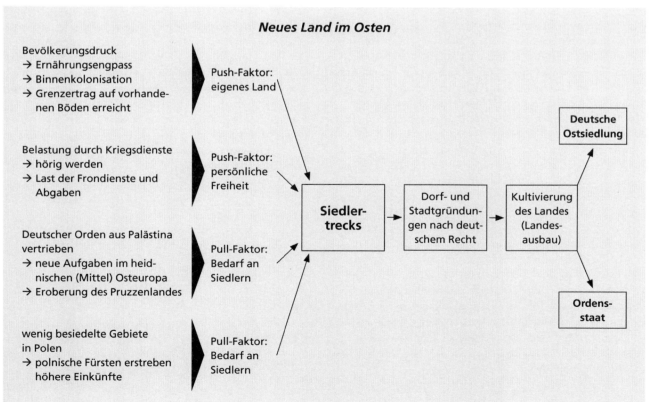

81

sichtigen. Überschichtung und Durchmischung sollten gegenwartsbezogen erarbeitet werden.

Q1 Das Bild aus der Manessehandschrift stellt einen Ritter des Deutschen Ordens im geistlichen Gewand ohne Waffen dar und muss daher mit Q11 kontrastiert werden.

Q4 Die sehr späte Illumination zeigt detailfreudig den Bau und Ausbau einer Hafenstadt an der Ostsee. Aus den formal immer noch geistlichen Rittern sind frühkapitalistische Großbürger geworden (Vergleich mit Q1!). Auf dem Meer nähern sich die typischen (Hanse)-Koggen dem Hafen; der mehrschläfrige Galgen belegt die Hoch- und Blutgerichtsbarkeit des Ordens als Landesherr.

Q5 In dieser Rechtssetzung Heinrichs I. stehen das slawisch/polnische und neue „deutsche" Recht nebeneinander: Die Neusiedler erhalten eine günstigere Rechtslage als die Autochthonen, haben dem Landesherrn jedoch durchaus Dienste zu leisten.

Q6 Noch großzügiger ist dieser polnische Lehnsbrief für einen deutschen Ritter, an dem die Vorteile von Neusiedlungen für Herrn und Leute aspektreich erarbeitet werden können.

Q7 Der Text belegt trotz seiner einseitigen und interessegeleiteten Darstellung den Zusammenstoß verschiedener Rechtskreise, hier verschärft durch die weltliche Funktion eines Bischofs.

Q8 Der Hilferuf von missionierenden weltlichen und geistlichen Aristokraten bedient sich in seiner Argumentation bekannter und geläufiger Versatzstücke der Propaganda fidei der Zeit. Die „Grausamkeiten" sind die Reaktion der Obodriten auf die von ihnen nicht gewollte Zwangsmissionierung.

Q9 Die als Patronin Schlesiens heilig gesprochene Hedwig (mit Nimbus) zeigt ihrem Gemahl den Bau des neuen Klosters; in der unteren Bildhälfte übergibt sie es mit dem Stab der Äbtissin und den ersten Zisterzienserinnen.

Q11 Die Kämpfe des Deutschen Ordens werden als Kreuzzug überhöht vorgestellt, angeführt von Kaiser (Kreuzkrone im Strahlenkranz) und Hochmeister (Ordenskreuz). Die Schilde der Gegner zeigen die Wappen des slawischen Adels. Der Adler auf dem Wimpel der christlichen Ritter bildete auch das Herzstück auf dem Brustkreuz des Hochmeisters. Kreuz und Adler bleiben prägende Elemente preußischer und deutscher Wappen, Flaggen und Orden bis heute.

Q12 Gegen Rückschläge wie den entscheidenden der Schlacht am Peipussee mobilisiert der Orden die Autorität des Papstes. Offensichtlich hat der Ritterorden seine Kräfte überdehnt, es gibt auch Friktionen mit anderen geistlichen Landesherren, so müssen dem Bischof von Kulm päpstlicherseits weitgehende geistliche Vollmachten eingeräumt werden (hier nicht mehr abgedruckt), um ihn zum „heiligen Predigtamt" in klassischer Kreuzzugsmanier zu veranlassen.

Q13 Die Samogiten waren noch im 14. Jahrhundert „Heiden" und wehrten sich in blutigen und wilden Aufständen gegen die gewaltsame Missionierung durch den Deutschen Orden, der seine Machtmittel weiterhin als „gerechte Gewalt" sieht und einsetzt, aber bald der ebenfalls christlichen polnisch-litauischen Klammer als nunmehriger Anachronismus unterliegen wird.

Zu den Fragen und Anregungen

1 Der Lokator übernahm im Auftrag eines Grundherrn die gesamte Organisation des Zuzugs neuer Siedler, deren Anwerbung im Heimatland, die Zusammenstellung der Trecks, vor Ort dann die Landzuteilung und den Landesausbau. Entschädigt wurde er mit Landbesitz sowie wirtschaftlichen und politischen Privilegien. Auf der Karte lässt sich die Lage des klösterlichen Grundherrn im Herrschaftsgebiet des Herzogs von Schlesien, des adligen Grundherrn im Königreich Polen lokalisieren. Die Neusiedler erhielten Sonderrechte bezüglich Abgaben, Fron und Steuerlast sowie in der Rechtssprechung. Sie leben unter deutschem Recht gemäß dem mittelalterlichen Grundsatz des Personenverbandsstaates: „das Recht haftet an den Knochen". Die Bildquellen zeigen Siedler, bzw. Gründer bei Bauarbeiten; in Q9 ist sogar das Kloster nach der Fertigstellung zusätzlich abgebildet. Während die Siedler bei der Gründung eines Dorfes mit einfachen Mitteln ihre Häuser errichten, werden beim Ausbau der Stadt und der Anlage des Klosters aufwendige Steinbauten errichtet; diese Arbeiten können nur von entsprechend ausgebildeten Handwerkern durchgeführt werden (vgl. auch die Erläuterungen zu Q1, Q4 und Q9). Die rechtliche Sonderstellung der Migranten als Fachleute für den Landesausbau konnten Neid und Missgunst auf Seiten der einheimischen slawischen Bevölkerung erwecken, die sich schlechter gestellt sah und auf die Einhaltung ihres angestammten Rechtes auch für die Neusiedler pochte. (Q7).

2 Der in den Kreuzfahrerstaaten entstandene Deutsche Orden verpflichtete die Kreuzritter zu mönchischem Leben, karitativer Tätigkeit und Missionierung der Heiden. So trägt der in Q1 abgebildete Ritter weder Rüstung noch Waffen, die Kampfszene in Q11 dagegen zeigt christliche Ritter und „Heiden" in einer Schlachtszene in für das Spätmittelalter typischer Ausrüstung und Bewaffnung. Der Hilferuf des polnischen Herzogs Konrad von Masowien ermöglichte es dem Orden, Heidenmissionierung und die Gründung eines eigenen Ordensstaates im Osten zu verbinden. Die Widersprüchlichkeit der Aufgaben eines Kreuzritters fand ihre logische Fortsetzung in der Widersprüchlichkeit von Bekehrung und Gewalt im Osten. Die Textquellen aus päpstlicher und heidnischer Sicht zeichnen auf beiden Seiten eine Emotionalisierung der Kreuzzüge mit Hilfe einer stereotypen Versatzstück-Argumentation. Die rhetorische Hochstilisierung verdeckt, dass Gewaltanwendung zum Selbstzweck werden kann.

Aufbruch in eine neue Zeit?

Einleitung

Noch in den Fünfziger- und Sechzigerjahren dominierte in den Schulen und an vielen Universitäten ein ganz bestimmtes Bild der Renaissance: Sie wurde als eine leuchtende Epoche ausgemalt, die auf das „finstere" Mittelalter folgte; herausragende Persönlichkeiten – vor allem in Italien – entdeckten ihre Individualität, bildeten sich umfassend, erforschten mit kritischem Geist die Welt und den Menschen und schufen mit unbestechlichem Blick glänzende Meisterwerke der Kunst, die der Natur und einem neuen Schönheitsideal verpflichtet waren. Der „moderne Mensch", so glaubte man, hatte das Licht der Welt erblickt und in relativ kurzer Zeit Unwissen, Aberglauben und Rückständigkeit des Mittelalters hinweggefegt. Dieses Geschichtsbild geht vor allem auf Jacob Burckhardts Epoche machendes Werk „Die Kultur der Renaissance in Italien" zurück, das erstmals 1860 erschienen ist. Ein großer Teil seiner Wirkung rührt sicherlich auch daher, dass das von Burckhardt skizzierte Bild dem Selbstverständnis der Gebildeten des 19. Jahrhunderts entsprach.

Dieses glänzende Gemälde eines Zeitalters des Aufbruchs und der überragenden Individuen ist in den letzten Jahrzehnten von immer mehr Historikern in Frage gestellt worden. Wissenschaftler wie der Engländer Peter Burke sprechen sogar von einem nachträglich konstruierten Mythos, welcher der geschichtlichen Wirklichkeit allenfalls in Teilbereichen gerecht wird. Die kritischen Forscher betonen dem gegenüber zunächst, dass nur eine hauchdünne Elite Träger der neuen Ideen war, an denen die große Bevölkerungsmehrheit keinen Anteil nahm. Zudem verweisen sie mit Nachdruck auf die Kontinuitäten, die zwischen Mittelalter und Renaissance zu erkennen sind. Viele Errungenschaften des 15. Jahrhunderts hätten sich bereits im Mittelalter angebahnt, schon vorher habe es geistige und kulturelle Erneuerungsbewegungen gegeben (z.B. zur Zeit Karls des Großen oder im 12. Jahrhundert). Das Mittelalter sei also gar nicht so finster gewesen, wie mancher Renaissanceschriftsteller es zum Zweck der Abgrenzung behauptet hatte. Außerdem blieben die meisten Renaissancemenschen in einzelnen Bereichen durchaus mittelalterlichen Idealen und Wertvorstellungen verpflichtet.

Markierte die Renaissance also keinen radikalen Bruch mit der Vergangenheit, so hatte das auch Konsequenzen für die Einschätzung ihrer Bedeutung für die Zukunft. Sie stellte – so glauben heute viele im Unterschied zu der traditionellen Sichtweise – auch nicht den grundlegenden Umbruch in die Moderne dar. Vielmehr existierten mittelalterliche Denk- und Verhaltensweisen – zumindest bei großen Teilen der Bevölkerung – noch bis ins 19. Jahrhundert hinein weiter.

Dieses Kapitel will dem gerade skizzierten ambivalenten Bild der Epoche Rechnung tragen. Nicht zufällig ist die Überschrift mit einem Fragezeichen versehen. In ihr verbirgt sich die leitende Fragestellung, die immer wieder in den Blick gerückt werden soll. Die zweifellos vorhandenen neuen Perspektiven der Epoche dürfen nicht zu einer Vision des allgemeinen Aufbruchs in die Moderne verklärt werden.

Inhalte und Schwerpunkte

Fachmethodisch handelt es sich bei diesem Kapitel um eine synchrone Untersuchung bzw. um einen historischen Querschnitt. Anders als bei dem häufig praktizierten genetisch-chronologischen Verfahren bestimmt hier weniger der Prozesscharakter der Geschichte das Vorgehen, vielmehr stehen die Kennzeichen und Strukturen eines bestimmten Zeitalters in seinen vielfältigen Dimensionen im Mittelpunkt. Das vorliegende Kapitel stellt allerdings in dieser Hinsicht nur einen Ausschnitt aus der Epoche dar; zur Erweiterung des Bilds gehören die beiden folgenden Kapitel „Europa erobert die Welt" und „Reformation – Glaubensspaltung – Glaubenskämpfe" zwingend hinzu. Erst wenn man alle drei Kapitel zusammennimmt, ist es möglich die Verflechtung und Interdependenz von gesellschaftlichen, geistigen, kulturellen, politischen und wirtschaftlichen Phänomenen herauszuarbeiten. Auf diese Weise kann man die Epoche aus unterschiedlichen Perspektiven beleuchten, ihre verschiedenen Dimensionen untersuchen und einer einseitigen Sichtweise vorbeugen. Außerdem sollte man bestimmte Themen des Mittelalters erneut aufgreifen, um Ähnlichkeiten und Unterschiede zur Renaissance deutlich zu machen (z.B. Leben auf dem Land, Ständegesellschaft, Stadtleben). Wichtig ist auch der Rückgriff auf bereits erarbeitete Methoden wie die Bildbetrachtung (S. 78 f.).

Neben der Multidimensionalität spielt bei der Betrachtung der Epoche der Renaissance ein weiteres wichtiges Begriffspaar eine Rolle, nämlich die Kategorien von Kontinuität und Diskontinuität in der Geschichte. Langfristige Strukturen und Entwicklungen finden sich hier neben deutlichen Brüchen und Veränderungen. Die Gleichzeitigkeit und Parallelität beider Phänomene muss man ständig im Auge behalten, will man das Zeitalter der Renaissance angemessen zur Kenntnis nehmen und beurteilen.

Im vorliegenden Abschnitt dominieren die geistigen und kulturellen Aspekte des Renaissancezeitalters, ergänzend kommen wirtschaftliche und gesellschaftliche Gesichtspunkte hinzu. Zunächst geht es dabei um das neue Menschenbild, das sich in Italien und später auch in anderen europäischen Zentren im Rückgriff auf die Antike herausbildete. Die Stichworte Renaissance und Humanismus, die meist die ganze Epoche kennzeichnen sollen, werden hier thematisiert und problematisiert. In den folgenden beiden Unterabschnitten wird dann aufgezeigt, wie sich dies neue Bild und Selbstverständnis des Menschen in seiner Haltung zur Natur und zur Welt auswirkten und in welcher Form sie in der Kunst ihren Ausdruck fanden.

In gewisser Weise einen Kontrapunkt dazu bildet der Abschnitt über den Frühkapitalismus („Regiert Geld die Welt?"), in dem ökonomische Aspekte im Vordergrund stehen. Der neue selbstbewusste Mensch legt auch neue Wirtschaftsweisen an den Tag. Hier sind Bezüge herzustellen zum Kapitel über die Kunst (reiche Kaufleute als Mäzene) und über die Reformation (z.B. Fugger und die Kaiserwahl).

Zusammenführen lassen sich die in den ersten Abschnitten herausgearbeiteten geistig-kulturellen Kennzeichen und das neue Wirtschaftsdenken bei der Behandlung des Buchdrucks. Dieser hatte einerseits eine eminente Bedeutung für die Ausbreitung des neuen Gedankenguts, andererseits unterlag die Buchproduktion schon damals ökonomischen Gesetzen, schon früh waren Druckereien lohnende Investitionen und stellten Bücher lukrative Handelswaren dar.

Die Schattenseiten der Zeit und die Weiterexistenz von Intoleranz und Aberglauben bis weit in die Phase der „aufgeklärten" Neuzeit hinein zeigen sich am Hexenwahn, der in dieser Epoche ausbrach und Tausende unschuldiger Menschen – vor allem Frauen – das Leben kostete. Diesem Phänomen ist der letzte Unterabschnitt dieses Kapitels gewidmet.

Auftaktdoppelseite 156/157

Die Auftaktdoppelseite soll die verschiedenen Facetten des Renaissancezeitalters aufzeigen und sie an einzelnen signifikanten Beispielen thematisieren.

Den Hintergrund bildet eine grob skizzierte Karte Mitteleuropas von der Nord- und Ostsee bis etwa zur Mitte Italiens. Damit soll deutlich gemacht werden, dass Renaissance und Humanismus gesamteuropäische Phänomene waren, die – von Italien ausgehend – bis in die fernsten Winkel Europas ausstrahlten. Dass hier die Namen einiger Städte genannt sind, soll zeigen, dass sich ihre geistigen und künstlerischen Manifestationen vor allem auf die jetzt immer mehr aufblühenden Städte konzentrierten.

Die einzelnen Elemente der Auftaktdoppelseite korrespondieren mit den folgenden Kapiteln. Stellvertretend für das neue Menschenbild (Kapitel 1) steht einmal die Marmorstatue des David von Michelangelo, zum andern das Bild von Erasmus in seiner Studierstube. Der neue Blick auf die Natur und den Kosmos (Kapitel 2) spiegelt sich in der Buchmalerei zum heliozentrischen Weltbild; die Zeichnung einer Schnellfeuerkanone verweist auf den am Anfang des Abschnitts in den Mittelpunkt gestellten Leonardo da Vinci. Zum dritten Kapitel über die Kunst gehört vor allem wieder das Standbild des David, aber auch die Porträts von Erasmus und Jakob Fugger kann man hinzuziehen. Dieser wiederum steht gleichzeitig für das vierte Kapitel „Regiert Geld die Welt?". Das Modell der Druckerpresse Gutenbergs repräsentiert das Thema Buchdruck (Kapitel 5). Und der Kupferstich von der Hexenverbrennung bezieht sich natürlich auf das letzte Kapitel.

Das in der Einleitung herausgestellte ambivalente Bild der Epoche zeigt sich exemplarisch auch auf der Auftaktdoppelseite. Zum einen findet man in den benachbarten niederländischen Städten Amsterdam und Rotterdam einerseits den herausragenden Humanisten und Pazifisten Erasmus von Rotterdam, andererseits eine im gleichen Zeitraum in Holland stattfindende Hexenverbrennung. Hier kann man besonders gut die „Gleichzeitigkeit des Ungleichzeitigen" aufzeigen. Voraussichtlich werden die Schülerinnen und Schüler mit Hilfe von entsprechenden Impulsen von selbst auf diese Diskrepanz aufmerksam werden.

Zum andern soll die Abbildung des Schnellfeuergeschützes von Leonardo auf die Problematik des Fortschritts hinweisen: Der allseits gebildete Mensch, der sich seines Verstandes bedient, nutzt seine Fähigkeiten nicht zwangsläufig zum Guten. Auch die Entwicklung von „Tötungsmaschinen"

kann Produkt des intellektuellen Forscherdrangs sein. Ein Hinweis auf die Atombombe und andere moderne Massenvernichtungsmittel und Waffensysteme liegt nahe.

Das Bild der Verbrennung einer angeblichen Hexe in den Niederlanden zeigt den Moment unmittelbar vor der öffentlichen Hinrichtung. Diese war – nach dem kirchlichen Ketzerprozess – eine Angelegenheit der weltlichen Instanzen. In der Regel wurden die Beschuldigten unmittelbar nach Verkündigung des Urteils in Begleitung von Bewaffneten auf den Richtplatz geführt. Dort wurden ihre unter der Folter erpressten „Verbrechen" laut verlesen – zur Warnung und zur schaudernden „Erbauung" der versammelten Volksmenge. Anschließend erfolgte die Verbrennung, wobei die Strafe bei „unbußfertigen Sündern" zuweilen durch vorheriges Zwicken mit glühenden Zangen verschärft wurde. Geständige und reuige Hexen wurden meist vor der Verbrennung erwürgt oder zum Tod durch das Schwert bzw. den Strang „begnadigt". Das Vermögen der Verurteilten wurde eingezogen. In Deutschland regelte die von Kaiser Karl V. 1532 erlassene „Peinliche Gerichtsordnung Kaiser Karls V. und des Heiligen Römischen Reichs" Prozessführung und Strafen. Diese setzte einer Reihe von Exzessen bei der Hexenverfolgung deutliche Grenzen.

Das Bild des Erasmus von Rotterdam ist Teil eines Doppelporträts von Erasmus und seinem Freund Peter Gilles, das der flämische Maler Quentin Metsys (1466–1530; oft auch in der Schreibweise Quinten Massys) für den mit beiden befreundeten englischen Humanisten Thomas Morus (1477–1535) im Jahre 1517 in Antwerpen angefertigt hat. Nach dem Empfang des Doppelbildes beschreibt es Morus: „Der berühmte Quentin Metsys hat Erasmus und Gilles gemalt. Neben Erasmus, der eben seine Paraphrase zum Römerbrief begonnen hat, erkennt der Betrachter seine Bücher, während Peter Gilles einen Brief des Morus in der Hand hält. Selbst dessen Handschrift hat der Maler nachgeahmt. Das Bildnis trägt die Aufschrift: ‚Ich stelle den Erasmus und den Gilles dar, berühmte Freunde, wie einst Castor und Pollux. Morus bedauert, dass sie voneinander getrennt sind, während sie ihm durch ihre Zuneigung doch so eng verbunden sind, wie man es nur mit sich selbst sein kann.'" (zit. nach: L. E. Halkin, Erasmus von Rotterdam, Zürich 1989, S. 57). Das Porträt von Peter Gilles befindet sich heute im Longford Castle, das des Erasmus im Schloss Hampton Court.

Am Modell einer Druckerpresse kann man die einzelnen Elemente von Gutenbergs Erfindung gut erkennen: die Halterung, in die der feuchte Papierbogen zum Druck eingespannt wird, die horizontale Auflage für die aus einzelnen Lettern gesetzte Seite, der Lederballen, mit dem der Bleisatz mit Druckerschwärze eingefärbt wird und schließlich die eigentliche Presse mit der Schraubspindel für den kräftigen Andruck.

Das Bild des Jakob Fugger ist von einem italienischen Meisters im Jahre 1538 nach dessen Tod gemalt worden und stellt den Großkaufmann und Bankier in idealisierter Form in einem pelzverbrämten Mantel dar, der seinen Reichtum zum Ausdruck bringen soll. Vor ihm liegen die Kennzeichen seines Berufs: Geschäftsbücher, Goldmünzen und ein Kästchen mit Münzgewichten. Am kleinen Finger der linken Hand hängt eine Waage, mit der Fugger die Münzen auf ihr richtiges Gewicht prüfen will. Zwischen

Daumen und Zeigefinger sieht man eine Muschel, als Pilgermuschel das Kennzeichen eines frommen Christen. Neben den Münzen liegt eine Lilie, das Symbol des bis heute bestehenden Geschlechts der „Fugger von der Lilie".

Der Entwurf einer Schnellfeuerkanone von Leonardo da Vinci stammt vermutlich aus dessen Zeit am Mailänder Hof; dort beschäftigte er sich neben anderen Dingen auch intensiv mit der Entwicklung und Verbesserung von Maschinen und Waffen. Dies geht aus zahlreichen Entwürfen und Zeichnungen hervor, die in verschiedenen Codices erhalten sind. U. a. untersuchte er die Ballistik der Flugbahnen von Geschossen, entwickelte einen Schnellfeuermechanismus für eine riesige Armbrust, entwarf Explosivgeschosse und verbesserte den Zündmechanismus von Luntenflinten. Die auf der Auftaktdoppelseite zu sehende berühmte Zeichnung aus dem Codex Atlanticus zeigt den Entwurf zu einer Schnellfeuerkanone, einem Vorläufer des erst in der zweiten Hälfte des 19. Jahrhunderts erfundenen Maschinengewehrs (die französische Mitrailleuse, das 1862 in den USA während des Bürgerkriegs patentierte Gatling-Gewehr). Auf einem drehbaren dreieckigen Gestell sind insgesamt 33 Büchsenrohre montiert, elf auf jeder Seite. Dadurch war eine raschere Schussfolge und eine breitere Streuung der Geschosse gewährleistet; die Räder zum Fahren des Geschützes sind nur durch einfache Kreise angedeutet.

Der kolorierte Kupferstich des heliozentrischen Weltbildes stammt aus Christoph Cellarius' Buch „Harmonia Macrocosmica" aus dem Jahre 1660. Er trägt den Titel „Scenographica systematica Copernicani". In der Mitte befindet sich die Sonne und bestrahlt entsprechend den vier Himmelsrichtungen die vier Hemisphären der Erde. Auf den Umlaufbahnen erkennt man neben der Erde von innen nach außen die damals bekannten Planten Merkur, Venus, Mars, Jupiter und Saturn. Das ganze System ist vom Ring der Tierkreiszeichen umgeben.

Der David des Michelangelo wurde 1504 vor dem Palast der Signoria in Florenz aufgestellt und gab somit dem stolzen Selbstbewusstsein der Stadt am Arno sinnfälligen Ausdruck. Michelangelo Buonarroti (1475–1564) stammte aus dem florentinischen Kleinadel und war als Bildhauer ein Schüler von Bertoldo di Giovanni (um 1420–1491), einem früheren Mitarbeiter von Donatello (1386–1466). Schon in jungen Jahren schuf er großartige Plastiken wie die Pietà, die sich jetzt im Petersdom befindet, und erwarb sich einen hervorragenden Ruf als Bildhauer. Sein vollendetes Können demonstrierte er Anfang des 16. Jahrhunderts in Florenz, wo er im Auftrag der Stadtregierung aus einem riesigen Marmorblock, an dem 40 Jahre zuvor der Bildhauer Agostino di Duccio (1413–1481) gescheitert war, die vier Meter hohe Statue des David herausmeißelte. Die nackte Figur offenbart genaueste Kenntnisse über die menschliche Anatomie und verwirklicht dabei das ästhetische Ideal der Antike. Gleichzeitig kommt in der Haltung und dem Gesichtsausdruck eine moderne vorwärtsstrebende Energie zum Ausdruck. So verkörpert Michelangelos „David" auf vollkommene Weise das humanistische Ideal des Einklangs von ästhetischer Schönheit und geistiger Dynamik. Bei den Zeitgenossen erregte die Skulptur Bewunderung und Begeisterung. Michelangelo selbst entsprach in hohem Maße den Vorstellungen des allseits gebildeten und fähigen Men-

schen, wie sie in der Renaissance formuliert worden sind. Er war in erster Linie Bildhauer, sicher genauso bedeutend war er als Maler (vor allem die Ausmalung der Sixtinischen Kapelle im Vatikan). Er schuf auch zahlreiche Zeichnungen zu klassischen und christlichen Themen. In späteren Jahren beschäftigte er sich mit der Architektur; u. a. war er 17 Jahre lang der leitende Architekt beim Bau des Petersdoms, den er maßgeblich mitgestaltete. Und nicht zuletzt war er einer der bedeutendsten Dichter seiner Zeit.

1. Der Mensch im Mittelpunkt

Konzeption

In diesem Kapitel werden zwei Themen in den Mittelpunkt gestellt, die das Zeitalter vor allem in geistesgeschichtlicher Hinsicht kennzeichnen:
- die Wiedergeburt der Antike und der Rückgriff auf die römische und griechische Tradition (Stichwort Renaissance) und
- die Entwicklung eines neuen Bildes vom Menschen (Stichwort Humanismus).

Der VT und die Materialien beleuchten diese beiden Aspekte aus unterschiedlichen Blickrichtungen. Im ersten Teil des VT werden zunächst gleichsam als Hintergrundfolie die Charakteristika des christlich-feudalen Menschenbilds in groben Umrissen skizziert, sodass die Veränderungen in der Renaissance deutlicher hervortreten können. Der zweite Abschnitt bildet eine Brücke zum folgenden; er erklärt die sozialen und ökonomischen Wurzeln des sich anbahnenden Wandels. Daran schließt sich im dritten Unterabschnitt das eigentliche kulturelle Phänomen der Epoche an, die Wiederentdeckung des antiken Erbes. Dieses wurde dann für die Formulierung einer neuen Vorstellung vom Menschen genutzt, die man mit den christlichen Vorstellungen in Einklang zu bringen versuchte.

Beide Aspekte werden auch im Materialteil aufgegriffen. In Q4 betont Rabelais ausdrücklich das Studium der antiken Autoren und formuliert implizit ein Bildungsprogramm für seinen Sohn, das den allseits gebildeten und weltoffenen Menschen zum Ziel hat. Pico della Mirandola erweitert dieses Menschenbild in seinem bekannten Text (Q5) ins Grundsätzliche und weist dem Menschen eine herausragende Stellung zwischen Gott und der übrigen Schöpfung zu.

Auch die Bildquellen sollen der Vertiefung dieser Vorstellungen dienen: die Laokoon-Gruppe demonstriert die Wiederentdeckung antiker Kunst und deren Bedeutung für die Künstler der Renaissance; der berühmte Ausschnitt aus Michelangelos Deckengemälde in der Sixtinischen Kapelle signalisiert vor allem die besondere Stellung des Menschen; Leonardos Proportionsstudie thematisiert den Menschen im Rahmen einer übergreifenden und wohl proportionierten Ordnung mit eigenen ästhetischen Qualitäten.

Aspekte der Unterrichtsgestaltung

Wegen der starken optischen Wirkung bietet es sich in diesem Kapitel methodisch an, von den drei Abbildungen auszugehen. In einer interessierten Klasse müsste es möglich sein, die eben genannten in den Bildern zu Tage tretenden Gesichtspunkte im Unterrichtsgespräch herauszuarbeiten und an der Tafel festzuhalten. Daran anschließend kann man möglicherweise vorhandene Kenntnisse der Schülerinnen und Schüler über den „mittelalterlichen Menschen" reaktivieren. Je nach Kenntnisstand kann dann der erste Absatz des Darstellungstextes als vertiefende Ergänzung oder als grundlegende Information dienen; im zweiten Fall sind aber noch weiter gehende Erläuterungen nötig.

Mit Hilfe der weiteren Lektüre und Auswertung des Darstellungstextes können dann die eingangs festgehaltenen Erkenntnisse vertieft und in ihren historischen Zusammenhang eingeordnet werden. Wichtig ist hier auch, die sozialen und ökonomischen Hintergründe dieser Entwicklungen klar zu machen. Dabei kann man unter Umständen bereits jetzt auf den ersten Abschnitt des Kapitels „Regiert Geld die Welt?" (S. 170) eingehen, in dem die spätmittelalterlichen Handelswege und Messen angesprochen werden.

Nach diesen Vorarbeiten müssten die Schülerinnen und Schüler in der Lage sein, die beiden Quellentexte Q4 und Q5 mit Hilfe der Arbeitsaufträge selbständig auszuwerten. Das kann entweder als Hausaufgabe oder als Stillarbeit geschehen. Da vor allem der zweite Text von Pico della Mirandola ziemlich anspruchsvoll ist, erscheint es sinnvoll, die Textarbeit erst nach der Erarbeitung der grundlegenden Kenntnisse über das Wesen von Renaissance und Humanismus vorzunehmen. Zur abschließenden Ergebnissicherung und zur Wiederholung werden die für diesen Abschnitt zentralen Begriffe Renaissance und Humanismus noch einmal als historische Grundbegriffe knapp zusammengefasst.

Zusatzinformationen zum Verfassertext

Der Abschnitt „Ein neuer Geist aus Italien" bezieht sich auf die vor allem durch den Handel reich und selbstbewusst gewordenen italienischen Städte. Bis zur Entdeckung des Seewegs nach Indien war das Mittelmeer eine stark frequentierte Handelsstraße, welche die Länder des Orients zunächst mit den norditalienischen, katalanischen und südfranzösischen Küstenstädten verband. In Italien profitierten davon in erster Linie Venedig und Genua, die eine herausragende Rolle im Handels- und Schiffsverkehr spielten und auch umfangreichen territorialen Besitz in der Levante unter ihre Kontrolle bringen konnten. Seit dem 15. Jahrhundert kam Florenz hinzu, das mit Mailand auch ein wichtiges gewerbliches Zentrum bildete (u. a. Tuchproduktion). In erster Linie waren es aber venezianische und Genueser Handelsflotten, die Waren des Orients später auch durch die Meerenge von Gibraltar nach Flandern, England und Nordfrankreich lieferten und so den Warenverkehr West- und Mitteleuropas mit dem Osten monopolisierten. Dabei standen Genua und Venedig untereinander in heftiger Konkurrenz, die seit dem 13. Jahrhundert immer wieder in langwierigen bewaffneten Auseinandersetzungen eskalierte.

Im Laufe des Mittelalters hatten sich aus diesen Handelsmetropolen und zahlreichen anderen Städten in Nord- und Mittelitalien wegen des Fehlens einer starken Zentralgewalt eine Reihe von mehr oder weniger mächtigen und unabhängigen Stadtstaaten herausgebildet. Diese wurden meist von den reichen Kaufleuten und Bankiers selbst regiert und besaßen eine republikanische Verfassung. Einzelne Städte wie z. B. Mailand standen dagegen unter der Herrschaft von Adelsgeschlechtern. Die bedeutendsten Stadtstaaten Venedig, Mailand, Florenz und Genua entwickelten sich mit wachsendem wirtschaftlichem Wohlstand zu geistigen und kulturellen Zentren und bildeten zusammen mit dem Kirchenstaat eine Art „Pentarchie", deren Mit- und Gegeneinander das politische Geschick Italiens in dieser Zeit bestimmte.

Unser Wissen von der Antike fußt zu erheblichen teilen auf antiken Schriften. Diese gelangten auf unterschiedlichen Wegen in die Hand der humanistischen Gelehrten. Das klassische Erbe war auch von gebildeten Muslimen bewahrt worden und erreichte über Spanien die Studierstuben der Humanisten; nach dem Fall Konstantinopels 1453 brachten viele oströmische Flüchtlinge ihre Textsammlungen mit ins Abendland. Außerdem lagerten viele Texte unbekannt in den europäischen Klosterbibliotheken und harrten ihrer Entdeckung.

Zusatzinformationen zu den Materialien

Q1 In der um 1490 entstandenen Proportionsstudie will Leonardo da Vinci die Maße und Größenverhältnisse eines ideal gebauten Menschen zum Ausdruck bringen. Zu diesem Zweck setzt er die menschliche Gestalt in direkte Beziehung zu den geometrischen Idealformen von Quadrat und Kreis. Im einzelnen entsprechen die Arme des

Tafelbild

Wandel des Menschenbilds	
Mittelalterlicher Mensch ——→ Rückgriff auf die Antike ——→ Mensch der Renaissance	
Lebt in gottgewollter Ordnung	Kann seinen Platz in der Welt selbst bestimmen
Lebt in unterschiedlichen Ständen mit unterschiedlichen Rechten und Pflichten	Sein Platz in der Gesellschaft hängt von ihm selbst, seinen Fähigkeiten und Leistungen ab
Das Schicksal wird vom göttlichen Willen bestimmt	Der Mensch gestaltet sein Schicksal selbst
Geringschätzung des Diesseits, Hochschätzung des Jenseits	Wertschätzung der Welt, die er bewundert und erforscht
Als Sünder hängt der Mensch von der Kirche und der göttlichen Gnade ab	Der Mensch ist für sein Ergehen selbst verantwortlich

Menschen in der Breite dessen Größe. Einzelne Körperproportionen sind auf die Größe des Kopfes bezogen: Die Gesamtlänge des Idealmenschen beträgt 6 1/2 Köpfe. Die Breite der Brust beträgt zwei Köpfe und die der Schultern drei Köpfe. Der Bauchnabel bildet den Mittelpunkt eines Kreises, der exakt die Finger- und Fußspitzen berührt. Im Mittelpunkt des Quadrates befinden sich die Genitalien.

Der die Zeichnung im Original umgebende Begleittext zitiert den römischen Architekturtheoretiker Vitruv, der im ersten vorchristlichen Jahrhundert nicht nur ein bedeutendes 10-bändiges Werk „De Architectura", sondern auch Schriften über den ideal konstruierten Menschen verfasst hatte. Vitruvs Werk beeinflusste zahlreiche Renaissancearchitekten, u. a. Michelangelo und Bramante.

Q2 Die Abbildung ist ein Teil des Deckenfreskos der Sixtinischen Kapelle, das Michelangelo zwischen 1508 und 1512 gemalt hat. Die Kapelle war von Papst Sixtus IV. (1414–1484) in Auftrag gegeben worden und bildete die Hauptkapelle des Vatikanpalasts. Sie wurde für wichtige Zeremonien und zum Konklave bei der Wahl eines neuen Papstes genutzt. Michelangelo malte deren Decke im Auftrag von Papst Julius II. (1443–1513) mit Szenen vornehmlich aus dem Alten Testament aus: von der Entstehung der Welt und der Erschaffung des Menschen und von den alten Propheten. Außerdem finden sich Darstellungen von vorchristlichen Sibyllen. Die Gesamtfläche der Decke beträgt ca. 520 Quadratmeter und diese enthält 105 meist überlebensgroße Figuren, die in raffinierter „Trompe l'œil"-Technik und gewagter Perspektive dargestellt sind. Michelangelo arbeitete jahrelang auf einem Gerüst in Rückenlage und nahm nur die Hilfe der Farbmischer in Anspruch. Die Deckenfresken begründeten Michelangelos Ruf als herausragender Künstler seiner Zeit.

Die „Erschaffung Adams" malte Michelangelo wohl um 1511. Gott und Mensch erscheinen als fast gleichberechtigte Partner. Über die Fingerspitzen springt gleichsam der göttliche Funke auf den Menschen über. Die kleine Distanz, welche die beiden Finger trennt, symbolisiert den relativ geringen Abstand zwischen den Menschen und Gott. Mit diesem Werk apostrophiert der Künstler die besondere Stellung des Menschen, wie sie auch Pico della Mirandola (Q5) formuliert.

Q3 Die berühmte Marmorgruppe wurde nach der Überlieferung im 1. Jahrhundert v. Chr. von den drei rhodesischen Bildhauern Agesander, Athenodoros und Polydoros geschaffen. Titus ließ die Plastik in der zweiten Hälfte des ersten nachchristlichen Jahrhundert nach Rom bringen, wo sie von Plinius in seiner Naturgeschichte hoch gepriesen wurde. Erst 1506 wurde sie wiederentdeckt, als sich vor dem Weinbauern Francesco de Freddi bei seiner Arbeit in der Nähe der Kirche Santa Maria Maggiore unter dem plötzlich nachgebenden Boden ein unterirdisches Gewölbe auftat, in dem eine Marmorskulptur ans Licht kam. Der Finder informierte Papst Julius II., einen großen Kunstliebhaber und Sammler antiker Kunstwerke, von seiner Entdeckung. Der Architekt Giuliano da Sangallo und Michelangelo, der sich zu dieser Zeit in da Sangallos Haus aufhielt, untersuchten die Fundstelle und waren begeistert. Schon bald wurde die Skulptur in den Vatikan gebracht, der Papst kaufte die Figurengruppe und ließ sie in seinem Palast aufstellen.

Unter Kunsthistorikern ist umstritten, ob die Marmorgruppe tatsächlich von den drei rhodesischen Bildhauern stammt und ob sie mit der von Plinius beschriebenen Plastik übereinstimmt, da sie aus mehreren Teilen zusammengesetzt ist. Jedenfalls ist sie seit ihrer Wiederentdeckung von Malern und Bildhauern immer wieder kopiert worden und hat berühmte Schriftsteller wie Goethe und Lessing und Kunsthistoriker wie Winckelmann und Burckhardt stark beeindruckt.

Q4 François Rabelais wurde als Sohn eines Anwalts geboren und trat in ein Franziskanerkloster ein. 1530 verließ er das Kloster, um in Paris und Montpellier Medizin zu studieren. 1532 trat er eine Stelle als Spitalarzt in Lyon an. Dort begann er seine schriftstellerische Tätigkeit. Das heute unter dem Namen „Gargantua und Pantagruel" bekannte Werk erschien ab 1532 in mehreren Etappen im Verlauf von 20 Jahren und stellt aus diesem Grund auch keine literarische Einheit dar. In satirischer Form kritisiert der Autor als überzeugter Humanist religiöse Askese und Heuchelei und offenbart eine diesseits gewandte Vorstellung von der Welt und dem Lebens. In humorvoller Weise zeichnet er ein plastisches Bild der französischen Gesellschaft seiner Zeit. Rabelais' Werk wurde von der Sorbonne und dem Parlament von Paris zwar als ketzerisch verurteilt, trotzdem gewann es viele Leser und beeinflusste manchen französischen Schriftsteller nach ihm.

Q5 Pico della Mirandola entstammte einer italienischen Adelsfamilie und kam während seiner Studien in Florenz, Padua und Paris mit humanistischem Gedankengut in Berührung. Pico beherrschte Griechisch, Hebräisch und Arabisch und entwickelte philosophische Vorstellungen, die ihn mit der Kirche in Konflikt brachten. 1489 fand er Zuflucht bei Lorenzo di Medici in Florenz, wo er auch 1494 starb. Gegen Ende seines Lebens wurde Pico Anhänger Savonarolas. In seinem bedeutendsten Werk, der *Oratio*, formulierte er seine Vorstellung vom Menschen als einem herausragenden Wesen, das aus eigener Kraft die Vollkommenheit erreichen kann.

Zu den Fragen und Anregungen

1 Diese Aufgabe dient der Wiederholung und Festigung des Gelernten, kann aber auch als Hausaufgabe zur Vorbereitung eingesetzt werden. Wichtig ist, dass der Mensch zwar wie im Mittelalter als Gottes Geschöpf angesehen wird, das jedoch mit Freiheit und Unabhängigkeit ausgestattet ist. Er verfügt als einziges Geschöpf über die Vernunft, mit Hilfe derer er als Herr der Schöpfung diese untersucht und erforscht. Insofern sind dem Menschen von Gott grundsätzlich keine Schranken gesetzt, er kann sein Schicksal selbst gestalten.

Hier zeigt sich eine durchaus moderne Vorstellung vom Menschen, die sich von der heutigen allenfalls dadurch unterscheidet, dass heute der Mensch von vielen nicht mehr als Gottes Geschöpf angesehen wird, sondern als herausgehobenes Glied in der Evolution. Es bietet sich angesichts der heutigen Möglichkeiten in der Biotechnologie und der Konstruktion von Vernichtungswaffen an, in der Klasse über mögliche ethische Grenzen des Menschen und seines Forscherdrangs zu diskutieren.

2 Gargantuas Bildungsprogramm ist umfassend angelegt und hat sowohl sprachlich-literarische als auch geographische, historische und naturkundliche Elemente zum Inhalt. Rabelais bezieht sich dabei auf die „Sieben freien Künste" (Zeile 11 ff.), die das Studium an den damaligen Universitäten bestimmten: Zunächst absolvierten die Studenten das sogenannte „Trivium", bestehend aus Grammatik, Dialektik und Rhetorik, anschließend kam das „Quadrivium" mit Arithmetik, Geometrie, Astronomie und Musik. Rabelais weitet dieses Programm zu einem umfassenden Bildungskanon aus, der den allseits gebildeten humanistischen Menschen zum Ziel hat: Nur durch eine gründliche und vielfältige Bildung kann der Mensch sein eigenes Wesen verwirklichen. Der Bezug zum in der ersten Aufgabe skizzierten Menschenbild liegt auf der Hand.

3 Leonardo entwirft den Menschen als ein ästhetisches und geometrisches Idealbild, das die grundsätzliche Vollkommenheit des Menschen versinnbildlichen soll. Michelangelo zeigt ihn als nur geringfügig niedriger gestellten Partner Gottes, auf den der göttliche Geist übergeht. So zeigt sich, dass das neue Bild vom Menschen sowohl in der Literatur als auch in der Kunst erkennbar wird.

2. Ein neues Bild der Natur und des Kosmos

Konzeption

Dieses Kapitel verdeutlicht und charakterisiert an zwei Beispielen das im ersten Teil herausgearbeitete neue Menschenbild. Dabei geht es inhaltlich um zwei Punkte:
– Mit Leonardo und Kopernikus werden zwei Vertreter des sogenannten Renaissancemenschen vorgestellt, die in unterschiedlicher Weise den Geist der Zeit und die damaligen Vorstellungen vom Menschen repräsentieren.
– Der in der Renaissance zu Tage tretende Erkenntnis- und Wissensdrang richtet sich auf den Menschen, die ihn umgebende Natur und den gesamten Kosmos.

Der Materialteil konzentriert sich schwerpunktmäßig auf das von Kopernikus entwickelte neue Weltbild (Q3–Q9); die Erforschung des Menschen und der Natur (D1, Q1, Q2 und Q10) tritt dem gegenüber etwas zurück.

Der VT geht von Leonardo als einem Modell der damals von den Humanisten propagierten allseits interessierten und der Vernunft verpflichteten Gestalt des „Uomo universale" aus. Er war nicht nur Künstler, sondern auch Naturforscher und Ingenieur. Am Beispiel des Vogelflugs lässt sich dieser Aspekt hervorragend verdeutlichen. Leonardo beobachtet aufs Genaueste die Flugbewegungen der Vögel und untersucht den Aufbau der Flügel (Forscher). Er skizziert die Ergebnisse seiner Studien in seinem Arbeitsbuch (Künstler); anschließend konstruiert er einen Flugapparat (Ingenieur). Leonardos Schulterstudien (Q10) repräsentieren sein auf den Menschen gerichtetes Forschungsinteresse und seine künstlerischen Fähigkeiten und Absichten: Er wollte möglichst naturgetreu malen (vgl. zweiter Abschnitt des VT S. 161).

Im zweiten Teil des VT wird erneut gezeigt, welche Rolle die Antike für die Veränderungen in der Renaissance gespielt hat. Kopernikus bezieht sich bei seinen Forschungen neben den eigenen Beobachtungen ausdrücklich auch auf klassische Gelehrte. Ein weiteres wichtiges Thema ist hier die Reaktion auf Kopernikus' Erkenntnisse: Die Kirche verurteilt sie (Ketzerprozess gegen Galilei), da sie der Bibel und dem gesunden Menschenverstand widersprechen. Dabei befand sie sich im Einklang mit den meisten Menschen. Es bietet sich an, hier auf das Problem von Kontinuität und Diskontinuität hinzuweisen: Die sogenannte kopernikanische Revolution fand zunächst nur in den Köpfen einiger weniger statt, die meisten Menschen und die maßgeblichen kirchlichen Instanzen hielten weiterhin an den alten Überzeugungen fest. Ein weiterer möglicher Aspekt der Vertiefung ist das Problem der Diskrepanz von Glauben und Wissen.

Wegen der Bedeutung des Themas ist der Materialteil etwas umfangreicher angelegt. Aus Q5 und Q6 kann man die Ansätze einer neuzeitlichen naturwissenschaftlichen Vorgehensweise erarbeiten: Hypothesenbildung, empirische Wahrnehmung und Überprüfung, logische Schlussfolgerungen, Formulierung neuer Erkenntnisse. Die Bildelemente Q3, Q4 und Q7 illustrieren und vertiefen die Aussagen des VT. Q8 und Q9 hingegen fassen die Reaktion der Zeitgenossen bzw. der Nachwelt auf Kopernikus' Thesen und deren Untermauerung durch Galilei ins Auge.

Aspekte der Unterrichtsgestaltung

Zum Einstieg bietet es sich an, auf das vorhergehende Kapitel Bezug zu nehmen und das dort erarbeitete neue Bild vom Menschen noch einmal aufzugreifen. Der Lehrer kann dann zur Überleitung darauf hinweisen, dass im folgenden Kapitel zwei Personen im Mittelpunkt stehen, die in ihrem Leben diese Vorstellung vom Menschen mehr oder weniger stark verwirklicht haben, und die beiden Namen Leonardo da Vinci und Nikolaus Kopernikus als Impuls an die Tafel schreiben. Im Unterrichtsgespräch sollte man dann erst einmal sammeln, was die Schülerinnen und Schüler über Leonardo und Kopernikus bereits wissen. Wahrscheinlich wissen sie von Leonardo nur, dass er Maler war. Über die Lektüre des VT und die Betrachtung der Bilder können die Schülerinnen und Schüler dann erkennen, dass seine Interessen und Fähigkeiten weitaus vielseitiger und umfassender waren. Abschließend sollte man die verschiedenen Aspekte von Leonardos Tätigkeiten und Fähigkeiten an der Tafel festhalten: Beobachter, Forscher, Zeichner/Künstler, Konstrukteur/Ingenieur. Zur Ergänzung kann man hier die Abbildung Q10 hinzuziehen und die Schüler erörtern lassen, welchem Zweck wohl diese Zeichnungen dienen sollten.

Auch von Kopernikus werden die Schülerinnen und Schüler schon gehört haben und sie werden auch das heliozentrische Weltbild kennen. In einem ersten Unterrichtsgespräch könnte man das inzwischen fest etablierte Wissen zur Gedankenanregung einmal in Frage stellen: Straft die Vorstellung einer bewegten Erde nicht den Augenschein Lügen? Woher weiß man, dass sich die Erde um die Sonne dreht? Wieso fällt ein Stein an derselben Stelle zu Boden, an der man ihn in die Luft geworfen hat, wenn die Erde sich doch rasend schnell dreht? Durch ein genaues Nachdenken über diese und ähnliche Fragen kann verhindert werden, dass die „alten" Naturforscher wie Ptolemäus vorschnell als töricht angesehen werden. Am deutlichsten werden die Unterschiede zwischen den beiden Weltbildern bei der Betrachtung der beiden Abbildungen Q4 und Q7. Bellarmins Einwände (Q8) erscheinen auf diesem Hintergrund nicht mehr ganz so abwegig, entsprachen sie doch der sinnlichen Wahrnehmung und dem gesunden Menschenverstand. Wichtig sind bei ihm aber vor allem die theologischen, auf dem Wortlaut der Bibel fußenden Gegenargumente. Hier kommen ganz klar starke Diskrepanzen zwischen christlichem Glauben und Naturwissenschaft zum Vorschein, die bis heute nicht ausgeräumt sind. Auch über dieses Problem lässt sich sicherlich eine fruchtbare Diskussion mit den Schülerinnen und Schüler führen.

Das methodische Vorgehen des Kopernikus und des Galilei steht im Zentrum der beiden Textquellen Q5 und Q6. Dabei sollte darauf verwiesen werden, dass Galileis Beobachtungen und die daraus gewonnenen Erkenntnisse ohne die Erfindung des Fernrohrs gar nicht möglich gewesen wären. Auch dies kann zur Ehrenrettung der vorkopernikanischen Astronomen dienen.

Zusatzinformationen zum Verfassertext

Entgegen landläufiger Auffassung war das Sezieren von Leichen, wie es auch Leonardo vornahm, im Mittelalter nicht grundsätzlich verpönt. Zwar stand die Kirche dieser Praxis sehr skeptisch gegenüber oder verbot sie zum Teil sogar, da der menschliche Körper nicht zerstört und dadurch entweiht werden dürfe, um unversehrt auf die Auferstehung von den Toten zu warten. Doch über jüdische und muslimische Ärzte fand das anatomische Wissen der Antike auch im christlichen Abendland Eingang. An der 1030 gegründeten Medizinschule von Salerno lehrten und praktizierten jüdische und christliche Ärzte neben-

einander. Und ab dem 13. Jahrhundert wurde Anatomie auch an den neuen Universitäten von Bologna, Padua und Montpellier unterrichtet. Bereits 1316 veröffentlichte der berühmteste mittelalterliche Anatom Luigi Mondino (um 1275–1326) in Bologna sein grundlegendes Werk „Anatomia", das für lange Zeit die Basis des medizinisch-anatomischen Unterrichts war. Hier betonte er auch die Bedeutung der Sektion von Leichen, fand aber damals zunächst vor allem nördlich der Alpen kaum Anklang. Erst Anfang des 15. Jahrhunderts fand dort in Wien die erste Sektion eines menschlichen Körpers statt.

Die mittelalterliche Anatomie unterlag jedoch insgesamt zwei fundamentalen Einschränkungen: Zum einen waren die Mediziner davon überzeugt, die anatomische Struktur der Tiere lasse sich auch auf den Menschen übertragen. So diente z. B. ein aus dem 11. Jahrhundert stammendes Lehrbuch der Anatomie der Schweine lange Zeit als Grundlage der allgemeinen Anatomie. Zum anderen gehorchte die mittelalterliche Anatomie nicht der unbefangenen empirischen Wahrnehmung, sondern orientierte sich an den anatomischen Erkenntnissen des griechischen Arztes Galen aus dem zweiten nachchristlichen Jahrhundert. So kam es, dass der Anatomieprofessor oben auf dem Katheder stand und aus den Büchern des Galen vortrug, während gleichzeitig seine Gehilfen zur Demonstration des Gesagten auf die geöffneten Leichen von hingerichteten Verbrechern wiesen – ohne Rücksicht auf den tatsächlichen Sachverhalt.

Erst in der Renaissance erwachte bei Künstlern und Ärzten echtes anatomisches Interesse. Leonardo hinterließ über 100 Hefte mit anatomischen Skizzen und Studien; Bildhauer und Maler wie Michelangelo und Albrecht Dürer trieben genaue anatomische Studien. Zum Begründer der modernen Anatomie wurde der Flame Andreas Vesalius (1514–1564), der 1537 den Lehrstuhl für Anatomie in Padua einnahm. In ganz Europa berühmt machte ihn sein Hauptwerk „De humani corporis fabrica" von 1543, in dem er den Aufbau des menschlichen Körpers genau be-

Tafelbilder

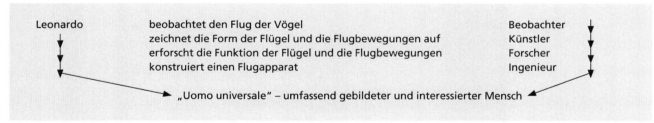

Vorgehensweise des Kopernikus

- Sammlung der Beobachtungen und Erkenntnisse früherer Astronomen
- Zusammenstellung eigener Beobachtungen und Schlussfolgerungen daraus
- Vergleich der eigenen Forschungsergebnisse mit den früheren Erkenntnissen
- Feststellung, dass die alten Erkenntnisse nicht mit den eigenen Beobachtungen und den astronomischen Gesetzen übereinstimmen
- Aufstellung neuer Hypothesen
- Überprüfung des Wahrheitsgehalts der neuen Hypothesen mit Hilfe der Mathematik
- Aufstellung neuer astronomischer Gesetze

schrieb und die anatomische Terminologie festlegte. Später wurde er Leibarzt Kaiser Karls V.

Das für lange Zeit gültige Weltbild des Aristoteles ging von folgendem Aufbau des Kosmos aus: Aristoteles unterteilte die Welt in zwei grundlegend verschiedene Bereiche, die durch die Sphäre des Mondes getrennt werden, den irdischen, sublunaren und den himmlischen Bereich. Die Erde ist der Bereich des Veränderlichen, in dem die vier Elemente ihren natürlichen Bewegungen folgen: die schweren Elemente Wasser und Erde streben nach unten zum Erdmittelpunkt und die leichten Feuer und Luft nach oben zu den Sphären. Oberhalb der Mondsphäre herrschte für Aristoteles göttliche Vollkommenheit und Unveränderlichkeit. Dort stellte er sich eine Art fünftes Element von durchsichtiger und schwereloser Beschaffenheit vor, die „quinta essentia", die Quintessenz. In diesem göttlichen Bereich gab es zwar auch Bewegungen, aber nicht die irdischen Auf- und Abbewegungen, sondern göttlich vollkommene kreisförmige Bahnen, die sich daher grundlegend von den sublunaren Bewegungen unterschieden. Den Aufbau des gesamten Kosmos stellte sich Aristoteles dementsprechend so vor, dass die im Mittelpunkt stehende Erde von konzentrischen, durchsichtigen und festen Schalen (Sphären) umgeben ist, an denen sich die Planeten und die Fixsterne in vollkommenen Kreisen bewegen. Ein alles umfassender göttlicher erster Beweger hielt dieses ganze Räderwerk in Gang.

Ptolemäus baute in seinem richtungsweisenden astronomischen Werk, dem sogenannten „Almagest", auf den Vorstellungen des Aristoteles auf und modifizierte diese, indem er die genauen Beobachtungen der Fixsterne des griechischen Astronomen Hipparchos aus dem zweiten vorchristlichen Jahrhundert in sein Modell mit einbezog. Dabei ging es ihm nicht darum, die wirklichen Planetenbahnen zu bestimmen, sondern ein mathematisch-geometrisches Modell zu erstellen, das die Stellung der Planeten vor dem Fixsternhimmel zu erklären vermochte. Da die beobachteten Planetenbahnen nicht exakt kreisförmig verliefen und die Geschwindigkeiten der Gestirne unregelmäßig waren, er aber an der konstanten Kreisbewegung der Gestirne festhielt, musste Ptolemäus ein kompliziertes System von Exzentern, Epizykeln und Äquanten ersinnen, um die beobachteten Phänomene im Rahmen der aristotelischen kosmologischen Vorstellungen zu erklären. Besonders die Äquanten waren es, die später Kopernikus aus ästhetischen Gründen störten und die ihn dazu bewogen eine völlig neue Rechenmethode zu suchen.

Der Widerspruch zwischen der Vorstellung einer sich rasend schnell drehenden Erde (im Bereich des Mittelmeers ca. 300 Meter pro Sekunde) und den alltäglichen Erfahrungen (Flug der Vögel oder Geschossen, Fahrtwind, fallende Steine u. ä.) konnte erst durch Galileo Galilei gelöst werden, indem er den Begriff der Trägheit in die Bewegungslehre einführte. Danach benötigte ein bewegter Körper keine ständig auf ihn einwirkende bewegende Kraft, wie noch Aristoteles und alle Wissenschaftler nach ihm geglaubt hatten, sondern blieb, einmal in Gang gesetzt und ohne auf ihn einwirkende Kräfte oder Widerstände, ständig in einer gleichförmigen geraden oder kreisförmigen Bewegung. Darum konnte man auf einer rotierenden Erde als Bewohner dieser Erde nichts davon merken; und ein

ständig auf das kosmische Räderwerk einwirkender Gott wurde unnötig.

Zusatzinformationen zu den Materialien

D1 und **Q1** Leonardo hat als Grundlage für seine Entwürfe von Flugmaschinen Flugmechanik, Luftwiderstand, Wind und Strömungsverhältnisse bei Vögeln genau untersucht und etwa um 1505 in seinem „Codex über den Vogelflug" festgehalten. Darin heißt es u. a.: „Ein Vogel ist ein Instrument, das nach mathematischen Gesetzen arbeitet. Es liegt in der Macht des Menschen, dieses Instrument mit all seinen Bewegungen herzustellen. Wenn du einmal das Fliegen empfunden hast, wirst du für immer auf der Erde wandeln mit deinen Augen himmelwärts gerichtet, denn dort bist du gewesen und dort wird es dich immer wieder hinziehen."

Zur Analyse der Flugmechanik studierte Leonardo zunächst die Struktur der Flügel; im Codex Antlanticus in Mailand findet sich eine einem Fledermausflügel nachempfundene Konstruktionszeichnung, die einen hölzernen Rahmen, Spanten aus Rohr und eine Stoffbespannung vorsieht. Außerdem widmete er sich intensiv den Gelenkverbindungen zwischen Schwinge und Körper. Auf der Basis dieser Studien entwarf er u. a. den im Buch abgebildeten Hängegleiter mit starren Innenflügeln und mit Hilfe von Handgriffen und Steuerleinen zum Manövrieren verstellbaren Außenflügeln. Die Balance sollte der Pilot durch seine Körperhaltung einhalten können. Weiter entwarf Leonardo ein Flugboot und einen Fallschirm.

Q2 Im Gefolge von Leonardo versuchte sich in den folgenden Jahrhunderten eine Reihe von wagemutigen Pionieren am Bau eines flugfähigen Apparats. Erst der im Jahre 1848 in Anklam geborene Maschinenbauingenieur Otto Lilienthal unternahm erstmals Gleitversuche und verband seine praktischen Experimente mit theoretischen Erkenntnissen. In seinem Buch „Der Vogelflug als Grundlage der Fliegkunst" von 1889 fasste er seine Forschungen und Erfahrungen zusammen. Im Laufe der folgenden Jahre entwarf und baute er verschiedene Flugapparate und erreichte eine größte Flugweite von 250 Metern. Das Foto zeigt einen Flug mit dem von Lilienthal entworfenen „Normalsegelapparat". Das Gerät hatte eine Spannweite von ca. 7 Metern, eine Flügelfläche von rund 13 qm, eine Länge von etwa 5 m und wog ungefähr 20 kg. Bei einem Flugversuch mit diesem Apparat stürzte Lilienthal im August 1896 in den Rhinower Bergen ab und erlag kurz darauf seinen Verletzungen.

D3 Das erste Fernrohr wurde wahrscheinlich von dem Holländer Johann Lippershey aus Middelburg im Jahre 1608 konstruiert. Es bestand aus zwei Linsen, die an den Enden eines etwa 4 cm dicken Metallrohrs befestigt waren. In kurzer Zeit verbreitete sich die Erfindung in ganz Europa. Schon 1609 baute Galilei sie in Padua nach und verbesserte diese so weit, dass sein Fernrohr zu dreißigfacher Vergrößerung in der Lage war. Mit diesem Hilfsmittel entdeckte der Forscher die Berge und Täler auf dem Mond, die Jupitermonde und zahlreiche neue Sterne. Er veröffentlichte seine Entdeckungen in der Schrift „Sidereus nuncius" („Sternenbote"), die ihn in ganz Europa berühmt machte. Seine Beobachtungen widerlegten die Behauptungen der aristotelischen und ptolemäischen Astronomie und überzeugten ihn von der Richtigkeit des kopernikanischen Systems.

Q4 Die Abbildung zeigt eine vereinfachte Version des ptolemäischen Modells des Kosmos (zu den Einzelheiten vgl. die Zusatzinformationen zum VT). Eine Atlas-Gestalt trägt das gesamte Himmelsgewölbe. Im Innern erkennt man die Erde, die zunächst vom Bereich der Luft und dann von zehn „kristallinen Firmamenten" bzw. festen Sphären umgeben ist. Ganz außen ist der Bereich des Fixsternhimmels und der Sitz des „primum mobile", des ersten Bewegers.

Q5 Vgl. das Tafelbild auf S. 89 unten.

Q6 Das Buch „Dialog über die beiden hauptsächlichsten Weltsysteme" ist ein Gespräch zwischen drei Männern, Sagredo, Salvatius und Simplicius. In Sagredo hat Galilei seinem Freund und Gönner, dem Venezianer Giovanfrancesco Sagredo, ein Denkmal gesetzt. In dessen Palast findet das Gespräch statt und Sagredo spielt darin die Rolle des gebildeten Bürgers und wissbegierigen Freunds der Wissenschaften, der guten Argumenten zugänglich ist. Auch der zweite Gesprächspartner Salvatius, eigentlich Filippo Salviati, war ein Freund und Schüler Galileis; in dem Dialog tritt er als Alter Ego von Galilei selbst auf. Und Simplicius schließlich vertritt die Haltung der dem alten aristotelischen Weltbild anhängenden Philosophen.

In seinem Werk vergleicht Galilei das alte und das neue kosmologische System und kommt dabei zu dem Schluss, dass die bisherigen physikalischen Annahmen und Überzeugungen nicht haltbar seien. Das Werk, an dem Galilei lange Jahre gearbeitet hatte, erschien zwar 1632 mit kirchlicher Druckerlaubnis, doch schon kurz nach Erscheinen musste er sich nach Rom begeben, um sich vor der Inquisition zu rechtfertigen. In dem Prozess bekannte Galilei sich geirrt zu haben, um Schlimmeres zu verhüten. Er wurde zu lebenslanger Haft verurteilt, die später in Hausarrest umgewandelt wurde. Sein „Dialog" wurde verbrannt.

Q7 Die Skizze zeigt das kopernikanische System. Festzuhalten sind dabei zwei Dinge, die zeigen, dass Kopernikus in bestimmten Punkten noch der traditionellen Sichtweise des Kosmos verpflichtet blieb. Zum einen hielt Kopernikus an der Existenz von unsichtbaren, aber festen kristallinen Sphären fest. Der Titel seines Hauptwerks lautete nicht zufällig „De revolutionibus orbium coelestium", das bedeutet „Von den Umdrehungen der Himmels*sphären*", nicht der Himmels*körper*. Zum zweiten lag Kopernikus die Vorstellung eines unendlichen Universums und des leeren Raums völlig fern. Diese Vorstellungen entwickelte erst Giordano Bruno (1548 – 1600, Tod auf dem Scheiterhaufen) rund 50 Jahre nach ihm.

Q8 Roberto Bellarmin war von Geburt Italiener und trat mit 18 Jahren in den Jesuitenorden ein. Er ergriff die theologische Laufbahn und wurde Professor in Löwen. Nach Rom zu seinem Orden zurückgekehrt schrieb er eine Reihe von theologischen Werken, die ihn als strengen Verteidiger des katholischen Glaubens gegenüber dem Protestantismus und Vertreter der Machtstellung des Papsttums gegenüber weltlichen Gewalten auswiesen. 1599 wurde er Kardinal und 1601 Bischof von Capua. Er gehörte dem Kardinalskollegium des für die Inquisition zuständigen Heiligen Offizium an. Bellarmin war astronomisch interessiert und hatte auch schon einmal Blicke durch ein Fern-

rohr geworfen. Nichtsdestoweniger vertrat er energisch die kirchliche Position, als das Heilige Offizium Galilei nach der Veröffentlichung seines Buchs über die Sonnenflecken und seinem Eintreten für das heliozentrische System vorlud und ihn im Jahr 1516 wegen seiner angeblich ketzerischen Ideen verwarnte.

Q9 Georg Christoph Lichtenberg (1742–1799) war seit 1769 Professor für Physik in Göttingen. Berühmt wurde er jedoch vor allem durch seine schriftstellerische Tätigkeit. U. a. gab er zusammen mit Johann Georg Forster zwischen 1780 und 1785 ein „Göttingisches Magazin der Wissenschaft und der Literatur" heraus, in dem er eine Vielzahl von populärwissenschaftlichen Aufsätzen zu Naturwissenschaft und Philosophie publizierte. Dabei zeigte er sich als kritischer Aufklärer. Bis heute kaum übertroffen sind seine in den sogenannten „Sudelbüchern" aufgezeichneten meisterhaften Aphorismen, in denen er sich als scharf und pointiert formulierender Sprachkünstler erwies.

Zu den Fragen und Anregungen

1 Die Arbeitsschritte des Kopernikus sind im Tafelbild auf S. 89 unten zusammengestellt. Ähnlichkeiten zwischen ihm und Leonardo finden sich vor allem bei dem methodischen Vorgehen und dem Vertrauen auf die eigenen Beobachtungen. Leonardo unterscheidet sich von Kopernikus insofern, als er bei seinen Forschungen nicht von den Theorien der klassischen Antike oder des Mittelalters ausgeht, sondern sich seinem Forschungsgegenstand von vornherein unbefangen und ohne Vorurteil zuwendet.

2 Argumente Galileis für das heliozentrische Weltbild und die Drehung der Erde um sich selbst: Unterschiedliche Entfernungen der Planeten von der Erde sprechen dafür, dass die Sonne im Mittelpunkt steht; ein sich im Mittelpunkt von beweglichen Sphären befindlicher Körper ist eher im Zustand der Ruhe als ein das Zentrum umkreisender Körper; nur bei täglicher Erdumdrehung kann man – die feststehende Sonne vorausgesetzt – den täglichen Wechsel von Tag und Nacht erklären.

Gegenargumente Bellarmins: Das heliozentrische Weltbild widerspricht den bisherigen scholastischen Lehrüberzeugungen und dem Wortlaut der Bibel.

Vergleich: Galilei stützt sich auf Beobachtungen und logische Schlussfolgerungen, Bellarmin auf die Schriften der Tradition und die Bibel ohne die empirische Wahrnehmung zu berücksichtigen.

3 In dieser Frage geht es um die Ambivalenz von Forschung und Wissenschaft. Diese können dem Menschen nützen, z. B. durch medizinischen Fortschritt (Leonardos anatomische Studien) oder technische Neuerungen (Flugapparate und andere Maschinen). Und sie können das Wissen des Menschen z. B. über den Aufbau der Welt erweitern (Kopernikus, Galilei). Sie können aber auch dem Menschen schaden, wenn man u. a. an die Verbesserung der Waffentechnik denkt, mit der sich Leonardo auch beschäftigt hat. Andererseits geht von Forschungen zu militärischen Zwecken oft ein enormer Innovationsschub aus, der den Menschen dann in anderen Bereichen wiederum Nutzen bringen kann. Und schließlich ist zu bedenken, dass es gerade die technischen Neuerungen wie das Flugzeug sind, die das Leben in der modernen Welt bestimmen. Sie erleichtern vieles und bringen enorme Vorteile, schaden auf der anderen Seite aber durch Treibstoffverbrauch, Emissionen usw. die lebensnotwendige Umwelt des Menschen.

3. Auf der Suche nach Harmonie und Schönheit

Konzeption

Dem Thema des Kapitels entsprechend dominiert in diesem Abschnitt das Bildmaterial. Zusammen mit dem erläuternden Darstellungstext und der Textquelle von Vasari soll es drei für den Geist und damit auch die Kunst der Renaissance und des Humanismus charakteristische Kennzeichen veranschaulichen.

– *Rückgriff auf die Antike.* Die Künstler der Zeit orientieren sich ebenfalls zwar nicht ausschließlich, aber doch zu einem wichtigen Teil an antiken Vorbildern. Exemplarisch stehen dafür die Abbildungen Q1, Q2 und Q3. Diese Bilder zeigen das antike Erbe der Renaissancebauwerke, belegen aber auch, dass die Renaissancekünstler nicht sklavisch „abkupferten", sondern durchaus eigenständig und kreativ mit den aus römischen Bauten übernommenen Motiven und Elementen umgingen. Ein weiterer wichtiger Aspekt ist das antike Schönheitsideal mit seinen Vorstellungen von Harmonie und Ausgewogenheit (vgl. dazu auch Q8).

– *Orientierung an der sinnlichen Wahrnehmung und dem Ideal der Naturtreue.* Das Vertrauen auf die eigene Wahrnehmung und das Interesse an Natur und Umwelt sind weitere Merkmale des Renaissancegeists, die sich auch in der Kunst spiegeln. Leonardos Naturforschungen dienten auch dazu, die Natur möglichst genau auf der Leinwand oder dem Skizzenblock nachzubilden (vgl. S. 161). Die wichtigsten Hilfsmittel dazu sind die Zentralperspektive, die perspektivische Verkürzung und der plastische Einsatz von Licht und Schatten. In gewisser Weise rückt auch hier wieder der Mensch in den Mittelpunkt, ist doch das Auge bzw. der Blickwinkel des Künstlers und des Betrachters entscheidend für die Art der Darstellung und deren Wirkung. Die Zentralperspektive lässt sich gut an Leonardos „Abendmahl" (Q5, D1) erläutern, der Einsatz von Licht und Schatten an seiner „Mona Lisa" (Q7).

– *Der Mensch als Objekt der Kunst – Porträts.* Die humanistischen Grundprinzipien zeigen sich auch dadurch, dass jetzt verstärkt möglichst naturgetreu gemalte Porträts erstellt werden (Q6, Q7, Q8). Und vom Selbstbewusstsein des Künstlers zeugen zahlreiche Selbstporträts wie das von Albrecht Dürer (Q6). Darüber hinaus zeigt sich in der Kunst auch das humanistische Bild vom Menschen: Seine Schönheit, sein Selbstbewusstsein, sein Körper und seine Gefühle versuchen die Künstler auf der Leinwand oder als Standbild zum Ausdruck zu bringen.

Ein weiterer wichtiger Aspekt kommt hinzu:

– *Kunstmarkt – Künstler und Mäzene.* Dieser wichtige Gesichtspunkt wird in diesem Kapitel am Ende des ersten Abschnitts nur kurz angedeutet. Er sollte aber im Unterricht nicht unterschlagen werden. Kunst war auch Broterwerb, mit dem sich die Künstler ihren Lebensunterhalt verdienten. Gleichzeitig diente sie der bürgerlichen Repräsentation oder der adligen Selbstdarstellung. Renaissancekunst ist ohne reiche Mäzene aus dem Adel oder dem wohlhabenden Bürgertum nur schwer denkbar. Das macht sich oft bis in die Themen und die Art der Darstellungen bemerkbar – ein „freies Künstlertum" gab es kaum.

Aspekte der Unterrichtsgestaltung

Ausgehend von der didaktischen Konzeption empfiehlt es sich, auch methodisch von dem Bildmaterial dieses Abschnitts auszugehen. Der Darstellungstext und die Quelle Q8 können dann zur näheren Erläuterung und zur Vertiefung der aus der Arbeit an den Abbildungen gewonnenen Erkenntnisse herangezogen werden. Dabei sollten die Schülerinnen und Schüler – soweit möglich – auf die Methodenschritte zurückgreifen, die sie auf den „Gewusstwie"-Seiten „Ein Bauwerk untersuchen" (S. 124 f.) und „Ein Bild betrachten" (S. 178 f.) kennen gelernt haben. Vor Beginn der Arbeit sollte man sich allerdings noch einmal der methodischen Vorgehensweisen bei der Analyse von Bauwerken und Darstellungen der bildenden Kunst vergewissern.

Je nach Interessenlage kann man mit der Architektur und dem in ihr deutlich werdenden Rückgriff auf die Antike beginnen oder aber auch mit den Fresken und Gemälden auf S. 174 f., welche die neue Sichtweise des Menschen in der Kunst illustrieren. Das Neue der Renaissancekunst wird besonders augenfällig bei einem Vergleich mit der Kunst des Mittelalters. Zur Darstellung von Menschen liefert das Buch eine Fülle von Vergleichsmaterial, z. B. S. 10, 14, 16–23, 26, 29, 33, 76–78, 82 f., 103, 114 f. Hier bietet sich Gruppen- oder Partnerarbeit an: Vergleich eines Renaissancebildes mit einem jeweils anderen mittelalterlichen Bild mit Hilfe der auf S. 179 aufgelisteten Arbeitsschritte. Zur perfekt ausgeführten Zentralperspektive bei Leonardos Abendmahl muss man natürlich das Abendmahlsfresko von 1080 als Kontrast heranziehen; aber es gibt noch weitere Möglichkeiten, z. B. das Marktbild auf S. 90, das überhaupt keine Perspektive aufweist, oder das Augsburger Zunftbild von 1368 auf S. 104, bei dem der Künstler den Versuch einer räumlichen Darstellung unternommen hat, der ihm aber nicht ganz gelungen ist. Die Größenverhältnisse der Personen stimmen nicht und die Perspektivlinien sind nicht exakt konstruiert, sodass keine räumliche Wirkung zustande kommt. Das Besondere der Baukunst der Renaissance kann man bei einem Vergleich mit mittelalterlichen Bauten wie denen auf S. 106 f. und 124 f. herausarbeiten.

In einem weiteren Schritt kann man – ausgehend von Vasaris Text Q8 – zur Ergänzung und Wiederholung noch einmal auf das im ersten Abschnitt thematisierte Menschenbild und die im zweiten Abschnitt dargestellte neue Sichtweise der Natur und des Menschen zurückkommen und zeigen, dass sich diese auch in der Kunst der Renaissance spiegeln. Vasari verweist ausdrücklich auf anatomische Studien, verdeutlicht den Bezug zur Antike, stellt das humanistische Schönheitsideal heraus und unterstreicht die Bedeutung der Naturtreue.

Tafelbild

Die Kunst der Renaissance

Absicht	Verwirklichung	Bedeutung
Anknüpfen an antike Vorbilder	Architektur mit römischen Stilelementen; antikes Schönheitsideal	Neuer Baustil, Ablehnung der mittelalterlichen Gotik, harmonische Formen
Mensch im Mittelpunkt	Porträtmalerei, lebensechte Darstellung der Menschen, Zentralperspektive	Wahrnehmung und künstlerische Gestaltung des individuellen Menschen und seiner Gefühle; Bürger und Adel als Auftraggeber
Natur als Vorbild	Gemälde von Menschen, Tieren, Pflanzen und Landschaften; Zentralperspektive	Beginn der Landschaftsmalerei; „natürliche" Darstellung der Umwelt, naturwissenschaftliches Interesse der Künstler

Zusatzinformationen zum Verfassertext

Die drei oben genannten Merkmale der Kunst der Renaissance schlagen sich in den verschiedenen künstlerischen Bereichen in unterschiedlicher Weise nieder. Der Rückgriff auf Modelle der Antike machte sich am stärksten in der Architektur dieser Zeit bemerkbar. An vielen Stellen in Italien fanden sich nämlich noch die Überreste und Ruinen aus der römischen Vergangenheit. Hier lieferte Filippo Brunelleschi in der ersten Hälfte des 15. Jahrhunderts die entscheidenden Anstöße. Er hat als erster in Italien den römischen Baustil wiederbelebt. (Nähere Informationen zu Brunelleschi finden sich in den Erläuterungen zu Q1.)

In der Malerei und der Bildhauerei zeigte sich der antike Einfluss vor allem in der Themenauswahl aus der griechischen und römischen Geschichte und Mythologie sowie in der Integration klassischer Stilelemente.

In den letztgenannten künstlerischen Bereichen sind jedoch besonders die konsequente Hinwendung zum konkreten Menschen und zur wirklichen Natur auffällig. Meister wie der Italiener Masaccio (1401–1428) und der Flame Jan van Eyck (1380–1441) wiesen so dem künstlerischen Ausdruck neue Wege. Zwar blieben die Themen – vor allem bei den flämischen Malern – oft noch religiös, doch die dargestellten Personen wandelten sich nun zu wirklichen Menschen in ihrer natürlichen Umgebung. Licht überflutete jetzt die Szenen, brachte die Farben zum Leuchten und verlieh durch eine geschickte Abstufung von Helligkeit und Schatten vor allem den menschlichen Gesichtern ein plastisches Aussehen. Man interessierte sich für den menschlichen Körperbau, die Kleidung, den Faltenwurf und die Haartracht. In Porträts bemühten sich die Künstler um eine möglichst naturgetreue Darstellung und oft auch um eine psychologische Durchdringung ihrer Modelle. Räumliche Tiefe gewannen die Gemälde jetzt durch die perspektivische Konstruktion, deren Grundlagen ebenfalls von dem Florentiner Architekten Filippo Brunelleschi um 1420 entwickelt worden sind. Ihre geometrischen Gesetze hat Leon Battista Alberti (zu Alberti mehr in den Erläuterungen zu Q3) in seinem wegweisenden Buch „Über die Malkunst" von 1435 festgehalten. Es waren vor allem die Italiener, die sich in ihrer Kunst immer stärker dem Diesseits widmeten und in ihren Werken den Menschen und seine Möglichkeiten verherrlichten.

Zusatzinformationen zu den Materialien

Q1 und **Q2** Beim Bau und der Konstruktion des Doms von Florenz mit seinem imposanten Kuppeldach orientierte sich Brunelleschi an einem klassischen Vorbild, dem römischen Pantheon. Dieses eindrucksvolle und gut erhaltene antike römische Monument geht auf M. Agrippa zurück, den Schwiegersohn des Augustus, der einen ersten Bau in den Jahren 27–25 v. Chr. am Marsfeld errichten ließ. Nach zweimaliger Zerstörung durch Brand erhielt das Pantheon unter Kaiser Hadrian (117–138 n. Chr.) sein noch heute bestehendes Aussehen. Der byzantinische Kaiser Phokas schenkte den Bau 608 dem Papst Bonifaz III. und dieser wandelte ihn zu einer Kirche um. Auffallendstes Merkmal ist die monumentale Kuppel mit einem Durchmesser von 43,30 m, die den rechteckigen Tempelbau überragt.

Filippo Brunelleschi (1377–1446) stammte aus Florenz und war zunächst Goldschmied und Bildhauer. Anfang des 15. Jahrhunderts ging er nach Rom um die antiken Kunst- und Architekturdenkmäler und ihre Konstruktionsmerkmale zu studieren. Im Anschluss daran entwickelte er die Gesetze der Zentralperspektive, die für die Kunst der Renaissance bestimmend werden sollten. Entscheidende architektonische Impulse erfuhr Brunelleschi aus den Schriften des römischen Baumeisters Vitruv (zweite Hälfte des 1. vorchristlichen Jhs.), die er wiederentdeckte und intensiv studierte.

Nach Florenz zurückgekehrt gewann er die Ausschreibung zur Errichtung der Kuppel des bereits begonnenen Baus der Kathedrale Santa Maria del Fiore, woran die beteiligten Architekten gescheitert waren. Brunelleschi sah in seinem kühnen Entwurf eine gewaltige Doppelschalenkuppel vor. Er versprach das Projekt auf dem bis zu 45 Meter breiten Unterbau ohne das sonst übliche Lehrgerüst verwirklichen zu können (Trägerbalken von entsprechender Größe gab es nicht). Dazu hatte er ein sich selbst stützendes System aus vertikalen und horizontalen Rippen entwickelt, das von außen abgedeckt und von innen verkleidet werden sollte. Im Jahre 1420 begann Brunelleschi mit der Arbeit. 1434 war der Kuppelbau vollendet; den Abschluss des Gesamtbaus mit der Krönung durch die aufgesetzte Laterne erlebte Brunelleschi allerdings nicht mehr.

Q3 Der aus Florenz stammende Leone Battista Alberti (1404–1472) verkörperte als Architekt, Schriftsteller, Musiker, Maler, Naturwissenschaftler und Kunsttheoretiker das Renaissanceideal des „homo universalis", des umfassend gebildeten Menschen, in vollkommener Weise. Seine Schriften zur Architektur („De re aedificatoria" 1452) übten einen nachhaltigen Einfluss auf die Baukunst seiner Zeit aus. Die dort ausgeführten Gestaltungsgrundsätze verwirklichte Alberti in zahlreichen Bauten, die meist von anderen Baumeistern ausgeführt wurden. Alberti propagierte eine Architektur voller Harmonie und Ausgewogenheit, die durch Säulenanordnungen und Ornamente ihren ästhetischen Reiz erhielt. Die geometrischen Gesetze der Zentralperspektive, wie sie von Brunelleschi entwickelt worden sind, hat Leon Battista Alberti in seinem wegweisenden Buch „Über die Malkunst" von 1435 festgehalten. Der abgebildete Palazzo Ruccellai ist ein Profanbau. Erstmals in der Renaissance gestalteten Architekten nicht nur Sakralbauten, sondern auch Bauwerke, die der Repräsentation und Selbstdarstellung eines wohlhabenden und selbstbewussten Bürgertums dienten. Die italienischen Palazzi waren Wohn- und Geschäftshäuser der Bürger.

Der Stadtpalast des Florentiner Kaufmanns Giovanni Ruccellai wurde 1446 – 1451 nach Plänen Leon Battista Albertis durch die Werkstatt des Baumeisters Bernardo Rossellino errichtet. In der Fassadengestaltung greift Alberti auf antike Gliederungselemente zurück (Reihen klassischer ionischer, dorischer und korinthischer Säulen) und verbindet diese mit einer an die Gestaltung römischer Theater orientierten Wandaufteilung. Die Säulenreihen sind jedoch nicht plastisch gestaltet, sondern wirken wie glatte Bänder oder Streifen, welche die abwechslungsreich in Quaderform gefugte Wandfläche graphisch unterteilen.

Q4, Q5 und **D1** Leonardos Fresko „Das letzte Abendmahl" gehört zu den bedeutendsten Werken der Kunstgeschichte; es lässt allerdings wegen des schon früh einsetzenden Verfallsprozesses (zurückzuführen auf feuchte Wände) nur noch einen Abglanz seiner ursprünglichen Schönheit erkennen. Den Auftrag dazu erhielt Leonardo 1494 von seinem „Arbeitgeber", Herzog Ludovico il Moro von Mailand. Dieser hatte das Kloster Santa Maria della Grazie zu seiner Familiengrabstätte bestimmt; sein Hofkünstler sollte nun ein Wandgemälde für das Refektorium des Klosters anfertigen. Zwei bis drei Jahre arbeitete der Künstler an seinem Epoche machenden Werk. Das Bild ist 8,80 m lang und 4,60 m hoch und in Öl und Tempera auf die mit Bleiweiß und Kalziumkarbonat grundierte Wand aufgebracht. Das Gemälde überlebte hinter Sandsäcken einen Bombenangriff der Alliierten 1943. Ende des 20. Jahrhunderts wurde das Gemälde aufwändig restauriert.

Leonardo setzte in seinem Werk die dargestellten Figur in enge Beziehung zu dem sie umgebenden Raum, wie die in D1 skizzierten Perspektivlinien zeigen: ihre Verlängerungen laufen alle auf Jesus als die zentrale Gestalt zu. Dieser zeigt mit beiden Armen auf Brot und Wein (Einsetzung der Eucharistie), während der Türbogen über ihm eine Art Heiligenschein um sein Haupt bildet. Die Jünger sitzen rechts und links in je zwei Dreiergruppen neben ihm und zeigen in Mimik und Gestik ihre Unruhe und Besorgnis angesichts Jesu Ankündigung, dass einer von ihnen ihn verraten werde.

Die erste Dreiergruppe zeigt (von links) Bartholomäus, Jakobus den Jüngeren und Andreas, die zweite Judas, Petrus und Johannes, die dritte Thomas, Jakobus den Älteren und Philippus und die vierte Matthäus, Thaddäus und Simon.

Jeder Apostel ist als Individuum dargestellt, das sich in Physiognomie und Körperbau deutlich von den anderen abhebt. Besondere Bedeutung hat die zweite Dreiergruppe: Petrus hat versehentlich Judas, den späteren Verräter, nach vorne gestoßen, sodass dessen Gesicht in den Schatten gerät. Dieser hält einen Geldbeutel in der Hand und hat ein Salzfass umgeworfen. Im Unterschied zu der üblichen Darstellungsweise hat Leonardo den Verräter an der gleichen Tischseite wie Jesus und die übrigen Jünger platziert. Nur durch seine Körperhaltung und seinen Ausdruck hebt er sich von den anderen ab. Er wirkt – anders als seine Mitapostel – starr und isoliert und scheint nicht zu der Gruppe zu gehören. Sein Blick geht über den Kopf Jesu hinweg.

Das Abendmahlsfresko von 1080 findet sich in der Kirche Sant' Angelo in Formis bei Capua. In den Fresken dieser Kirche verbinden sich byzantinische mit christlich-romanischen Einflüssen. Kennzeichnend ist der Versuch die Figuren der Jünger integrativ neben- bzw. hintereinander zu setzen um eine Art räumliche Wirkung zu erzeugen, was aber nicht recht gelingt. Ein weiteres typisches Merkmal ist die sogenannte Isokephalie, die Anordnung der Köpfe auf gleicher Höhe. Der rechts vorne sitzende Jünger fällt etwas „aus der Reihe". Vermutlich soll er Judas darstellen, der in im Mittelalter normaler Weise nicht auf die gleiche Tischseite wie die übrigen Jünger platziert wurde. Jesus ist durch Körpergröße und Heiligenschein besonders herausgehoben. Insgesamt werden die Gestalten und Köpfe nur andeutungsweise differenziert.

Q6 In Dürers zweitem Selbstporträt spiegelt sich die Schlüsselerfahrung seiner Italienreise. Äußerlich zeigt sie sich in der vornehmen Kleidung venezianischer Prägung, in der sich der Künstler hier präsentiert. Darüber hinaus erkennt man in der Fensteröffnung, die offensichtlich weit über dem Erdboden liegt, ein Stück gebirgiger (wahrscheinlich erfundener) Landschaft, die an die Überquerung der Alpen aus Anlass der Italienreise erinnert. Letztlich ist das Porträt ein Ausdruck des gewachsenen künstlerischen Selbstbewusstseins Dürers und soll nicht narzisstischer Selbstdarstellung dienen. Davon zeugt der ernsthafte Gesichtsausdruck des jungen Malers, für den die äußere Erscheinung nur Staffage ist. Von Dürers individueller Überzeugung als Künstler zeugt auch die Aufschrift unter der Fensterbank: 1498/Das malt Ich nach meiner gestalt/ Ich was sex vnd zwanzig jor alt/Albrecht Dürer/Monogramm.

Q7 Leonardos im Pariser Louvre hängendes Gemälde „Mona Lisa" ist nicht nur wegen des geheimnisvollen Lächelns der dargestellten jungen Frau rätselhaft, sondern auch, weil die Kunsthistoriker sich nicht über die Identität der Porträtierten im klaren sind. In Leonardos Schriften und anderen Quellen gibt es keine Hinweise auf das Werk und seinen Auftraggeber. Auch ist nicht ganz sicher, ob Leonardo das Bild ganz alleine gemalt hat.

Meist geht man davon aus, dass das unsignierte und nicht datierte Porträt Lisa del Giocondo darstellt, die Gemahlin des Florentiner Kaufmanns Francesco del Giocondo. So hat es jedenfalls Giorgio Vasari (vgl. Erläuterung zu Q8) in seiner bereits Mitte des 16. Jahrhunderts erschienenen Sammlung von Biographien berühmter Künstler behauptet und die meisten Kunsthistoriker folgen ihm darin. Leonardo habe an dem Bild zwischen 1500 und 1506 gemalt, es aber nicht fertiggestellt und auch nicht an den Auftraggeber ausgeliefert.

Möglicherweise hat Leonardo bei seiner Malarbeit auch Helfer gehabt. Es war nämlich damals nicht unüblich, dass weniger wichtige Partien eines Gemäldes oder einer Bildhauerarbeit von einem in der Werkstatt des Meisters beschäftigten Schüler ausgeführt wurden. Der Meister übernahm bei der Übergabe des Kunstwerks an den Auftraggeber durch seine Signatur die Gesamtverantwortung. Auch Leonardo hatte in seiner 1490 gegründeten Werkstatt zahlreiche Schüler.

Q8 Giorgio Vasari (1511–1574) war ein Florentiner Maler, Architekt und Schriftsteller. Er war Baumeister beim Palazzo Vecchio und an den Uffizien in seiner Heimatstadt. 1563 gründete er eine der ersten Kunstakademien. Berühmt wurde er vor allem durch seine Sammlung von Künstlerbiographien, die er 1550 herausbrachte: „Das Leben der besten italienischen Architekten, Maler und Bildhauer". Sein bis heute bedeutendes kunstgeschichtliches Werk vermittelt wichtige Informationen über die Renaissancekunst und das Selbstverständnis der Künstler.

Der Textausschnitt stammt aus Vasaris Porträt des oberitalienischen Malers Andrea Mantegna (1431–1506). Die meisten Jahre seines Lebens stand dieser im Dienst der Herrscher von Mantua, Ludovico und Francesco Gonzaga (1414–1478 bzw. 1466–1519). Für diese und für Francesco Gonzagas Gemahlin, die bekannte Kunstsammlerin und Mäzenin Isabella d'Este (1474–1539), schuf er zahlreiche berühmte Fresken. Diese zeigen sein Interesse an der klassischen Antike und seine maltechnische Meisterschaft, die u. a. Raffael beeinflusst hat.

Zu den Fragen und Anregungen

1 Bei den Regeln der Perspektive ist der Blickwinkel des menschlichen Auges entscheidend. Durch schräg auf einen Fluchtpunkt zulaufende Fluchtlinien und perspektivische Verkürzung wird die Illusion eines dreidimensionalen Raums auf einer Fläche erzeugt. Leonardo setzt diese Technik ein, um die zentrale Stellung Jesu in der dargestellten Szene augenfällig zu machen.

2 Keine räumliche Tiefe, sondern flächige Darstellung – Illusion eines dreidimensionalen Raums; steife Aneinanderreihung der Apostel – lebendige Gestaltung in Dreiergruppen; Jesus befindet sich am linken Rand – zentrale Stellung Jesu; Jesus mit Heiligenschein – Jesus ohne „echten", aber mit angedeutetem Heiligenschein über dem Fenster; keine natürlichen Größenverhältnisse – natürliche Größenverhältnisse; Gesichter ohne individuelle Züge – ausdrucksstarke, individuell klar unterscheidbare Köpfe; einfache Gestaltung des Abendmahlstischs – naturgetreue Darstellung eines Esstischs für eine große Gesellschaft.

3 Beide Künstler arbeiten als gläubige Christen. Im mittelalterlichen Fresko werden Jesus und seine Jünger als Glaubensobjekte und nicht als konkrete Menschen dargestellt. Jesu Bedeutung erkennt man an äußeren Kennzeichen wie dem Heiligenschein und seiner Körpergröße. Die Person des Judas scheint nicht besonders thematisiert zu sein. Eventuell soll die äußerste Figur rechts Judas darstellen, sie sitzt etwas abseits von den übrigen Jüngern. Dem Künstler geht es offensichtlich aber um die herausragende

Bedeutung Jesu, wie sie kurz vor seiner Passion zu Tage tritt. – Leonardo unterstreicht die Stellung Jesu durch die Gesamtkomposition seines Gemäldes. Außerdem thematisiert er ausdrücklich die Judasproblematik und die Reaktion der Jünger auf Jesu Ankündigung des Verrats. Ein weiteres zentrales Thema seines Bildes ist die Einsetzung der Eucharistie.

4 Die Porträts zeigen wirkliche Menschen und ihre Schönheit. In den Gesichtern kommen Gefühle zum Ausdruck. Körperhaltung und Gesichtsausdruck vermitteln den Eindruck gewachsenen Selbstbewusstseins.

Werkstatt: Die Medici

Konzeption

Dieses Werkstatt-Kapitel will den Schülern in erster Linie den Zusammenhang zwischen politischer Macht und künstlerischer Repräsentation deutlich machen. Der wirtschaftliche Hintergrund politischer Machtkonzentration soll ebenfalls gezeigt werden. Das Geschlecht der Medici, so die primäre Problemorientierung, funktionalisiert Kunst und Künstler, stellt sie in ihre Dienste. Als Mäzene haben sie – wenngleich primär eigennützig motiviert – so doch die Entwicklung der Kunst im Zeitalter der Renaissance ermöglicht und ganz entscheidend gefördert.

Aspekte der Unterrichtsgestaltung

Die Fragen und Anregungen können in Gruppen, also arbeitsteilig angegangen werden. Die einzelnen Gruppen bearbeiten im Wesentlichen vier kategorial zu unterscheidende Bereiche:
- die Topografie – Florenz als städtisches Zentrum und Ort der wirtschaftlichen, politischen und künstlerischen Aktivitäten;
- die Wirtschaft (Handel, Banken, Steuern) – die Medici als eine Art von Frühkapitalisten mit einer einzigartigen Ansammlung von Vermögen und Reichtum;
- die Politik – die wirtschaftliche Stellung drängte nach politischer Macht bzw. Alleinherrschaft;
- die Künste – die Medici als deren generöse Liebhaber, die sich und ihre Stellung so besonders sinnfällig und wirkungsvoll präsentieren konnten.

Zusatzinformationen zum Verfassertext

Florenz war bereits um das Jahr 1300 so bedeutend und eindrucksvoll, dass ein gewisser Giovanni Villani – von ihm stammt die erste und zugleich wichtigste Chronik der Stadt –, der gerade von einer Pilgerfahrt aus Rom nach Florenz zurückgekehrt war, begeistert schrieb: „Rom versinkt, meine Vaterstadt aber steigt empor und ist bereit, große Dinge auszuführen..." Die Medici – deren Wappen mit den sieben Kugeln man in Florenz heute noch überall begegnet – stammen ursprünglich aus dem Gebiet des Mugello-Tals, 30 km nordöstlich von Florenz. Urkundlich ist ein Medici erstmals 1216 in Florenz erwähnt. Zur Zeit der bürgerlichen Verfassung, gegen Ende des 13. Jahrhunderts, hatten Mitglieder der Familie bereits hohe Ämter inne. Mit Giovanni di Medici (1360–1429) begann der kometenhafte Aufstieg der Familie. Er arbeitete vor allem im Bankgeschäft. 1408 hatte er schon Zweigstellen in Venedig, Rom und Neapel. Er beteiligte sich auch an zwei Unternehmen, die Tuch herstellten. 1413 wurde Giovanni Hauptbankier des Papstes. Er hinterließ seinen Erben ein Vermögen von 180 000 Gulden (Florin). Sein Nachfolger Cosimo internationalisierte das Bankgeschäft und erhielt das Handelsmonopol auf Alaun, ein für die Tuchproduktion unentbehrliches Salz, das in der Nähe von Rom abgebaut wurde. Lorenzo, der Sohn Cosimos, errechnete, dass seine Familie zwischen 1434 und 1471 insgesamt 663 755 Florin ausgegeben habe.

Die Künstler hatten in ihren Werken, dem Wunsch ihres Auftraggebers entsprechend, darauf zu achten, dass die Mitglieder der Familie klar und deutlich zu erkennen waren. Hier wird sinnfällig, in welch hohem Maße die Kunst zur glanzvollen Selbstdarstellung der Medici eingesetzt wurde. Bei ihren Ausgaben für öffentliche Bauten, vor allem Kirchen und Klöster, haben sicher auch die Rechtfertigung ihres privaten Reichtums vor Gott, der Kirche und der städtischen Gemeinschaft eine nicht unerhebliche Rolle gespielt.

4. Regiert Geld die Welt?

Konzeption

Dieses Kapitel beschäftigt sich sozusagen mit der „ökonomischen Basis" der in den vorangehenden Abschnitten dargestellten Neuerungen und Veränderungen. Was bereits ganz am Anfang auf Seite 158 („Ein neuer Geist aus Italien") kurz angedeutet worden ist, soll hier nun genauer ausgeführt werden. Ein weiterer Anknüpfungspunkt zum Vorhergehenden ist die Tatsache, dass die Künstler der Renaissance nicht hätten leben und arbeiten können und dass viele ihrer Werke wohl kaum entstanden wären, wenn es neben dem Adel und der Kirche nicht auch reiche Auftraggeber aus den Reihen des zu Wohlstand gekommenen Bürgertums gegeben hätte.

Die Behandlung der ökonomischen Aspekte hat aber auch eine für die weitere Zukunft große Bedeutung. In der damaligen Zeit entwickelten sich nämlich Wirtschaftsstandorte, Handelsbeziehungen und Strukturen des Geld- und Bankwesens, die lange, zum Teil bis in die heutige Zeit Bestand hatten. Das erkennt man auch daran, dass die wichtigsten Begriffe von Geld- und Bankgeschäften damals entstanden sind und italienischen Ursprungs sind. Die Schülerinnen und Schüler können daher bei der Beschäftigung mit diesem Thema auch etwas über die wirtschaftlichen Grundlagen und finanziellen Strukturen des Geschäftslebens erfahren, wie sie bis in unsere Zeit gelten.

Im einzelnen beschäftigt sich dieser Abschnitt mit drei miteinander im Zusammenhang stehenden Themenkreisen, dem Handel, dem Bank- und Geldwesen und dem Handels- und Bankhaus Fugger als konkretem Beispiel. Zunächst soll gezeigt werden, dass es in Europa zwei große Wirtschaftsräume gab, zwischen denen es durch Fernhandelskaufleute und auf Messen Verbindungen gab. In den beiden Wirtschaftsräumen dominierten unterschiedliche Warengattungen, relativ einfache Massenwaren im Norden und teurere Luxusartikel im Süden.

Im zweiten Abschnitt geht es um die Entstehung der Geldwirtschaft und den Geldverkehr, die sich aus den Notwendigkeiten des Fernhandels mit einer gewissen Zwangsläufigkeit entwickeln. Die zentralen Begriffe sind Kredit, Zins (auf S. 172 als Grundbegriffe erklärt) und Wechsel.

Das Bankhaus Fugger bietet anschließend ein gutes und konkretes Beispiel der vorher erarbeiteten Grundlagen. An ihm lässt sich exemplarisch der Aufstieg einer Familie von einfachen Dorfwebern über den städtischen Kaufmannsstand bis hin zur Stellung als Bergbauunternehmer, Großbankiers und Geldgeber für Adel und Geistlichkeit nachvollziehen. Gleichzeitig zeigen sich hier enge Verbindungen von Großkapital und politischer Macht (Kaiserwahl Karls V.). Diese Problematik wird auch im ersten Quellentext Q4 thematisiert. Und schließlich kann man am Geschäftsgebaren der Fugger und anderer Großkaufleute einen neuen Geist des Wirtschaftsdenken erkennen, der sich grundsätzlich vom mittelalterlichen Wirtschaftsdenken unterscheidet: Früher gemeiner Nutzen und angemessener Preis, jetzt individuelles Gewinninteresse, wirtschaftliche Konkurrenz und Erzielung des höchstmöglichen Preises. Das Aufeinanderprallen dieser beiden Denkweisen spiegelt sich in der zeitgenössischen Diskussion um die Monopole. Zwei Stimmen dazu finden sich im Materialteil unter Q5 und Q7.

Aspekte der Unterrichtsgestaltung

Bei der Vermittlung dieses Kapitels ist es besonders wichtig, eine angemessene Geschichtskarte der Zeit in der Klasse aufzuhängen. Erfahrungsgemäß haben die Schülerinnen und Schüler nur sehr vage Vorstellungen von räumlichen Dimensionen und Entfernungen. Die kleine Karte D1 kann nur erste Anhaltspunkte liefern, reicht aber nicht aus. Besonders die Bedeutung der Handelsbeziehungen mit dem Orient muss aus der benutzten Karte hervorgehen. Auch sollte man den Schülerinnen und Schülern die Mühen des damaligen Reisens angemessen vor Augen führen: schlechte Infrastruktur, langsames Reisetempo (höchstens 25 km pro Tag), Gefahren durch Straßenräuber, Zölle usw. Nur dann kann die Entwicklung des Fernhandels und des Bankwesens verständlich gemacht werden.

Insgesamt muss man sich darum bemühen, vor allem die finanziellen Transaktionen und Mechanismen genau zu besprechen, da abstrakte Vorgänge wie das Wechsel ausstellen oder der Begriff des Monopols nur in der handfesten Konkretisierung verständlich werden. Ähnliches gilt für die Verflechtung von Kapital und Politik und die in den Quellen Q5 und Q7 zu Tage tretenden fundamental unterschiedlichen Sichtweisen über Handel und Wirtschaft. Schließlich sollte man auch die Rolle des Erzbergbaus ausdrücklich hervorheben, der wegen seines hohen Investitionsbedarfs das Handelskapital geradezu zum Engagement einlud. Auch hier ist es nötig möglichst konkret zu arbeiten. Wenn es sich einrichten lässt, empfiehlt sich ein Besuch eines entsprechenden Museums, z. B. des Bergbaumuseums am Rammelsberg bei Goslar. Das ehemalige Erzbergwerk gehört zum Weltkulturerbe der UNESCO und präsentiert

Tafelbild

	Mittelalterliche Wirtschaft (Zunfthandwerker und Kaufleute)	Frühkapitalismus (Verlagssystem)
Einkauf der Rohstoffe	Handwerker	Kaufmann
Herstellung der Waren	Handwerker	Handwerker
Verkauf der Fertigprodukte	Handwerker	Kaufmann
Einzugsbereich	Lokale / regionale Märkte	Internationale Märkte
Ziel des Wirtschaftens	Gutes bzw. angemessenes Einkommen für alle, keine Konkurrenz, gerechte Preise für Verkäufer und Abnehmer	Möglichst große Gewinne, Anhäufung von Kapital, Ausschaltung der Konkurrenz, Monopole
Folgen	Kein Anreiz für Innovationen, Fessel für die wirtschaftliche Entwicklung, gleichmäßige Einkommensverteilung	Anreiz zu Innovationen und Rationalisierung, ungleiche Einkommensentwicklung (immenser Reichtum weniger, Verarmung einfacher Handwerker und Händler)
Zeitraum	Mittelalter, zum Teil bis ins 19. und 20. Jahrhundert	Ab dem 15. Jahrhundert

mittelalterliche Bergbautechnik auf höchst anschauliche und eindrückliche Weise.

Da die beiden „Werkstatt"-Seiten über das Verlagssystem auf S. 174 f. im Zusammenhang mit diesem Kapitel stehen (die Fugger kamen als Verleger zu erstem Wohlstand), kann man ein übergreifendes Tafelbild (siehe oben) entwickeln, das sowohl das neue Wirtschaftsdenken als auch die Unterschiede zwischen handwerklicher Produktion und Verlagsproduktion zusammenfasst.

Zusatzinformationen zum Verfassertext

Der Bergbau spielt eine bedeutende Rolle im Wirtschaftsgeschehen der frühen Neuzeit. Die Zunahme der Geldwirtschaft (Silbermünzen) und der wachsende militärische Bedarf (Bronzegeschütze und sonstige Waffen für die zahlreichen Kriege) gaben dem Erzbergbau starke Impulse. Da die Oberflächenvorkommen bald erschöpft waren, musste man in größere Tiefen vordringen, was erhöhten technischen Aufwand und einen steigenden Kapitalbedarf zur Folge hatte. Für die Grubenentwässerung und -belüftung und für die Erzförderung aus größeren Tiefe benötigte man aufwändige „Wasserkünste", Kehrräder, Belüftungsanlagen usw. Diese komplizierten und teuren Maschinen konnten sich die aus einem Verband selbstständiger Kleinunternehmer bestehenden Bergmannsgenossenschaften selten leisten.

Gleichzeitig suchten vorwärts strebende Großkaufleute wie die Fugger nach lukrativen Anlagemöglichkeiten für ihr im Fernhandel und Verlagswesen gewonnenes Kapital. Schnell richteten sie ihr Augenmerk auf den Bergbau. Sie erwarben Bergwerksanteile („Kuxen") von den genossenschaftlichen Kleinunternehmern und übernahmen allmählich die Kontrolle über das Unternehmen. Die bisher selbstständigen „Berggenossenschaftler" degradierten sie zu lohnabhängigen Arbeitern.

Da die letzte Verfügungsgewalt über die Ausbeutung der unterirdischen Bodenschätze auf Grund des Bergregals in der Hand der Fürsten lag, ergab sich daraus zwangsläufig eine enge Verbindung zwischen den Interessen der Großkaufleute und der fürstlichen Politik. Die Fugger z. B.

halfen dem ständig in Finanznöten steckenden Habsburger Erzherzog Sigismund von Tirol mit Darlehen aus der Klemme, ließen sich dafür aber von ihm das Recht zur Ausbeutung der ergiebigen Tiroler Silbergruben (Schwaz am Inn) abtreten und Vorzugspreise und Steuererlässe einräumen. Auch mit den aus dem Hause Habsburg stammenden deutschen Kaisern Maximilian und Karl V. machten die Fugger bekanntlich gute Geschäfte.

Zusatzinformationen zu den Materialien

Q1 Floren waren wohl die bedeutendsten Goldmünzen des Mittelalters. Sie stammen aus der Republik Florenz und wurden dort ab 1252 geprägt. In der Zeit davor dominierten in Mittel- und Westeuropa Silbermünzen. Der seit den Kreuzzügen wachsende Handel mit dem Orient brachte einerseits Gold in die italienischen Stadtstaaten, machte andererseits aber auch die Prägung von Goldmünzen als Zahlungsmittel notwendig.

Die Floren bestanden aus reinem Gold und hatten ein Gewicht von 3,53 g. Die Prägung zeigte auf ihrer Vorderseite eine Lilienblüte, das Stadtsymbol von Florenz, und auf ihrer Rückseite den Stadtheiligen Johannes den Täufer. Man kann das Prägedatum der Floren ziemlich genau datieren, da sie auf der Rückseite in der Hand des Johannes das Wappen des jeweils amtierenden Stadtregenten („Gonfaloniere") aufweisen, dessen Amtszeit immer nur ein halbes Jahr dauerte. Der Floren wurde zur gesamten Republikzeit rund 200 Jahre lang (bis 1531) geprägt. Er wurde seit dem frühen 14. Jahrhundert zum Vorbild für viele mittel- und westeuropäische Goldmünzen (Gulden), die sich oft auch am ursprünglichen Florentiner Münzbild orientierten. Die bis zur Einführung des Euro in Holland gültige Währung des Gulden wurde übrigens mit „hfl" abgekürzt für „hollandse florin".

Q2 Über den niederländischer Maler Marinus van Roymerswaele ist nicht viel bekannt. Er hat von 1497 bis nach 1567 gelebt und sich in seiner Malweise und Themenauswahl eng an den flämischen Maler Quentin Metsys (auch Quinten Massys) angelehnt, von dem auch das Erasmusporträt auf der ersten Auftaktdoppelseite stammt. Beide Maler haben eine Reihe von Bildern von Geldverleihern und Wechslern geschaffen, in denen sie Habsucht und Geldgier anprangerten. Von dem im Buch abgebildeten Gemälde gibt es zahlreiche geringfügig voneinander abweichende Varianten, die Marinus van Roymerswaele laut Signatur zwischen 1534 und 1541 geschaffen hat und die heute u. a. in Dresden, München, Florenz, Nantes, Madrid und Kopenhagen zu sehen sind. – Das Bild zeigt einen Geldwechsler und seine Frau. Beide sind prächtig gekleidet und der Mann trägt eine auffallende geschweifte zaddelartige Mütze. Er hat ein glatt rasiertes und hageres „Wucherergesicht"; die Finger sind spinnenartig überzeichnet (Symbol für Gier). Vor ihm auf dem Tisch liegen Gold- und Silbermünzen, die offensichtlich aus dem daneben liegenden ledernen Geldbeutel geschüttet worden sind. In der linken Hand hält er eine Goldwaage, mit der er die Münzen auf ihr genaues Gewicht prüft (links eine Münze, rechts ein Münzgewicht). Die entsprechenden Standardgewichte befinden sich in dem vor ihm liegenden Holzkasten. Daneben steht ein Tintenfass. Die Frau blättert derweil in einem Geschäftsbuch. Auf dem Bord im Hintergrund sieht man eine Kerze und Stapel von Akten und Papieren.

Q3 Die aus dem Trachtenbuch des Buchhalters Matthäus Schwarz (1497–1574) stammende Miniatur (Künstler: Narziss Renner, um 1502–1536) zeigt ihn selbst mit seinem Chef Jakob Fugger im Kontor. Auf dem Kontorschrank links im Bild sieht man die Namen einiger Städte, mit denen Fugger Geschäftsverbindungen unterhielt. (Rom, Venedig, Ofen [Budapest], Krakau, Mailand, Innsbruck, Nürnberg, Antwerpen und Lissabon). Interessant ist, dass drei dieser Orte, nämlich Innsbruck, Ofen und Krakau, sich in unmittelbarer Nachbarschaft wichtiger Montanreviere befanden. Durch Kontrolle der ungarischen Kupfergruben und der Tiroler Silberproduktion hatte Jakob Fugger eine dominierende Stellung auf den internationalen Metallmärkten, wie z. B. denen von Venedig, Nürnberg, Antwerpen und Lissabon.

In jüngster Zeit hat man im Archiv des Hauses Fugger das Kaufmannsnotizbuch des Matthäus Schwarz gefunden. Es wird derzeit erforscht. In ihm findet sich eine Fülle von Informationen zum Handel und zur Geschäftsführung des Hauses Fugger und aller seiner Handelsniederlassungen. Außerdem gibt es Zusammenstellungen von Münzen, Maßen und Gewichten und ihren jeweiligen Wechsel- bzw. Tauschverhältnissen, über Zinssätze von Wechseln, über Transportverbindungen und über das Hüttenwesen. Dieser Fund ist deshalb von großer Bedeutung, weil er das einzige bekannte Kaufmannsnotizbuch eines großen deutschen Handelshauses aus dieser Zeit ist. Außerdem dokumentiert dieses Notizbuch, in welcher Weise Matthäus Schwarz und Anton Fugger, der nach dem Tode Jakob Fuggers die Geschäfte übernommen hatte, aus Italien stammende kaufmännische Praktiken und Buchführungstechniken übernommen haben. Beide hatten nämlich ihre kaufmännische Ausbildung in Italien erhalten.

D1 Quecksilber benötigte man zur Herauslösung des Silbers aus dem Erz mit Hilfe des sogenannten Amalgamationsverfahrens. Dabei wird das Metall mit flüssigem Quecksilber aus dem Erz gelöst und anschließend durch Destillation von ihm wieder getrennt. Besonders das mittel- und südamerikanische Silber wurde auf diese Weise gewonnen.

Q4 Den Hintergrund dieser Quelle bilden die Antimonopolbestrebungen im Reich, gegen die sich Kaiser Karl V. zugunsten Fuggers einsetzen soll. Näheres dazu findet sich in den Erläuterungen zu Q5.

Q5 und **Q7** Bereits 1512 gab es auf dem Köln-Trierer Reichstag von Seiten des kleinen und mittleren Adels und der Städte der Hanse und aus dem fränkischen Raum Versuche, die großen Handelsgesellschaften zu beschränken. Man warf ihnen Zinswucher, Monopolmissbrauch vor allem bei Gewürzen und Metallen und Fürkauf (Preistreiberei durch Warenspekulation) vor. In den folgenden Jahren wurde diese Anklagen wiederholt aufgegriffen: 1523 beim Reichsregiment in Nürnberg und 1530 beim Reichstag in Augsburg. Es gab Anträge, das Geschäftskapital und die Anzahl der Niederlassungen der Handelshäuser zu begrenzen, Geldanlage im Handel gegen festen Zins, Fürkauf und Monopolbildung zu verbieten sowie Höchstpreise für Fernhandelsgüter festzusetzen. Mit diesen Bestrebungen setzte sich der humanistisch gebildete Augsburger Stadtsyndikus Conrad Peutinger auseinander und lieferte ein Plädoyer für eine Art „freie Marktwirtschaft".

Q6 Die Abbildung zeigt die erste von dem Nürnberger Schlosser Peter Henlein (um 1480–1542) konstruierte Taschenuhr, die er in einer kleinen Dose unterbrachte. Seine entscheidende Erfindung war die metallene Uhrfeder (nachdem er vorher mit Schweineborsten experimentiert hatte). Erst nach seinem Tod kamen in seinem Heimatort Uhren auf, die wegen ihres Aussehens „Nürnberger Ei" genannt wurden.

Zu den Fragen und Anregungen

1 Geldwirtschaft ersetzt Tauschhandel – Erleichterung des Kaufs und Verkaufs beliebiger Waren; Entstehung von Banken und Wechselstuben – Geld muss nicht mehr ständig mitgenommen werden, Geldreserven an allen wichtigen Handelsorten, Austausch verschiedener Währungen; Anfänge des bargeldlosen Zahlungsverkehrs durch Wechsel – Verringerung des Verlustrisikos, vereinfachter Zahlungsverkehr, Möglichkeit verlängerter Zahlungsfristen.

2 Alle Begriffe stammen aus dem Italienischen.
- *Bank*: Unternehmen, das Geld- und Kreditgeschäfte betreibt (von it. Banco = Tisch [des Geldwechslers]);
- *Kredit*: Darlehen;
- *Giro*: bargeldloser Zahlungsverkehr;
- *Lombard*: Bankdarlehen gegen Pfand und Gebühr (Lombardsatz);
- *Agio*: Aufgeld, z. B. der über den Nennwert einer Geldsorte oder eines Wertpapiers hinausgehende Betrag;
- *Disagio*: Abgeld, z. B. der unter dem Nennwert eines Wertpapiers liegende Betrag;
- *Diskont*: Betrag, um den ein gewährtes Darlehen im Voraus bei der Auszahlung verringert wird, vor allem beim Ankauf von Wechseln durch Banken ziehen diese gleich den sogenannten Diskontsatz von dem Wechselbetrag ab.

3 Pro Monopole: Großkaufleute haben bei den geplanten Einschränkungen im Ausland keine Chance mehr, Einkommensverluste für Groß und Klein drohen, Warengeschäfte nutzen nicht nur den Kaufleuten, sondern auch Kaiser, Fürsten und Adligen (durch Steuereinnahmen), Höchstpreise widersprechen dem gemeinen Recht und machen Kaufhandel überhaupt unmöglich.

Kontra Monopole: Waren werden durch Fürkauf, geplante Verknappung und Monopolbildung künstlich verteuert, Kaufleute nutzen die Notlage der kleinen Leute aus, Monopole widersprechen den christlichen und den weltlichen Grundsätzen.

4 Das Bundeskartellamt in Berlin prüft und genehmigt Zusammenschlüsse und Preisgestaltung von Firmen, damit diese keine marktbeherrschende Stellung erlangen und so den allgemeinen Wettbewerb beschränken. Bei Missbrauch kann das Kartellamt Strafen verhängen.

5 Leonardo hat die Körpermaße des Menschen gemessen; Kopernikus hat die Sternbewegungen gemessen und berechnet; die Zentralperspektive wurde nach geometrischen, d. h. mathematischen Regeln konstruiert; Geld wurde gezählt; Zinsen wurden berechnet.

Im Mittelalter wurden der Mensch und die Natur als göttliche Schöpfungen angesehen, nicht aber als Objekte wissenschaftlich-mathematischen Forschens. Die Kunst war Ausdruck des Glaubens und des Gottesdienstes und diente nicht der realistischen Nachbildung der Wirklichkeit. Das Wirtschaften hatte nicht den Zweck der Anhäufung von möglichst viel Geld, sondern der allgemeinen Bedürfnisbefriedigung.

5. Eine „schöne Kunst" – der Buchdruck

Konzeption

Der Buchdruck mit beweglichen Lettern ist eine der wichtigsten Erfindungen der Menschheitsgeschichte überhaupt. Nicht zufällig hat am Ende des vorigen Jahrtausends ein amerikanisches Forscherteam den Mainzer Erfinder Johannes Gutenberg zum wichtigsten „man of the millennium" gewählt. Im vorliegenden Abschnitt soll einerseits die historische Bedeutung dieser Erfindung deutlich werden, andererseits aber auch ihre Verknüpfung mit anderen Phänomenen der Zeit. In der Gestalt des Kaufmanns Johannes Fust tritt ein risikofreudiger Kaufmannsunternehmer auf, der eine beträchtliche Menge Geld in Gutenbergs Projekt investiert. Insofern lässt sich eine gute Verbindung zum vorhergehenden Abschnitt über die Großkaufleute herstellen. Fust sah offensichtlich einen lukrativen Markt für in hohen Auflagen gedruckte Bücher, gerade auch bei einem zu Wohlstand gekommenen Bürgertum.

Ein zweiter verbindender Aspekt ist die Tatsache, dass von humanistischen Gelehrten und den aufblühenden Universitäten eine starke Nachfrage nach gedruckten Werken z.B. der antiken Klassiker usw. ausging. So soll in diesem Abschnitt klar werden, dass Gutenbergs Erfindung nicht „vom Himmel gefallen" ist, sondern einerseits einer konkreten Nachfrage entsprach und andererseits durch ein auf konkrete Bedürfnisse reagierendes wirtschaftliches Investitionsvorhaben ermöglicht wird.

Aspekte der Unterrichtsgestaltung

Die Behandlung dieses Themas dürfte im Unterricht keine allzu großen Probleme bereiten. Um so wichtiger ist es, einige wichtige Aspekte genau im Auge zu behalten. Da ist zum ersten das eigentlich Neue an Gutenbergs Verfahren, die beweglichen Lettern. Mit Hilfe von D1, Q3 und des VT sollte man die einzelnen Schritte möglichst genau nachvollziehen.

Zum zweiten sollte man das ökonomische Interesse Fusts und den Erfindergeist Gutenbergs auseinander halten und sich vor vorschnellen Verurteilungen Fusts hüten. Immerhin hat er Gutenberg sieben Jahre lang unterhalten ohne eine Gegenleistung zu bekommen. In der Klasse kann man diese Situation in einem Streitgespräch nachspielen, in der zwei Schüler in die Rolle von Gutenberg und Fust schlüpfen.

Und zum dritten sollte man im Unterricht möglichst klar die Konsequenzen der neuen Technik herausarbeiten, wie sie im letzten Absatz auf S. 177 angedeutet werden.

Tafelbild

Vor- und Nachteile des Buchdrucks	
Vorteile:	Hohe Auflagen, billigere Bücher, weniger Fehler, künstlerische Schönheit, bessere Verbreitung des Wissens
Nachteile:	(Angeblich) keine lange Lebensdauer

Zusatzinformationen zum Verfassertext

Über die ersten Jahrzehnte des Lebens von Johannes Gutenberg gibt es keine sicheren Daten. Er ist um 1400 als Sohn eines Patriziers namens Friele Gensfleisch geboren, der mit seiner Familie im Hofe Gutenberg bei Mainz wohnte. Den Namen seines Wohnorts hat der junge Johannes später angenommen. Er hat wohl die Universität in Erfurt besucht und dann auch das Goldschmiedehandwerk erlernt. Nach einem Aufenthalt in Straßburg kehrte er 1448 nach Mainz zurück und begann mit seinen Versuchen, ein verbessertes Druckverfahren herauszufinden. Da Gutenberg selber nicht über genügend Kapital verfügte, lieh ihm Johannes Fust zweimal je 800 Gulden – eine gewaltige Summe, die etwa 20 Stadthäusern oder sieben bis acht Landgütern entsprach. Da Gutenberg nicht in der Lage war, die Schuld mit Zinsen rechtzeitig zurückzuzahlen kam es 1455 zum Prozess, den er verlor. Die Akten sind erhalten. Man schätzt, dass der Verkauf der von Gutenberg gedruckten Bibeln einen Gesamtgewinn von 4500 bis 6000 Gulden abgeworfen hat!

Zusatzinformationen zu den Materialien

Q1 Angeblich sollen schon chinesische Drucker im 11. Jahrhundert n. Chr. mit beweglichen Schriftzeichen experimentiert haben. Fest steht, dass in Korea bereits ab dem 13. Jahrhundert mit Metallbuchstaben gedruckt worden ist, die in Tonmatrizen (in die man geschnitzte Holzstempel gedrückt hatte) gegossen wurden. König Tädschong gründete 1403 eine Druckerwerkstatt. Der „Druck" erfolgte durch ein Reibverfahren auf dünnem Papier. Der König besaß das Druckmonopol und unterband den freien

Verkauf von Büchern, sodass sich die neue Technik kaum ausbreiten konnte. Ob die Kenntnisse davon über die Seidenstraße nach Europa gelangt sind, ist unklar.

Q2 Die Abbildung einer mittelalterlichen Schreibstube ist 1456 von Jean Mielot, dem Sekretär Philipps des Guten, angefertigt worden. Man erkennt das schräge Schreibpult, den Manuskripthalter, Schreibfeder und Federmesser und im Hintergrund Borde mit Folianten.

Q3 und **D1** Auf diesen Abbildungen kann man die einzelnen Arbeitsschritte des Buchdrucks gut erkennen: Setzen, Einreiben mit Druckerschwärze, Druck in der Presse, Aufhängen zum Trocknen, Korrektur Lesen, Ablegen und Bündeln der einzelnen Druckseiten.

Q4 Die berühmte Gutenbergbibel gibt den Text der Vulgata in der lateinischen Übersetzung des Hieronymus wieder. Jede Seite enthält nach dem Vorbild zeitgenössischer Handschriften zwei Kolumnen mit je 42 Zeilen. Die Schrifttypen sind in Anlehnung an die gotische Minuskel gestaltet und bilden ein geschlossenes Druckbild. Das Satzbild ist sehr harmonisch, da Gutenberg mit Hilfe von verschieden breiten Buchstaben, Kürzungszeichen (Abbreviaturen) und Buchstabenverbindungen (Ligaturen) darauf geachtet hat, dass alle Zeilen und die Zwischenräume zwischen den Wörtern gleich lang sind. Um das zu erreichen, enthielt sein Setzkasten 290 verschiedene Drucktypen, davon allein 250 Buchstabentypen (u.a. zehn verschiedene Varianten des kleinen e). Der Satz einer Seite dauerte etwa 10–12 Stunden. Die Initialen und die Schmuckfiguren wurden nach dem Druck entsprechend dem Wunsch des Käufers eingemalt.

Q5 Bonus Accursius war ein aus Pisa in der Toskana stammender Humanist und Drucker aus der 2. Hälfte des 15. Jahrhunderts.

Q6 Hartman Schedel (1440–1514) war ein deutscher Humanist aus Nürnberg. Er studierte in Leipzig und Rom Medizin und arbeitete als Arzt in seiner Heimatstadt. Er verkehrte in Kreisen von Humanisten, Künstlern und Buchdruckern. Sein bedeutendstes Werk ist das *„Liber chronicarum"*, eine Art Weltgeschichte, die 1493 erschien und mit zahlreichen Holzschnitten illustriert war.

Q7 Johannes von Trithemius wurde schon in jungen Jahren Abt im Kloster Sponheim. 1506 legte er sein Amt nieder. Er verkehrte in Humanistenkreisen und verfasste umfangreiche Werke über das Leben von über 1000 kirchlichen Schriftstellern und über berühmte Gestalten aus der deutschen Geschichte.

Zu den Fragen und Anregungen

1 Vgl. Q3 und D1.

2 Siehe Tafelbild oben links.

3 und **4** Diese beiden Aufgaben sind handlungsorientiert und erwarten keine fest umreißbaren Ergebnisse. Wichtig ist, dass die Schülerinnen und Schüler bei der Arbeit an diesen Aufgaben ein gewisses Problembewusstsein entwickeln.

6. „Die Folter macht die Hexen"

Konzeption

Den in den vorhergehenden Kapiteln meist leuchtend gezeichneten Bildern von einem optimistischen Menschenbild, von unabhängigem Denken und allseitigem Forscherdrang wird in diesem Abschnitt eine dunkle Seite der Epoche gegenüber gestellt. Erstaunlicherweise brachten nämlich das 15. und 16. Jahrhundert die schlimmsten Auswüchse des Hexenwahns hervor. Diese Diskrepanz des Zeitalters wird im ersten Abschnitt angesprochen; die dort angestellten Versuche zur Begründung des Phänomens geben nur mögliche Anhaltspunkte, eine rundum zufrieden stellende Erklärung lässt sich nur schwer liefern. Wichtig ist aber jedenfalls der soziale und ökonomische Hintergrund, den man im Anschluss an den Abschnitt „Regiert Geld die Welt?" noch einmal wiederholen und vertiefen sollte. Darüber hinaus kann man hier schon auf die auf S. 188 angesprochene Problematik hinweisen: Was macht die Modernität des Menschen aus? Wie modern ist der moderne Mensch? Angesichts von Meldungen wie in Q10, aber auch angesichts der ungeheuren Gräuel der jüngsten Vergangenheit erscheint starker Zweifel an allzu optimistischem Fortschrittsglauben angebracht.

In den folgenden Abschnitten werden die Rolle der Kirche bei der Hexenverfolgung und die grausamen Abläufe der Hexenprozesse und der Folterpraxis angesprochen. Eine wichtige Rolle spielen dabei auch die Quellentexte Q5, Q6 und Q7. Sie ergänzen und konkretisieren die im VT kurz zusammengefassten Themen.

Tafelbild

Ursachen der Hexenverfolgung

- Weit verbreiteter Glaube an den Teufel, an Dämonen und magische Kräfte

- Existenz heilkundiger Frauen (Kenntnis von Heilpflanzen, Hebammen)

- Wunsch nach Erklärung für Naturkatastrophen, Krankheiten, Seuchen usw.

- Suche nach einem „Sündenbock" in Krisenzeiten

- Hexenbulle von Papst Innozenz VIII. und Vorwurf der Ketzerei

- Angebliche „Geständnisse" von Hexen unter der Folter

Aspekte der Unterrichtsgestaltung

Eine gute Möglichkeit des Einstiegs bieten die Bilder dieses Abschnitts. Die Schülerinnen und Schüler sollten sie genau betrachten und versuchen zu beschreiben, was zu sehen ist. Mit der einen oder anderen Einhilfe der Lehrkraft müssten sich erste Ergebnisse zusammentragen und an der Tafel festhalten lassen. Darüber hinaus haben die Schülerinnen und Schüler sicherlich genug eigenes „Wissen" über Hexen und Hexerei beizutragen.

Erst dann sollte man mit der historischen Einordnung und die im ersten Abschnitt auf S. 185 angesprochenen Problematisierung beginnen. Wichtig ist auch die sich wandelnde

Einstellung der Kirche zur Existenz von Hexen; es wird deutlich, dass sich im 15. Jahrhundert in dieser Hinsicht etwas ändert. Die Argumente aus der Hexenbulle (Q5) muss man in diesem Zusammenhang genau auf ihren ideologischen Gehalt prüfen (Vorwurf der Ketzerei). Die Folgen der Praxis der Hexenprozesse kann man gut mit Hilfe der beiden Quellentexte Q6 und Q7 verdeutlichen. Auch hier können die Schülerinnen und Schüler erste Erfahrungen mit gründlicher Textarbeit machen.

Zusatzinformationen zum Verfassertext

Obwohl erste Prozesse gegen Hexen bereits im 14. Jahrhundert stattfanden, begann die theoretische Auseinandersetzung mit dem Phänomen der Hexerei und die systematische Verfolgung erst Ende des 15. Jahrhunderts. Die Grundlage dazu bildeten die sogenannte „Hexenbulle" und der „Hexenhammer". Auf dem Hintergrund massiver Kritik an der Kirche und zunehmenden Ketzerbewegungen veröffentlichte Papst Innozenz VIII. am 5. Dezember 1484 die Bulle „Summis desiderantes affectibus", die als „Hexenbulle" traurige Berühmtheit erlangen sollte. Hier wurden die angeblichen Vergehen der Hexen erstmals genau spezifiziert und eine Verbindung zwischen Hexerei und Zauberei hergestellt. Diese Bulle wurde zur grundlegenden Schrift der Hexenjagden.

Außerdem ernannte der Papst die beiden Dominikaner Heinrich Institoris und Jakob Sprenger zu Inquisitoren gegen das Hexenwesen. Heinrich Institoris, eigentlich Krämer, ca. 1430–1505, stammte aus Schlettstadt im Elsass und gehörte dem Dominikanerkloster dieser Stadt an. Er war ein fanatischer Jäger von Häretikern und Hexen. Er war vermutlich der Hauptautor des „Hexenhammers". Der aus der Gegend von Basel stammende Jakob Sprenger, 1436–1496, gehörte ebenfalls dem Dominikanerorden an und war Theologieprofessor in Köln.

Drei Jahre nach Erscheinen der „Hexenbulle" veröffentlichten die beiden Inquisitoren in Straßburg ihren berühmt-berüchtigten „Hexenhammer" („Malleus maleficarum"). Es war das erste Handbuch der Dämonologie und des Hexenglaubens und enthielt genaue Anweisungen zum Verhör, zur Folter und zum Prozess. Das Buch wurde ins Lateinische, Englische, Spanische und Französische übersetzt und entwickelte sich – dank Gutenbergs Erfindung – zu einem internationalen Bestseller. Es blieb das Standardwerk der Hexenverfolgung im 16. und 17. Jahrhundert in allen katholischen und protestantischen Ländern Europas.

Zusatzinformationen zu den Materialien

Q1 Dieser Holzschnitt stammt aus dem „Tractatus von den bösen Weibern, die man nennet die Hexen", Augsburg 1508. Auf ihm erkennt man den sogenannten Hagelzauber. Hagelschlag galt als schlimmste Heimsuchung durch Wetterdämonen. Die Fähigkeit diese Dämonen herbeizuzaubern schrieb man vor allem Frauen, aber auch Ärzten, Geistlichen und Studenten zu. Die auf der Abbildung zu sehende Methode des Hagelzaubers galt als die gebräuchlichste: Man mischte allerlei ekliges Getier, Exkremente, Blut usw. und stampfte und kochte sie in einem Gefäß zu

einem Gebräu, das dann unter Murmeln von Zauberformeln über die Felder ausgegossen wurde. Wie man auf dem Bild sieht, folgt der Hagel von oben auf dem Fuße.

Q2 Auf diesem Gemälde der flämischen Schule aus dem 15. Jahrhundert ist ein sogenannter Bann- oder Zwingzauber zu sehen. Dieser spielte bei den Vorwürfen, die man angeblichen Hexen während der Prozesse damals machte, eine große Rolle. Charakteristisch für diese Art von Zauber ist zum einen die Nacktheit der Zaubernden und zum anderen die Verwendung von Licht, Feuer oder Wasser. Die abgebildete Darstellung zeigt eine nur mit einem leichten Schleier verhüllte nackte junge Frau, die mit Stahl und Feuerstein über einem in einer kleinen Truhe liegenden wächsernen Herzen Funken schlägt. Dadurch gelingt es ihr offensichtlich den begehrten Jüngling durch die hintere Tür herbeizuzaubern.

Q3 Diese aus der Schweiz stammende Federzeichnung ist durch Zaun und Baum in zwei Teile unterteilt. Auf der rechten Seite ist ein sogenannter Hexensabbat zu sehen: Die Teufel tanzen zu Musik mit den Hexen; ein Teufel facht mit einem Blasebalg das Feuer an, über dem ein Topf mit einer zauberkräftigen Speise hängt, die offensichtlich gemeinsam verzehrt werden soll. Links hat der Zeichner das Schicksal ausgemalt, das die Hexen erwartet: Sie werden dem Richter mit dem Richtschwert vorgeführt und im Hintergrund wartet der Scheiterhaufen. Ein Beteiligter versucht gleichzeitig einen Teufel zurückzuhalten, der am Hexensabbat teilnehmen möchte.

Q5 Siehe Zusatzinformationen zum Verfassertext.

Q6 Dieser Auszug aus dem Verhörprotokoll ist ein gutes Beispiel dafür, was die Folter bzw. deren Androhung bewirkt: Die Beschuldigten bekennen, was ihnen von den Inquisitoren in den Mund gelegt wird bzw. was ihnen aus anderen Prozessen bekannt ist.

Q7 Die berühmte „Cautio criminalis" erschien 1631 anonym, deutsche und französische Übersetzungen kamen 1648 bzw. 1660 heraus. Der Autor Friedrich von Spee (von Langenfeld, 1591–1635) stammte aus einem rheinischen Adelsgeschlecht und wirkte als Jesuit und Professor für Philosophie und Moral und als eifriger Verfechter der Gegenreformation in Köln, Paderborn, Bamberg und Würzburg. Im Fränkischen wurde von Spee mit einer Welle grausamer Hexenverfolgungen konfrontiert, da er oft als Beichtvater für verurteilte Hexen fungierte. Seine dort gesammelten Erfahrungen veranlassten ihn zu seiner Schrift, die sich nicht grundsätzlich gegen den Hexenglauben, sondern nur gegen die Prozess- und Folterpraxis richtete.

Q8 Der Mord an dem Franzosen Jean Camus im Jahr 1976, der von seinen Mitbürgern der Hexerei verdächtigt wurde, lenkt den Blick auf die unmittelbare Gegenwart. Auch heute sind in einem Klima von Aberglauben und fehlendem Wissen über natürliche Zusammenhänge Auswüchse denkbar, die wir als Erscheinungen längst vergangener Epochen ansehen. – Jüngste Umfragen belegen, dass weiterhin ein hoher Prozentsatz der Bevölkerung in Deutschland einräumt, abergläubisch zu sein.

Q9 Der Auszug aus Voltaires Schrift erfordert eine hohe Abstraktionsleistung von den Schülerinnen und Schüler. Der ungebrochene Fortschrittsglaube der Renaissance, den sie bei der Behandlung des Kapitels kennen gelernt haben, wird kontrastiert durch die sehr skeptische Einschätzung aus der Zeit der Aufklärung, die Voltaire seinen Akteuren in den Mund legt.

Zu den Fragen und Anregungen

1 Vgl. Tafelbild auf S. 100.

2 Unzucht mit dem Teufel, verantwortlich für Fehlgeburten und Unfruchtbarkeit bei Mensch und Tier, für Missernten durch Schädlinge oder Wetterunbilden, für Krankheiten und Schmerzen bei Mensch und Tier, für Abfall vom Glauben.

3 Für überirdische Kräfte beanspruchte die Kirche das Monopol; Zauber und Hexerei bedrohten die Allmacht der Kirche; Teufel stellte die Gegenmacht zu Gott dar, die es zu bekämpfen galt; heilkundige Frauen und Hebammen standen im Verdacht über magische Kräfte zu verfügen oder gar mit dem Teufel im Bunde zu sein, da sich die Menschen die Wirkung von Heilkräutern bzw. die Vorgänge um Zeugung und Geburt nicht anders erklären konnten.

4 Unter der Folter gesteht man alles, was die Inquisitoren hören wollen, und beschuldigt auch andere unschuldige Menschen, nur um den unerträglichen Schmerzen zu entgehen.

6 Vergleiche die Zusatzinformationen zu den Materialien.

Lösung für das Schaubild auf S. 183

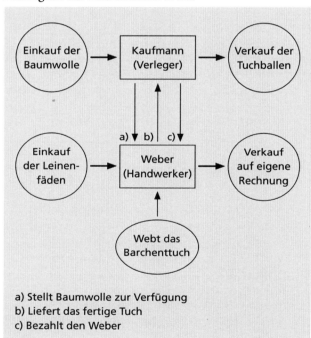

a) Stellt Baumwolle zur Verfügung
b) Liefert das fertige Tuch
c) Bezahlt den Weber

Literatur zum Weiterlesen für Schülerinnen und Schüler

King, Ross, Das Wunder von Florenz. Architektur und Intrige: Wie die schönste Kuppel der Welt entstand, München 2003.

Welzk, Stefan, Nieder mit dem Sparschwein. Ein Geldbuch, Berlin 1999.

Europa erobert die Welt – von den Entdeckungen zur Kolonialherrschaft

Einleitung

Mit den Entdeckungsfahrten der Portugiesen und Spanier im 15. Jahrhundert beginnt die Eroberung der Welt durch Europa. Über die Stationen des Kolonialismus und des Imperialismus führen diese Ursprünge zur Globalisierung unserer Tage. Während die Themeneinheit „Aufbruch in eine neue Zeit?" den Blick auf die innereuropäische Entwicklung und deren Voraussetzungen richtet, zielt diese Themeneinheit also auf die Vermittlung der Erkenntnis, dass die Umbruchsepoche des 15./16. Jahrhunderts eine welthistorische Zäsur bedeutet und von diesem Zeitpunkt an die universalhistorische Dimension stets präsent ist. In der Themeneinheit „Kulturen treffen aufeinander" wird mit der Behandlung der Kreuzzüge und der Ostsiedlung ein Aspekt angesprochen, der in dieser Einheit wieder aufgenommen und vertieft wird.

Zentrale Aspekte dieser Themeneinheit sind also das Aufbrechen der eurozentristischen Perspektive und die Problematisierung der Expansion. Dies erfolgt stufenweise:

- Voraussetzungen und Bedingungen der Expansion im thematischen Rahmen der Entdeckungen: Die Schülerinnen und Schüler sollen die wichtigsten Aspekte des komplexen Wirkungszusammenhang der Expansion erkennen;
- Fremde Kulturen und Perspektivwechsel: Am Beispiel des Aztekenreichs und der Eroberung durch Cortés wird zunächst die fremde Kulturleistung vorgestellt und dann der zerstörerische Umgang der Europäer mit ihr problematisiert;
- Kolonialisierung und die Folgen: Methoden und Folgen der Kolonialherrschaft am Beispiel Lateinamerikas mit der Perspektive der weltweiten Dominanz der europäischen Kultur (im umfassendsten Sinne!) in der „ersten" und „dritten" Welt.

An dieser Stufung orientiert sich auch die Gestaltung der einzelnen Kapitel:

Im ersten Kapitel stehen die Voraussetzungen, Motive und der Ablauf der Entdeckungen am Beispiel der ersten Reise des Kolumbus' im Mittelpunkt. Die komplexen Ursachenzusammenhänge sind dabei im Rahmen einer narrativen Struktur altersangemessen reduziert. Die „Gewusst-wie"-Seiten führen in die Interpretation historischer Karten als eine besondere Quellensorte ein, da das Thema „Karten" im Kontext der Expansion eine wichtige Rolle spielt.

Das zweite Kapitel betont schon in der Überschrift das Gewaltsame dieses Abschnitts, in dem es um die Konfrontation zweier Kulturen geht. Zunächst wird jedoch – im Sinne eines Perspektivwechsels – die Situation vor der Conquista dargestellt, um so eine Orientierung über die Reichsstruktur, das Weltbild und die Sozialstruktur der Azteken zu vermitteln. Erst dann erfolgt die Darstellung der Eroberung.

Das dritte Kapitel stellt am Beispiel Lateinamerikas in einem knappen Überblick die Auswirkungen der Kolonialherrschaft und die Problematik der Mission vor; ein kurzer Ausblick eröffnet die Perspektive der weiteren Kolonialisierung und ihrer unterschiedlichen Formen durch England, Frankreich und die Niederlande („Brücke" zum Imperialismus).

Auftaktdoppelseite 184/185

Die Weltkarte ist die erste (und einzige) im gesamten Band auf einer ADS. Darin zeigt sich symptomatisch, worum es in dieser Themeneinheit geht: Mit den Entdeckungen wird die universalhistorische Perspektive eröffnet, die – über die Epoche der Kolonialherrschaft – den Blick auf die heutige Situation der „einen Welt" lenkt, die Globalisierung nimmt hier ihren Anfang. Zur dieser Perspektive gehört auch, dass die um 1500 existierenden Großreiche für eine grobe Orientierung verzeichnet sind und so die eurozentristische Betrachtungsweise relativiert werden kann. Die Karte enthält darüber hinaus eine zweite „Botschaft", dass nämlich innerhalb von 250 Jahren die europäischen Mächte in zwei Schüben (Spanien, Portugal; England, Frankreich, Niederlande) ihre Expansion über den Erdball begonnen haben. Die drei Abbildungen thematisieren drei zentrale Problemfelder der Einheit: Die rekonstruierte Ansicht von Tenochtitlan vermittelt einen Eindruck der aztekischen Stadtkultur; die Darstellung der Begegnung Kolumbus' mit den „Indianern" zeigt den europäischen Blick auf die erste und ambivalente Annäherung; der Kupferstich von Potosi steht für Ausbeutung der Eroberten.

Der Einstieg in das Thema lässt sich mit der ADS auf folgende Weise gestalten:

- Vergleich der Situation 1500 und 1750: Wie ist die Welt zum ersten Zeitpunkt „aufgeteilt" (hier bietet sich eine arbeitsteilige Internet-Recherche an) und welche Kontinente/Länder sind um 1750 von den Europäern erobert?
- Orientierung anhand der drei Abbildungen unter der Fragestellung, was über die Eroberung und ihre Folgen erkennbar ist und welche Probleme der Entdeckungen deutlich werden.

Zur Karte und den einzelnen Großreichen sind einige Stichworte als Hintergrundinformation hilfreich:

- Aztekenreich: (ca. 1325–521) vgl. dazu die Informationen zum zweiten Kapitel.
- Inkareich: Gründung der Hauptstadt Cuzco im 13. Jh., 1438–1531 Ausbildung eines Erobererstaates, der sich über ca. 4000 km an der Ostküste erstreckte; straffe Herrschafts- und Reichsstruktur mit Arbeitspflicht zur Errichtung staatlicher Magazine (Vorsorge), Terrassen-, Bewässerungs- und Straßensysteme. 1533 Eroberung durch Francisco Pizarro.
- Songhai-Reich: Um die Hauptstadt Timbuktu am mittleren Niger gelegenes Reich (ca. 1000 bis 1591), entwickelte Agrarwirtschaft und Handwerk, seit dem 11. Jh. islamisch, 1591 vom Sultan von Marokko zerstört.
- Osmanisches Reich: 1301 von Osman I. gegründet; ausgehend von Kleinasien Eroberung des Balkangebiets (Schlacht von Mohacs 1526, 1. Belagerung Wiens 1529), der Levante und der nordafrikanischen Küste (z. T. Vasallen); strenge Steuerpflicht, keine Zwangsbekehrung;

autokratische Sultansherrschaft mit Militärverwaltung und schlagkräftigem Heer.

– Neupersisches Reich: 1504 gründet Ismail die Dynastie der Safawiden und legte damit den Grundstein für das islamische Reich mit der Hauptstadt Isfahan; 1747 mit der afghanischen Eroberung zerstört.

– Mogulreich: ca. 1526 bis um 1700, von Nordindien ausgehendes Reich, das von Babur, einem islamischen Nachkommen Timurs und Dschingis Khans durch Eroberung gegründet wird, Ausdehnung über Mittelindien; Niedergang wegen des Widerstandes einzelner Regionen.

– Ming-Reich: Die Ming-Dynastie (1368 bis 1644), begründet von einem buddhistischen Mönch, stellt in der über 2000 Jahre langen Geschichte des chinesischen Reiches eine wichtige Etappe dar: Zentralisierung des Reiches und bürokratischer Ausbau, staatliches Schulsystem, Bau der chinesischen Mauer (gegen die Mongolen), kulturelle Blüte (Porzellan).

– Zur Situation um 1750: Die spanischen Besitzungen erstrecken sich auf Süd-, Mittel- und einen großen Teil des südlichen Nordamerikas sowie die Philippinen; Brasilien wird von Portugal in Besitz genommen, ebenso Küstenstriche in Angola und Mosambik; die französischen Eroberungen liegen v.a. in Nordamerika um das Gebiet der Großen Seen und ziehen sich bis zur Mündung des Mississippi, weitere Gebiete in Ostindien; der englische Kolonialbesitz befindet sich an der nordamerikanischen Ostküste und in Ostindien, hinzu kommen zahlreiche Handelsstützpunkte; die Niederlande setzen sich am Kap und in Südostasien fest, während Russland mit der Eroberung Sibiriens beginnt; die dänischen Besitzungen umfassen das Gebiet um die Hudson-Bay, Grönland und Island. Insgesamt wird mit dieser Übersicht deutlich, dass die europäische Expansion bis etwa 1750 v. a. in Amerika bleibende Spuren hinterlassen hat, während Asien, aber besonders Afrika nur in den Küstenregionen berührt wurde.

Das Bild von Tenochtitlan (rechts unten) ist ein Werk von Diego Rivera. Mit verschiedenen historischen Wandmalereien versuchte der Künstler die indianische Identität und Herkunft der Mexikaner zu unterstützen. Das Fresko zeigt die von den Spaniern zerstörte Stadt inmitten des Sees von Mexiko, der sich in einem Hochtal (ca. 2200 m Höhe!) befindet und von bis zu 5000 m hohen Bergen umgeben ist (links der Vulkan Popocatepetl). Im Vordergrund Marktszene (Anspielung auf den großen Markt in Tenochtitlan, vgl. Q4, S. 194) mit Frida Kahlo, der Frau Riveras. Die Darstellung der Stadt (bis zu 50 m aufragende Tempelpyramiden, dazwischen Wohnquartiere, Straßen- und Kanalachsen) entspricht den historischen Fakten.

Der Holzschnitt (unten links) ist die erste europäische Darstellung der „Indianer" und diente als Titelillustration der ältesten Druckausgabe des 1. Briefes Kolumbus' über seine Fahrt 1492. Typische Klischee-Darstellung der „nackten Wilden", die teils ängstlich teils neugierig die mit Geschenken nahenden Fremden empfangen; die Überschrift „Spanische Insel" zeigt mehr Realitätsgehalt; das abgebildete Schiff ist eine Galeere; dieser Schiffstyp verkehrte nur im Mittelmeer.

Potosi (Oben rechts), in ca. 4000 m Höhe in den bolivischen Anden, war das bedeutendste Silberbergwerk in Südamerika, zeitweilig eine Stadt von 15000 Einwohnern. Der Kupferstich zeigt die gefährliche und anstrengende Arbeit, die eine unbekannte Zahl von Opfern kostete.

1. Der Aufbruch in die neue Welt

Konzeption

Die Entdeckungsfahrten sind zweifellos zu einem erheblichen Anteil auf den Wagemut einzelner Persönlichkeiten zurückzuführen. Dafür ist auch das gewählte Beispiel Kolumbus ein Beleg. Dennoch muss diese personengeschichtliche Betrachtungsweise in einen Wirkungszusammenhang gestellt werden, der das komplexe Bedingungsgefüge in altergemäßer Reduktion vorstellt. Erst auf diese Weise wird erkennbar, dass die europäische Expansion nicht Zufall, sondern Ergebnis einer einmaligen Konstellation gewesen ist, die individuelle Motive (materielle Interessen, Wagemut), staatliche Interessen (Konkurrenz, Finanznot, politische Konstellation 1492), religiöse Elemente (Mission, Fortsetzung der Reconquista mit neuen Zielen), ökonomische Bedürfnisse (Gewürze etc.), entwickelte Schifffahrtstechnik und -erfahrung (Kompass, Astrolabium, seetüchtige Schiffe) und ein verändertes Weltbild (Kugelgestalt, Entfernungsberechnungen) miteinander verbindet. Neben diesem ersten Komplex wird als zweites das Problem der Kulturbegegnung eingeführt: Die Darstellung zielt auf die Erkenntnis, dass eine gelingende interkulturelle Begegnung die gegenseitige Anerkennung als gleichberechtigte Partner voraussetzt.

Aspekte der Unterrichtsgestaltung

Als Einstieg bieten sich die Fragen 1 und 2 an, mit denen der Abenteuer- und Gefahrenaspekt der Kolumbusunternehmung thematisiert werden kann. Dieser Zugriff liegt auch deshalb nahe, weil viele Schülerinnen und Schüler über Vorwissen verfügen und so „abgeholt" werden können. Der notwendige nächste Schritt kann dann mit der Frage 3 angegangen werden, indem der Wirkungszusammenhang aus der Sicht des Kolumbus' analysiert wird. Die Fragen 5 und 6 ergänzen diese Analyse und stellen einen gemeinsamen, allerdings gestuft zu bearbeitenden Komplex dar, dessen Pointe die Tatsache ist, dass Kolumbus aufgrund einer falschen Berechnung und Weltvorstellung einen unbekannten Kontinent entdeckt, den er irrigerweise bis zu seinem Lebensende für das „richtige" Ziel hält. Mit der Frage 4 lässt sich dann das Problem der interkulturellen Begegnung erschließen, das dann in den beiden folgenden Kapitel bestimmt wird.

Zusatzinformationen zum Verfassertext

Die Entdeckungsfahrt des Kolumbus ist im Kontext der Bemühungen zunächst der portugiesischen (Heinrich der Seefahrer) und dann auch der spanischen Krone zu sehen, Gold aus Afrika (Finanznot wegen der Kriege, Edelmetall-

Tafelbild

knappheit) zu beschaffen und die durch das Vorrücken der Türken immer schwieriger werdenden Ostverbindungen durch Umfahrung Afrikas zu überwinden. Kolumbus war einer unter vielen Kapitänen, die auf Erkundungsfahrten im Atlantik entsprechende nautische Erfahrungen sammelte und nachweislich theoretische Studien betrieb. Nach Ablehnung seiner Pläne am portugiesischen Hof wandte er sich dem spanischen Königspaar zu, das nach der Rückeroberung Granadas und der zeitgleichen Vertreibung der Juden 1492 das Ziel eines einheitlichen Spaniens erreicht sah und neue Aufgaben auch für die bisher materiell und ideell zufrieden gestellte Ritterschicht suchte. Für sie boten die Entdeckungen dann neue Aufstiegs- und Verdienstmöglichkeiten. Im Kontext des zentralen Motivs der Mission spielte der sagenhafte Erzpriester Johannes v.a. für die Portugiesen eine wichtige Rolle: Durch Umfahrung Afrikas hoffte man auf einen Verbündeten zu stoßen, mit dem man gleichsam vom Rücken her die Mauren bekämpfen könnte und so das Mittelmeer zurückgewinnen würde. Im Gegensatz zur verbreiteten Vorstellung, dass das Mittelalter von der Scheibengestalt der Erde beherrscht war, ist festzuhalten, dass – zumindest in Gelehrtenkreisen – die antike Tradition der Kugelform geläufig war.

Zusatzinformationen zu den Materialien

D1 Die Karte ermöglicht eine geografische Orientierung zu den ersten Entdeckungsfahrten und eine Vorstellung von der Aufteilung der Welt durch die Verträge von Tordesillas und Saragossa.

D2 Die Rekonstruktionszeichnung lässt die beengten Verhältnisse an Bord erkennen: Lediglich für den Kapitän und den Steuermann war eine Koje vorhanden; zur Bedienung der Segel war eine große Mannschaft (rund 40 Mann) notwendig, sie schlief auf oder unter Deck; die im wesentli-

chen getrockneten oder eingesalzene Nahrungsvorräte waren zwar ausreichend, aber bald durchfeuchtet, von Maden und Ratten verunreinigt, das Wasser faulig.

D3 Toscanellis Karte zeigte wohl links Europa und Afrika und rechts Asien. Die tatsächliche Lage der Kontinente, die Toscanellis Karte hinterlegt ist, zeigt die große Diskrepanz zwischen Toscanellis Überlegungen und der Realität auf.

Q1 Mit dem beweglich gelagerten Seekompass und dem Astrolabium (durch Anvisieren des Polarsterns konnte die geografische Breite bestimmt werden) war eine verbesserte Orientierung auf See möglich; der geografische Längengrad (Ost-West-Richtung) konnte noch nicht bestimmt werden, Kolumbus schätzte dazu die jeweils zurückgelegte Entfernung (vgl. VT).

Q2 Der „klassische" Text zeigt deutlich die Mischung von Kolumbus' Pragmatismus (Betrachtung der Landschaft und Menschen unter utilitaristischen Aspekten; Rechtsakt) und Missionseifer.

Q3 Toscanelli (1397 bis 1482), Florentiner Arzt, Kosmograph, Astronom und Mathematiker propagierte in Briefen (deren Echtheit allerdings nicht unumstritten ist) an den portugiesischen Arzt und Höfling Martins und an Kolumbus die Westfahrt. Die heute bekannte Toscanellikarte (auch Grundlage für die abgedruckte Karte) basiert auf späteren Rekonstruktionsversuchen der ursprünglichen Originalkarten und Briefpassagen.

Q4 Die Zusammenfassung der wichtigsten Vertragspassagen zeigt die Gunstbeweise des spanischen Königspaares und die materiellen Interessen Kolumbus'.

Q5 Gewürze waren eine der wichtigsten materiellen Motive für die Entdeckungsfahrten.

Zu den Fragen und Anregungen

1 Vergleiche dazu die Erläuterungen zu D2.

2 Moderne Fracht- und Passagierschiffe sind bis zu 350 m lang.

3 Kolumbus' Motive: Materieller Gewinn (Gold, Edelsteine, Gewürze), Ansehen und Macht (Admiral, Vizekönig), Mission, Abenteuerlust, Wagemut, nautische Erfahrung, feste Überzeugung von der Erdgestalt.

4 Kolumbus' Sicht und Pläne bezüglich der Indianer: Nackt, kindlich, freundlich, leichtgläubig, gutmütig, aufgeweckt, willig; Verwendung als Arbeitskräfte; Christianisierung.

5 Die Karte zeigt, dass das unbekannte Amerika von Europa aus (= den Kanarischen Inseln) in der von Kolumbus errechneten Entfernung für die „Ostländer" lag, er daher die von ihm entdeckten Inseln für das gesuchte Land hielt.

6 1470 waren Amerika und Australien unbekannt; von Europa, dem Mittelmeer und Nordafrika bestanden relativ genaue Vorstellungen; die Kenntnisse über Mittel- und Ostasien waren rudimentär.

Gewusst wie:
Historische Karten untersuchen

Konzeption

In diesem Methodenkapitel soll vermittelt werden, dass
- zu unterscheiden ist zwischen historischen Karten und (modernen) Geschichtskarten (vgl. dazu Band 1, S. 96 f. „Geschichtskarten verstehen"),
- historische Karten wie historische Quellen zu lesen und zu interpretieren sind und Auskunft geben über Erkenntnisstand (geografische Vorstellungen) und die Weltsicht bzw. Weltanschauung der jeweiligen Entstehungsepoche,
- historische Karten mit methodischen Arbeitsschritten systematisch erschlossen werden können.

Aspekte der Unterrichtsgestaltung

Mit den Fragen 1 und 2 können zunächst die Weltsicht bzw. der Kenntnisstand zur geografischen Orientierung erhoben werden, die Frage 3 hebt dann auf die jeweilige Intention und „Nutzerperspektive" ab. Die Fragen 4 und 5 eignen sich bei intensiverer Behandlung des Themas im Zusammenhang mit dem Erdkundeunterricht.

Zusatzinformationen zum Verfassertext

Aus der europäischen Antike sind v. a. relativ genaue Küstenbeschreibungen, Straßenkarten und auch Landkarten bekannt. Im Mittelalter ging es bei der meist von Klerikern angefertigten Karten nicht um eine genaue räumliche Wiedergabe, sondern um die Darstellung des Wirken Gottes in der einen, nicht nach Diesseits und Jenseits geschiedenen Welt. Meist wurden dabei die bekannten Erdteile Asien, Europa und Afrika um das Zentrum Jerusalem nach dem T-Schema arrangiert. Mit den Portolankarten (seit dem 12. Jh.) setzt das in der Neuzeit dann fortgesetzte Bemühen um exakte Wiedergabe zum Zwecke der geografischen Orientierung ein.

Zusatzinformationen zu den Materialien

Q1 Die Weltkarte aus dem englischen Psalter zeigt Christus als Herrscher der Welt zwischen zwei Weihrauchfässer schwenkenden Engeln und über zwei Drachen als Teufelssymbolen – gleichsam als Antipoden. Vom Paradies ergießen sich aus einer Quelle 4 (hier: 5) Ströme über die Erde (vgl. 1.Mose 2, 8ff.). Im oberen Teil Asien, links unten Europa, rechts Afrika, mittig das Mittelmeer.

Q2 Die Portolankarte (auch: Portulankarte) mit dem Ausschnitt des westlichen Mittelmeers entstammt dem so genannten Katalanischen Atlas des Abraham Cresques, der um 1375 eine „moderne", bis dahin unerreicht präzise Weltkarte mit Asien (nach Reiseberichten u. a. des Marco Polo), Afrika und Europa anfertigte, deren Ausschmückungen, Bilder und stilisierten Gebirge noch an die mittelalterliche Bilderwelt erinnern. Mit Hilfe der von den Arabern entwickelten Bestimmungsmethoden der geografischen Koordinaten wurden die Orte zunächst auf einem Globus eingetragen, dann auf die Portolankarte übertragen und das Sehnennetz mit eingetragener Nordorientierung aufgebracht. So konnte ein Navigator mit Kompass und Entfernungsmessung Richtung und Entfernung bestimmen.

Q3 Martin Behaim (1459–1507) lebte als Kosmograph und Astronom am portugiesischen Königshof und nahm an einer Expedition an die afrikanische Westküste teil. Der nach seinen Angaben gefertigte Globus enthielt Ungenauigkeiten (wegen portugiesischer Geheimhaltung) und sollte oberdeutsches Kapital für gemeinsame Expeditionen einwerben.

Zu den Fragen und Anregungen

1 und **2** Vergleiche Q1 und Q2 und die Anmerkungen oben.

3 Die Psalterkarte diente der Demonstration des Wirkens und Waltens Gottes in der Welt und damit letztlich der Erklärung der christlichen Welt- und Geschichtsvorstellung. Die Portolankarte war ein exaktes Orientierungsmittel der Seefahrer. So erfüllten beide Karten den von ihnen erwarteten Zweck.

4 und **5** Als Problem taucht die Verjüngung zu den „Polen" auf, da eine dreidimensionale Darstellung in der Ebene nicht bzw. nur durch perspektivische Verkürzung möglich ist. Für den Kartografen stellt sich das Problem der Projektion.

2. Zwei Welten prallen aufeinander – die Spanier zerstören das Aztekenreich

Konzeption

Am Beispiel des Aztekenreichs soll zum einen die enorme Kulturleistung der vorkolumbianischen Gesellschaften vermittelt und zum anderen die brutale und skrupellose Eroberung durch die Konquistadoren dargestellt werden. Dabei ist in beiden Bereichen zu differenzieren: So geht es nicht um ein idealisierendes Bild der „edlen Wilden", sondern um eine kritische Darstellung des auf kriegerischer Eroberung beruhenden „Tributimperiums" der Mexica (wie sie sich selbst nannten), zu deren Gesellschaft Menschenopfer und ritueller Kannibalismus ebenso gehörten wie ein komplexes Kalendersystem und eine hochentwickelte Stadtkultur. Die spanischen Eroberer sollen durchaus als wagemutige Männer erscheinen, deren Motivation aus einer Mischung von Abenteurertum, materieller Gier und Missionseifer besteht. Aufbau und Struktur des Kapitels ist durch den Perspektivwechsel bestimmt: So wird zunächst die aztekische Kultur vorgestellt und erst anschließend die zerstörerische Eroberung. Der Wechsel zeigt auch, dass es sich hier um eine Konfrontation handelt, die auf beiden Seiten von äußerster Fremdheit und fundamentalem Unverständnis geprägt ist – allenfalls noch gemischt mit Furcht und Bewunderung. Insofern ist dieses Kapitel – in Fortsetzung der Problematik des vorangehenden – ein Beispiel für eine nicht gelingende interkulturelle Begegnung und deren fatale Folgen.

Aspekte der Unterrichtsgestaltung

Entsprechend der Struktur des Kapitels bietet es sich an, mit einem Überblick zur aztekischen Kultur und Gesellschaft zu beginnen. Dazu eignen sich zunächst v.a. die ersten beiden Fragen, die – auch im Vergleich (Rückgriff auf die Einheit „Stadt") – die entwickelte Stadtkultur vermitteln. Daran anknüpfend (Versorgungsprobleme der Hauptstadt) kann im Unterrichtsgespräch das wichtige Merkmal der Tributherrschaft entwickelt werden. Anschließend sollte mit der Frage 3 das aztekische Weltverständnis erarbeitet werden. Dieser schwierige Bereich eignet sich besonders für ein Unterrichtsgespräch, das mit der „Entdeckung" der einzelnen Bestandteile des Kalendersteins beginnt. Mit der Frage 4 kann dann der Perspektivwechsel eingeleitet werden. Anschließend lässt sich mit den Fragen 5 und 6 – nach Vorbereitung in Kleingruppen – eine Diskussion zu den Motiven und dem Erfolg der Konquistadoren führen. Die

Frage 7 eignet sich für eine abschließende Überlegung zur Frage kultureller Muster und Legitimationen.

Zusatzinformationen zum Verfassertext

Neben den bekannten Reichen der Azteken, Maya und Inka gab es eine Vielzahl von präkolumbischen Kulturen (z.B. Olmeken, Tolteken, Chichimeken, Tepaneken), die seit ca. 1500 v. Chr. als Hochkulturen anzusprechen sind. Die Azteken gehören in diesem Kontext zu den „jungen" Gesellschaften, die in vielfältiger Weise das Erbe der vorangegangenen Epochen übernahmen. Die Struktur des Aztekenreichs ist am besten als ein Geflecht von abhängigen Stadtstaaten zu beschreiben, die im Laufe der rund zweihundertjährigen Geschichte (ca. 1325–1521) vom zentralen Bund der 3 Städte Tenochtitlan, Tetzcoco und Tlacopa durch kriegerische Expansion zum Zwecke der Tributleistung erobert wurden. Dieses „Tributimperium" besaß deshalb weder feste Grenzen noch ein einheitliches Staatsvolk oder ein stehendes Heer, war aber kulturell weitgehend homogen (Religion, Menschenopfer, Sprache Nahuatl). Es erstreckte sich vom Pazifik bis zum Golf von Mexiko bei einer Nordsüdausdehnung von ca. 600 km, allerdings gab es nicht eroberte Enklaven. Der kriegerische Charakter des aztekischen Gesellschaft wird daran deutlich, dass allein militärischer Erfolg den Aufstieg in den Adel ermöglichte.

Hernán Cortés (1485–1547) entstammte dem niederen Adel, war nach abgebrochenem Jurastudium 1504 nach Haiti gegangen und bald zu Reichtum gelangt. 1519 nutzte er den Gouverneurs-Auftrag zum friedlichen Gold-Tauschhandel zur eigenmächtigen Militärexpedition. Sein geschickter Umgang mit den eigenen Soldaten, die kluge Ausnutzung der von den Azteken unterdrückten Völker als Hilfstruppen, das militärische Können und die rücksichtslose Brutalität führten nach verschiedenen Rückschlägen zur endgültigen Eroberung Tenochtitlans am 13. August 1521. Welche Rolle dabei der Glaube der Azteken an die

Tafelbild

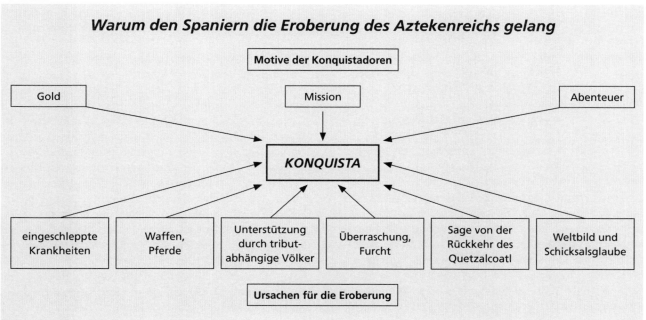

(aus dem Osten erwartete!) Wiederkehr des (hellfarbigen und Menschenopfer verabscheuenden!) Gottes Quetzalcoatl spielte, muss wegen der unbefriedigenden Quellenlage offen bleiben. Vieles spricht dafür, dass Cortés diesen Mythos zu seinen Zwecken instrumentalisierte.

Zusatzinformationen zu den Materialien

Q1 Neben farbenprächtigen Federarbeiten beherrschten die Azteken die Goldschmuckproduktion nach dem Wachsschmelzverfahren: Das Schmuckstück wird in Kalk geschnitten, diese Form mit Wachs ausgegossen, die Wachsform mit Gips umgeben. Durch das Eingießen des flüssigen Goldes schmilzt das Wachs und das Gold erstarrt in der Form.

Q2 Die Darstellung aus dem Inselbuch des Benedetto Bordone ergänzt die in Q5 gegebene Beschreibung Tenochtitlans, stimmt allerdings nur grob mit den heutigen Rekonstruktionsversuchen überein: Die Stadt lag ca. 2 km entfernt vom Ufer, nach Westen waren es sogar mehrere Kilometer. Am nördlichen Rand lag der Stadtteil Tlatelolco mit dem großen Markt (vgl. Q5). Die zentrale „piazza" zeigt statt der Tempelpyramiden v.a. europäische Befestigungstürme – überhaupt: der Zeichner hatte keine eigene Anschauung, sondern fertigte die Darstellung offenbar nach groben Schilderungen und mit „europäischen Blick" an.

Q3 Das Bild entstammt der „Historia de Tlaxcala" (um 1590) und zeigt die Begegnung zwischen Cortés und Montezuma, im Vordergrund Geschenke bzw. Versorgungsgüter. Die zentrale Bedeutung von Malinche (ursprünglicher Name: Malinali, getauft: Marina), ein „Geschenk" an Cortés, bestand darin, dass sie die Mayasprache und Aztekisch beherrschte und so (über den das Maya sprechenden de Aguilar) die Verständigung zwischen Spaniern und Azteken ermöglichte.

Q4 Bernal Díaz verfasste seinen Bericht um 1555; die genaue Beschreibung geschieht unter militärischen Aspekten: Zugangswege, Versorgung, Befestigungen; die Bebauung (überragende Tempel, flache Wohnhäuser) wird präziser als in Q2 beschrieben.

Q5 Das Bild entstammt dem Codex Florentino, einer Handschrift der „Historia general" (um 1550) des Franziskaners Bernardino de Sahagun, der als Missionar aztekische Überlebende befragte und so die wichtigste Informationsquelle zum Aztekenreich schuf. Es zeigt die Wirkung der den Azteken unbekannten Kanonen und Pferde (vgl. Q7) und die von den Spaniern bei der Belagerung eingesetzten Schiffe.

Q6 Der italienische Humanist und spanische Hofhistoriograph Peter Martyr von Anghiera (1457 – 1526) verfasst zwischen 1493 und 1526 sukzessive die erste zusammenhängende Darstellung über die Eroberungen und Entdeckungen mit dem Titel „Die Neue Welt"; er berichtet ohne eigene Anschauung mit Abscheu vom Besuch der Spanier in den blutverkrusteten – und entsprechend riechenden – aztekischen Tempelanlagen: Der „stärkere" Gott siegt.

Q7 Die Schilderung aus dem Werk des Bernardino de Sahagun (vgl. Q5) lässt erahnen, mit welchen Gefühlen die Azteken die fremden Spanier erwarteten. Zur „Ohnmacht" Montezumas vgl. Q8.

Q8 Der Sonnenstein stellt das aztekische Weltbild in konzentrierter Form dar: Die existierende Welt ist – wie ihre Vorgängerinnen – bedroht vom Untergang, der nur durch die menschliche Opferung verhindert werden kann. Die durch die kreisförmige Anlage zum Ausdruck gebrachte Wiederholung entspricht dem aztekischen Glauben von der zwangsläufigen Wiederkehr der Ereignisse. So muss die Welt alle 52 Jahre erneuert werden und die vier bisherigen Weltuntergänge verweisen auf das unabänderliche Schicksal der Welt. Diese Determiniertheit durch den selbst die Götter beherrschenden Kosmos bestimmt auch das Leben jedes einzelnen Menschen, sodass beispielsweise durch den Tag der Geburt der Lebensweg festgelegt ist. Auch die seltsame Lähmung Montezumas angesichts der unvorhersehbaren Erscheinung der Spanier wird so erklärlich (vgl. Q7).

Zu den Fragen und Anregungen

1 Der Brief könnte nach einer Einleitung, welche die Fahrt über den See bzw. den Zugang per Damm beschreibt, drei Abschnitte enthalten: Anlage der Stadt (Kanäle, Brücken, Straßen, Plätze), Gebäude (Tempelanlagen, Wohnhäuser, Befestigungsbauten), Markt (Waren, Menschenmassen, Versorgung).

2 Zum Vergleich: Größe europäischer Städte (S. 95), Stadtbild (S. 92 f., 117), Wohnen (S. 96 f.), Gebäude (S. 106 f., 119, 124), Markt/Wasserversorgung (S. 93/S. 116).

3 Ablauf der Weltgeschichte: Nach viermaligem Weltuntergang droht der fünfte durch Erdbeben, falls nicht hinreichend Menschenopfer dies verhindern: Determiniertheit der gesamten Welt und des Lebens jedes einzelnen Menschen. – Auswirkung auf das Leben der Azteken: Ritualisiertes Leben, das peinlichste Befolgung der Göttervorschriften verlangt; Schicksalsergebenheit und Furcht vor Veränderungen, unvorhergesehene und ungewöhnliche Ereignisse als Bedrohung. – Rolle der Menschenopfer: Einziges Mittel zur Verhinderung des Untergangs.

4 Die Azteken waren zutiefst erschrocken über die ungewohnte Erscheinung (vgl. zu 3) und die Ausrüstung der Spanier: Feuerwaffen, Eisen und Pferde sind unbekannt. Die Spanier betrieben offenbar eine Einschüchterungstaktik.

5 Materielle Gier (Gold, Land, Arbeitskräfte), Mission, christliches Überlegenheitsgefühl.

6 Waffentechnik (Feuerwaffen), Tiere (Pferde, Hunde), Verbündete unter den Tributpflichtigen, Konfliktpotential innerhalb des Aztekenreichs, Infektionskrankheiten (diese waren vorher bei den Azteken nie aufgetreten, deshalb verfügten sie über keine Abwehrstoffe im Immunsystem), aztekischer Glaube (Determiniertheit, Quetzalcoatl-Sage, Kometen und Vorzeichen), Überraschungseffekt, Überzeugung der Spanier von ihrer Mission.

7 Die historische Erklärung lautet: Die Hinrichtung auf dem Scheiterhaufen geschah wegen der abweichenden und damit (aus Sicht der katholischen Kirche) ketzerischen Glaubensauffassung; die aztekischen Menschenopfer wurden nach christlicher Vorstellung Götzen dargebracht. Hinweis auf den Unterschied von historischen und gegenwärtigen Bewertungen und Urteilen.

3. Die Europäer erobern die Welt

Konzeption

In diesem knappen Kapitel ist eine Vielzahl von Problemen und Themen z. T. nur andeutungsweise angerissen: Spanisches Kolonialreich, Sklaven, Mission, Weltwirtschaft, zweite Welle der Expansion durch die Niederlande, England und Frankreich. Es besitzt Gelenkfunktion insofern, als hier ausgehend von der europäischen Expansion seit dem 16. Jahrhundert auf die historischen Grundlagen der Europäisierung der Welt und der Globalisierung unserer Tage verwiesen wird. Damit zielt dieses Kapitel auf die Erkenntnis, dass die Expansionsphase des 16. bis 18. Jahrhunderts unter welthistorischen Gesichtspunkten zu einem der bedeutendsten und folgenreichsten Kapitel der Moderne zählt. Diese Charakterisierung bedeutet keineswegs eine eurozentristische Sichtweise, sondern stellt einen Gegenwartsbezug her zu den aktuellen Problemen des Verhältnisses der Industrienationen zu den Ländern der so genannten Dritten Welt. Mit dem Beispiel Lateinamerikas können – anknüpfend an die beiden vorangehenden Kapitel – die Methoden und Folgen der spanischen Kolonialherrschaft vermittelt werden, die stellvertretend für die Form der Siedlungskolonisation mit gleichzeitiger Staatenbildung steht. In Kontrastierung dazu lässt die knappe Darstellung der zweiten Expansionswelle die alternative Form der Kolonialisierung und Ökonomie durch Handelsstützpunkte, zunächst ohne territoriale Interessen jedenfalls ansatzweise erkennen. Der VT und die Materialien zu Sklaven, Mission und Entschädigungsforderung erlauben eine Diskussion zu den ethischen Problemen der Expansion bzw. des Kolonialismus.

Aspekte der Unterrichtsgestaltung

Die gedrängte Darstellung im VT und die knappe Materialauswahl erlauben nur eine schlaglichtartige Behandlung der angerissenen Themen. In Anknüpfung an die vorangehenden Kapitel sollte ausgehend von Frage 1 die spanische Kolonialherrschaft erarbeitet werden. Daran anschließend kann mit Frage 2 die alternative Form der niederländischen Kolonialwirtschaft erschlossen werden. Dies kann auch arbeitsteilig und parallel geschehen, sodass mit der Frage 3 ein Vergleich der unterschiedlichen Herrschafts- und Wirtschaftsformen möglich wird. Mit der 4. Frage kann dann eine zusammenfassende Bewertung der spanischen Kolonialherrschaft erfolgen, auch dies ist arbeitsteilig (Anfertigung zweier Listen) möglich. Mit der Frage 5 wird das bisher ausgesparte Problemfeld der Sklaverei angesprochen; dieses Thema kann in einem Rollenspiel einer (UNO-)Konferenz zur Entschädigungsfrage umgesetzt werden.

Zusatzinformationen zum Verfassertext

Die Darstellung der spanischen Kolonialherrschaft rechtfertigt sich nicht nur durch den thematischen Zusammenhang mit den vorangehenden Kapiteln, sondern auch durch die Tatsache, dass Spanien (und in Brasilien auch Portugal) bis um 1600 eine unangefochtene und beispielgebende Vormachtstellung besaß. Erst mit dem niederländisch-habsburgischen Gegensatz ab 1580 verändern sich die Verhältnisse, sodass am Ende dieser Epoche um 1750 England zur maßgeblichen Kolonialmacht aufgestiegen ist. Spaniens (und auch Portugals) Rückfall ist wesentlich dadurch bestimmt, dass es den Strom der Edelmetalle nur un-

Tafelbild

Die europäische Expansion bis ca. 1750

(es werden nur die wichtigsten Eroberungen genannt)

Kolonialmacht	Ausbreitung	Organisationsform	Art der Kolonialisierung
Spanien (15./16. Jh.)	• Süd- und Mittelamerika • Philippinen	staatliche Verwaltung	Siedlungskolonien (Plantagen, Bergbau)
Portugal (15./16. Jh.)	• Südamerika (Brasilien) • afrikanische Küste (Angola, Mozambique) • indische Küste, Ceylon	staatliche Verwaltung	Siedlungskolonien, Handelsstützpunkte
Niederlande (16./18. Jh.)	• Indonesien (Java, Celebes, Borneo etc.) • Südafrika	staatlich unterstützte private Handelsgesellschaften; später: staatliche Verwaltung	Handelsstützpunkte
England (16./18. Jh.)	• Nordamerika (Ostküste) • Karibik • westafrik. Küste • Indien	staatlich unterstützte private Handelsgesellschaften; später: staatliche Verwaltung	Siedlungskolonien, Handelsstützpunkte
Frankreich (16./18. Jh.)	• Nordamerika (Kanada; Louisiana) • westafrikan. Küste • Indien	staatlich unterstützte private Handelsgesellschaften; später: staatliche Verwaltung	Siedlungskolonien, Handelsstützpunkte
Russland (17./18. Jh.)	• Sibirien	staatliche Verwaltung	Siedlungen
Dänemark (16./18. Jh.)	• westafrikan. Küste • Island, Grönland	staatliche Verwaltung	Handelsstützpunkte

zureichend für Investitionen nutzte, dagegen europäische Bankiers (Genua, dann v. a. Amsterdam) mit dem amerikanischen Silber die aufsteigenden Handelsmächte förderten. Bei der Entstehung des Welthandelssystems bis in das 18. Jahrhundert ist deutlich zu unterscheiden zwischen dem atlantischen und dem asiatischen Bereich. Während ersterer von Europa beherrscht wurde und der Dreieckshandel die traditionellen ökonomischen und sozialen Strukturen der Kolonien zerstörte, indem sie diese ganz an den europäischen Bedürfnissen orientierten, besaßen die Europäer im asiatischen Bereich v. a. Handelsstützpunkte und waren als Kaufleute am Handel mit Gewürzen, Textilien und Tee interessiert, ohne die riesigen Binnenmärkte entscheidend zu beeinflussen. Die Dimension des Sklavenhandels (zwischen 10 und 15 Mio. Menschen) lässt sich nur schätzen; die durchschnittlichen Gewinne bei diesem Menschenhandel beliefen sich auf ca. 9 %, eine Zahl, die auch für den gesamten Dreieckshandel errechnet wurde und damit den damals üblichen Margen entsprach. Die unmenschlichen Arbeits- und Lebensbedingungen führten zu zahlreichen Aufständen. 1807 verbot England den Sklavenhandel, erst 1888 schaffte Brasilien als letztes Land die Sklaverei ab.

Zusatzinformationen zu den Materialien

D1 Durch die „Nachfrage" entwickelte sich ein innerafrikanischer Sklavenhandel, der mit den europäischen Manufakturprodukten, aber auch indischen Stoffen bedient wurde. Der Verkauf (Versteigerung) erbrachte meist mehr als die Schiffe an Waren aus der Karibik transportieren konnten.

D2 Die erschreckenden Bevölkerungsverluste sind durch die Zerstörung der herkömmlichen Lebens- und Arbeitsverhältnisse, den Rückgang der Agrarproduktion durch den Arbeitseinsatz in den Bergwerken, die hohe Arbeitsbelastung und v. a. durch die eingeschleppten Krankheiten verursacht – weniger also durch direkte Tötung.

Q1 Das Gemälde lässt – im Gegensatz zum Typ der spanischen Plantagenwirtschaft – deutlich den Charakter der Handelsniederlassung erkennen: Repräsentative Gebäude und Gärten, Höfe und Lager. Im Hintergrund ein europäisches Segelschiff, rechts ein Zelt zum Handel mit einheimischen Kaufleuten und eine heranziehende Prozession, vorne links eine Werft. – Die VOC handelte wie ihr englisches Gegenstück mit Gewürzen, Reis, Seide, Zucker und Salpeter und beherrschte im 17. Jahrhundert den Handel im Gebiet des Indischen Ozeans.

Q2 1596 erreichte die erste niederländische Flotte auf der Suche nach Gewürzen Bantam auf Java. Neben diesem wichtigsten Handelsplatz gründeten die Niederländer in rascher Folge weitere Kontore mit dem Ziel, die englische Konkurrenz der East India Company und die zu diesem Zeitpunkt dort noch aktiven Portugiesen auszuschalten.

Q3 Auf der UN-Konferenz gegen Rassismus im August/September 2001 im südafrikanischen Durban stellten afrikanische und amerikanische Organisationen und Staaten die Forderung nach Entschuldigung und Entschädigung durch Europa und Nordamerika für Sklaverei und Kolonialismus. Als Rechtsgrundlage verwiesen sie darauf, dass die als Verbrechen gegen die Menschheit qualifizierte Sklaverei nicht der Verjährung unterliege. Bereits 1999 bezifferte

die „African World Reparations and Repatriations Truth Commission" die Entschädigungsforderung mit der konkreten Zahl von 777 Billionen Dollar.

Zu den Fragen und Anregungen

1 Unterdrückung und rücksichtslose Ausbeutung der indianischen Bevölkerung zum Zwecke der Ausnutzung ihrer Arbeitskraft, um so relativ mühelos materiellen Gewinn zu erzielen Dieses Kolonisteninteresse ließ sich leicht realisieren, da eine staatliche Kontrolle praktisch nicht bestand. Ideologische Rechtfertigung ist die Überzeugung christlicher Überlegenheit gegenüber den „Heiden". Die von Las Casas und auch von der spanischen Regierung geforderte Behandlung der Indios als Menschen, denen der christliche Glaube zur Errettung ihrer Seelen zu vermitteln sei, liegt der Missionsgedanke zugrunde.

2 Jakarta an der Nordostküste Javas; Gangesmündung in Ostbengalen; zur Funktion des Kontors vgl. Q1; Vertragsziele: Freier Handel und Handelssicherheit durch Absprachen; Ausschaltung der englischen und portugiesischen Konkurrenz; Sicherheit und Schutz für Personen und Waren; Baugenehmigung und Holzeinschlag für Häuser und Schiffe.

3 Spanische Kolonialherrschaft: Territorialinteresse zwecks Siedlung (Plantagen) und Ausbeutung der Bodenschätze; Zerstörung der traditionellen Ökonomie und Sozialstruktur durch Ausrichtung an den Bedürfnissen der Kolonisten; staatliche Organisation der Kolonisation mit anschließender Staatenbildung und flächendeckender Verwaltung; enges Zusammenwirken mit der Mission.

Niederländische Kolonialherrschaft (bis um 1700, später auch Territorialinteresse und Plantagen!): Stützpunkte der staatlich geförderten, auf privater Basis organisierten Handelsgesellschaften; Handel mit einheimischen Kaufleuten und Herrschern; geringer Einfluss auf die Binnenstruktur der jeweiligen Länder; keine Mission.

Gemeinsamkeiten: Interesse an der Ausbeutung der jeweiligen Länder entsprechend den europäischen Bedürfnissen.

4 Positive Folgen für Europa: Edelmetallzufluss, Wirtschaftsförderung, Pflanzen, Tiere, Aufstiegs- und Erfolgschancen; negative Folgen: ?

Positive Folgen für die spanischen Kolonien: Anschluss an die europäische Entwicklung (?), technische Entwicklung (Rad), Tiere und Pflanzen; negative Folgen: Vernichtung der indigenen Bevölkerung und Zerstörung ihrer Kultur, Abhängigkeit von der europäischen Wirtschaft und ihren Bedürfnissen.

5 Pro Entschädigung: Verbrechen gegen die Menschlichkeit verjähren nicht, moralisch-ethische Schuld kann symbolisch abgebaut werden, Ausbeutung der „Dritten Welt" wird ausgeglichen, konkrete Hilfe gegen die Armut. Contra Entschädigung: Adressatenfrage (an wen soll gezahlt werden?), Verursacherfrage (wer soll zahlen: Staat – Bürger?), Schuldfrage (zahlen auch die Nachkommen der europäischen Armen oder nur die der begünstigten Personen?), Zeitfrage (kann nach so langer Zeit noch entschädigt werden?).

Literatur für Lehrerinnen und Lehrer

Arlacchi, Pino, Ware Mensch. Der Skandal des modernen Sklavenhandels, München 2000.

Azteken, (Ausstellungskatalog der Ausstellung in Bonn vom 26. September 2003 bis 11. Januar 2004), Köln 2003.

Bitterli, Urs, Die Entdeckung Amerikas von Kolumbus bis Alexander von Humboldt, Neuausgabe, München 1999.

Davies, Nigel, Die Azteken, Reinbek 1989.

Geschichte lernen 25/1992, Kolumbus und die Folgen.

Gründer, Horst, Welteroberung und Christentum, Gütersloh 1992.

Kolumbus, Christoph, Bordbuch. Mit einem Nachwort von Frauke Gewecke, Frankfurt am Main 1981.

León-Portilla, Miguel/Heuer, Renate (Hrsg.), Rückkehr der Götter. Die Aufzeichnungen der Azteken über den Untergang ihres Reiches, München 1965.

Osterhammel, Jürgen, Kolonialismus. Geschichte – Formen – Folgen, 3. Aufl., München 2001.

Prem, Hanns J., Die Azteken, München 1996.

Prem, Hanns J., Geschichte Altamerikas, München 1989.

Reinhard, Wolfgang, Kleine Geschichte des Kolonialismus, Stuttgart 1996.

Schmitt, Eberhard (Hrsg.), Dokumente zur Geschichte der europäischen Expansion, 4 Bde, München 1984-1988.

Thomas, Hugh, Die Eroberung Mexikos, Frankfurt am Main 1998.

Todorov, Tzvetan, Die Eroberung Amerikas. Das Problem des Anderen, Frankfurt am Main 1985.

Literatur zum Weiterlesen für Schülerinnen und Schüler

Siehe dazu: Geschichte lernen 25/1992, S. 11 f.

Reformation – Glaubensspaltung – Glaubenskämpfe

Einleitung

Auch heute noch wird die Reformation und die aus ihr folgenden politischen und sozialen Entwicklungen als tiefer Einschnitt und Ereignis von epochaler Bedeutung gewertet, was durch das gängige Periodisierungsmodell von Geschichte, in dem Reformation und Beginn der Neuzeit zusammenfallen, unterstrichen wird.

Während über die begriffliche und zeitliche Einordnung der „Reformation" weitgehend Klarheit herrscht, hat die Forschung in den letzten Jahrzehnten unterschiedliche Versuche unternommen, die konfliktreiche Epoche nach Abschluss des ersten Reformationszeitalters neu zu deuten. Begriffe wie „Gegenreformation und katholische Erneuerung" oder „Das Zeitalter der Glaubenskämpfe" haben sich als wenig tauglich erwiesen, da sie den Blick zu sehr auf die katholische Seite oder gar auf die religiösen Aspekte verengten. Dagegen scheint der in jüngerer Zeit in Gebrauch gekommene Begriff der „Konfessionalisierung" die „enorme politische Dynamik" hervortreten zu lassen, die sich „im Rahmen der Staatenbildung nach innen und außen entfaltete … Nicht die Reaktion der Kirche, sondern die der weltlichen Gewalten (einschließlich ihrer religiösen und kirchenpolitischen Komponenten) wird bei der Konfessionalisierung in den Mittelpunkt gerückt und es scheint, dass hier tatsächlich ein entscheidender Paradigmenwechsel im politischen Denken und Handeln erfasst worden ist: Konfessionalisierung als Teil einer neuen Staatsräson …" (A. Reese, in : Geschichte lernen, 84/2001, S. 18)

Beendet wurde die Epoche durch den Westfälischen Frieden von Münster und Osnabrück 1648. Möglich war dieser Friedensschluss erst geworden, als der konfessionelle Gegensatz hinter die Machtrivalitäten der Staaten zurücktrat. Damit trug der Dreißigjährige Krieg zur Säkularisierung der Politik und der zwischenstaatlichen Beziehungen bei. Was berechtigt nun dazu, die Reformation und die anschließende Zeit der Konfessionalisierung als Ereignisse von weltgeschichtlicher Bedeutung zu werten? In diesem Zusammenhang soll auf folgende Aspekte verwiesen werden:

– Die konfessionelle Spaltung bedeutete nicht nur die Aufgabe der einen universalen Kirche, sondern auch das Ende der Idee der christlichen Universalmonarchie. An deren Stelle trat nach Abnutzung des konfessionellen Prinzips der Gedanke des Gleichgewichts innerhalb der europäischen Staatengemeinschaft.

– Zwar vertiefte die Reformation den persönlichen Glauben gegenüber Tradition und Dogma, hob andererseits durch das landesherrliche Kirchenregiment die errungene Glaubensfreiheit des Einzelnen wieder auf. Kirchliche Zugehörigkeit stellt sich auch heute als Ergebnis obrigkeitlicher Religionspolitik dar. Die Ausbreitung des „Luthertums" über den Weg obrigkeitlicher Reform bedeutete in der Konsequenz den Verzicht auf jede aktive Form von Widerstand oder Kritik an der Obrigkeit. Langfristig wurde damit eine Mentalität gefördert, die sich wohl nicht zu Unrecht als politische Teilnahmslosigkeit darstellen lässt.

– Die mit der besonderen Form der lutherischen Reformation eingeführte landesfürstliche Kirchenhoheit erleichterte den Prozess der Territorialstaatsbildung und damit den Aufbau eines absolutistischen Fürstenstaates.

– Die Reformation förderte ebenfalls die Herausbildung einer neuen Sozial- bzw. Arbeitsethik. So hat die Auffassung der Prädestination in der Lehre des Genfer Reformators Jean Calvin den Soziologen Max Weber zu der auch heute noch diskutierten These veranlasst, dass zwischen calvinistischer Religiosität und der Entstehung des modernen Kapitalismus ein Zusammenhang gegeben sei.

– Der von der Reformation ausgehende Modernisierungsschub wird auch im Ausbau des Bildungswesens sichtbar. Galt für die Reformatoren „allein die Schrift", dann musste der „gemeine Mann" in die Lage versetzt werden, diese auch lesen zu können. Auch in katholischen Territorien reagierte man auf die Alphabetisierung in den protestantischen Gebieten.

Inhalte und Schwerpunkte

Im ersten Kapitel wird zunächst die Situation der Kirche im Spätmittelalter dargestellt. Vor diesem Hintergrund können die Schüler und Schülerinnen verstehen, warum Luthers Wirken und seine neue Lehre Erfolg haben konnten. Schon hier soll darauf hingewiesen werden, dass sich der Konflikt um eine Erneuerung der Kirche zu einem politischen Streit zwischen Kaiser, Papst und den Fürsten ausweitete.

Das zweite Kapitel befasst sich mit der „Erhebung" der Bauern im Gefolge der reformatorischen Bewegung. Demgemäß wird zunächst gezeigt, wie es zu diesem gewaltsamen Aufruhr kam. Anschließend wird der Verlauf skizziert und die Folgen thematisiert.

Im dritten Kapitel wird die Ausbreitung der Reformation als Konsequenz von Luthers Parteinahme im Bauernkrieg dargestellt. Hier soll gezeigt werden, dass die Erneuerung der Kirche nicht auf gemeindlicher Grundlage, sondern von den jeweiligen Landesfürsten durchgeführt wird. Hatte ein Landesherr den evangelischen Glauben angenommen, so entstanden evangelische Landeskirchen, an deren Spitze der Landesherr als „Notbischof" stand.

Im vierten Kapitel wird gezeigt, dass nicht nur Luther sich im 16. Jahrhundert von der Papstkirche abwandte. Ulrich Zwingli in Zürich und Jean Calvin in Genf begründeten eine eigenständige Züge tragende Reformation. In diesem Zusammenhang müssen die Unterschiede zwischen Luther einerseits und den „Reformierten" andererseits verdeutlicht werden (theologische und politische Differenzen). In einem letzten Abschnitt wird auf die Ausbreitung des Calvinismus in Europa verwiesen.

Das fünfte Kapitel beschäftigt sich thematisch mit der Erneuerung der katholischen Kirche. Hierbei wird gezeigt, dass die in die Defensive geratene katholische Kirche (Gebietsverluste) sich auf dem Reformkonzil von Trient Reformen verschreibt, um den verlorenen Boden wettzumachen.

In diesem Zusammenhang wird die „Gesellschaft Jesu" des Ignatius von Loyola als Beispiel für die katholische Erneuerung behandelt.

In Deutschland hielten auch nach dem Augsburger Religionsfrieden die Spannungen zwischen Katholiken und Protestanten an. Der alte Glaube gewann – nicht zuletzt auch infolge der Uneinigkeit im protestantischen Lager – wieder an Boden. Im sechsten Kapitel wird gezeigt, dass sich aus der engen Verbindung von konfessionellen und politischen Spannungen 1618 der Dreißigjährige Krieg entwickelte. Als Glaubenskrieg begonnen, traten im Laufe der Zeit Machtinteressen der großen Mächte Frankreich, Schweden, Habsburg in den Vordergrund. Jahrelang zogen die Heere kreuz und quer durch Deutschland und hinterließen eine Spur der „Verwüstung", bis schließlich 1648 im Westfälischen Frieden von Münster und Osnabrück der Krieg beendet wurde.

Auftaktdoppelseite 200/201

Die Bilder auf Seite 200 verfolgen das Ziel, einerseits die Spaltung des Christentums zu verdeutlichen, andererseits aber auch die noch lange während Sehnsucht nach Einheit darzustellen. So kann diese Seite dazu benutzt werden, auf die Zielstellung Luthers in den ersten Jahren nach 1517 einzugehen, nämlich die bestehende Kirche zu „reformieren", aber keineswegs eine neue zu initiieren. Auf Seite 207 wird der Aspekt der Spaltung nicht nur personell sichtbar, sondern hier soll ein Grundprinzip der lutherischen Lehre in Kontrast zur katholischen Auffassung geklärt werden. Nicht mehr die Amtskirche mit ihren tradierten Überlieferungen zählt, sondern „allein die Schrift", was das Auspendeln der Waage in der Abbildung (unten rechts) verdeutlicht.

Die Karte dient der ständigen geopolitischen Orientierung bei der Behandlung der folgenden Einzelkapitel.

1. Martin Luther fordert die Kirche heraus

Konzeption

Dieses Kapitel thematisiert zunächst die Situation der Kirche im Spätmittelalter. Die Machtentfaltung und die aufwändige Hofhaltung der Renaissancepäpste provozierten ebenso Kritik wie die Vernachlässigung der Amtspflichten vieler Priester in den Gemeinden. Andererseits war der christliche Glaube für die Menschen des Spätmittelalters von zentraler Bedeutung; die Frage nach dem eigenen Seelenheil stand im Mittelpunkt des irdischen Lebens, was dann auch den „Erfolg" der Ablassbriefe erklärt.

Vor diesem Hintergrund können die Schülerinnen und Schüler verstehen, warum Luthers Wirken und seine neue Lehre auf große Resonanz stießen. Der Werdegang Luthers vom Mönch zum Reformator, seine Kritik am Ablasshandel (95 Thesen) und die Anklage als Ketzer sind hierbei zentrale Gegenstände der Ausführungen im VT. Der Übertritt vieler Reichsfürsten und Reichsstände zum lutherischen Glauben schützte Luther zunächst vor dem Zugriff Kaiser

Karls V., der sich mit der Einberufung eines Reichstags in Worms zufrieden geben musste.

Aspekte der Unterrichtsgestaltung

Im Mittelpunkt dieser Unterrichtseinheit sollte die Frage nach den Ursachen der Reformation beantwortet werden. Als Einstieg zum Themenaspekt „Kirchenkritik" bietet sich der Holzschnitt „Das Schiff der Kirche geht unter" (Q1) aus einer Schrift von Joseph Grünpeck aus dem Jahr 1508 an. Die Kritik an den Missständen in der Kirche kann konkretisiert werden durch einen Hinweis auf den Ablasshandel, der sich in Deutschland vor allem mit der Person des Dominikanermönchs Johann Tetzel verbindet. Dies kann entweder in Form eines Lehrervortrags (Verfassertext), mit Hilfe der Bildquelle „Ablasshandel" (Q3) oder mit der Analyse einer Ablasspredigt Tetzels erfolgen (Q4).

Vor diesem Hintergrund wird dann die „Reformation" Luthers verständlich. Hier kann entweder die Textquelle (Q5) in Anspruch genommen oder die besondere Theologie Luthers am Beispiel des Gemäldes von Lukas Cranach verdeutlicht werden (Q2; zur Interpretation des Bildes vergleiche „Zu den Fragen und Anregungen").

Tafelbild

Zusatzinformationen zu den Materialien

Q1 Die Erfindung des Buchdrucks ermöglichte die schnelle und preiswerte Herstellung von Flugblättern und kurzen Flugschriften, die mit ihren Titel-Holzschnitten ein ideales Mittel zur Information und Agitation darstellten.

Q2 Lukas Cranach d. Ä. versuchte seit 1529 in enger Zusammenarbeit mit Luther in verschiedenen Holzschnitten und Bildern die in der Heiligen Schrift erzählte Geschichte Gottes mit den Menschen zusammenzufassen und damit den lutherischen Grundgedanken der Rechtfertigungslehre zu veranschaulichen. Das Bild „Gesetz und Gnade – Sündenfall und Erlösung" wird von einem Baum – links verdorrt, rechts belaubt – geteilt und verdeutlicht den Tod und das Leben als Folge des Zornes bzw. der Gnade Gottes. Links wird der Mensch vom Teufel (dem „alten Drachen") und dem Tod, dessen „Spieß die Sünde ist", dem ewigen Feuer entgegengetrieben. Durch den (im Hintergrund dargestellten) Sündenfall ist der Mensch unter die Gewalt von Tod und Teufel gekommen. Gott erscheint ihm (nur) als verurteilender Weltenrichter. Moses mit den Gesetzestafeln und die Propheten können dem Menschen nicht helfen. Erst mit Johannes dem Täufer (im Kamelfell unter dem roten Mantel) wird der Mensch auf den Gekreuzigten verwiesen. Auf den Menschen trifft ein Strahl von Christi Blut, d. h. er erhält – durch die Taube angedeutet – die Gabe des Heiligen Geistes, der das Leben erneuert. Rechts besiegt Christus – aus der Grabeshöhle tretend – Tod und Teufel. Im Hintergrund findet sich dreifach die Vorankündigung des Erscheinens Christi: die eherne Schlange, deren Anblick die Israeliten in der Wüste rettete, die Verkündigung der Geburt Christi an Maria und die Erscheinung des Engels bei den Hirten auf dem Felde.

Q3 Nach der Lehre der mittelalterlichen Kirche haben Christus und die Heiligen gegenüber Gott einen „Überschuss" an Verdiensten um die Menschen erworben, gleichsam einen Schatz der Gnade Gottes gegenüber den sündigen Menschen. Die Kirche verwaltet und verteilt diesen Schatz, denn die Gläubigen können durch Gebete und „gute Werke" Teile des Schatzes erwerben und dadurch die zeitlichen Strafen für die eigene Sündenlast verringern, insbesondere die Qualen des Fegefeuers verkürzen (Ablass = Erlass zeitlicher Sündenstrafen).

Q4 Die Ablassverkäufer behaupteten, mittels Erwerb von Ablassbriefen ließe sich der Bittgang nach Rom zur Erteilung der Absolution umgehen und man könne durch den Kauf von Ablassbriefen sich und seine verstorbenen Verwandten von den nach dem Tode drohenden Sühnestrafen befreien. Auch Schwerverbrecher wie Mörder oder Wucherer konnten durch den Kauf solcher Ablassbriefe die Absolution (Lossprechung) von ihren Sünden bekommen.

Q5 Er sei nur durch die Verkettung der Umstände, nicht aus freien Stücken und mit Vorbedacht in diesen Sturm hineingeraten – so reduzierte Luther selbst im Nachhinein seine Rolle als „weltbewegender" Reformator. Dass Luther seine 95 Thesen an die Pforte der Schlosskirche zu Wittenberg genagelt habe, ist zwar vermutlich eine historische Legende, dennoch fanden die Thesen dank des neuen Mediums des Buchdrucks rasch Verbreitung in der deutschen Öffentlichkeit.

Zu den Fragen und Anregungen

1 Der Holzschnitt steht für die Stimmung der Bevölkerung in der vorreformatorischen Zeit, in der sich bereits das Gefühl der Krise breitgemacht hatte. Dieses Krisengefühl bezog sich auch auf die Papstkirche, deren Missstände heftig angeprangert wurden. Der Holzschnitt zeigt im „Schiffbruch", bei dem allen voran die hohen geistlichen Würdenträger untergehen, diese Situation der Kirche, ohne selbst klar Position zu beziehen. Er spiegelt damit die angstvolle Wahrnehmung, dass man sich auf die Grundfesten des Glaubens nicht mehr verlassen kann.

2 Vergleiche die Erläuterungen zu Q2.

3 Der Holzschnitt „Ablasshandel" von Hans Holbein d. Ä. illustriert die Ausführungen des VT, indem er in der Mitte des Bildes die Praxis des Papstes verdeutlicht, Mönche und Priester zu ernennen, die dann in seinem Auftrag durch das Reich zogen und Ablassbriefe anboten. Die Szene links im Bild macht deutlich, dass die Ablassbriefe von den Geist-

lichen ausgestellt und anschließend von den Menschen erworben werden. Rechts im Bild ist die Szene dargestellt, wie die Almosen in die „Ablasskiste" geworfen werden. In diesem Teil des Bildes finden sich auch Menschen, die von ihren Sünden befreit werden wollen, worauf der Stab des Geistlichen auf die Geldkiste weist.

4 Produktorientierte Aufgabe, die sich auf den VT und die Quellen bezieht. Sie kann gleichzeitig als Ergebnissicherung benutzt werden.

5 Der Kauf eines Ablasses erfolgte unter großem psychologischem Druck, wie die Predigt Tetzels zeigt:

– mit dem Verweis auf die Kürze des menschliches Lebens, dessen Unvorhersehbarkeit einfachen Gemütern Angst einflößen kann;

– mit dem Hinweis auf leidende verstorbene Verwandte und dem Appell an noch lebende Angehörige, die Verstorbenen doch mittels Kauf von ihrem Leiden zu erlösen.

Luther tritt vehement gegen die Praxis des Ablassverkaufs auf. Scharf verurteilt er sowohl Ablasshändler als auch Ablasskäufer, denen er die damals stark beeindruckende ewige Verdammnis androht. Luther bezieht den Papst als geistigen Drahtzieher des Ablassverkaufs in seine scharfe Verurteilung mit ein. Er rät den Christen nicht zum Abfall von der Kirche, sondern nur zur Orientierung am Evangelium, also zur Einhaltung christlichen Lebenswandels. Seine Thesen sind nicht kritisch gegenüber der Institution Kirche, sondern verurteilen lediglich eine vom Evangelium abweichende Praxis.

6 Die Anregung ist im Rahmen der Ergebnissicherung zu verwenden und eine Alternative zur produktorientierten Aufgabe in 4.

2. Der Bauernaufstand – Freiheit für den „gemeinen Mann"?

Konzeption

Die Darstellung konzentriert sich im VT auf die Aspekte Ursachen, Verlauf und Folgen der bäuerlichen Erhebung. Den Anstoß zur gewaltsamen Empörung stellte die sich rasch ausbreitende Reformation dar. Der Mut und die Unnachgiebigkeit Luthers schufen den Bauern ein Vorbild und weckten deren Widerstandsgeist. Die allgemeine Unzufriedenheit der Bauern mit der rechtlichen und wirtschaftlichen Verschlechterung ihrer Lage tritt neben die politische Interpretation von Luthers Bibelauslegung und bildet so ein Ursachengeflecht, das im Frühjahr 1525 zu einem Aufstand ungeahnter Größe führt.

In einem weiteren Teil des Kapitels werden der Verlauf des Bauernkrieges und das politische Programm der Aufständischen geklärt. Es war ein Aufstand von der Dauer eines Jahres; er begann im Sommer 1524 im Südschwarzwald und endete ein Jahr später nach den großen Schlachten in Württemberg, im Elsass und in Thüringen.

Die Reaktion der Obrigkeit und die Folgen des Bauernkriegs werden im letzten Abschnitt des VT geklärt. Trotz der verheerenden Niederlage der Bauern – insgesamt haben zwischen 70 000 und 75 000 Bauern ihr Leben verloren – war der Aufstand nicht völlig vergebens. Fast überall wurden Abgaben und Dienste festgeschrieben und der Willkür damit ein Riegel vorgeschoben. Das Streben der Bauern nach politischer Mitwirkung in der Gesellschaft der frühen Neuzeit wurde allerdings vermauert. Auch auf die Reformation hatte die Niederlage der Bauern folgenschwere Auswirkungen: Aus einer Volksbewegung wurde allmählich eine Angelegenheit der Territorialherren.

Aspekte der Unterrichtsgestaltung

Ziel des Unterrichts müsste es sein, deutlich zu machen, dass sich der Bauernkrieg aus einem Ursachengeflecht von politischer, wirtschaftlicher und religiöser Kritik entwickelte. In diesem Zusammenhang wäre es möglich, die Lebensgeschichte von Hans Lueprecht zum Ausgangspunkt zu nehmen (VT), um sie als Beispiel für eine allgemeine Praxis der Herbeiführung von „Unfreiheit" darzustellen. Mit der Aussage Luthers über die „Freiheit eines Christenmenschen" und die Interpretation dieser These durch die Bauern ist eine Legitimation für den Aufstand gegeben. Der Verlauf des Krieges kann mit der Karte (D1) nachvollzogen werden. Die politische Programmatik des Aufstandes ist mit der zentralen Quelle des Bauernkrieges, den „12 Artikeln", zu ermitteln (Q2). Zur Erörterung der Folgen des Bauernkriegs können Q3 bis Q5 herangezogen werden.

Tafelbild

Die Forderungen der Bauern in den „12 Artikeln"		
Politische Forderungen	Wirtschaftliche Forderungen	Religiöse Forderungen
Art. 2	Art. 4	Art. 1
Art. 3	Art. 7	
Art. 6	Art. 8	

Zusatzinformationen zu den Materialien

Q1 „Freiheit" als Bannerträger, die „Freiheit eines Christenmenschen" von Luther als Feldgeschrei ironisierend. Holzschnitt aus: Thomas Murner, Von dem Großen lutherischen Narren, Straßburg, 1522.

D1 Die Karte verdeutlicht im Überblick, wo die Schwerpunkte der Erhebung lagen und dass nicht das gesamte Reich von der Erhebung des „gemeinen Mannes" betroffen war.

Q2 Viele der regionalen Beschwerdeschriften oder „Vorartikel", aus denen in Memmingen die „Zwölf Artikel" zusammengestellt wurden, beriefen sich bereits auf das Göttliche Recht, d. h. auf die radikale Rückbindung der individuellen und gesellschaftlichen Lebensordnung an das Evangelium, das die Bauern „zur Lehre und zum Leben" begehrten. Damit hatte der bislang regional und zeitlich zersplitterte bäuerliche Protest einen programmatischen Kristallisationspunkt erhalten. Mit der Einführung des reformatorisch vorgegebenen Göttlichen Rechts als einheitlicher Legitimationsbasis für alle konkreten Forderungen hatte der Bauernprotest eine neue Qualität erhalten – der Bauernkrieg als nationale Bewegung war möglich.

Q3 Rohrbach war ein wohlhabender Bauer aus dem Dorf Böckingen bei Heilbronn und als Bauernführer für die Er-

mordung des Grafen Ludwig von Helfenstein verantwortlich. Als er während der Schlacht von Böblingen in Gefangenschaft geriet, nutzte Georg Truchsess von Waldburg die Gelegenheit, Rache zu nehmen und ein Exempel zu statuieren: Am 21. Mai 1525 wurde Rohrbach in Neckargartach an einen Pfahl gebunden und langsam verbrannt.

Q4 Die Bäuerin ist mit den Attributen der arbeitenden Frau (Spindel) und der Hausfrau (Schlüsselgewalt) ausgestattet.

Q5 Luther wehrt sich gegen die Vermischung der Freiheit des Evangeliums mit sozialer und politischer Freiheit. Indem Luther die christliche Existenz als eine individuelle Beziehung zwischen Gott und Mensch begriff, befreite er dieses Verhältnis radikal von politischen oder gesellschaftlichen Einmischungen. Der Zwang zu politischer Aktivität ist damit für den lutherischen Christen nicht die Regel, sondern die Ausnahme (Handeln als Christ in totalitären Systemen). Die Distanzierung des Christen vom Politischen, d. h. 1525 die Distanzierung Luthers von den Forderungen der Bauern, bedeutete einen großen Ansehensverlust bei den Aufständischen.

Q6 Thomas Müntzer, von seinen Anhängern zum Stadtpfarrer der thüringischen Reichsstadt Mühlhausen gewählt, galt als Leitfigur der antiwittenbergischen Radikalreformation. Während Luther in seiner berühmten Zwei-Reiche-Lehre zwischen Theologie und Politik unterschied, stellte sich Müntzer in eine theologische Tradition, die innere und äußere Ordnung gleichsetzte, um die Welt in ihrer Ganzheit zu heiligen. Müntzer predigte daher den Anbruch des in der Apokalypse vorhergesagten Tausendjährigen Christusreiches. Deshalb musste nach seiner Meinung das Volk zum Schwert greifen.

Q7 Die auf dem Holzschnitt sichtbaren Waffen: Hellebarde, Morgenstern, Fischspieß.

Zu den Fragen und Anregungen

1 Seinen Ausgang nahm der Bauernkrieg 1524 im Südschwarzwald. In der Grafschaft Stühlingen lehnten sich die Bauern gegen die zunehmenden Repressionen ihres Feudalherrn auf. Der Schwerpunkt der Unruhen verlagerte sich um die Jahreswende 1524/25 nach Oberschwaben (Fürstabtei Kempten). Im Februar 1525 organisierten sich dort einzelne „Haufen" und schlossen sich Anfang März zur „Christlichen Vereinigung" zusammen.

In Franken wurde der Aufstand von drei großen Bauernhaufen getragen: dem Taubertaler Haufen, dem Odenwald-, Neckartaler Haufen und dem Bildhäuser Haufen (zwischen Main und Thüringer Wald). Auch hier organisierten sich die Bauern Ende März 1525.

In Thüringen war der Bauernkrieg aufs Engste mit Thomas Müntzer verbunden. Am 15. Mai 1525 kam es bei Frankenhausen zur Entscheidungsschlacht mit den Truppen des Schwäbischen Bundes. 5 000 Bauern wurden niedergemetzelt, Müntzer hingerichtet.

2 Vergleiche dazu das Tafelbild oben. – Offen formuliert finden sich entsprechende Stellen in Artikel 1, 2, 3. Sichtbar wird aber in Artikel 2 und 3 auch die Prüfung aller Abgaben und Dienste am Evangelium.

3 Mit der Wiederentdeckung des Evangeliums verbanden die Bauern die Hoffnung, die politischen und gesellschaftlichen Dinge in christlicher und „brüderlicher Liebe" neu zu ordnen. Die große Mehrheit der Bauern dachte nicht daran, die Herrschaft abzuschaffen. Wenn z.B. die Allmendnutzung vom Grundherrn regulär gekauft worden war, wollten die Bauern sogar Entschädigungen zahlen.

4 Die Frage verweist in den Bereich des historischen Werturteils. Hier gilt im Gegensatz zum historischen Sachurteil nicht die Sachstruktur des Gegenstandes als Maßstab, sondern der jeweilige Wert- und Normenbezug des Urteilenden. Insofern muss hier eine Pluralität der Meinungen toleriert werden.

5 Gemäß seiner Zwei-Reiche-Lehre trat Luther gegen eine Vermischung des Evangeliums mit sozialer und politischer Freiheit ein. Auch wenn er für das Anliegen der Bauern Verständnis zeigt, so sind sie der Obrigkeit Gehorsam schuldig.

6 Hier muss die Frage beantwortet werden, ob der blutige Bauernkrieg die Antwort auf die Predigt von der christlichen Freiheit war, wie es viele Fürsten Luther vorwarfen. Andererseits muss Luther sich die Frage stellen und beantworten, ob das maßlose Hinschlachten Tausender von Bauern, das mit seiner Billigung geschah, nicht auch von ihm zu verantworten ist. Hat er für die Reinheit seines religiösen Anliegens die Bauern geopfert?

7 Während Luther sorgfältig zwischen Theologie und Politik trennt, damit aber auch die Obrigkeit für sakrosankt erklärt, hebt Müntzer die Trennung auf und predigt für eine Verwirklichung des Reiches Gottes auf Erden.

8 Flugblätter und Flugschriften werden in der Reformation zu einem idealen Mittel zur Information und Agitation. In Q1 wird exemplarisch die Propaganda der Altgläubigen festgehalten, in Q7 wird der Aufbruch der Bauern dargestellt, und zwar in positiver Gewichtung, während Q3 und Q4 die Niederlage des Aufstandes festhalten, und zwar in abschreckender Tendenz.

3. Eine neue Konfession entsteht – ... und stärkt die Macht der Obrigkeit

Konzeption

Der Verfassertext stellt die Ausbreitung der Reformation als Konsequenz von Luthers Parteinahme im Bauernkrieg dar. Hier wird gezeigt, dass die Erneuerung der Kirche auf zwei Ebenen stattgefunden hat: einmal in den Städten, die Reformation als „urban event". Hier waren dafür günstige Bedingungen: wirtschaftliche Macht, politisches Selbstbewusstsein, geringer Analphabetismus und Kommunikationsmöglichkeiten. Zum anderen waren es die Landesfürsten, die das Heft in ihrem eigenen Interesse in die Hand nahmen und die kirchlichen Verhältnisse in ihrem Territorium neu regelten. Hatte ein Landesherr den evangelischen Glauben angenommen, so entstanden evangelische Landeskirchen, an deren Spitze der Landesherr als „Notbischof" stand.

Diese Entwicklung einer neuen christlichen Konfession soll den Schülern vor dem Hintergrund politischer Rahmenbedingungen verdeutlicht werden; einerseits ist die

kaiserliche Zentralgewalt durch die außenpolitische Bedrohung gebunden, andererseits muss auf die Interessen der evangelischen Reichsstände bei der Übernahme der Reformation verwiesen werden: Die Macht der Obrigkeit wird gestärkt.

Das Kapitel schließt ab mit dem Hinweis auf den vergeblichen Versuch des Kaisers, die religiösen Auseinandersetzungen nach dem Wegfall der außenpolitischen Bedrohung militärisch zu lösen (Schmalkalden). Der Augsburger Religionsfriede von 1555 bedeutet für den Kaiser eine Niederlage, die evangelische Konfession erhält die rechtliche Gleichstellung.

Aspekte der Unterrichtsgestaltung

Zu Beginn soll auf eine Weichenstellung des reformatorischen Geschehens auf Reichsebene hingearbeitet werden. Die persönliche Konfrontation Luthers mit Kaiser und den Reichsständen führt zu keiner Änderung auf Seiten Luthers. Q1 und Q2 führen die historische Situation vor Augen. Ein Schwerpunkt kann dabei auf einer Interpretation der Entgegnung Luthers liegen. Als wichtige Aspekte können herausgearbeitet werden: „Vernünftiges Denken" (…klaren Grund widerlegen); „Kritik an der Kirche" (…Papst und Konzilien irren); „Bibel als Grundlage" (…Schriftworte); „Gewissensprinzip" (…mein Gewissen). Die folgenden Materialien (Q3 bis Q6, D1) sollen die städtische Reformation vermitteln. Als exemplarischer Ort ist die alte Reichsstadt Ulm gewählt. Die Quellen Q8 bis Q12 haben die Fürstenreformation zum Gegenstand. Abschließend – Q13 und Q14 – wird mit dem Augsburger Reichstag ein vorläufiger Abschluss der Auseinandersetzungen dargestellt.

Tafelbild

Aufbau der Lutherischen Landeskirche

Landesherr (Notbischof)

↓

Konsistorium als oberste Kirchenbehörde (Aufgaben: Ausbildung der Pfarrer, Kirchenaufsicht, Vermögensverwaltung)

↓

Superintendenten als Ausführende und Vorsitzende der Kreissynoden

↓

Gemeinden Pastoren für Seelsorge und Predigt, Lehrer für Unterricht

↓

Gemeindemitglieder

Zusatzinformationen zu den Materialien

Q1/Q2 Das als Zitat Luthers schon 1557 im Umlauf befindliche „Hier stehe ich…" taucht im vorliegenden Quellentext nicht auf. Mit diesem „Zitat" sollte das Bild eines standhaften, heldenhaften Luther gezeichnet werden. Die Realität in Worms war eine andere. Die Quellen sprechen von einem schüchternen und ängstlichen Auftreten Luthers.

Q3 Das Bild vermittelt einen exemplarischen Blick in das Innere, den zentralen Ort (Markt/Rathausplatz) einer Reichsstadt.

Q4 Solche Streitgespräche, in der Regel von Geistlichen, ausnahmsweise auch von gebildeten Handwerkern oder Ratsschreibern verfasst, sind sehr zahlreich in der Reformationszeit. Sie wurden z. B. in Wirtshäusern vorgelesen, hatten eine propagandistische Absicht und zeichneten sich durch Anschaulichkeit und drastische Formulierungen aus.

Q5 Die Darstellung des Mannes mit dem Balken im Auge (oben rechts) – eine Anspielung auf das Lukaswort 6, 42 – kann wohl so interpretiert werden, dass es bei dem „Bildersturm" weniger um die Bilder als solche geht, eher schon um ein moralisches Versagen der Menschen, die diese Bilder geschaffen und angebetet haben.

Q6 Die Lebenserinnerungen von Thomas Platter sind eine unschätzbare Quelle auch für gewisse Aspekte der Alltagsgeschichte bzw. Bildungsgeschichte des frühen 16. Jahrhunderts. Er berichtet sehr anschaulich von seinen Erfahrungen als wandernder eidgenössischer Schüler und Student im ober- und mitteldeutschen Raum (München, Meißen, Naumburg, Straßburg etc.)

Q7 Das Bild ist nur als Fragment erhalten, so dass nicht klar wird, worauf Melanchthon mit dem Finger zeigt. Die dominante, schützende Rolle des Fürsten für das protestantische Lager wird deutlich.

Q8/Q9 Luther beauftragte die evangelischen Landesherren, mit Hilfe von Visitationen für eine Neuordnung des Kirchenwesens zu sorgen. Der Fürst gewinnt so über die Kontrolle seiner Kirche an Einfluss und politischer Macht.

Q10/Q11 Den Fürsten wachsen mit der Übernahme der Kirche nicht nur Rechte, sondern auch Pflichten. Die Armenfürsorge, eine traditionelle Domäne der Kirche, liegt jetzt in ihrem Aufgabenbereich. Durch ein konsequent und straff organisiertes Kirchenregiment entstand so auch über die Jahre hinweg ein obrigkeitlich strukturiertes Gemeinwesen mit wenig Streit über dogmatische Unterschiede und viel Kontrolle und Normierung von öffentlicher und Privatmoral. Es wird hier deutlich, dass die Reformation auch zu einer gewissen sozialen und politischen Disziplinierung einen Beitrag geleistet hat. Dem Bündnis von „Thron und Altar" des 19. Jhs. sind in den protestantischen Territorien wichtige Voraussetzungen geschaffen worden.

Q12 In der Quelle zeigt sich eine reformatorisch gefärbte, auch traditionalistisch ausgerichtete Argumentation für die landesherrliche Unabhängigkeit, die in unserem Föderalismus (versus Zentralismus) gewisse Spuren hinterlassen hat.

Q13/Q14 Mit dem Augsburger Religionsfrieden ist die konfessionelle Spaltung Deutschlands endgültig. Ein konfessioneller Zwang von Seiten der Obrigkeiten gegenüber den Untertanen ist schwerlich zu übersehen. In den Reichsstädten wurde nicht selten religiöse Koexistenz erfolgreich praktiziert.

Zu den Fragen und Anregungen

1 vgl. Anmerkung zu Q2.

2 Eine Interpretation der Flugschrift kann auch die weitere Frage aufwerfen, welche Rolle solche Schriften für die Aus-

breitung reformatorischer Gedanken und Einstellungen wohl gespielt haben.

3 Die Frage gibt den Schülern die Möglichkeit, im Sinne eines überzeugten Protestanten zu argumentieren und so konkretes Handeln zu legitimieren.

4 Durch das Rollenspiel – die Schüler schreiben ihre jeweiligen Rollentexte – können Perspektivenwechsel und Einfühlungsvermögen in historische Situationen und die unterschiedlichen Interessenlagen von Akteuren eingeübt werden.

5 Es können ein reformatorischer („Im Neuen Testament"), nationaler („deutsche Fürsten"), traditionalistischer („… dass kein Kaiser je in deutschen Landen") und liberal-freiheitlicher („gegen unsere Freiheit verstößt") Argumentationsstrang herausgearbeitet werden.

6 Die Frage zielt auf eine grundlegendes Problem des protestantischen Freiheitsbegriffs: Wie verhält sich die „Freiheit eines Christenmenschen" mit der von Luther stark propagierten Unterordnung unter die weltlichen Obrigkeiten (Zwei-Weltenlehre)?

7 Der Augsburger Religionsfrieden beendete zunächst die religiösen Auseinandersetzungen. In ihm wurde die Realität eines Nebeneinanders von katholischer und evangelischer Lehre anerkannt. Für die Untertanen gab es praktisch keine freie Religionswahl. Sie mussten – lehnten sie die ihnen von der jeweiligen Obrigkeit vorgeschriebene Religion ab – Haus und Hof aufgeben und das Land verlassen.

8 In diese Aufgabe werden auch das Verhältnis zu nichtchristlichen Religionen und deren interne Unterschiede und mögliche Spannungen vor Ort hereinspielen.

4. Die Reformation macht europäische Geschichte

Konzeption

Nachdem in den vorangegangenen Kapiteln gezeigt wurde, wie sich in Gestalt der lutherischen Protestanten eine neue Konfession herausbildete, wird nun die dritte geschichtsmächtige Konfession der Calvinisten vorgestellt. Diese Vorgehensweise erscheint deshalb als sinnvoll, da damit das chronologische Prinzip gewahrt und für die Schülerinnen und Schüler sichtbar wird, dass das reformatorische Anliegen nicht auf die Person Luthers beschränkt bleibt. Ein wichtiger Schwerpunkt vor allem des Autorentextes liegt auf der europäischen Dimension, die Reformation als „European event". Der Calvinismus findet seinen Weg von Genf über Frankreich in die Niederlande und in den angelsächsischen Kulturraum. Er liefert – vor allem in Frankreich und den Niederlanden – den gegen die Krone aufbegehrenden Ständen die entsprechenden, ihr Freiheitsstreben legitimierenden Argumente.

Aspekte der Unterrichtsgestaltung

In einer informierenden Phase zu Beginn des Unterrichts sollten – u. U. mit Hilfe eines Lehrervortrags zur Lebensgeschichte Calvins – die besonderen Umstände der Reformation in Genf vorgestellt werden. In einem anschließenden arbeitsunterrichtlichen Vorgehen müssten dann unter Verwendung von Q2, Q3, Q4 und Q5 Aspekte der evangelisch-reformierten Konfession dargestellt werden.

Tafelbild

Zusatzinformationen zu den Materialien

Q1 Johann Calvin wirkte seit 1536 als evangelischer Prediger in Genf, wo er – allerdings gegen heftigen Widerstand – eine strenge kirchliche Ordnung einführte. Sie wurde von einem Konsistorium mit Unterstützung der weltlichen Behörden eingeführt und konsequent ausgebaut.

Q2 „Es soll nur gemalt und gebildet werden, was unsere Augen fassen können", so Calvin. Das war eine deutliche Absage an die fantasievolle Bildwelt der Katholiken. Das religiöse Bild galt als theologische Waffe der katholischen Kirche, als Götze. In der Kirche hatten Bilder daher nichts zu suchen. Dementsprechend wirkt der Kirchenraum streng und nüchtern, nur die Kanzel („Das Wort Gottes") wird hervorgehoben.

Q3 Für die katholische Kirche war der Gebrauch der Bilder in Kirchen als Schmuck, zur Erinnerung an heilige Personen oder Ereignisse und zur Belehrung der Leseunkundigen gestattet. Bilder oder Statuen wurden zu Gegenständen der Anbetung, denen allerlei wundertätige Kraft zugeschrieben wurde. Der Kirche war der Bilderkult nicht nur als sinnliches Bindeglied zwischen ihr und dem einfachen Mann willkommen, es lockte auch ein einträgliches Geschäft durch Wallfahrten, Ausstellungen und Verkäufe.

Q4 Als König Karl IX. den Versuch machte, durch die Verheiratung seiner Schwester mit dem protestantischen Prinzen Heinrich von Navarra die religiöse Lage zu entspannen, erreichte die Grausamkeit, mit der die Bürgerkriege geführt wurden, ihren Höhepunkt. In der Nacht vom 23./24. August 1572 und den Tagen danach sollen mehr als 20 000 Hugenotten fanatisierten Katholiken zum Opfer gefallen sein. – Das Bild veranschaulicht die Bereitschaft zu religiös motivierten unmenschlichen Gewaltakten.

Q5 Für die Verbreitung des Calvinismus spielten die Briefe Calvins, die er von Genf aus an die Fürsten Europas verschickte, eine bedeutsame Rolle.

Zu den Fragen und Anregungen

1 Katholische Kirche: Sinne ansprechende Aufmachung, wohlüberlegte Farb-, Form- und Lichtgebung zur religiösen Entrückung, Bilder als Schmuck>>Faszination, emotionale Überwältigung.

Reformierte Kirche: völlig schmucklos, Altäre werden zu Tischen, nur das Wort zählt, keine Bilder in der Kirche >> Argumentation.

2 Der VT kann an dieser Stelle durch einen LV oder ein Schülerreferat vertieft werden. Im Mittelpunkt steht die Prädestinationslehre, als eine spezifisch religiöse Motivation zu weltlichem Vorwärtskommen (Ansehen, Reichtum). Dieses Konzept hat bei der Entstehung eines modernen Idealtyps von Unternehmer mitgewirkt, zu dessen Eigenschaften neben einem asketischen Lebensstil auch moralische Prinzipien gehörten.

3 Der Anspruch Calvins, Staat und Gesellschaft nach den Vorgaben seiner Theologie zu gestalten, führte zu einer totalen Erfassung der Menschen. Konkret bedeutete dies: Überprüfung der religiösen Kenntnisse der Menschen in regelmäßigen Abständen, Kontrolle der privaten Lebensführung hinsichtlich eines sozial verträglichen Verhaltens, Überwachung gesellschaftlich abweichenden Verhaltens. Attraktivität entwickelte der Calvinismus auf Grund seiner demokratischen Gemeindeverfassung, des proklamierten Widerstandsrechts sowie der Prädestinationslehre (Honorierung von Fleiß und Erfolg).

4 Den Calvinisten war es erlaubt, sich ihrer Obrigkeit in bestimmten Fällen zu widersetzen.

5 Diese Aufgabe sollte ihren Ausgang vom Verfassertext nehmen und in ein Kurzreferat münden. Hier wird aber Zusatzmaterial vom Unterrichtenden zur Verfügung gestellt werden müssen.

5. Wie reagiert die „alte Kirche"?

Konzeption

Nach der institutionellen Verfestigung des lutherischen Protestantismus und der Ausbreitung der evangelisch-reformierten Konfession intensivierte sich die Abgrenzung zur katholischen Glaubensrichtung. Für den Katholizismus bedeutete die Reformation eine beispiellose Herausforderung. In diesem Kapitel soll dargestellt werden, wie die alte Kirche ihre Position zu behaupten suchte. Das Konzil von Trient gab der katholischen Kirche erstmals eine klar definierte Form. Auf dieser Grundlage erneuerter Religiosität gingen die Reformpäpste in die Offensive. Mit Hilfe von Inquisition und Jesuitenorden entwickelte sich die katholische Erneuerung zur Gegenreformation.

Aspekte der Unterrichtsgestaltung

Mithilfe der Karte zur Verteilung der Konfessionen in Europa (ADS) soll in einer einleitenden Phase die Frage der Schülerinnen und Schüler provoziert werden, welche Reaktion auf Seiten der katholischen Kirche zu erwarten ist. Die Erarbeitungsphase kann mit Q1 eingeleitet werden, worin die Eröffnung des Konzils von Trient thematisiert wird. Anschließend sollte in arbeitsteiliger Gruppenarbeit die Beschlusslage des Konzils und die innere Ordnung des Jesuitenordens (Q2, Q3, Q4) aufbereitet werden. In einer Phase der Vertiefung könnte – vermittelt über die Rolle der Jesuiten – der Übergang zur Gegenreformation hergestellt werden (VT, D1).

Tafelbild

Konzil von Trient	
Glaubensbeschlüsse	**Reformbeschlüsse**
Grundlage: Heilige Schrift und Tradition, deshalb z. B. 7 Sakramente.	Ausbildung der Priester in Seminaren
Nur die Kirche darf die Bibel auslegen (kein allgemeines Priestertum der Gläubigen)	Residenzpflicht der Bischöfe
	Maßnahmen gegen Konkubinat
Auch gute Werke sind zur Erlösung notwendig (nicht allein der Glauben und die Gnade Gottes)	

Zusatzinformationen zu den Materialien

Q1 Das Bild zeigt das Bemühen der Konzilsväter um die rechte Auslegung nicht nur der Bibel, sondern auch der Tradition (auf dem Boden liegende Schriften). Unterstützt werden die Väter von nicht stimmberechtigten Theologen (links im Bild). Deutlich wird auch die überragende Stellung des Papstes, der aus dem Hintergrund (oben links) das Konzilsgeschehen lenkt. – Das Bild soll als Auftragsarbeit die Leistung Alessandro Farneses würdigen, der von 1534–1549 als Papst Paul III. auf dem Stuhl Petri saß.

D1 Vor allem auf dem Feld des Bildungswesens ist die Energie des Konfessionsstaates eindrucksvoll. Mit achtzehn neu eröffneten Hochschulen ging geradezu eine Gründungswelle durch die Universitätswelt. Mit Marburg und Königsberg, Jena, Helmstedt, Gießen, Straßburg, Rinteln und Altdorf setzten sich dabei die lutherischen Territorien an die Spitze.

Q2/Q3 Das Konzil wurde 1544 einberufen und tagte in drei Perioden: 1545–1547, 1551/52, 1562/63. Das Konzil sollte die religiösen Streitigkeiten durch eine eindeutige Lehrentscheidung beseitigen und die Missstände in der Kirche abschaffen. Die Absicht des Papstes und des Kaisers war, die Protestanten zum Erscheinen zu zwingen.

Die dritte Periode war die fruchtbarste des ganzen Konzils. Es erfolgte die klare dogmatische Abgrenzung zu den Protestanten.

Beschlüsse:
- Stellung gegen das allgemeine Priestertum
- Luthers Lehre von der Rechtfertigung allein durch den Glauben wird zurückgewiesen.

Q4/Q5 Seit 1541 legten die Mitglieder des Jesuitenordens ein fünffaches Gelübde ab, das zu den bisherigen Mönchsgelübden (Armut, Keuschheit, Gehorsam) noch die Verpflichtung gegenüber dem Papst enthält. Dieser Gehorsam ergibt sich aus der Stellvertreterfunktion des Papstes. Im Gegensatz zu den bisherigen Orden sind die Jesuiten nicht ortsgebunden. Dadurch wird die äußere Mission, von der

Q4 spricht, erleichtert. Ursprüngliches Ziel des Ordens war die Mission der Mohammedaner im „Heiligen Land". Die äußere Mission wurde besonders wirksam in Indien, China, Japan, Lateinamerika und Kanada durchgeführt. Zu der äußeren Mission trat ab 1538 auch die innere Mission (Bekämpfung der Ketzer und Stärkung der Gläubigen).

Zu den Fragen und Anregungen

1 Luther hatte eine allgemeine Bildungsreform gefordert, und die Fürsten, und zwar sehr bald auch die katholischen, griffen diese Aufforderung gerne auf. Es galt
- das Verständnis für die Lehre der jeweiligen Kirche zu fördern,
- gehorsame und fromme Untertanen heranzuziehen,
- dem zunehmenden Bedarf der Verwaltung an gut ausgebildeten Landeskindern nachzukommen.

2 Die „Ausbreitung des Christentums" sollte vor allem durch das eigene Vorbild befördert werden: durch gute und beredte Prediger, hervorragende Theologen, erfahrene Beichtväter und kompetente Lehrer wollten die Jesuiten ihrem Ziel nachkommen.

3 Hier wird auf die Strategie der Jesuiten verwiesen werden müssen, die Erziehung der Söhne des Adels über die Einrichtung von besonderen Bildungsinstitutionen in den Griff zu bekommen. Auch ihre oftmalige Tätigkeit als Beichtväter der Fürsten trug den Ergebnissen des Augsburger Religionsfriedens Rechnung.

4 Beschlüsse des Konzils:
- Nur die Kirche besitzt das Recht, die Bibel auszulegen und Glaubensgrundsätze festzulegen.
- Der Mensch braucht zwar zur Erlösung den Glauben, er kann aber mit Hilfe guter Werke ewigen Lohn erringen und damit zu seiner Erlösung beitragen.

Luthers Lehre:
- Es gibt ein allgemeines Priestertum der Gläubigen.
- Erlösung gibt es nur durch den Glauben.

6. Glaube und Macht – die „Verwüstung Deutschlands" im Dreißigjährigen Krieg

Konzeption

In diesem Kapitel wird gezeigt, dass die beiden Konfessionen trotz des Friedens von 1555 nicht mehr bereit waren, friedlich nebeneinander zu leben. Aus der engen Verbindung von konfessionellen und politischen Spannungen entwickelte sich 1618 der Dreißigjährige Krieg. Als Beispiel hierfür steht das auslösende Moment des „Prager Fenstersturzes", eine Protestaktion evangelischer Adliger in Böhmen gegen die Beschränkung ihrer Religionsfreiheit durch den katholischen Habsburger Ferdinand II. In einem weiteren Abschnitt wird die Ausweitung des Krieges zu einem europäischen sichtbar und am Eingreifen des katholischen Frankreich gegen die katholischen Habsburger wird gezeigt, dass es nicht mehr nur um den Glauben ging. Die Leiden der Bevölkerung und deren Dezimierung sind Gegenstand eines weiteren Abschnitts. Schließlich wird der

Westfälische Friede von 1648 in seinen wesentlichen Bestimmungen vorgestellt.

Aspekte der Unterrichtsgestaltung

Als Einstieg sollte Q2 („Der Prager Fenstersturz") gezeigt werden, um den Anlass des dann 30 Jahre währenden Konfliktes zu skizzieren. Die hierzu nötigen Hintergrundinformationen könnten in Form eines Lehrervortrags präsentiert werden. Mit Hilfe von Zeittafel und Verfassertext wäre in einer Phase der Erarbeitung der Verlauf des Krieges darzustellen und damit auch zu strukturieren, was als Grundlage für eine anschließende Problematisierung bzw. Charakterisierung des Krieges dient (Glaubenskrieg, europäischer Krieg, Bürgerkrieg).

In einer weiteren Unterrichtsstunde sollten die Auswirkungen des Krieges auf die Bevölkerung im Mittelpunkt stehen. Hier könnte von Q4 und Q9 ausgegangen werden und u. U. der Kriegsunternehmer Albrecht von Wallenstein näher vorgestellt werden. Anschließend müssten in arbeitsteiliger Gruppenarbeit die Leiden der Bevölkerung thematisiert werden (Q3, Q7, Q8, Q10, Q5, Q6 Q11). Der Westfälische Friede sollte einer Hausaufgabe vorbehalten bleiben.

Tafelbild

Ursachen, Anlass und Verlauf des Dreißigjährigen Krieges

Ursachen

Im Reich:
- Veränderung der „Religionslandschaft" nach 1555
- Gründung von „Union" und „Liga"

Gesamteuropäisch:
- Konfessionelle Konflikte in Frankreich und den Niederlanden

Anlass

Der Prager Fenstersturz

Verlauf/Phasen

1618–1623: Im böhmisch-pfälzischen Krieg siegt die katholische „Liga"

1625–1630: Die „Liga" siegt im niedersächsisch-dänischen Krieg

1630–1635: Schwedischer Krieg

1635–1648: Schweden und Franzosen führen Krieg gegen den Kaiser

Folgen des Krieges für die Bevölkerung
- Plünderung
- Mord
- Misshandlung
- Seuchen
- Bevölkerungsrückgang

Zusatzinformationen zu den Materialien

Q1 „Der Stelzfuß", Radierung nach Jacques Callot. Der Krieg lässt das Heer der Bettler und Krüppel anschwellen, darunter viele Soldaten.

Q2 Der Kupferstich stammt von Matthäus Merian d. Ä. (1593–1650), der 1623 den schwiegerväterlichen Verlag übernommen hatte und nach der „Topographia Germa-niae" mit dem „Theatrum Europaeum" ein zweites auflagenstarkes Erfolgsprodukt herausbrachte. Zwischen 1629 und 1634 erschien zunächst in acht illustrierten Quartbänden die Geschichte bis 1618. Merian, der das „gothisch und hunnische Wesen des Krieges" beklagt und meint, dass die Künste wegen der neuen Barbarei des Krieges todkrank seien, wählt – wie in der vorliegenden Abbildung – die bei den Lesern gefragten, d. h. politisch-militärischen sensationellen Ereignisse aus.

Q3 „Der Galgenbaum", Radierung von Jacques Callot. Die von Callot radierte sogenannte „Große Kriegsfolge" fällt in die letzten Schaffensjahre des lothringischen Künstlers, der 1635 starb. In der achtzehnteiligen Serie veranschaulichte Callot neben dem Leben der Soldaten in der Armee auch die Not und das Elend, das einfallende Militärtruppen über einen Landstrich bringen konnten. Brandschatzung, Raub, Mord und Plünderung werden im ersten Teil der Folge in ihrer ganzen Brutalität und Grausamkeit gezeigt. Im zweiten Teil liegt der Hauptakzent auf der Forderung nach militärischer Disziplin, deren notwendige Einhaltung durch die gezeigten Grausamkeiten und Ausschreitungen begründet wird.

Die Entstehungsgeschichte der Folge bleibt unklar. Die Serie spielt vermutlich auf historische Aktionen der kaiserlichen Soldaten aus den Jahren 1629–1632 an.

Q4 Wallenstein verfuhr nach dem Grundsatz „Der Krieg ernährt den Krieg", d. h. die besetzten Landstriche mussten die Quartiere, die Verpflegung und den Sold für die Soldaten zur Verfügung stellen. Reiche Städte konnten sich durch hohe Geldsummen von der Einquartierung loskaufen. Als militärischer Großunternehmer und Feldherr führte er selbständig Krieg für den Kaiser. Da er mit dem Gegner Friedensverhandlungen anbahnte und sich das Heer zu persönlichem Gehorsam zu verpflichten suchte, wurde er vom Kaiser als Verräter abgesetzt und von einer Gruppe kaiserlicher Offiziere ermordet.

Q5 Sebastian Bourdon war ein französischer Maler, der sich nicht nur mit Episoden der militärischen Gesellschaft befasste und Szenen aus dem Soldatenleben auf Gemälden festhielt, sondern galt auch als befähigter Portraitist, der 1652 von Königin Christina an den schwedischen Hof berufen wurde. Während seiner zweijährigen künstlerischen Tätigkeit für den Stockholmer Hof schuf Bourdon unter den zahlreichen Portraits auch ein Bildnis der Herrscherin.

Q6 Die Bauern werden von den Soldaten ausgepresst und geschunden. Die Flugschrift muss als Dokument der Erfahrung jener Menschen gelesen werden, die das grausame Geschehen des Dreißigjährigen Krieges nicht begriffen, das über sie gekommen war, die sich aber dennoch in dem Chaos einrichten mussten.

Q7 Die Quelle kann als Dokument des Grundsatzes „Der Krieg ernährt den Krieg" gelesen werden. Vergleiche hier die Informationen zu Q4.

Q8 Die Quelle zeigt die unmittelbaren und mittelbaren Kriegsfolgen: Tod durch die Soldaten, Zerstörung von Städten und Dörfern, Bevölkerungsverluste. Allerdings ist anzumerken, dass es nicht überall in Deutschland so ausgesehen hat.

Q9 Mit den großen Armeen bildete sich neben der städtischen und höfischen eine dritte Gesellschaftsform aus:

die militärische Gesellschaft mit eigener Geistlichkeit, Gerichtsbarkeit und eigenem Verhaltenskodex. Vor allem die Aufstiegschancen über alle Standesschranken hinweg machten das Militär für viele attraktiv.

Q10 Die Radierung von Callot ist sowohl in der sogenannten „Kleinen Kriegsfolge", die aus 6 Radierungen besteht, als auch in der „Großen Kriegsfolge" enthalten.

Q11 Allen gemeinsam war die Erfahrung als Opfer. In diesem Klima von Brutalität und Grausamkeit wurden nicht nur die Bauern unmenschlich behandelt, sondern auch die Täter entmenschlicht.

D1 Aus dieser Karte lassen sich die Hauptkriegsschauplätze ablesen. Besonders betroffen sind Mecklenburg, Pommern, Württemberg, Hessen und die Pfalz. Auch sind die Wege zu erkennen, welche die Heere auf ihren Kriegszügen nahmen.

D2/D3 Die Verträge von Münster und Osnabrück dokumentieren nicht nur das Ende des Krieges, sondern auch den Beginn der neuzeitlichen Friedensdiplomatie und die Schaffung eines modernen, säkularisierten Friedensbegriffs, der Europa aus der Krise der es verwüstenden Glaubenskriege herausführte.

Zu den Fragen und Anmerkungen

1 Die vier Phasen des Dreißigjährigen Krieges:
1. Phase: Böhmisch-pfälzischer Krieg, d.h. die protestantisch-böhmischen Stände geraten mit dem Kaiser in Konflikt, weil dieser das Recht der freien Religionsausübung zurücknimmt. Sie erkennen den neu gewählten Kaiser Ferdinand nicht an und wählen den Führer der „Union", Kurfürst Friedrich von der Pfalz, zu ihrem König.
2. Phase: Niedersächsisch-dänischer Krieg, d.h. aus dem deutschen Krieg wird ein europäischer Krieg. Der dänische König zielt auf die Vorherrschaft in Norddeutschland und tritt damit den gegenreformatorischen Bestrebungen des Kaisers entgegen. Im Lübecker Frieden von 1629 muss er sich aus Norddeutschland zurückziehen. Die „Liga" siegt zum zweiten Mal.
3. Phase: Schwedischer Krieg, d.h. der schwedische König Gustav Adolf ergreift für die protestantische Seite Partei und führt einen kalkulierten Eroberungskrieg mit dem Ziel der Aneignung der Ostseeküste. 1634 werden die schwedischen Truppen von kaiserlichen Verbänden vollständig geschlagen.
4. Phase: Frankreich greift auf schwedischer Seite gegen den Kaiser ein mit dem langfristigen Ziel, die Umklammerung Wien-Madrid aufzubrechen.

2 Der katholischen „Liga" stand die protestantische „Union" gegenüber.
Stützen der „Liga": der habsburgische Kaiser, der Herzog von Bayern. Dieser erhielt nach der Niederlage Friedrichs von der Pfalz die pfälzische Kurwürde und die Oberpfalz.
Stützen der „Union": Kurfürst Friedrich V. von der Pfalz, süd- und westdeutsche protestantische Reichsstände.
Bei Ausbruch des Dreißigjährigen Krieges erwies sich die „Union" der „Liga" nicht gewachsen, sie versagte ihrem Führer die Unterstützung.

3 Eine Söldnerarmee setzte sich aus Angehörigen verschiedener Nationen zusammen, die sich ihrem jeweiligen „Dienstherrn" verpflichtet fühlte. Oftmals schlecht bezahlt, „besserte" der Söldner seinen Lohn durch Straßenraub und Erpressung sowie Plünderung auf.

4 Die Bevölkerungsverluste entstanden durch:
- Verlust der Nahrungsmittelgrundlage infolge Quartiernehmung durch die Armeen (Hungersnöte)
- Durchzug der Armeen
- Seuchen (Pest)
- Unmittelbare Kriegseinwirkungen (z.B. Rekrutierungspraktiken, hygienische Probleme in den Soldatenlagern, Schlachtentod).

Am stärksten wurden die Gebiete betroffen, die an den Durchzugsstraßen der Heere lagen.

5 Auswirkungen des Krieges auf die Bevölkerung:
- Gruppe 1 (Q5 und Q10): Durch die Quartiernehmung der Soldaten und den Grundsatz „Der Krieg ernährt den Krieg" entstanden in den betroffenen Gebieten z.B. Hungersnöte, die den Gegenschlag der Bauern provozierten.
- Gruppe 2 (Q3, Q7, Q8): Die Quellen repräsentieren der Vielfalt der Kriegseinwirkungen. Während sich die reiche Stadt Ulm zunächst freikaufen kann, um von unmittelbarer Zerstörung verschont zu werden, zeigt der Bericht des Geistlichen den großen Verlust an materiellen Gütern (Zerstörung von Häusern), aber auch den Bevölkerungsverlust, der auf dem Land auf 40% geschätzt wird, in den Städten auf 33%. „Der Galgenbaum" verdeutlicht die Praxis einfallender Militärtruppen.
- Gruppe 3 (Q6 und Q11): Die Quellen verdeutlichen die Praxis der Soldateska, aber auch die allgemeine Verrohung infolge der Kriegseinwirkungen.

6 Zwar bestimmte weiterhin der Landesherr die Konfession, jedoch durfte die Bevölkerung die Konfession, die sie am 1. Januar 1624 besessen hatte, weiterhin öffentlich und privat ausüben. Ausgenommen war die Oberpfalz. Der Calvinismus wurde als dritte Konfession akzeptiert. – Verfassungsrechtlich bedeutete der Friede den Sieg der Reichsstände, die jetzt volle Souveränität erhalten. Durch die Kontrolle der Schweden über die Weser-, Elbe- und Odermündung bekommt das nordische Königreich politische und ökonomische Macht in Nord- und Ostdeutschland. Frankreich gewinnt einen Eingang nach Deutschland. Das Kriegsziel, sich präventiv gegen die Umklammerung durch die Habsburger zu wehren, ist erreicht.

Der Absolutismus in Europa

Inhalte und Schwerpunkte

Die Themeneinheit „Der Absolutismus in Europa" entfaltet den entsprechenden Bildungsstandard (Bildungsplan S. 222) über die ersten drei Kapitel hinweg exemplarisch am Frankreich Ludwigs XIV. Im vierten Kapitel wird der europäische Rahmen am Beispiel des Absolutismus im deutschen Südwesten erweitert und konkretisiert. In das 1. Kapitel ist eine „Gewusst-wie"-Methodenschulung zur Interpretation eines Herrscherbildes integriert, auf der „Lernen-lernen"-Seite werden Tipps zur Erstellung eines Quiz gegeben.

„Den" einen Absolutismus als ein monolithisches, in sich konsistentes europäisches Herrschaftssystem gab es nicht. Zu unfertig und divergent waren dessen verschiedene europäische Ausprägungen. Die absolutistische Machtausübung war oft mehr herrscherliches Ideal, als wirklich erreichte Realität, auch wenn die zeitgenössische Apologetik der Macht Letzteres zu suggerieren versuchte. Ebenso legt die Verwendung des Begriffs des „Merkantilismus" die Vorstellung eines systematisch verfolgten und in sich kohärenten Wirtschaftssystems nahe. Gerade im Frankreich Ludwigs XIV. bleibt der Merkantilismus aber ein Torso und muss als gescheitert betrachtet werden. (Duchardt, S. 46) Die Charakterisierung des späten 17. und 18. Jhs. als ein „Zeitalter des Absolutismus", ein historiografisches Erbe des 19. Jhs., erweckt heute noch den Eindruck einer linearen historischen Entwicklung und europaweiter staatlicher Uniformität, obwohl es neben Erbmonarchien, Wahlmonarchien, auch republikanisch-oligarchisch verfasste Gemeinwesen und Staaten gab, die mit ihren Verfassungen experimentierten. Eigentliche europäische Gemeinsamkeit aller Staaten ist die ständische Verfasstheit ihrer Gesellschaften. Die homogen geschlossene und früher so auch im Unterricht transportierte Vorstellung vom Absolutismus ist ein Geschichtsbild, das eher der herrscherlichen Perspektive und dem Programm des Absolutismus verpflichtet ist als der historischen Realität.

Berücksichtigt man die erwähnten Defizite, hat der fürstliche Absolutismus aber nirgendwo eine so organische und konsistente Einheit wie in Frankreich erreicht, da er hier sein Ziel, die Durchdringung, Homogenisierung und Disziplinierung des Untertanenverbandes in politischer, rechtlicher, religiöser und kultureller Hinsicht am weitestgehendsten erreichte.

Die unterrichtliche Auseinandersetzung mit dem Absolutismus als europäischem Phänomen sollte eine monokausale Verkürzung vermeiden. Der Absolutismus stellt eigentlich eine Phase der „zugespitzten Fürstenherrschaft" (Duchardt, S. 162) dar. Die mit ihr verbundenen, heute positiv bewerteten Modernisierungsimpulse sind Ergebnis oft mehr situativer als systematischer Bemühungen aus dem Ringen des Königs um die Durchsetzung von Macht gegen die Partizipationsbestrebungen des Adels und der Stände. Die Konzeption der Themeneinheit trägt diesen Überlegungen Rechnung und will eine multikausale, multiperspektivische und kontroverse Auseinandersetzung mit

dem Absolutismus ermöglichen. Die Darstellung und Materialien sollen neben dem Exemplarischen die Divergenz und Ambivalenz der Epoche bzw. der beteiligten Personen und ihrer Motive spürbar und reflektierbar machen. Folgende historisch-politische Problemfelder entfalten den Bildungsstandard in einem vom Bildungsplan geforderten problemorientierten Geschichtsunterricht:

– Legitimierung von Herrschaft,
– Funktion und Bedeutung von Herrschaftsrepräsentation,
– Grundlegung und Merkmale des modernen Staates (Zentralverwaltung, Bürokratie, Machtzentralisierung),
– Funktionsweise, Anliegen und Probleme staatlicher Wirtschaftspolitik,
– Monopolisierung und Verstaatlichung von Gewalt und ihre Konsequenzen,
– Sozialdisziplinierung und -homogenisierung,
– die Gesellschaftsordnung und die Bedeutung sozialer Mobilität bzw. Immobilität für das politische und gesellschaftliche Leben,
– die Spannung von wirtschaftlicher Macht und politischer Ohnmacht.

Auftaktdoppelseite 234/235

Die Auftaktdoppelseite (ADS) bietet Materialien an, die einzeln oder kombiniert für verschiedene problemorientierte Einstiege in die ganze Themeneinheit oder in Einzelthemen verwandt werden können.

– Der Einleitungstext mit der ambivalenten Bewertung Ludwigs und die Aufforderung zur eigenen Urteilsbildung kann als Einstieg in die gemeinsame Planung der Unterrichtsreihe dienen. Die Schülerinnen und Schüler können Untersuchungshypothesen oder Fragen formulieren oder inhaltliche Aspekte nennen, die ihnen für eine Urteilsbildung relevant erscheinen. Diese können gesammelt und systematisiert werden, um gemeinsam eine Unterrichtsreihe zu konzipieren. Alternativ können die Schülerfragen die Gliederung einer schon fertig geplanten Reihe transparent machen, die dann vom Lehrer/der Lehrerin vorgestellt wird.
– Die Darstellung des Israel Silvestre von Versailles und der Blick in die Galerie des Schlosses ermöglichen die Problematisierung der Bautätigkeit und der königlichen Hofhaltung Ludwigs (Kapitel 1). Der in die Zeichnung gestellte Ludwig kann von den Schülern zu seinem Bau befragt werden. Die Frage nach den Kosten des Schlossbaus kann auch als Einstieg in den Merkantilismus (Kapitel 3) dienen. Die Schülerinnen und Schüler können alternativ in der Rolle heutiger oder damaliger Besucher des Schlosses Fragen entwickeln. Ebenfalls möglich ist der Auftrag an die Schülerinnen und Schüler, einen Reiseführer über das Schloss zu konzipieren. Über welche Aspekte Versailles' würden Sie sich und andere informieren?
– Die beiden Zitate von Ludwig und Fénelon problematisieren Anspruch und Wirklichkeit der Herrschaft

Ludwigs und werfen durch ihren Kontrast Fragen nach der sozialen Realität der französischen Gesellschaft auf. (Kapitel 3 zu Wirtschaftspolitik und Gesellschaft Frankreichs). Das Zitat Ludwigs für sich allein genommen kann als Einstieg für die Überprüfung seines Herrschaftsanspruchs und dessen Durchsetzung in Staat und Gesellschaft (Kapitel 1 und 2) verwandt werden.

- Die Bilder bzw. Bildausschnitte mit Bauern, reichem Bürger und Adeligen werfen Fragen nach der Gesellschaft Frankreichs, ihren sozialen Gruppen und dem Verhältnis dieser Gruppen zueinander auf (Kapitel 3). Die Schülerinnen und Schüler können entweder die Personen der Bilder befragen, Fragen zu den dargestellten Situationen stellen oder die Beziehungen problematisieren, indem sie den Personen, welche die jeweils anderen Gruppen „beobachten", z. B. Comic-Denkblasen schreiben.
- Der Bildausschnitt mit Ludwig XIV. als Feldherr kann mit dem offiziellen Bild eines beliebigen modernen europäischen Staatsmanns kontrastiert werden. Dass sich ein europäischer Präsident oder Kanzler in Uniform präsentiert oder gar porträtieren lässt, wäre momentan eher die Ausnahme. Dass Ludwig sich explizit in Rüstung malen ließ, wirft Fragen nach Rolle und Bedeutung der Armee und der Außenpolitik (Kapitel 2) oder auch Anliegen und Form der Herrschaftsrepräsentation auf. Ludwig XIV. „präsent" im Bildausschnitt, kann generell von den Schülern zu verschiedenen Themenaspekten als „Interviewpartner" befragt werden. Die Schüler können andere Materialien der ADS in ihre „Interviews" mit einbeziehen. Z. B. könnten die Bauern Fragen an Ludwig richten.
- Die Darstellung der Schleusenanlage kann die Untersuchung der merkantilistischen Wirtschaftspolitik und ihrer Infrastrukturmaßnahmen (Kapitel 3) anbahnen, indem mit der Lerngruppe reflektiert wird, wer in einem Staat so etwas wie Kanäle, Straßen usw. planen, bauen und bezahlen soll, warum sie gebaut werden und wer sie benutzen soll und darf.

Die Materialien der ADS können auch zum Abschluss einzelner Stunden oder der Reihe benutzt werden, um den Lernerfolg zu überprüfen.

1. Wie mächtig soll ein König sein? – Ludwig XIV. von Frankreich

Konzeption

Das erste Kapitel thematisiert Herrschaftsanspruch, -durchsetzung, -legitimation und -repräsentation Ludwigs XIV. Die Überschrift signalisiert bereits, dass unumschränkte königliche Macht keine Selbstverständlichkeit, sondern durchaus umstritten war. Ihr Umfang entschied sich erst im Laufe des Machtausbaus Ludwigs. Das erste Kapitel soll deshalb den neuartigen Charakter der Königsherrschaft Ludwigs deutlich machen, indem es deren Entstehungsprozess vor Augen führt. Ludwigs Machtan-

spruch, seine Herrschaft und die besondere Weise seiner Machtsicherung, später Absolutismus genannt, entstehen aus und im Wettbewerb mit konkurrierenden Institutionen und Gruppen um die Macht.

Der VT zählt zuerst die staunenswerten Fakten zum Schloss Versailles auf und eröffnet so die Frage nach dem Zweck derartiger Bemühungen. Er erklärt die Bedeutung des Schlosses nicht nur als reinen Repräsentationsbau für einen gesteigerten Geltungsanspruch, sondern als Machtinstrument zur Durchsetzung und Absicherung königlicher Herrschaft gegen den Adel. In den nächsten beiden Abschnitten werden die Ursachen für das überraschende Bedürfnis des Königs, sich gegen „seinen" Adel durchsetzen zu wollen aus der Fronde erklärt. Den daraus erwachsenden gesteigerten Machtanspruch über den Gesetzen zu stehen, seine Legitimierung mit göttlichem Auftrag und weitere Durchsetzungsbemühungen in der Reorganisation der Verwaltung stellt der nächste Abschnitt dar. Der abschließende Absatz, der die bei den Ständen verbleibenden Kompetenzen beschreibt und auf die Disziplinierungsbemühungen Ludwigs hinweist, soll dem Eindruck entgegenwirken, dass Ludwig seine Herrschaft auch tatsächlich umfassend durchsetzen konnte. Er zeigt, dass Ludwig sich in permanenter Auseinandersetzung mit den konkurrierenden Gruppen und Institutionen befand.

Zur ergänzenden exemplarischen Erarbeitung der im VT angeschnittenen Aspekte ist in das erste Kapitel neben den Materialien ein „Gewusst-wie"-Methodenelement „Herrscherbilder interpretieren" integriert. Anspruch und Selbstverständnis Ludwigs XIV. als König können im bekannten Gemälde von Hyacinthe Rigaud von den Schülern selbstständig untersucht werden.

Möglichkeiten der Unterrichtsgestaltung

Beispiel für eine Unterrichtssequenz (3 Stunden):
Die Themeneineinheit sollte aus lernpsychologischen Gründen problemorientiert eingeleitet, der Stoff entsprechend strukturiert und deshalb mit einer gemeinsamen Planung der Unterrichtsreihe begonnen werden (Vorgehen bei den Hinweisen zur Auftaktdoppelseite).

1. Stunde: Das Schloss Versailles – Funktion und Bedeutung von Herrschaftsrepräsentation.
Einstieg über die ADS oder Q3 (sich ergebende Leitfrage: Welche Funktion hat das Schloss Versailles?).
Erarbeitung: VT und/oder Q3, Q5, Q6, D1.
Sicherung der Sachinformationen.
Reflexion von Funktion und Bedeutung der Herrschaftsrepräsentation: Unterschiedliche Personen am Hof machen sich Gedanken, ob die Ausgaben für den Schlossausbau gerechtfertigt sind.
Möglichkeit des historischen Vergleichs, Transfers oder Gegenwartsbezugs: Formen und Funktionen mittelalterlicher (Burg) oder moderner „Herrschaftsarchitektur" (Parlamentsbauten, Rathaus) oder Architektur der Macht (Bankentürme).
Mögliche Hausaufgabe: S. 241, Anregung 1.

2. Stunde: Herrschaftsanspruch und -legitimierung Ludwigs XIV. – die Herrschersakralisierung.

Einstieg über die ADS oder Q2 (sich ergebende Leitfrage: Wie kommt Ludwig dazu sich (gottgleich) als der Größte zu bezeichnen?).

Erarbeitung: VT und/oder Q8, Q9, mit S. 241, Anregung 3.

Reflexion von Anspruch und Herrschaftslegitimierung Ludwigs: S. 241, Anregung 4.

Sicherung: Schülerbild aus Anregung 4.

Transfer, Gegenwartsbezug: Legitimierung von Herrschaft, Hierarchie und Privilegien in modernen Gesellschaften oder dem eigenen Umfeld.

Mögliche Hausaufgabe: S. 241, Anregung 5.

3. Stunde: Die Selbstdarstellung Ludwigs – ein Herrscherbild entschlüsseln.

Einstieg VT S. 238 (sich ergebende Leitfrage: Welche geheimnisvollen Hinweise sind im Bild versteckt?) oder Q4 mit S. 239, Anregung 1.

Erarbeitung: Selbstständig mit S. 239, Anregung 2.

Sicherung: Schülerpräsentationen und S. 239 Anregung 3.

Transfer, Gegenwartsbezug: Vergleich mit modernen Politikerbildern.

Mögliche Hausaufgabe: S. 239, Anregung 4 oder Anregung 5.

Zusatzinformationen zum Verfassertext

Der ursprünglich pejorative Begriff „Absolutismus" wurde nach 1800 geprägt, um ein sich selbst überlebt habendes, nicht durch eine Verfassung legitimiertes Herrschaftssystem zu charakterisieren. Ludwig XIV. selbst gebrauchte in seinen Memoiren den Begriff des „ordre", um Anliegen und säkulare Rechtfertigung seiner Herrschaft nach der „désordre" des Dreißigjährigen Kriegs und der Fronde zu umschreiben. „Der" Absolutismus ist eine Konstruktion der Historiker.

Der Absolutismus ist auch nicht so absolut wie die Bezeichnung nahe legt. Die häufig missverstandene Losgelöstheit von den Gesetzen bezieht sich allein auf die positiven Gesetze. Göttliche Gesetze und Naturrecht bleiben von diesem Prinzip unberührt. Der VT macht diese Einschränkung durch den Hinweis auf die Losgelöstheit nur von den „von Menschen gesetzten Gesetzen". Der Unterschied zur Willkürherrschaft kann im Unterrichtsgespräch erörtert werden. Dass für Ludwig die Grenzen fließend gewesen sein mögen, kann zu einem Gespräch über die Eigendynamik unkontrollierter Macht führen.

Die Unvollendetheit des Absolutismus manifestiert sich in nach wie vor mächtigen Teilgewalten. Der Klerus bleibt unabhängig und untersteht einer eigenen Gerichtsbarkeit. Auch der Adel kann seine alten Herrschaftsrechte in diesem Bereich wahren. Ein adeliger Gerichtsherr ernennt in seinem Bezirk das Gerichtspersonal, unterhält Pranger, Gefängnis und, wenn er im Besitz der hohen Gerichtsbarkeit ist, den Galgen. Es gibt ca. 70 000 bis 80 000 solcher Gerichtsherrschaften.

Zusatzinformationen zu den Materialien

Q1 Die Darstellung zeigt den jungen Ludwig, der die aufgehende Sonne tänzerisch darstellt. Neben der Sonnen-Symbolik belegt das Bild das Inszenatorische des Absolutismus (s. a. Informationen zu Q3).

Q2 Die 1664, also nach der Regierungsübernahme, geprägte Schaumünze zeigt zur Umschrift die Sonne (Ludwig), die der Erde Licht gibt und sie überstrahlt. An ihr kann der Anspruch Ludwigs erarbeitet werden, unvergleichlich groß zu sein. Die Münze ist auch ein mögliches Einstiegsmaterial, um diesen Anspruch dann untersuchen zu lassen.

Q3 Das Gemälde von Pierre-Denis Martin zeigt die Schlossanlage, wie sie sich kurz nach dem Tod Ludwigs XIV. darstellte. Ab 1661 ließ Ludwig das schon bestehende Jagdschloss von Le Vau, d'Orbay und Hardouin-Mansart umbauen und erweitern. Le Notre wurde mit der Anlage des Parks betraut. Erst 1682 verlegte Ludwig seinen Machtsitz von Paris nach Versailles. „Versailles ist von Anfang an als Veranschaulichung des Absolutismus geplant und verstanden worden …" (W. Braunfels, Abendländische Städtebaukunst, 1976, S. 222.) Neben dem offensichtlichen Zweck der Repräsentation, die „gloire", den Ruhm des Herrschers zu belegen und zu mehren, kann ergänzend zu der im VT genannten Funktion als „Herrschaftsinstrument" erarbeitet werden, dass herrscherliche Architektur Ausdruck politischer Ansprüche sein kann. Die Stufung und Verengung der Höfe, die Staffelung der Flügel, die Lokalisierung des königlichen Schlafzimmers im Zentrum und die achsensymmetrische Anlage des Baus machen die Herrschaftsidee und den Anspruch des absolutistischen Königtums augenfällig. Dass es neben den Prunkgemächern sehr viel kleinere Gemächer für das königliche Privatleben gab, macht erkennbar, dass das Schloss als Bühne der Macht der öffentlichen Inszenierung und dem Kult des Königs diente und nicht als bloßer Wohnort. Weniger bekannt ist, dass Schloss und Park auch für Nichtprivilegierte zugänglich waren, damit diese teilhaben konnten an der Selbstinszenierung des Sonnenkönigs. Das spiegelt ihre reale gesellschaftliche Rolle als bloßes Publikum der Politik.

Q4 Vgl. dazu die Ausführungen zur Methodenschulung.

Q5 Das Schlafzimmer des Königs kann als (Prunk-)Raum erkannt werden, dessen primäre Funktion nicht das Schlafen, sondern das Repräsentieren ist. Es ist mit einer Bühne vergleichbar, die Raum für die Zeremonie des Lever bietet.

Q6 Der dem König gegenüber kritisch eingestellte Herzog von Saint-Simon berichtet vom Lever als einer ritualisierten Zeremonie, die vom König gezielt eingesetzt wird, um Gunsterweise zu verteilen. Das nach heutigem Gefühl etwas grotesk wirkende Ritual illustriert, wie Ludwig es verstand, den Adel zu beschäftigen, den Kult um seine Person zu pflegen und sich zum Zentrum aller Bemühungen zu machen. Ähnlich ritualisiert wurden das Diner und komplementär zum Lever das Coucher zelebriert.

D1 In kurzen Ausschnitten aus dem viele Details würdigenden Werk von Peter Burke (auf Deutsch veröffentlicht 1993) werden einige Aspekte der Inszenierung von Herrschaft am Beispiel Ludwig XIV. ergänzt.

Q7 Der Auszug aus dem umfangreichen Schriftwechsel Colberts in der Angelegenheit der Kriegsfinanzierung (für den Krieg gegen die Vereinigten Niederlande, vgl. Q3 im 2. Kapitel) macht erkennbar, dass es durchaus Opposition gab, der König sich in solchen Fällen aber mit Druckmitteln Geltung zu verschaffen versuchte.

Q8 Der Ausschnitt aus den umfangreichen Memoiren Ludwigs XIV. – dabei handelt es sich nicht um Lebenserinnerungen, sondern vielmehr um eine Sammlung von Schriften mit Ratschlägen für den Thronfolger – ermöglicht die Erarbeitung seines Regierungsstils, des Umgang mit dem Adel und der Forderung des Gehorsams gegenüber Gott (Gottesgnadentum).

Q9 Aus dem Ausschnitt aus den Aufzeichnungen des Prinzenerziehers Bossuet lässt sich die Sakralisierung des Herrschers als Legitimation seiner absolutistischen Herrschaft erarbeiten. An den Z. 19–24 kann die notwendige und schwierige Abgrenzung des Absolutismus von der Despotie erarbeiten, werden, denn Ludwig ist nur von positiven Gesetzen, nicht von den göttlichen Gesetzen oder natürlichen Rechten „losgelöst".

Zu den Fragen und Anregungen

1 Der Tagebucheintrag sollte sinngemäß als Ziel die Beschäftigung des Adels, seine Ablenkung von politischer Betätigung durch Einbinden in banalen, für den König ungefährlichen Ersatz sowie die Sakralisierung und Distanzierung seiner Person als Zentrum ritueller Handlungen in einer Art Kult nennen. Es sollte insgesamt deutlich werden, dass Ludwig die politische Absicht der Machtsicherung mit seiner Inszenierung verfolgt.

2 Bossuet würde die Anmaßung der Mitglieder der Ständeversammlung anprangern, die sich mit ihrer ablehnenden Haltung gegenüber dem König und damit gleichzeitig Gott versündigten.

Die königliche Gewalt leitet sich von der Gewalt des einzigen Gottes ab, der die Erbmonarchie beim Volk Israel begründet hat und als dessen Statthalter der Herrscher fungiert (Z. 4–17).

Nur der Herrscher verfügt dank des „höheren Standorts" über den großen Überblick; daraus ergibt sich für die Untertanen die Verpflichtung zum Gehorsam ohne Murren (Z. 24–28).

Die Untertanen sind zu völligem Gehorsam verpflichtet, da dies göttlicher Wille ist (Z. 12/13) und ihnen der für

Formen von Mitbestimmung notwendige Überblick fehlt (Z. 24–28).

Die Ständeversammlung hingegen verweist auf ihre alten Rechte, auf wirtschaftliche Zwänge und darauf, dass die Höhe der Steuer nicht angemessen erscheint. Damit würde die königliche Herrschaftsgewalt und der göttliche Wille keineswegs in Frage gestellt!

Während die Ständevertretung also Mitbestimmungsrechte in den sie betreffenden Fragen einfordert (Recht auf Bewilligung einer Sondersteuer), erwartet Bossuet mit den genannten Argumenten absoluten Gehorsam.

3 Zur Lösung der Aufgabe müssen die Schüler die bisherigen Informationen zum Herrschaftssystem des Absolutismus und seine Legitimierung selbstständig reorganisieren. Das Schaubild kann verschieden ausfallen. Richtig verknüpft sollten folgende Elemente sein: Gott (Q9), Ludwig als König, die Gesetze (VT, Q8, Z. 25–27), seine Regierungstätigkeiten (Q8, Z. 1–16), die Rolle der Minister (Q8, Z. 2) und „Männer mit wichtigen Posten" (Q8, Z. 15), die Untertanen (Q8, Z. 6) die Armee (Q8, Z. 9), die Parlamente (Q8, Z. 16) und die Adeligen (Q8, Z. 2). Die Untertanen sind zu diesem Zeitpunkt des Unterrichts noch nicht als ständisch gegliederte Gruppe bekannt und werden vermutlich als ein gemeinsamer Untertanenverband grafisch zusammengefasst. Das wäre insofern richtig, als es der egalisierenden Tendenz des Absolutismus entspräche. Er hebt zwar de facto die Ständegesellschaft nicht auf, aber kennt von der Idee her nur noch homogene Untertanen, da alle Macht allein und zentral beim König liegen soll. Die „Staatsräson" (Q8, Z. 26) als oberstes Gesetz, drückt sich allein im Willen des Königs aus.

4 Das Streitgespräch kann im Klassenraum inszeniert werden.

Interessen Ludwigs XIV.: Anspruch seiner Herrschaft klar stellen, Rechtfertigung, Durchsetzung und Sicherung seiner Macht.

Interessen des Adels: Teilhabe an der politischen Macht, politischer Einfluss, Beschränkung der königlichen Macht.

Ludwig sieht sich von Gott als König eingesetzt und regiert „von Gottes Gnaden". Er stehe über den Gesetzen (sei

z. B. Karl der Große oder Otto I.	*Ludwig XIV.*
– König durch komplexen Prozess der Amtsübertragung (u.a. Wahl und göttliche Erwählung)	– König allein von Gottes Gnaden (Zuspitzung des Gottesgnadentums)
– Adel als notwendige Stütze bei der Machtausübung	– Adel als Konkurrenten des Königs um die Macht
– Kontrollversuche des halbautonomen Adels	– Entmachtung und massive Kontrolle des Adels
– Reisekönigtum	– Lokale Herrschaftszentralisierung
– König wird von Amtsträgern am Hof unterstützt	– Ludwig versucht allein zu regieren
– Hof als Ort der Verwaltung und Regierungsgeschäfte	– Hof als Bühne, Repräsentations- und Kontrollinstrument, auch Ort der Regierungsgeschäfte
– König an der Spitze einer konfliktanfälligen Lehnspyramide mit Vertragscharakter auf Gegenseitigkeit	– König als alleiniger Machtinhaber
– Bevölkerung hierarchisch gegliedert	– Bevölkerung (zumindest von der Idee her) alle gleich machtlose Untertanen
Evtl. spätere Ergänzung (nach Kap. 2) – Vasallen mit eigenen Soldaten	*Evtl. spätere Ergänzung (nach Kap. 2)* – Armee allein in der Hand des Königs

„legibus absolutus") und könne sich deshalb von niemandem auf Erden Vorschriften machen lassen (VT). Seine Herrschaft allein garantiere der „ordre" (VT), Ordnung in und für Frankreich. Kult um den König, Repräsentation und die benötigten Finanzmittel dienen letztlich der Größe Frankreichs.

Mit großem persönlichem Einsatz setze er sich für das Wohlergehen Frankreichs ein, garantiere die Staatsraison, behalte immer den Überblick und sei stets gehorsam gegenüber Gott – so wie auch ihm die Bevölkerung Gehorsam schulde (Q9).

Die Adeligen können dagegen halten, dass der König alle überlieferten Rechte des Adels missachte, u.a. die der Parlamente und der Generalstände (VT), und sie aus Regierung und Verwaltung verdrängt habe (Q8). Die Vertreter des Adels würden beim Versuch der Wahrnehmung ureigener Mitspracherechte erpresst und ggf. unter Druck gesetzt (VT), was eine Willkür des Königs zum Schaden Frankreichs darstelle.

Die Schüler können bei einem resümierenden unterrichtlichen Fazit zum Verlauf des Gesprächs erkennen, dass sich Ludwig durch die Sakralisierung seiner Herrschaft in eine unangreifbare Position begibt. In einem Transfer können evtl. analoge Tendenzen der Instrumentalisierung von Religion zu politischen Zwecken in der aktuellen Weltpolitik gefunden werden.

5 Die Schüler sollen sich selbstständig auf den Seiten 24–38 orientieren. (Insbesondere VT der Seiten 24–25, 28 und S. 35 Q9.) Es lassen sich gegenüberstellen: (siehe Übersicht S. 125)

6 Die Rede erfordert ein wertendes Fazit in Auseinandersetzung mit den Inhalten des 1. Kapitels. Das positiv wertende Zitat Voltaires fordert zu einem differenzierenden Urteil heraus, da es einen Perspektivenwechsel nötig macht. Aus der Perspektive eines Adeligen, der Ständeversammlung, eines einfachen Untertanen, eines Ministers, bürgerlichen Beamten oder des Königs selbst wird das Urteil jeweils anders ausfallen. Zu den möglichen Inhalten s.o. Erwartungshorizont zu 1–4.

Gewusst wie: Herrscherbilder interpretieren

Konzeption

Die Arbeitsschritte sind so angelegt und formuliert, dass Schüler einer 7. oder 8. Klasse mit ihrer Hilfe selbstständig das Bild erschließen können. Sie halten dazu an, zunächst spontan Eindrücke zu sammeln, um dann die Details der Darstellung und deren Bedeutung systematisch zu erarbeiten. Die Isolierung der Bedeutung tragenden Bildelemente mit zugehörigen Entschlüsselungen in einer Liste soll den anschließenden komplexen Prozess der Interpretation durchschaubar und für die Schüler überprüfbar halten. Im letzten Schritt wird die eigene Urteilsbildung gefordert. Benötigte Zusatzinformationen werden im Text unter den Arbeitsschritten bereitgestellt. Das vorgeschlagene Merkwort „BUDe" (Beschreiben, Untersuchen, Deuten) soll die drei Arbeitsschritte in ihrer Grobgliederung auch in der

Zukunft verfügbar machen, da die Arbeitsschritte so angelegt sind, dass sie die Analyse von (Herrscher-)bildern generell ermöglichen. Die Arbeitsschritte werden in Anregung 2 aktiviert.

Zusatzinformationen zu den Materialien

Der Monarch ist auf der Mittelsenkrechten positioniert. Dank des von ihm eingenommenen „Tanzmeisterschritts" ist er dem Betrachter halb zugewandt. Der Mittelpunkt der Perspektive befindet sich im Gesicht Ludwigs. Aufgrund der Größe des an der Wand hängenden Bildes, seine Schuhe in Augenhöhe, schaut er mit Amtsmiene halb auf den Betrachter herab.

Der Monarch ist im Krönungsmantel dargestellt. Das aus Hermelinpelz gefertigte Kleidungsstück in der als wertvoll geltenden Farbe Blau, geschmückt mit zahlreichen goldenen Lilien, den Zeichen des Königshauses, dominiert den Eindruck. Das reich verzierte (nach Karl d. Gr. benannte) „Kaiserschwert", das Szepter, die „Hand der Gerechtigkeit" und die neben ihm liegende Krone symbolisieren seine Herrschaft. Zugleich zeigt ihre lässige seitliche Ablage, dass der König durch seine Person – und nicht durch die Insignien des Amtes – Herrschaft ausübt.

Um die Schultern trägt Ludwig den 1578 von Heinrich III. gestifteten Orden vom Heiligen Geist. Die gebauschten Beinkleider sind Teil der Kleidung des Ordens, einer Gemeinschaft von 100 hochgestellten Persönlichkeiten, dessen Großmeister der französische König war. Die Darstellung Rigauds erweckt den Eindruck eines dreidimensionalen Raumes, in dessen Vordergrund der König positioniert ist. Ihn überspannt ein Thronbaldachin in Ludwigs Lieblingsfarbe rotbraun, im Hintergrund ist u. a. ein Thronsessel erkennbar. Die schwere Seide des Baldachins scheint zu schweben. Mit der Bewegung des Stoffes kann man einen Bühnenvorhang assoziieren, der soeben aufgezogen wurde. Auf der Marmorsäule ist Justitia als Zeichen der Gerechtigkeit dargestellt. Farblich dominiert wird das Bild von den als besonders wertvoll geltenden Farben Lapislazuli-Blau und Purpur-Rot sowie Gold. In den Rahmen des Bildes sind oben in der Mitte die Krone die Bourbonenlilie und der Orden eingearbeitet. Das Herrscherbild hat die Maße 277 x 194 cm und ist mit Ölfarben auf Leinwand gemalt. (Der Herrscher selbst war mit 1,62 m Körpergröße eher von kleiner Statur.) Das Bild zeigt insgesamt nicht Ludwig als Person, sondern den Anspruch des Absolutismus, verkörpert in und durch Ludwig. Das Königtum erscheint nicht als etwas Verliehenes sondern als etwas der Person Ludwig naturhaft Innewohnendes. Amt und Individuum verschmelzen zu einer untrennbaren Einheit.

Der französische Maler Hyacinthe Rigaud (1659–1743) fertigte rund 400 Portraitdarstellungen an. Eindrucksvolle Posen und detailreiche Darstellungen gelten als seine Spezialität. Als Hofmaler fertigte er dieses lebensgroße Repräsentationsportrait an, das ursprünglich für den spanischen König Philipp V., einen Enkel Ludwigs, gedacht war. Es gefiel dem Monarchen jedoch so gut, dass er es behielt und von den Mitarbeitern Rigauds in dessen Werkstatt eine Kopie anfertigen ließ. Das Herrscherbild gilt als Rigauds bedeutendstes Werk und wird heute im Louvre in Paris gezeigt. Rigaud schuf das Bild im Winter 1701/1702. Ludwig stand ihm nachweislich Modell, litt jedoch stark unter Gicht, so dass in diesen Sitzungen wohl nur Kopf und Gesicht gemalt wurden und Rigaud im übrigen ein „Körperdouble" als Modell genutzt hat.

Zu den Fragen und Anregungen

1 Das Nachstellen macht für die Nachstellenden und ihre Betrachter die der Pose innewohnende Wirkung von Überlegenheit, Selbstsicherheit, Souveränität und Dominanz erfahrbar. Es können sich auch zwei kräftige Schüler in gleicher Pose mit geschwellter Brust und herablassendem Blick direkt voreinander aufstellen. Beide sollen von ihren Gefühlen dem Anderen gegenüber berichten. An der daraus erwachsenden Konkurrenzstimmung kann der in der Pose steckende konfrontative Ausschließlichkeitsanspruch erlebbar gemacht werden: Es kann nur einen geben.
2 Vgl. Zusatzinformationen zu den Materialien.
3 In den Titeln sollten sich Anspruch und Selbstverständnis Ludwigs und der absolutistischen Herrschaft spiegeln. Mögliche Titel könnten sein: „Nichts und niemand ist größer als Ludwig", „Über mir nur noch Gott", „Der Absolutismus in einer Person", „Ich bin der größte König, … der Staat, …die Ordnung.", „Niemand außer Ludwig hat Macht".
4 Die Aufgabe soll die Schüler erfahren lassen, dass die erworbene Methodenkompetenz vom konkreten Bild Ludwigs unabhängig bei allen Herrscherbildern eingesetzt werden kann. Sie ist ein Anlass, vorherige Themengebiete erneut zu durchforschen. Geeignete Bilder finden sich auf den S. 19, 38, 83, 218. Weitere Quellen für die Recherche nach Bildern können Bildbände, Internet oder Bibliotheken sein. Erwägenswert ist die Möglichkeit eines gemeinsamen Museumsbesuchs, um ein Herrscherbild im Original zu analysieren.
5 Beim Vergleich mit modernen Wahlkampfportraits kann die Erkenntnis sein, dass diese Fotografien ebenfalls aufwändig inszeniert und komponiert sind. Sie sollen nicht nur das Gesicht des Politikers zeigen, sondern neben eventuellen Slogans auch nonverbal ein Anliegen, eine Selbstaussage oder eine politische Botschaft vermitteln. Die methodischen Arbeitsschritte eignen sich bedingt auch zur Analyse dieser Fotografien und machen so auch die Brauchbarkeit des im Geschichtsunterricht Erlernten im eigenen Alltag erfahrbar.

Literatur

Ahrens, Kirsten, Hyacinthe Rigauds Staatsporträt Ludwig XIV.: typologische und ikonologische Untersuchung zur politischen Aussage des Bildnisses von 1701, Worms 1990.
Bluche, François, Im Schatten des Sonnenkönigs, Alltagsleben im Zeitalter Ludwig XIV., Freiburg 1986.
Burke, Peter, Die Inszenierung des Sonnenkönigs, Berlin 1993.
Duchhardt, Heinz, Das Zeitalter des Absolutismus, München,1998.
Kossack, Manfred, Am Hofe Ludwig XIV., Stuttgart 1990.
Kunisch, Johannes, Absolutismus, Göttingen 1999.
Schwesig, Bernd-Rüdiger, Ludwig XIV., Reinbek 2001.

Interessante Unterrichtsvorschläge finden sich in:

Knoch, Peter (Hrsg.), Spurensuche Geschichte, Band 2, Stuttgart 1991.
Geschichte lernen 27: Absolutismus.

Medien

Le Roi Soleil: Le règne absolu de Louis XIV, Videokassette VHS,
FWU-04202573.

Tafelbild

„Das Schloss Versailles" Ein Bau und seine politische Botschaft	„Nie wieder Fronde!" Ludwig und der Adel	„Der Staat bin ich!" Ludwigs Herrschaftsanspruch
- Weitläufige Schlossanlage mit 2000 Räumen. - Galerie mit Spiegeln und 580 m Gartenfront. - Aufwändige Gartenanlage, Natur wird beherrscht. - Bühne für die Inszenierung des Königs. - Instrument der Macht gegen den Adel. => Versailles – der gebaute Absolutismus.	- Alte Adelsrechte aus dem Mittelalter werden vom König systematisch missachtet. - Der Hochadel wird durch Leben und Feiern am Hof beschäftigt und abgelenkt. - Anwendung von Zwangsmitteln bei Versuchen von Widerstand. => Ludwigs Herrschaftsweise entwickelt sich aus der Konkurrenz mit dem Adel um die Macht	- Der König regiert „von Gottes Gnaden". - König gibt Gesetze, lässt sie ausführen und spricht Recht – alle Gewalten sind in seiner Hand. - Der König selbst ist „legibus absolutus" (er steht über den Gesetzen). - Ludwig führt selbst die Regierungsgeschäfte, kontrolliert die Arbeit von Staatssekretären/ Intendanten.

Ludwig versucht den Eindruck zu erwecken, dass für ihn nichts zu teuer und nichts unmöglich ist. Alle anderen sollen, verglichen mit ihm, ein Nichts sein und sich seinem königlichen Willen bedingungslos unterzuordnen.
ABSOLUTISTISCHER HERRSCHER

Der Sonnenkönig: Die absolute Herrschaft Ludwigs XIV. in Frankreich, Videokassette VHS, FWU-04210350.

2. Frankreich im Absolutismus – ein moderner Staat?

Konzeption

Die dramatische Einstiegsszene eröffnet den Problemhorizont, das herrscherliche Streben nach „grandeur" und „gloire". Vor diesem Hintergrund wird die Auseinandersetzung mit Ludwigs Bemühungen um die Organisation seiner Herrschaft und der daraus entstehende „moderne Staat" interessant.

Der VT skizziert die Instrumente der absolutistischen Herrschaft und greift besonders relevante Bereiche des Modernisierungsprozesses heraus: das neuorganisierte Militär, die neustrukturierte Verwaltung und die Diplomatie.

Das stehende Heer wird gegenüber älteren militärischen Organisationsformen abgesetzt, um die Modernisierung zu zeigen und mit seinen relevanten Kennzeichen (direkte Unterstellung unter königlichen Oberbefehl, Kasernierung, Uniformierung) benannt.

Der Einsatz dieses neu organisierten Militärs gilt als selbstverständliches Mittel der Außenpolitik. Daher schlägt der VT im Anschluss einen Bogen zur Außenpolitik Ludwig XIV., besonders in Hinblick auf die Verschiebung der Ostgrenze Frankreichs. Den Abschluss der Betrachtung der Außenpolitik bildet der Verweis auf einen weiteren Modernisierungsaspekt: die Einrichtung diplomatischer Vertretungen.

Die Darstellung der neustrukturierten Verwaltung legt einen Schwerpunkt auf die Zentralisierungsbemühungen und den Verlust von Mitwirkungsrechten der oberen Stände in der Regierung. Insbesondere der Einsatz bürgerlicher Fachleute, die sich in einem viel ausgeprägteren Abhängigkeitsverhältnis vom König befanden, sowohl in der Regierung, als auch in den Regionen ist hierfür charakteristisch. Die im Kontext dargestellte Bildung des Amtsadels zeigt, dass die Ständeordnung nicht ganz so undurchlässig war, wie sie häufig erscheint.

Der letzte Absatz des VT wirft noch einen Blick auf die intolerante Religionspolitik Ludwigs XIV., der die Religion instrumentalisiert und religiöse Fragen als Machtfragen versteht. In den VT integriert sind der Grundbegriff „Absolutismus" und auf der folgenden Seite der Grundbegriff „Moderner Staat" (s. dazu Zusatzinformationen zum VT).

Möglichkeiten der Unterrichtsgestaltung

Beispiel für eine Unterrichtssequenz (3 Stunden)

1. Stunde: Die Monopolisierung und Verstaatlichung von Gewalt und ihre Konsequenzen am Beispiel von Armee und Außenpolitik.

Einstieg über die ADS (Hinweise s.o.) oder Q1 (sich ergebende Leitfrage: Warum greift Ludwig deutsche Städte an?) oder 1. Abschnitt VT S. 242 mit der dort einleitenden Frage.
Erarbeitung: VT S. 242 und/oder Q2, D1, D2 mit S. 245, Anregungen 1 und 2.
Reflexion: Monopolisierung und Verstaatlichung von Gewalt als Herrschaftssicherung nach innen und Herrschaftsausbau nach außen. Eine positive oder negative Entwicklung?
Mögliche Hausaufgabe: Q3 mit S. 245 Anregung 3.

2. Stunde: Sozialdisziplinierung und -homogenisierung am Beispiel der Hugenottenpolitik.
Einstieg: Q6 (sich ergebende Leitfrage: Warum werden die Hugenotten verfolgt?).
Erarbeitung: VT S. 243, Q4–6, Anregung 4.
Sicherung des Gespräch der Schüler: Protokollierung von Argumenten auf Folie durch den Lehrer.
Reflexion: Ursachen und Ziele der Verfolgung der Hugenotten: Rolle der Religion im Herrschaftssystem Ludwigs, Sozialdisziplinierung und -homogenisierung aller Untertanen als Konsequenz einer zugespitzten monarchischen Herrschaft.
Transfer, Gegenwartsbezug: Problem der „Leitkultur".
Mögliche Hausaufgabe: S. 245 Anregung 5.

3. Stunde Grundlegung und Merkmale des modernen Staates (Zentralverwaltung, Bürokratie, Machtzentralisierung) am Beispiel der staatlichen Organisationsversuche des Absolutismus.
Einstieg: mit der Hausaufgabe S. 45 Anregung 5 (Überleitung und Leitfrage: Wie schafft es Ludwig außer mit Gewalt seine Interessen im Staat durchzusetzen?).
Erarbeitung VT S. 243 oben und S. 245 Anregung 7 (z. B. Gruppenarbeit mit anschließender Präsentation).
Reflexion: Grundlegung und Merkmale des modernen Staates (Zentralverwaltung, Bürokratie, Machtzentralisierung) und der Absolutismus als staatlicher Organisationsversuch.

Zusatzinformationen zum Verfassertext

„Das Streben nach Ruhm und Ehre ist das alle Überlegungen und Affekte regulierende und lenkende Prinzip; es ist Inbegriff und sinnstiftender Kern allen Handelns." (Kunisch). Ludwig wendet sich ab vom frühabsolutistischen paternalistischen Stil seiner Nachbarn, der noch an der Fürsorge für die Untertanen interessiert war.
Die der alleinigen Verfügungsgewalt Ludwigs unterworfene Armee muss als Kern und zentraler Stützpfeiler seiner Macht angesehen werden. Es garantierte die Sicherung der nach den Siegen über die Fronde und Spanien erworbenen Macht nach innen und ermöglichte eine forcierte Außenpolitik. In den Jahrzehnten nach 1660 finden in rascher Folge Kriege statt, die die Friedensjahre eher als Ausnahme erscheinen lassen. In dieser Zeit globalisieren sich regionale europäische Konflikte durch ihre Fortführung in den Kolonien. Die Rücksichtslosigkeit gegenüber dem militärischen Gegner aber auch den eigenen Untertanen, ging bis an die Grenze des für die Epoche Erträglichen. Die in die Armee

eingebundenen Adeligen haben ihre hohen Ränge oft nur noch zu repräsentativen Zwecken. Die militärischen Aufgaben werden von einem „lieu tenant", einem Platzhalter übernommen.

Der „Staatsrat" (conseil d'état du roi) wurde nach außen als ein Rat dargestellt, bestand aber aus fünf Ratsgremien, dem „Rat von oben", „Depeschenrat", Finanzrat, Wirtschaftsrat und dem „Geheimen Staatsrat", letzterer mit einer Vielzahl von Unterabteilungen zuständig für die Verwaltung. Im „Rat von oben" saßen unter Ludwig nie mehr als fünf Personen. Ludwig präsidierte in den ersten vier genannten Räten, konnte aber nicht in allen Gremien alle Entscheidungen treffen. Die Entscheidungen aller Räte wurden dennoch einheitlich als königliche Ratsurteile ausgegeben. Die in der Sache nicht gegebene Einheit des Staatsrats wurde also vorgespiegelt, um alle Ratsbeschlüsse als persönliche Entscheidung des Monarchen erscheinen zu lassen.

Der historische Grundbegriff stellt mit der Betonung des Versuchscharakters besonders das Prozesshafte des Absolutismus heraus, um den Eindruck zu vermeiden, dass es sich um eine modellhafte, fest umrissene Herrschaftsform handelte. Der historische Grundbegriff „Moderner Staat" umreißt knapp die wesentlichen Merkmale des vollendeten modernen Staates. Beim Vergleich mit dem absolutistischen Frankreich kann erkannt werden, dass es sich bei diesem erst in Ansätzen um einen modernen Staat gehandelt hat (s. a. Informationen zu Anregung 7).

Zusatzinformationen zu den Materialien

Q1 Die Medaille erschien zur Erinnerung an die Verwüstungen im Pfälzischen Erbfolgekrieg, 1688. Konkret genannt sind Philippsburg, Koblenz und Heidelberg. Die deutsche Umschrift lautet „DENCK TEVTSCHLAND AN DEN FRIDENSBRVCH. MDCLXXXVIII." Die Medaille kann das Empfinden der deutschen Seite im Konflikt um die Pfalz und die Art und Weise der französischen Außenpolitik illustrieren (vgl. Q 3) und auch als Einstiegsmaterial dienen, um die Frage nach den Ursachen der Verwüstungen zu untersuchen.

Q2/D1 Neubreisach ist zum einen dargestellt in einem Luftbild, zum anderen in einem Grundriss mit den wichtigsten Einrichtungen der Gründungszeit ab 1698. Es steht stellvertretend für zahlreiche Festungsanlagen im barocken Stil, für deren Errichtung vor allem Ludwigs Festungsbaumeister Sébastien de Prestre de Vauban (1633–1707) verantwortlich zeichnete. Die klare geometrische Form und die Funktion der zentral gelegenen Bauwerke zeigt den neuartigen Charakter der geplanten Stadt als Festungsstadt und steht damit exemplarisch für die Funktionalisierung von Städten im Rahmen der Außenpolitik.

Im Mittelpunkt der Anlage dominieren militärische Einrichtungen, der zentrale Exerzierplatz, Zeughaus, Offiziersunterkünfte, und Garnisonskirche. Außen erkennt man in der bis heute gut erhaltenen Anlage die sternförmig angelegten Bastionen, auf denen fest stationierte Kanonen zum Beschuss des Feindes im Umland installiert waren.

D2 Die Karte zeigt die zeitweise bestehenden und die dauerhaften Gebietszuwächse Frankreichs zu Lasten des Hl. Römischen Reiches. Die zahlreichen Festungen (vgl. Q2/D1) verweisen auf die Absicht, das gewonnene Gebiet mi-

litärisch zu verteidigen und absichern zu können. Der Verwüstungsgürtel gibt Auskunft über die neue Qualität des Krieges und dessen Absicht: Schädigung des Gegners auch für die Zeit nach dem Krieg, um dem Gegner Nachteile zuzufügen im Wettlauf um regionale und letztlich auch europäische Vorherrschaft.

Q3 Ein weiterer Text aus den *Mémoires* des Königs belegt explizit, dass Außenpolitik als Wettrennen um Größe und Macht aufgefasst wurde. Dass nicht Aufrichtigkeit das königliche Handeln bestimmt, sondern dass nur der Anschein gewahrt bleiben muss, beleuchtet das autokratische Selbstverständnis Ludwigs, der sich hier im wahrsten Sinne des Wortes nicht an Gesetze oder Verträge gebunden fühlt, wenn sie seinen Interessen, bemäntelt als Staatsinteressen, zuwiderlaufen. Dieses Beispiel ist auch exemplarisch für die mangelnde Rechtssicherheit im Absolutismus.

Q4 Die zwangsweise Erziehung hugenottischer Kinder steht beispielhaft für den Versuch, die Untertanen zu homogenisieren und zu disziplinieren.

Q5 Die Karikatur veranschaulicht die gewaltsame „Bekehrung" der Hugenotten. Der nebenstehend übersetzte Text befindet sich in der Abbildung im Kasten über dem Hugenotten. Die übrigen französischen Beschriftungen wurden übersetzt in die Abbildung geschrieben, um eine selbstständige Erarbeitung durch die Schüler zu ermöglichen. Möglich ist die Übertragung und Einübung der methodischen Arbeitsschritte von S. 239.

Q6 Der Augenzeugenbericht schildert die Folgen der Aufhebung des Toleranzedikts von Nantes am Beispiel der Ereignisse in Metz. Das repressive Vorgehen wird deutlich und kann als Einstiegsmaterial auch die Frage aufwerfen, warum Ludwig so kompromisslos und unerbittlich gegen die Hugenotten vorgeht.

Zu den Fragen und Anregungen

1 Vgl. die Zusatzinformationen zu Q2/D1.

2 Im Gegensatz zur Stadt Breisach, deren Funktion als Festung nach außen gerichtet ist, liegen die Zwecke mittelalterlicher Städte im Inneren. Sie bieten ihren Einwohnern Schutz (Zweck der Stadtmauer) und eröffnen neue Rechtsräume (städt. Rechte). So ermöglichen sie eine wirtschaftliche (Handel, Handwerk) und soziale Ausdifferenzierung (Bürgertum und Sondergruppen, Zünfte und Gilden) zum gegenseitigen Vorteil. Mittelalterliche Städte bestimmen sich weitgehend selber (Stadtregiment, Stadtrat), während Breisach zwar auch ein Rathaus hat, aber letztendlich der Verfügungsgewalt des Souveräns untersteht (vgl. S. 90–123).

3 Der Berater sollte herausstellen, dass Krieg das Mittel der Wahl ist, um Außenpolitik zu treiben. Beleg dafür sind der systematische Ausbau von Befestigungen an der Ostgrenze Frankreichs, die Besetzungen und Verwüstungen in der Kurpfalz und am Oberrhein (Q2, D1 D2). Die Beschreibung des Umgangs mit Verträgen kann Ludwigs Motiv dafür belegen. Er ist vor allem am Ausbau seiner Macht interessiert. Seine Außenpolitik verfolgt das Ziel, die Nachbarn zu schädigen und sich auf deren Kosten größtmögliche Vorteile bei möglichst geringen eigenen Nachteilen zu verschaffen. Eine Verpflichtung zu Vertragstreue und mithin Rechtssicherheit zwischen Staaten bzw. deren

Herrschern gibt es aus seiner Sicht nicht. Jedes Mittel scheint ihm recht, um die eigenen Interessen durchzusetzen. Außenpolitik erscheint unberechenbar und willkürlich.

In einem Gegenwartsbezug können die Methoden und Motive Ludwigs mit den Leitlinien heutiger europäischer Außenpolitik von zwischenstaatlichem Frieden und vertrauensvoller Kooperation verglichen werden. Evt. eröffnet ein Vergleich mit der jeweils aktuellen Außenpolitik anderer Staaten interessante Perspektiven.

4 Aus der Perspektive des Herrschers und seiner Minister können Ziele und Konsequenzen der Hugenottenpolitik erörtert werden. Ludwig kann unter keinen Umständen religiöse Sondergruppen in seinem Herrschaftsbereich tolerieren, da die Unangreifbarkeit seiner herausragenden Stellung vor allem religiös begründet ist. Er ist zu Rigorosität gezwungen, da andernfalls sein Anspruch auf Vertretung Gottes unglaubwürdig würde und er den ständig mit ihm um Macht und Mitsprache konkurrierenden Gruppen ausgeliefert wäre. Die Minister können mögliche Nachteile aufzählen: Unmut und Wut in einigen Teilen der Bevölkerung, Bildung von Opposition, Gefahr des Aufruhrs, deutliche wirtschaftliche Nachteile, ein Image als Tyrann, Gefahr der Gesetzlosigkeit, da bisher geltendes Recht (Edikt von Nantes) nicht mehr gilt.

Das Abwägen der verschiedenen Aspekte macht deutlich, dass Ludwig in diesem Gespräch seine persönlichen Machtinteressen eindeutig den gravierenden gesellschaftlichen Nachteilen überordnet. So wie er bei ihrer Durchsetzung auf die ihm zur Verfügung stehende militärische Gewalt vertraut, kann er im simulierten Gespräch in der Klasse seine Sicht aufgrund seiner hierarchischen Überlegenheit durchsetzen. Interessant ist, wie die „Minister" sich in dem Gespräch verhalten. Folgen sie rationalen Gesichtspunkten der Abwägung, ihrem Gewissen oder beugen sie sich zustimmend der Macht?

5 Die Schülerinnen und Schüler können aus der Perspektive der Hugenotten eines der gesellschaftlichen Hauptprobleme absolutistischer Herrschaft erkennen, die mangelnde Rechtssicherheit. Der Brief der Hugenotten kann den Gesetzesbruch (Edikt von Nantes), die Brutalität, die religiöse Intoleranz anprangern. Er kann die Hugenotten in ihrer religiös abweichenden Sicht bestätigen und die Herrschaftslegitimation Ludwigs fragwürdig erscheinen lassen. Die Hugenotten können auf die politischen und wirtschaftlichen Konsequenzen hinweisen und an die Einsicht und Moral des Herrschers appellieren. Aber sie sind in jedem Fall seiner Willkür ausgeliefert.

6 Die Lösung dieser Aufgabe hängt von den regionalen Gegebenheiten ab und bietet die Möglichkeit, ein Kurzreferat zu üben (siehe auch Literaturhinweise).

7 Der beabsichtigte Blick der Schülerinnen und Schüler in das eigene Geschichtsbuch auf die S. 242 zeigt, dass die Frage in der Überschrift und im VT bewusst offen gehalten wurde. Die Schülerinnen und Schüler können im Vergleich mit dem historischen Grundbegriff herausarbeiten, dass Ludwig eindeutig nicht zwischen Person und Amt trennt, im Gegenteil. Ämter können (zeitweilig) erworben und vererbt werden, eine Trennung zwischen öffentlichen und privaten Geldern gibt es nicht, Ludwig ist bestrebt seine Herrschaftsgewalt über ein Territorium einzurichten und

stützt sich dabei auf Beamte. Die Verwaltung ist halböffentlich. Sie kümmert sich zwar um staatliche Aufgaben, aber der Zugang zu den Ämtern und ihre Arbeit sind vom König bzw. seinen Interessen bestimmt. Die Rechtssetzung liegt in einer Hand, Rechtssicherheit ist dadurch aber nicht garantiert. Die Strafgewalt liegt de iure bei Ludwig als oberstem Richter, de facto aber auch weiter in den Händen vieler adeliger Grundherren. Ludwig versucht klar, möglichst viele Lebensbereiche seiner Ordnung zu unterwerfen. Das Fazit läuft auf eine Würdigung der absolutistischen Ordnung als eines erst beginnendes modernen Staatswesens hinaus, das als Nebeneffekt und Konsequenz des monarchischen Machtausbaus entsteht.

Literatur für Schülerinnen und Schüler oder Lehrerinnen und Lehrer

Badstübner-Gröger, Sibylle u. a., Hugenotten in Berlin, Berlin 1988.

Brandenburg, Ingrid und Brandenburg, Klaus, Hugenotten, Geschichte eines Martyriums, Leipzig 1990.

Desel, Jochen/Flick, Andreas/Fuhrich-Grubert, Ursula, Hugenotten: Französische Glaubensflüchtlinge in aller Welt, Bad Karlshafen 2004.

Steffe, Albert Martin, Die Hugenotten: Macht des Geistes gegen den Geist der Macht, Augsburg 1996.

von Thadden, Rudolf und Magdelaine, Michelle, Die Hugenotten: 1685–1985, München 1985.

3. Der Merkantilismus – die Entdeckung der Wirtschaftspolitik

Konzeption

Die Einleitung des VT stellt den aus Ludwigs Herrschaftssystem resultierenden enormen finanziellen Bedarf und die mangelnde Ausgabendisziplin Ludwigs dar, um die Notwendigkeit eines systematischen, seinen gesamten Herrschaftsbereich umfassenden wirtschaftlichen Handelns transparent zu machen.

Colbert erkennt einen Zusammenhang zwischen dem Wohlstand der Einzelnen und dem Vermögen des Staates, d. h. des Königs. Der VT stellt gerafft die Hauptmerkmale der erst später Merkantilismus genannten wirtschaftlichen Ordnungsmaßnahmen Colberts dar. Das schon in den anderen Kapiteln angesprochene Grundmotiv der Konkurrenz verdeutlicht, dass aber die neuartige Wirtschaftspolitik letztlich doch nur als Machtpolitik mit anderen Mitteln verstanden wurde.

Schwerpunktmäßig verdeutlicht die Darstellung der Manufakturen im VT die neuartigen Systematisierungs- und Rationalisierungsbemühungen.

Die folgenden Abschnitte befassen sich mit den sozialen Folgen des Merkantilismus. Von der Kapitalorientierung der Colbertschen Maßnahmen profitieren vor allem die Kapitalbesitzer, die dünne Schicht der Großbürger. Das der Einstellung in den königlichen Beamtendienst zugrunde liegende Eignungsprinzip, dem am besten die gebildeten

Bürger entsprechen, steht quer zur geburtsständischen Organisation der Gesellschaft. In dem aus dem wirtschaftlichen Erfolg resultierenden Drängen der Bürger nach dem eigentlich unmöglichen sozialen Aufstieg kündigen sich bereits die sozialen Verwerfungen des späten Ancien Régime an. Der Blick auf die besitzlosen städtischen und die ländlichen Schichten zeigt die teils katastrophalen Folgen einer Wirtschaftspolitik, deren primäres Ziel nicht der Wohlstand aller oder möglichst vieler ist, sondern die Stärkung der königlichen Wirtschaftsmacht. Eine zusammenfassende Darstellung der Schichtungen in der Ständegesellschaft findet sich in D2.

Das ambivalente Fazit lässt bewusst eine abschließende Wertung offen und greift die Frage des Einleitungstextes der ADS auf, um die eigene Urteilsbildung der Schüler anzuregen.

Möglichkeiten der Unterrichtsgestaltung

Beispiel für eine Unterrichtssequenz (3 Stunden)

1. Stunde Funktionsweise, Anliegen und Probleme staatlicher Wirtschaftspolitik am Beispiel des Merkantilismus.
Einstieg über die ADS (Hinweise s.o.) (Leitfrage: Muss der Staat sich um die Wirtschaft/Infrastruktur kümmern?) oder Einstiegsfrage aus dem VT (Leitfrage: Wie verbessert Colbert die staatlichen Einnahmen?).
Erarbeitung: VT S. 246–247 oder Q4, Q5, Q6 mit Anregung 7.
Sicherung Tafelbild.
Reflexion: Merkantilismus: Wirtschaftspolitik oder Machtinstrument? Anliegen des Merkantilismus.
Transfer/Gegenwartsbezug: Funktionsweise, Anliegen und Probleme staatlicher Wirtschaftspolitik, Rolle des Staates.
Mögliche Hausaufgabe: S. 251 Anregung 1.

2. Stunde: Die Einführung des Frühkapitalismus und seine sozialen Folgen am Beispiel der Manufaktur.
Einstieg: S. 247 Q2. Schüler richten Fragen an die Arbeiter (Leitfrage: Schöne neue Arbeitswelt [im Merkantilismus]?).
Erarbeitung: VT S. 246 unten und S. 251 Anregungen 3 und 5.
Reflexion: der neuartigen Arbeits- und Produktionsverhältnisse und ihrer sozialen Konsequenzen.
Mögliche Hausaufgabe: S. 251 Anregung 4.

3. Stunde Die ständische Gesellschaftsordnung Frankreichs als Beispiel für die Bedeutung sozialer Mobilität bzw. Immobilität für das politische und gesellschaftliche Leben.
Einstieg über die ADS (Hinweise s. o.) (Leitfrage: Wie leben die Menschen im absolutistischen Frankreich?).
Erarbeitung: VT, D2 (Die ständische Ordnung Frankreichs).
Evtl. Vertiefung: S. 251 Anregung 2 (Umzeichnung D2) (auch mögliche alternative Hausaufgabe).
Reflexion: Geburtsständisches Prinzip, Leistungsprinzip, Problem der mangelnden sozialen Mobilität, Nährboden von Unzufriedenheit.
Transfer/Gegenwartsbezug: Soziale Mobilität in unserer Gesellschaft?
Mögliche Hausaufgabe: S. 251 Anregung 8 (oder Anregung 2).

Integrierende Schlussstunde: Ludwig der Große?
Einstieg: Eine der beiden möglichen Hausaufgaben, Überleitung mit Aufnahme der Einstiegsfrage der ADS als Leitfrage: Hat Ludwig es verdient, dass niemand um ihn weinte? oder: Soll Ludwig „der Große" in den Geschichtsbüchern heißen?

Tafelbild

Wie verbessert Colbert die staatlichen Einnahmen?

Maßnahmen des so genannten „Merkantilismus"

- Einführung einer Bilanz (Einnahmen-Ausgaben-Register)
- Bau von Straßen, Brücken, Kanälen
- Beseitigung von Zollgrenzen
- Gründung von Handelsgesellschaften
- Einfuhr von Rohstoffen
- Behinderung der Rohstoffausfuhr
- Behinderung der Einfuhr von Fertigwaren
- Anwerbung von ausländischen Fachkräften

Ziel:
Verbesserung der wirtschaftlichen Bedingungen von Handel und Gewerbe in Frankreich

Ziel:
- Erhöhte Steuereinnahmen
- Überschuss an Gold und Geld für Ludwig XIV.

Ziel:
Steigerung von Ruhm, Ansehen, Macht Ludwigs XIV.

=> Wirtschaftspolitik ist im Absolutismus eine Form der Machtpolitik.

Erarbeitung: Schüler verfassen einen Lexikonartikel „Absolutismus" für ein Schülerlexikon und fügen ihm ein wertendes Fazit an.

Oder:

Schüler diskutieren als Schulbuchredaktion (Gruppenarbeit), wie Ludwig in ihrem Geschichtsbuch dargestellt und bewertet werden soll.

Sicherung: Präsentation und Erörterung der Ergebnisse im Plenum.

Reflexion: Argumente und Perspektiven der jeweiligen Urteile, Problematik historischer Urteile.

Zusatzinformationen zum Verfassertext

Die nachträgliche historiografische Konstruktion eines „Merkantilismus" verführt dazu, ein in sich geschlossenes und systematisches Wirtschaftssystem anzunehmen. Colberts wirtschaftspolitische Maßnahmen entspringen mehr den wirtschaftlichen Erfordernissen der absolutistischen Machtentfaltung und -sicherung als rein wirtschaftlichen Überlegungen. Wie sehr dabei der Absolutismus Programm und nicht Realität war zeigt sich z. B. daran, dass die Kraft der Zentralgewalt nicht ausreichte, die Zolleinheit in der ganzen Monarchie durchzusetzen. Dies gelang nur für die 12 Kernprovinzen.

Manufakturen werden in Schulbüchern häufig als Inbegriff einer beginnenden Industrialisierung dargestellt. „Weder hat es eine eigentliche Manufakturperiode gegeben, noch waren die Manufakturen notwendige Vorläufer der Fabriken." (Pandel in Geschichte lernen 27, S. 14) Manufakturen wurden angelegt, um dem Staat möglichst schnell Einnahmen zu verschaffen. Oft bestand aber nur ein geringer Bedarf für die Luxusartikel oder es fehlte an einer Anbindung an einen Auslandsmarkt. Die vom Verlagssystem organisierte protoindustrielle Hausindustrie war angesichts des wachsenden Reservoirs der ländlichen Besitzlosen für die Epoche eigentlich charakteristischer als das Manufakturwesen.

Ämterkäufe waren immer wieder bei erhöhtem finanziellen Bedarf in Kriegszeiten möglich. Sie widersprachen der neuartigen Eignungsorientierung bei den Stellenbesetzungen königlicher Beamter. Dieser Umstand belegt, wie pragmatisch „der" Merkantilismus war, der in solchen Situationen auch auf überwunden geglaubte ältere Formen der Geldbeschaffung wie Münzverschlechterung, Ausweitung der Stempelsteuer oder Verpachtung des Steuereinzugs zurückgriff.

Die Bevölkerungszahl ist nur schwer einschätzbar und wird bei ca. 20 Millionen veranschlagt (Mager). Herauszuheben sind die erheblichen demografischen Schwankungen von bis zu 2 Millionen nach unten als einem wesentlichen Merkmal der Zeit. Sie belasten enorm die Wirtschaftspolitik und sind zugleich auch ihr Ergebnis. Die Schicht der Bürger ist zu Zeiten Ludwigs wesentlich dünner als am Ende des Ancien Régime. Immer wieder neu festzuhalten bleibt für den Unterricht, dass „die Bürger" nicht der Dritte Stand sind.

Zusatzinformationen zu den Materialien

Q1 Das Portrait zeigt Jean-Baptiste Colbert, Marquis de Seignelay (1619–1683).

Colbert wurde als Sohn eines Tuchhändlers in Reims geboren. Seit 1651 verwaltete er die persönlichen Finanzen des Kardinals Jules Mazarin, des Ersten Ministers des noch unmündigen Königs Ludwigs XIV. Vor seinem Tode 1661 empfahl Mazarin Colbert dem jungen König. 1665 wurde er zum Oberintendanten der Finanzen ernannt.

Colbert organisierte grundlegende Reformen, teils gegen erhebliche Widerstände. 1669 wurde er auch Minister für Marineangelegenheiten, außerdem amtierte er als Oberintendant der schönen Künste.

Q2 Die Darstellung von J. E. Bulloz erlaubt einen Blick in eine Spielkartenmanufaktur um das Jahr 1680. Den Standort Paris zeigt der Blick aus dem Fenster auf die Seine. Der Louvre zur Rechten und ein Denkmal Heinrichs IV. stellen die Verbindung zur absolutistischen Königsmacht her.

Die Produktion von Spielkarten unterlag strenger staatlicher Kontrolle; auf den fertigen Spielen lasteten Steuern. Bei den anspruchsvollen Tätigkeiten dominieren die Männer, weniger spezialisierte Arbeiten werden von Frauen und Jugendlichen ausgeführt. Niemand wirkt ärmlich gekleidet. Das Bild mit seiner drangvollen Enge ist eine Komposition des Malers, die stolz die Vorzüge einer Manufaktur, vergleichbar einer modernen „gläsernen Produktion", herausstellt: Staatliche Überwachung und Qualitätskontrollen (Ausschuss auf dem Boden und zusätzlich zu der mit „11" gekennzeichneten Person ein staatlicher Kontrolleur mit Allongeperücke und Hut unter dem Arm im Bildhintergrund.) und eine anscheinend angenehme, fast heitere Arbeitsatmosphäre. Der enorme Aufwand suggeriert Präzision und Qualität. Der Bildhintergrund unterstreicht die Rolle des Staates im Merkantilismus.

Q3 Dargestellt im Sonntagsstaat ist ein Paar aus der Gemeinde Sadournin in der Gascogne. Das vornehme Gebaren und die Kleidung zeigen, dass auch außerhalb der Städte wohlhabende Mitglieder des Dritten Standes versuchten, einen „adeligen" Lebensstil, hier die Kleidung, zu imitieren und nach sozialer Höherklassifizierung strebten.

D1 Die Karte illustriert in vereinfachter Form die Wirtschaft Frankreichs im späten 17. Jahrhundert. Eingetragen sind neben den jetzt schiffbaren Flüssen und der neu angelegten Kanalverbindung Atlantik – Mittelmeer (vgl. Darstellung der Schleuse auf der ADS) die Hauptstraßen, die von Paris aus sternförmig das Land erschließen. Des Weiteren sind das seit 1664 einheitliche Zollgebiet, das nur in den 12 Kernprovinzen durchgesetzt werden konnte, eingezeichnet und die sich schwerpunktmäßig dort befindenden Standorte der neu gegründeten Manufakturen. Das gelenkte System des Im- und Exports ist ebenfalls in die Karte aufgenommen. Nicht aufgenommen wurden die Anwerbung ausländischer Fachkräfte, die Einfuhrbeschränkung für ausländische Fertigwaren und die Ausfuhrbeschränkungen für eigene Rohstoffe (vgl. Anregung 1, S. 251).

D2 Die Ständegesellschaft ist in Form eines wulstigen Kegels dargestellt: Erster (Klerus) und Zweiter Stand (Adel) bilden die Spitze, ihre innere Gliederung ist in der vertikalen Anordnung aufgezeigt, einige der Privilegien sind außen angeführt.

Der wulstige Unterteil betont intensiver als eine Pyramide die Masse des Dritten Standes. Er ist sowohl vertikal (Land-/Stadtbevölkerung) als auch horizontal gegliedert, um so die Heterogenität innerhalb des Standes zu visualisieren. Anstelle nicht vorhandener Privilegien sind hier die Pflichten in die Darstellung aufgenommen worden.

Bei der Erarbeitung sollte die Inhomogenität der Stände, insbesondere des Dritten Standes, erkannt werden. (Der Anteil von 10 % Bürgern steigt übrigens erst gegen Ende des Ancien Régime auf ca. 16 %.). Den Dritten Stand eint als Klammer nur seine kollektive Nichtprivilegierung. Die Interessen der einzelnen Gruppen divergieren. Nur Großbürger und Großbauern, die sich ebenfalls nobilitieren lassen konnten, hatten den Wunsch nach Aufstieg in den privilegierten Adelsstand. Die überwältigende Masse Kleinbauern und Besitzlose plagten viel existentiellere Sorgen in Zeiten immer wiederkehrender Subsistenzkrisen. Adeligkeit ist nicht gleichbedeutend mit Wohlstand. In der Grafik ist nicht dargestellt, dass eine große Menge der Geistlichen und Adeligen selber in ärmlichsten Verhältnissen lebten, die entgegen dem gängigen Klischee von denen ihrer unterprivilegierten Nachbarn manchmal kaum zu unterscheiden waren.

Q4 In dieser Quelle kommt Colbert selbst zu Wort. Zitiert ist aus einer Denkschrift, die er vor seiner Ernennung zum Generalkontrolleur der Finanzen verfasst hat.

Q5 Das Gemälde von Joseph Vernet zeigt im Vordergrund, wie mit Handgeräten und Pferdegespannen die Straße selbst und eine Schutzmauer zum Fluss hin angelegt werden. In der Bildmitte ist eine Brücke im Bau, dort werden Kräne eingesetzt.

Q6 Botschafter Giustiniani bringt die Kritik an Colberts Wirtschaftspolitik zu Lasten der Nachbarn und die sich aus der erreichten Dominanz Frankreichs ergebende Hilflosigkeit der Nachbarn zum Ausdruck.

Q7 Boisguillebert schildert das Verhalten der Manufakturarbeiter in Krisensituationen und ihren Versuch, sich durch solidarisches Auftreten gegenüber den Manufakturbesitzern vor weiterem sozialem Abstieg zu schützen.

Q8 Das königliche Privileg für van Robais zeigt an einem Beispiel die zahlreichen Vergünstigungen, mit denen spezialisierte Manufakturbesitzer bei den Nachbarn abgeworben und für eine Ansiedlung in Frankreich gewonnen werden sollten, um die Nachfrage nach Gütern des gehobenen Bedarfs im Inland zu befriedigen.

Q9 Jean de la Bruyères pointierte Darstellung charakterisiert die Lebens- und Verhaltensweisen von Mitgliedern des Adels und des Bürgertums: Blasierte Unwissenheit und Nichtsnutzigkeit als ständisches Ideal contra Fleiß und Bildungsbeflissenheit. Unerwähnt bleibt in der Quelle das Prinzip der Derogation, das Adeligen eine auf Lebensunterhalt ausgerichtete wirtschaftliche Betätigung verbot.

Zu den Fragen und Anregungen

1 (Vgl. Zusatzinformationen zu D1). Die Aufgabe erfordert die präzise Lektüre des VT S. 246 und der Karte D1.
2 Die Aufgabe regt handlungsorientiert ein Werturteil der Schüler an. Indem sie sich für ihr Schaubild über die Bedeutung der verschiedenen gesellschaftlichen Gruppen Gedanken machen, müssen sie sich überlegen, in welchen Kriterien sie „Bedeutung" messen wollen. Gegeneinander abgewogen werden können die Rollen der ersten beiden Stände, des Bürgertums, der Bauern und auch des Königs, Sozialprestige, Macht, Beiträge zu Wirtschaft, Verwaltung oder auch der unspektakulären aber elementaren Nahrungsmittelversorgung. Verschiedene Lösungen sind deshalb möglich und erwünscht. Die zu zeichnenden „Flächen" sind dabei nur Mittel zum Zweck differenzierender unterrichtlicher Reflexion.

Konkret könnte das Schaubild der Schüler z. B. in einer schlichten Umkehrung der Flächengrößen von D2 bestehen, da Adel und Klerus als privilegierte Stände mit dem größten Sozialprestige im ständischen System herausragen. Das Schaubild könnte aber auch dem Bürgertum einen größeren Flächenanteil zumessen, da es Verwaltungsfachleute und Steuerzahler stellt. Muss dann die „Bedeutungsfläche" des Adels größer oder kleiner als die des Bürgertums gezeichnet werden? Wäre auch eine Grafik denkbar, die allein dem Bürgertum die größte Bedeutung/Fläche zumisst? Oder sollte der König (allein?) eine große Fläche bekommen? Ein Vergleich verschiedener Schülerschaubilder kann die Unterschiedlichkeit historischer Urteile zeigen und Anlass sein, deren Gründe zu reflektieren.

3 Die Führung kann neben der Beschreibung der spezialisierten Arbeitsteilung folgende Vorteile nennen:
- Produktionssteigerung und Kostensenkung durch Spezialisierung der Arbeitskräfte,
- Produktion von Fertigwaren, die man sonst importieren müsste – stattdessen können sie Gewinn bringend exportiert werden,
- eine verbesserte Einkommenssituation von Manufakturbesitzern und Kaufleuten (die dann dem Staat höhere Steuereinnahmen bringt).

4 Mögliche Abb. S. 9, Q3; S. 102, Q2; S. 105 Q 8. Der mittelalterliche Handwerker kümmert sich vom Einkauf der Rohstoffe, über deren gesamte Verarbeitung bis hin zum Verkauf um alles selber.

5 Das Rollenspiel lässt die Schüler verschiedene Perspektiven einnehmen und sie erkennen, dass diese zu divergierenden Interessen und Forderungen führten.

Das Problem der Manufakturarbeiter sind Lohnkürzungen, was sie selbst bei stabilen Preisen an den Rand des Existenzminimums bringt. Der Manufakturbesitzer beklagt sinkende Gewinne, da die Verkaufspreise seiner Produkte sinken.

Die Arbeiter können Streik erwägen oder die Lohnkürzungen akzeptieren. Der Unternehmer kann seinen Gewinnverlust akzeptieren, den Betrieb schließen oder er muss seine Kosten durch verringerte Einkaufskosten oder Senkung der Produktionskosten, d.h. auch der Löhne, oder durch Entlassungen erreichen.

Im Vergleich kann die wirtschaftliche Verflochtenheit der Beziehungen zwischen Manufakturbesitzern und -arbeitern durch die Aufteilung in Kapitalbesitzende und Arbeitende und die Unausweichlichkeit von Konsequenzen für beide Seiten erfahrbar werden. Interessant ist, ob die Schüler in ihren Rollen auf Konflikt oder Kooperation einschwenken. Der Unternehmer wirkt zwar in der Quelle, als wäre er in der schwächeren Position, aber für ihn geht es erst einmal „nur" um Gewinneinbrüche, während die Arbeiter um ihre nackte tägliche Existenz fürchten müssen. (Die Gesamtsituation lässt es aber als unwahrscheinlich erscheinen, dass die Manufakturarbeiter einen Boykott wirklich lange durchhalten können – erst recht, wenn sich alle Manufakturbesitzer diesbezüglich einig zeigten.)

6 Zugeständnisse des Königs:
- Einbürgerung des aus Holland zuziehenden Manufakturbesitzers und seiner Arbeiter (Z. 8–11),
- Befreiung von Steuern, Abgaben, Soldateneinquartierungen usw. für die Laufzeit der Konzession (Z. 12–5),
- Beibehaltung des protestantischen Glaubens = Religionsfreiheit (Z. 16–9),
- Finanzielle Unterstützung (Z. 20–24),
- Verbot von Nachahmung/Konkurrenz im Umfeld auf zwanzig Jahre (Z. 25–30).

Ein Mitbewerber wird vor allem das geschützte Monopol beklagen, das ihm eine Ansiedlung und Konkurrenz unmöglich macht. Er könnte auf die aus mangelnder Konkurrenz erwachsenden Nachteile verweisen: hohe Preise, evt. sinkende Qualität.

Colbert kann entgegnen, dass Privilegien überhaupt erst ausländische Unternehmer und ihr Know-how anziehen. Um keinen Preis darf der Erfolg solcher Manufakturen gefährdet werden, um so den Umzug nach Frankreich auch für weitere Produzenten attraktiv zu halten.

7 Colbert will vor allem Größe und Macht Frankreichs stärken. Das bedeutet Schutz der einheimischen Produktion und Ansiedlung ausländischer Spezialisten, staatliche Förderung der Infrastruktur.

Kritik des Botschafters: Frankreich soll nach Colberts Willen ganz auf Importe verzichten können und autark werden. Dazu werden begehrte Produkte und Techniken aus dem Ausland kopiert. Die anderen Staaten müssen aus Rücksicht auf die Handelsbeziehungen dies hinnehmen. Colbert will somit die anderen Staaten „ausplündern", um Frankreichs Einnahmesituation zu verbessern.

8 Für den wohlhabenden Bürger bietet der Staat Ludwigs die Möglichkeit wirtschaftlicher Betätigung und der Anstellung in der königlichen Verwaltung. Er wird gebraucht. Gleichzeitig wird ihm soziale Anerkennung vorenthalten. Einen Ämterkauf können sich nur sehr wenige, wirklich reiche Bürger leisten. Wirtschaftliche Macht und gesellschaftliche Partizipationsmöglichkeiten stehen in einem krassen Missverhältnis.

Literatur für Schülerinnen und Schüler oder Lehrerinnen und Lehrer

Gömmel, Rainer, Die Entwicklung der Wirtschaft im Zeitalter des Merkantilismus: 1620–1800, München 1998.

Mager, Wolfgang, Frankreich vom Ancien Régime zur Moderne. Wirtschafts- Gesellschafts- und politische Institutionengeschichte 1630–1830, Mainz 1980.

Sieburg, Friedrich, Das Geld des Königs: eine Studie über Colbert, Stuttgart 1974.

Stapelfeldt, Gerhard, Der Merkantilismus: die Genese der Weltgesellschaft vom 16. bis zum 18. Jahrhundert, Freiburg 2001.

Walter, Rolf, Wirtschaftsgeschichte: vom Merkantilismus bis zur Gegenwart, Köln, Weimar, Wien 1995.

Medien

Colbert und der Merkantilismus, Videokassette VHS, FWU-04202593.

4. „Wir von Gottes Gnaden …" – der Absolutismus im deutschen Südwesten

Konzeption

Der französische Absolutismus war Vorbild für viele Länder Europas, besonders aber strahlte er in den deutschen Südwesten aus. Sowohl in seiner Herrschaftsform als auch in der Herrschaftslegitimation sind die Parallelen unverkennbar. Wie in Frankreich hatte sich der Absolutismus als „zugespitzte Fürstenherrschaft" (Duchardt, S. 162) im deutschen Südwesten als Antwort auf die Herausforderungen der Zeit herausgebildet. Die absolutistische Herrschaft in Württemberg und Baden ist geprägt von einer starken Orientierung am französischen Vorbild.

Das Beispiel des absolutistischen Frankreich ist in den Kapiteln 1–3 vorgestellt worden. Dabei sind Aspekte der Legitimation von Herrschaft und die Sozial- und Wirtschaftsordnung behandelt worden. Im 4. Kapitel wird der Zugang zum Thema eher über die Herrschaftsarchitektur gesucht, vor allem über barocke Schloss- und Stadtanlagen, die den Herrschaftsanspruch des absolutistischen Fürsten in der Öffentlichkeit dokumentieren sollten.

Gleichzeitig soll aber auch deutlich gemacht werden, dass das Verhältnis zum französischen Vorbild ambivalent war. Die aggressive Außenpolitik Ludwigs XIV. hatte schließlich fast ganz Europa gegen Frankreich aufgebracht. Dieselben absolutistischen Fürsten, die sich am französischen Vorbild orientierten, kämpften als Reichsfürsten gegen Frankreich, so z. B. Eberhard Ludwig im Spanischen Erbfolgekrieg! Auch innenpolitisch gab es erhebliche Unterschiede. Seit 1614 waren die Stände in Frankreich nicht mehr einberufen worden, ganz im Gegensatz zu Württemberg. Hier leisteten sie erheblichen Widerstand gegen die Finanzpolitik ihrer absolutistischen Herzöge. Diese versuchten natürlich, diese unangenehmen Gegenkräfte auszuschalten, was ihnen allerdings auch in der Hochzeit des Absolutismus nie ganz gelungen ist.

Am Beispiel des Herzogs Carl Eugen wird in diesem Kapitel eine weitere Ambivalenz absolutistischer Politik deutlich: auf der einen Seite die hemmungslose Prunk- und Verschwendungssucht des Herzogs, auf der anderen Seite seine konsequente Modernisierungspolitik, mit der er sein Land aus der Rückständigkeit herauszuholen versuchte.

Möglichkeiten der Unterrichtsgestaltung

Im Zentrum des Unterrichts steht der historische Vergleich, der Gemeinsamkeiten und Unterschiede zwischen dem Absolutismus in Frankreich und anderen, auch kleineren Staaten in Europa, verdeutlichen soll. Dies wird in diesem Kapitel exemplarisch am regionalen Beispiel gezeigt.

Spuren des Absolutismus sind bis heute im deutschen Südwesten lokal- und regionalgeschichtlich greifbar, vor allem in Form gut erhaltener oder restaurierter barocker Schloss- und Stadtanlagen. Im Unterricht sollte deshalb die Chance genutzt werden, auf Zeugnisse aus der näheren Umgebung der Schüler zurückgreifen zu können. Dazu dienen die anschaulichen Bildmaterialien des Buches selbst, aber auch die Möglichkeiten des Internets. Vor allem aber bietet sich eine historische Exkursion in die nähere oder weitere Umgebung an. Die Anlage des Kapitels ermöglicht auch handlungsorientierte Zugänge. Dabei wäre z. B. an eine Führung durch Schüler durch die Ludwigsburger Schlossanlage oder eine Führung durch die Karlsruher Innenstadt zu denken, aber auch an spielerische Formen (Beispiel: Carl Eugen und seine absolutistische Hofgesellschaft).

Falls die Zeit für eine Exkursion nicht zur Verfügung steht, eignet sich das Kapitel für eine eigenständige Erarbeitung durch die Schülerinnen und Schüler in kleinen Gruppen. In diese Arbeit können dann auch zusätzlich beschaffte Informationen (z. B. über das Internet; ein empfehlenswerter Link: www.schloesser-magazin.de) mit einfließen. Die Ergebnisse der Gruppenarbeit könnten im Rahmen einer kleinen Ausstellung an Präsentationstafeln ausgestellt werden.

Zusatzinformationen zum Verfassertext

Die Konzeption des Kapitels geht von einem Zugang zum Absolutismus im deutschen Südwesten über die Beschäftigung mit der Herrschaftsarchitektur aus. Eine entsprechende Materialauswahl begünstigt eine eigenständige Erarbeitung dieses Themas durch die Schülerinnen und Schüler. Der Verfassertext und die Materialien liefern dazu alle notwendigen Rahmeninformationen. Für das Thema „Absolutistische Modernisierungs- und Finanzpolitik" bietet der Verfassertext lediglich eine grobe Materialgrundlage; falls dieses Thema vertieft werden soll, ist eine Ausweitung der Materialbasis angeraten (siehe die Literaturempfehlungen zum vorhergehenden Kapitel).

Zusatzinformationen zu den Materialien

Q1 Das Standbild zeigt den Herzog in unverkennbarer Herrschaftspose. Es steht seit 1723 auf dem Ludwigsburger Marktplatz und zeigt Eberhard Ludwig als Generalfeldmarschall mit Marschallstab, zu seinen Füßen erbeutete Trophäen. Eberhard Ludwig war unter dem militärischen Oberbefehl des Herzogs von Marlborough wesentlich am Sieg über Frankreich in der Schlacht von Höchstadt 1704 beteiligt. Der Vergleich mit dem Gemäldeausschnitt auf der ADS, die Ludwig XIV. zeigt, liegt nahe.

Q2 Die Anlage wird in einer Großaufnahme vorgestellt. Wichtige Hinweise auf Merkmale der Barockarchitektur finden die Schüler in der dazugehörigen Erklärung. Auf detaillierte Hinweise zur Baugeschichte wurde dabei verzichtet, so z. B. auf die einzelnen Bauphasen ab 1704 oder auf die Besonderheiten des Habsburger Barock, für den man sich beim Bau des Schlosses nicht zuletzt aus politischen Gründen entschieden hatte.

Q5 Der Kupferstich von 1770 zeigt eine einheitlich geplante Stadt des Absolutismus mit ihren Plätzen, ihren schnurgeraden Straßen und rechtwinkligen Kreuzungen. Ludwigsburg war von Eberhard Ludwig zur Stadt, Residenz und dritten Hauptstadt erhoben worden. Die Abbildung aus der Zeit Carl Eugens zeigt anschaulich die Abhängigkeit der Stadt vom Schloss des absolutistischen Fürsten. Auf der rechten Seite befindet sich der Marktplatz, Kirchen, Verwaltungsgebäude und Kasernen, auf der linken

Seite vorne das berühmte Opernhaus, weiter oben auch Handwerksbetriebe und Manufakturen, die vor allem die Versorgung des Hofes sicherzustellen hatten

Der Vergleich mit einer weiteren in diesem Kapitel vorgestellten Planstadt des deutschen Südwestens liegt nahe, verweist der Plan von Karlsruhe doch nachdrücklich auf das absolutistische Herrschaftsverständnis seines Begründers (Q 8, S. 256).

Q6 Diese Textquelle spielt eine zentrale Rolle in diesem Kapitel, verweist sie doch auf ein wesentliches Element der Barockarchitektur: den Untertanen in der Schloss- und Stadtarchitektur den Herrschaftsanspruch des Monarchen plastisch vor Augen zu stellen. Die Quelle ist sprachlich vereinfacht wiedergegeben.

Q7 Thackeray schrieb mit erheblichem zeitlichen Abstand zum tatsächlichen Geschehen seinen Roman. Sein Held schwärmt von der Pracht des Ludwigsburger Hofs und betont zugleich die außergewöhnliche Dimension, die die Anlage auch im europäischen Vergleich auszeichnet. Gleichzeitig ermöglicht der Bericht Einblicke in die absolutistische Gesellschaft und das fragwürdige Finanzierungssystem.

Zu den Fragen und Anregungen

Die barocken Residenzen waren zu Beginn des 18. Jahrhunderts im deutschen Südwesten wie Pilze aus dem Boden gesprossen. Ihr Vorbild war vor allem Versailles, mit dem die Schüler die Schlösser im Südwesten vergleichen sollen.

1 Mithilfe einer von den Schülern erstellten Karte soll die barocke Vielfalt in Baden-Württemberg anschaulich gemacht werden.

2 Die Beschreibung des Planes Q5 bereitet den Vergleich von Versailles und Ludwigsburg vor (Frage 3).

3 Beim Vergleich der Schlossanlagen muss berücksichtigt werden, dass der Plan von Versailles auf der ADS (S. 235) die Anlage von der Gartenseite her zeigt, Ludwigsburg dagegen aus vergleichbarer Perspektive von der Stadtseite her zu sehen ist. Dennoch ist die Anlage von Schloss und Gärten nach einem streng achsensymmetrischen Schema in beiden Fällen gut erkennbar. Auch die Lage am Rande einer Stadt und das Ausgreifen in gewaltige Parkanlagen sind vergleichbare Merkmale, die den Schülerinnen und Schülern sofort ins Auge stechen. – Die Beschäftigung mit dem Ludwigsburger Schloss führt unweigerlich zu der Frage, was Eberhard Ludwig über seinen persönlichen Darstellungsdrang hinaus zu einer solch ungewöhnlichen Prachtentfaltung getrieben hat.

4 Eine wichtige Antwort gibt dabei das „Musterbuch" selbst (Q6): Die barocke Herrschaftsarchitektur soll den Herrschaftsanspruch des absolutistischen Fürsten gegenüber aller Welt deutlich machen: gegenüber seinen Untertanen, gegenüber den Reichsfürsten, mit denen er um Einfluss im Reich stritt und dem Ausland.

5 Der Blick in den Atlas führt die unterschiedlichen Rahmenbedingungen klar vor Augen: Württemberg ist ein zersplittertes Gebilde, das von der Gesamtgröße her nur einen Bruchteil des französischen Königreiches ausmacht. Frankreich besaß außerdem zu dieser Zeit bereits Kolonien in Übersee.

6 Diese Frage greift noch einmal auf das in dieser Einheit Erarbeitete zurück. Am Beispiel der absolutistischen Residenz Karlsruhe soll dieses Wissen reorganisiert werden. Dabei wird noch einmal bewusst auf das Vorbild Frankreich Bezug genommen.

Wende dein Wissen an: Herrschaft im Mittelalter

Konzeption

Das von Otto III. in Auftrag gegebene Herrscherbild des Mönches Liuthar entfaltet das gesamte Gedankengebäude der mittelalterlichen Herrschafts- und Gesellschaftsordnung.

Als Mikrokosmos der mittelalterlichen Welt fordert seine Interpretation anspruchsvolle inhaltliche und methodische Kompetenzen ein; die Schülerinnen und Schüler lernen beim Betrachten das Bild zu lesen, Gelerntes zu wiederholen und in einem neuen Zusammenhang anzuwenden. Der Aufgabenblock folgt in progressiv steigenden Kompetenzstufen den drei Grundschritten der Bildinterpretation: die Schülerinnen und Schüler erfassen zunächst die einzelnen Bildelemente des Herrscherbildes, fügen diese dann in einer sinnvollen Verknüpfung zusammen und deuten das Widmungsbild aus sich heraus, schließlich aber bringen sie ihr zusätzliches und erworbenes Wissen über das Mittelalter ein, um ihre Interpretation zu vertiefen, zu vervollständigen und kritisch zu hinterfragen. Die handlungsorientierte Umsetzung hilft, die geleistete Deutung augenfällig nachzuvollziehen und Wissen sowie Fertigkeiten in neuer Strukturierung mehrkanalig im Gedächtnis zu verankern.

Eine abschließende Präsentation nach dem Grundsatz „Lernen durch Lehren" macht die Novizen/Schüler zu Experten/Lehrern. Auf diese Weise verzahnen die Schülerinnen und Schüler erworbenes Wissen und erworbene Fertigkeiten und stellen selbstständig temporale und kausale Verknüpfungen zwischen dem Gelernten her. Dem Anspruch der Standards folgend werden so kognitive und methodische Kompetenzen in narrative Kompetenz umgesetzt.

Zusatzinformationen zu den Materialien

Q1 Die Apotheose Ottos III. (983–1002) findet sich in einem Evangeliar, das der Kaiser der Überlieferung nach dem Aachener Dom schenkte. In seinem Widmungsbild setzte der Mönch Liuthar den Kaiser in einen purpurfarbenen bogenförmigen Rahmen, in dessen Mitte diesen die Hand Gottes in einem Salbungs- und Krönungsgestus berührt. Vor einem Goldhintergrund sitzt der Kaiser auf einem antiken Thron, der von der personifizierten Terra getragen wird. Die Figur des Kaisers wird von einem ovalen Nimbus umschlossen und von vier Evangelistensymbolen umgeben; über seine Brust zieht sich ein Tuch – Symbol des Evangeliars und ein Bezug auf die Widmungsverse Liuthars: „Möge dir, Kaiser Otto, Gott das Herz mit diesem Evangeliar bekleiden." Rechts und links zu seinen Füßen stehen huldigend zwei mit Kronen und Fahnenlanzen ausgezeichnete Adlige; unter diesen reihen sich zwei Krieger und zwei Bischöfe – alle diese Figuren sind deutlich kleiner als der thronende Herrscher.

Das Herrscherbild zitiert den frühmittelalterlich-karolingischen Bildtypus des die Welt beherrschenden Christus, setzt aber an dessen Stelle den weltlichen Herrscher, auf den nun die sakrale Symbolik übertragen wird. Damit verdeutlicht es den Weltherrschaftsanspruch der Ottonen: in göttlicher Vollmacht herrscht der Kaiser über die gesamte Christenheit.

Zu den Fragen und Anregungen

1 Der Lehrer/die Lehrerin sollte den Schülerinnen und Schüler eine vergrößerte Kopie der Skizze D1 zur Interpretation des Herrscherbildes an die Hand geben. Parallel zur kognitiven Erschließung der Bildquellen werden die einzelnen Bildelemente ausgemalt. So werden die rechte und die linke Gehirnhälfte aktiviert und vernetzt, es wird eine Orientierung und Systematisierung der komplexen Erarbeitung erreicht und schließlich durch sichtbaren Arbeitsfortschritt zur Weiterarbeit motiviert.

– Die Hand Gottes: steht für die Salbung des Herrschers zum König „von Gottes Gnaden";
– die Flügelwesen: sind Zeichen der vier Apostel Matthäus, Markus, Lukas und Johannes;
– die Krone, der Reichsapfel: stehen als Insignien für die Weltherrschaft des christlichen Kaisers;
– der Heiligenschein: umgibt den christlichen Kaiser und hebt ihn heraus aus der irdischen Sphäre;
– Terra, die Erde: trägt den Thron und damit die Weltherrschaft des christlichen Kaisers, hebt diesen hinauf zu Gott;
– Kronen, Fahnenlanzen: sind Zeichen der Kronvasallen, stehen für empfangene Lehen;
– Waffen: stehen für die Verpflichtung zum Kriegsdienst der (weltlichen) Vasallen;
– Tonsur, Pallium, Buch: zeichnen Bischöfe aus, diese sind geistliche Vasallen.
– Den Mittelpunkt des Bildes bildet der alles und alle überragende thronende christliche Kaiser. Die Erde, Terra, trägt kauernd den Thron des Herrschers und hebt ihn hinauf zu Gott. Der in feierlicher Frontalität gemalte Kaiser steht über den Menschen und erinnert in seiner Gestik an den segnenden Christus. Ihm huldigen, fast so klein wie Kinder, in gebeugter Haltung zwei Kronvasallen. Darunter reihen sich säulenartig und klein geistliche und weltliche Untervasallen, obwohl sie in der Menschenwelt und ihrer Ordnung die Spitze der Gesellschaft bilden.
– Purpur: ist als kostbarer Farbstoff Zeichen der Könige und Kaiser (einen didaktischen Bogen zur Antike ziehen: etruskische Könige, toga praetexta der Senatoren, Caesar als Imperator, römische Kaiser, vgl. Geschichte und Geschehen, Bd. 1.
– Gold: ist als wertvolles Edelmetall teuer und kostbar, als Hintergrund enthebt es das feierliche Geschehen in den überirdischen Bereich.

2 Die Schülerinnen und Schüler sollen alle Aspekte des in die Standards eingeschriebenen Begriffs „Gottesgnadentum" in diesem neuen Kontext wiederholen und das Gelernte anwenden.

– Die Hand Gottes verweist auf den Salbungs- und Krönungsgestus im Ritual der Königserhebung. Der König ist wie einst König David „Gesalbter des Herrn", er herrscht „von Gottes Gnaden". Die seit Pippin vollzogene Salbung hebt den König aus der irdischen in die sakrale Sphäre. Deutlich wird dies im ovalspitzen Nimbus, der hier den Kaiser umgibt, deutlich wird dies in den Symbolen der Evangelisten, deutlich wird dies auch durch das Priestergewand, das der Kaiser unter dem purpurnen Herrschermantel trägt.

– Nur der christliche König und Kaiser hat das Vorrecht über die Krone als Zeichen des christlichen Herrschers hinaus weitere Herrschaftszeichen, Insignien, zu tragen, so den Reichsapfel mit Kreuz, das Zeichen der Weltherrschaft und ihrer sakralen Begründung.

– Purpurrahmen: Triumphbogen;

– Kleidung: weiße Tunika, purpurner Mantel/Clamys;

– Weltkugel: Herrschaftssymbol, das durch das Kreuz zum Zeichen der christlichen Weltherrschaft wird;

– Thron mit Kissen und Schemel;

– Purpur als königliche Farbe.

Die einzelnen Bezugspunkte sollten gesammelt und in den Kontext der Kaiserkrönung Karls des Großen im Jahre 800 gestellt werden.

– Wiederholt werden soll hier die Rolle des Papstes bei der Kaiserkrönung, insbesondere bei den Vorgängen im Jahre 800. Im Bild selbst wird der Papst vernachlässigt; er ist kein unentbehrlicher Mittler zwischen Herrscher und Gott, der dem Kaiser erst durch die Krönung die Fülle der Herrschergewalt übergibt. Im ottonischen Herrschaftsverständnis überträgt der Papst nicht das Kaisertum, er vollzieht nur die Krönung des Kaisers.

3 Das Herrscherbild ist zugleich ein Abbild des Lehnsstaates.

– Die Schülerinnen und Schüler erkennen in den huldigenden Figuren die Kronvasallen. Die Fahnenlanzen sind Zeichen empfangener Lehen und verweisen auf die Verpflichtung zum Heeres- und Verwaltungsdienst. Darunter reihen sich die weltlichen und geistlichen Untervasallen. Die Strukturskizze der Lehnspyramide sollte von den Schülerinnen und Schüler selbstständig entwickelt werden. Das so genannte Ottonische Reichskirchensystem kann durch eine die Ebene der Kronvasallen zweiteilende Linie veranschaulicht werden.

– Die Wiederholung der Herrschaftsausübung des Königs kann hier auf das in den in den Standards festgeschriebene Reisekönigtum fokussieren. Problematisiert werden sollte außerdem die Frage, wie und warum „Unterleihe" und Erblichkeit der Lehen die stabile und dauerhafte Durchsetzung der Königsherrschaft im Deutschen Reich tendenziell verhindern.

– Vor diesem Hintergrund erklären die Schülerinnen und Schüler die Bedeutung der geistlichen Kronvasallen, die es dem König ermöglichen, nach dem Tode des Lehnsträgers erneut über das Reichskirchengut zu verfügen und gleichzeitig die Stammesherzogtümer mit königstreuen Lehnsträgern zu durchsetzen. Das Buch in der Hand der geistlichen Vasallen im Herrscherbild steht für das Wort Gottes. Es verweist auf die seelsorgerische Aufgabe, aber auch auf das Bildungsmonopol des geistlichen Standes und leitet über zur Darlegung der Bedeutung der Klöster.

4 Erkannt werden soll hier, dass nur die beiden oberen Stände dargestellt sind, die Bischöfe als Verwalter von Kirche und Kultur sowie der Adel in seiner militärischen Funktion. Die Bauern fehlen, obwohl sie neun Zehntel der Bevölkerung darstellen. Die ständische Gliederung der Gesellschaft wird – seit dem 11. Jahrhundert – als Teil der göttlichen Weltordnung definiert. Der Lehrer kann darauf verweisen, dass diese Lehren nicht unwidersprochen hingenommen wurden (Sachsenspiegel, Schwabenspiegel 1275: „do man erste Recht saczte, do warn die Leut all frei.").

5 Siehe Konzeption.

Literatur

Askani, B., „Ein Kaiser an der Stelle Gottes", in: Praxis Geschichte (10/1987), S. 6–12.

Grimme, E.G., Das Evangeliar Ottos III. im Domschatz zu Aachen, Freiburg, Basel, Wien 1984.

Jantzen, H., Ottonische Kunst, Hamburg 1959.

Schramm, P. E., Die deutschen Kaiser und Könige in Bildern ihrer Zeit 751–1190, München 1983.

Vorschlag für eine Strukturskizze

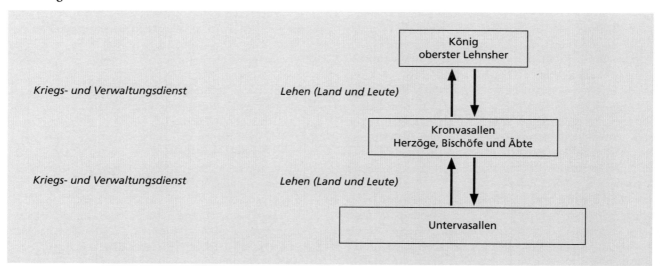

Wende dein Wissen an: Städte im Mittelalter

Konzeption

Es bietet sich an, die Wiederholung der Themeneinheit „Städte im Mittelalter" methodisch mit Kartenarbeit zu verknüpfen. Hier sollen die Schüler zwei unterschiedliche Stadtpläne auswerten, die abschließend noch mit einer historischen Stadtansicht verglichen werden können. Die reiche Fernhandels- und Gewerbestadt Nürnberg eignet sich gut als Beispiel, weil sie als eine der größten deutschen Städte im Spätmittelalter eine ausdifferenzierte Struktur aufwies.

Zusatzinformationen zu den Materialien

Q1 Im Mittelgrund sieht man die St.-Sebaldus-Kirche, rechts davon einen Eckturm des Rathauses, im Hintergrund die Burg.

D2 An dem Plan lässt sich die Stadtentwicklung ablesen:
- Im 8. Jahrhundert gab es zwei Königshöfe, die allerdings nicht Ausgangspunkt der städtischen Siedlung waren.
- Im 11. Jahrhundert wurde eine Königsburg errichtet, deren Schutz Händler und Handwerker genossen, die sich an ihrer Südseite ansiedelten.
- Um die Wende zum 12. Jahrhundert war diese Siedlung bereits befestigt und reichte bis zur St.-Sebaldus-Kirche.
- Im 13. Jahrhundert wuchs die Stadt um die St.-Sebaldus-Kirche herum vor allem Richtung Osten; gleichzeitig entwickelte sich ein zweiter Stadtkern südlich der Pegnitz mit der St.-Lorenz-Kirche als Zentrum.
- Beide Teile wurde um 1250 mit einer Mauer umschlossen. Die Gebiete in Flussnähe waren noch nicht besiedelt.
- Im 14. Jahrhundert wuchs die Stadt zusammen und breitete sich aus. Die sumpfigen Flussniederungen, die nun im Zentrum der Stadt lagen, wurden besiedelt und eine neue Stadtmauer wurde errichtet. Ein neuer Marktplatz, der Hauptmarkt, wurde dort angelegt, wo seit dem 12. Jahrhundert ein Judenviertel lag. 1349 wurden die jüdischen Bewohner massakriert und ihre Häuser abgerissen. An der Stelle der Synagoge errichtete man die Frauenkirche. Am Marktplatz wurde ein Rathaus gebaut, von dem aus seit dem frühen 14. Jahrhundert die Patrizier die Stadt regierten.
- Märkte und städtische Funktionsgebäude auch im Erweiterungsgebiet (Kornmarkt, Stapelhaus, Münze) zeugen vom Wachstum, von der wirtschaftlichen Bedeutung und der inneren Differenzierung der Stadt im späten Mittelalter.

Zu den Fragen und Anregungen

1 Nürnberg war weder Römersiedlung noch Bischofssitz, folgende Faktoren begünstigten die Stadtentstehung:
- Schutz durch die königliche Burg, die auf einem 60 m hohen Felsen das Pegnitztal überblickt (vgl. Q1 und Ansicht Nürnbergs S. 91),
- günstiger Flussübergang (Furt),
- mehrere europäische Handelswege (vgl. Karte S.90f.).

Zur Stadtentwicklung vgl. Zusatzinformationen zu D2.

2 Folgende Gruppen lassen sich bilden:
- Berufsgruppen: Krämer (Kaufleute), Weber, Korbmacher, Weißgerber, Tucher, Fischer, Schlotfeger, Nadler, Färber, Köhler;
- Märkte: Hauptmarkt, Weinmarkt, Obstmarkt, Kornmarkt, Tuchgasse (Verkaufsort der Tucher), Zwischen den Fleischbänken (Verkaufsort der Metzger);
- städtische Einrichtungen: Rathausplatz (Rathaus), Waaggasse (städtische Waage), Münzplatz (Münzprägung);
- kirchliche Einrichtungen: Kartäuserkloster, Spital.

Die Straßennamen der Berufsgruppen zeugen davon, dass Handwerker in einer Straße zusammenlebten. Die zahlreichen Märkte belegen das differenzierte Wirtschaftsleben des mittelalterlichen Nürnbergs. Die Straßen/Plätze, die nach Rathaus, Waage und Münze benannt sind, erinnern an die städtische Selbstverwaltung im Mittelalter. Nur zwei der ausgewählten Straßennamen verweisen auf die wichtige Rolle, die die Kirche in der mittelalterlichen Stadt gespielt hat.

3 Aufgaben der Zünfte:
- Beschränkung der Konkurrenz durch Festsetzung der Zahl der Betriebe, der auszubildenden Gesellen, der herzustellenden Waren und der Preise,
- Sicherung der Qualität durch Überprüfung der Waren und Kontrolle der Ausbildung,
- Interessenvertretung gegenüber dem Rat,
- Unterstützung Hilfsbedürftiger innerhalb der Zunft,
- Bewachung und Verteidigung der Stadt.

Folgendes könnte problematisiert werden:
- Bei der Ausbildung zum Handwerker entschieden nicht Begabung und Interesse, sondern Herkunft.
- Auswärtige Handwerker mit neuen Fertigkeiten und Waren können ihre Waren nicht herstellen und verkaufen, auch wenn die Kunden sie haben möchten.

Das enge Zusammenleben beschränkt den Horizont und verhindert Innovation.

4 Die Patrizier unterschieden sich von den übrigen Bürgern durch ihren Reichtum, ihre weitläufigen Geschäftsbeziehungen, ihre Ratsfähigkeit, ihre Kleidung. Sie verkehrten nur untereinander und grenzten sich von den anderen Bürgern sozial ab.

5 Hier ist eine individuelle Lösung gefragt. Die Hauptmerkmale der Stadt wie Burg, Mauer, Tore, Rathaus, Hauptmarkt mit Brunnen und Hauptkirche sollten genannt werden.

Wende dein Wissen an: Vom Mittelalter zur Neuzeit

Konzeption

Hans Holbeins Bild „Die Gesandten" eignet sich sehr gut zu einer Wiederholung der Themeneinheit „Aufbruch in eine neue Zeit?" und „Europa erobert die Welt". Diese decken folgenden Inhalt der Bildungsstandards ab: „Ursachen sowie wesentliche Erscheinungen der Epochenwende zwischen Mittelalter und Neuzeit benennen und deren Folgen für die Auflösung der mittelalterlichen Ordnung erläutern".

Einerseits lassen sich an den Gegenständen auf dem Regal zentrale Aspekte der Epochenwende erläutern. Eine Hilfestellung bieten dabei die Erläuterungen in D1 als auch das Modul „Die Renaissance im Bild" auf der CD-ROM „Geschichte und Geschehen multimedial – Mittelalter/ Frühe Neuzeit". Andererseits lässt sich die Bildinterpretation Gewinn bringend üben. Auf der Grundlage einer genauen Untersuchung der Bildelemente, des Aufbaus und der Malweise können grundsätzliche Aussagen über das Menschenbild der Renaissance getroffen werden.

Zusatzinformationen zu den Materialien

Q1 In der Renaissance wurde das Selbstbewusstsein und das Selbstbild des Menschen wichtiger Bestandteil eines neuen Denkens. Zwar gingen diese Veränderungen nur von einer kleinen Gruppe aus, die gebildet genug war diese Entwicklung zu verfolgen, dennoch setzte sich langsam ein neues Bild des Menschen und der Welt durch. Die Porträtkunst entwickelte entsprechend neue Formen der Darstellung. Neben die äußere Erscheinung der Person trat eine zweite Ebene in der sich die Person durch eine Vielzahl von Attributen charakterisierte und ihr Denken verbildlichte.

Die Porträts Hans Holbeins sind weltberühmt. Neben dem Kaufmann Georg Gisze, den Darstellungen Heinrichs VIII. und vielen anderen ist vor allem das Doppelporträt Jean de Dintevilles und Georg Selves ein Meisterwerk der Technik und Komposition.

War das Mittelalter noch geprägt von symbolischen Darstellungen, so trat in der Renaissance das Individuum in den Mittelpunkt. Das hier behandelte Bild lässt in der Motivik des „Memento mori" zusätzlich schon erste barocke Anklänge erkennen.

Das Bild Holbeins stellt zudem ein Musterbeispiel für die Form der Auftragskunst dar. Sowohl die Intention als auch der Standort waren durch Dinteville vorgegeben. In wieweit auch die einzelnen Elemente bis ins letzte vorgegeben wurden, ist nicht im Einzelnen nachzuweisen. Sicher ist, dass Holbein nicht aus künstlerischer Freiheit Gegenstände ergänzte, sondern hier der Intention des Auftraggebers folgte. Holbein besorgte sich für die akribische Darstellung der Gerätschaften in der Mitte des Bildes die nötigen Vorlagen. So stammen einige der Navigations- und Messgeräte aus der Werkstatt seines Freundes Nicolaus Kratzer (den er ebenfalls porträtierte).

Das Hauptmotiv des Memento mori ist durch den Totenkopf verhältnismäßig plakativ ausgeführt. Dennoch ist die Trennung der beiden Welten der sichtbaren und der „unsichtbaren" meisterhaft, erkennt man die eine, ist die andere unkenntlich und umgekehrt. Das Bild sollte an der Treppe zum Schlafgemach hängen und den Vorbeigehenden (nicht den distanzierten ruhigen Bertachter) mahnen. Nur aus dem Augenwinkel (quasi unbewusst) lässt sich der Totenkopf in dieser Perspektive richtig erkennen. Steht man vor dem Bild, verschwimmt er zur „Unform".

Im Kontrast zum Motiv des unfassbaren Todes stehen die neuen Messinstrumente der Wissenschaft, die den Auftraggeber faszinierte.

Das zweite Hauptmotiv wird dezenter inszeniert: die Spaltung der Kirche, die nicht nur durch die Reformation auf dem Festland stattfand, sondern auch durch die Absonderung Englands unter Heinrich VIII. Das Fußbodenmosaik ist vom Hauptaltar der Westminster Abbey übernommen und nur dort existiert es auch real. Dort hat Dinteville die Krönung Anne Boleyns miterlebt; ein Ereignis, das die Spaltung Englands von Rom verschärfte. Ebenso sind die fast nicht sichtbare zerrissene Lautenseite und das lutherische Gesangsbuch Motive, die die Glaubensspaltung thematisieren. Der katholische Bischof und Freund steht neben diesen Gegenständen. Es ist keine Wertung im Bild enthalten nur das Bewusstsein dieser Ereignisse beim Auftraggeber.

Zu den Fragen und Anregungen

1 Hier sollen die Schüler anwenden, was sie in den Kapiteln „Der Mensch im Mittelpunkt" (S. 158–160) und „Auf der Suche nach Harmonie und Schönheit" (S. 165–167) gelernt haben. Im Zentrum des Bildes stehen zwei Menschen, die als freie und selbstbewusste Individuen dargestellt werden. Die Gegenstände auf dem Regal zeigen ihre geistigen Interessen: Musik, Geometrie, Arithmetik und vor allem Astronomie. Diese Interessen weisen sie als Menschen aus, die die Welt mithilfe ihrer Sinne und des Verstandes erforschen wollen. Doch nicht nur das Thema, sondern auch die Malweise zeigt, dass es sich um ein typisches Bild der Renaissance handelt: Die beiden Freunde stehen in einem dreidimensionalen Raum, ihre Gesichter zeigen individuelle Züge.

2 Die Gegenstände sind folgendermaßen zuzuordnen:
- Astronomie: Himmelsglobus, Quadrant, Torquetum, Zylindrischer Kalender, Sonnenuhr, Globus
- Musik: Laute, (lutherisches) Gesangbuch, Flöten
- Geometrie: Zirkel
- Arithmetik: Arithmetikbuch

3 Hier bieten sich vier Gegenstände an:
- Der Globus stellt die Erde als Kugel dar. Im Mittelalter war die Vorstellung verbreitet, dass die Erde eine Scheibe ist, aber die Vorstellung, dass die Erde eine Kugel ist, setzte sich seit dem 13. Jahrhundert immer mehr durch. Kolumbus war davon bereits so überzeugt, dass er westwärts fuhr, um westwärts nach Indien zu gelangen. Dort kam er allerdings nicht an, sondern landete 1492 in Amerika. Den Beweis für die Kugelgestalt der Erde brachte Magellans Weltumsegelung 1521. Zum Entstehungszeitpunkt des Bildes war die Kugelgestalt der Erde also nicht mehr strittig. Noch nicht bekannt

war hingegen die Gestalt des neuen Kontinents im Westen. Das mag ein Grund sein, warum der auf dem Kopf liegende Globus die bekannte Seite der Erde – Europa und Teile Afrikas – zeigt. (Vgl. Kapitel „Der Aufbruch in die neue Welt", S. 186–189.)

- Im Himmelsglobus steht die Sonne im Mittelpunkt des Alls. Im 16. Jahrhundert ging die Mehrheit noch davon aus, dass die Erde der Mittelpunkt des Alls ist. Nikolaus Kopernikus hat als erster die These formuliert und mit Himmelsbeobachtungen und Berechnungen belegt, dass die Erde um die Sonne kreist. Sein Hauptwerk hat er erst 1543 veröffentlicht. Dieses Bild zeigt, dass das neue Weltbild aber in Gelehrtenkreisen schon früher diskutiert und für plausibel gehalten wurde. (Vgl. Kapitel „Ein neues Bild der Natur und des Kosmos", S. 161–164.)

- Das lutherische Gesangbuch (unten rechts) und das Arithmetikbuch (unten links) verweisen auf die Verbreitung von Büchern. Es scheint sich dabei nicht um mit der Hand kopierte mittelalterliche Folianten zu handeln, sondern um handliche gedruckte Exemplare. Seit Johannes Gutenberg um 1450 den Buchdruck mit beweglichen Lettern erfunden hat, stiegt die Buchproduktion schnell an: Bis 1500 wurden schätzungsweise 40000 Titel in 10 Millionen Exemplaren gedruckt. (Vgl. „Eine ‚schöne Kunst'- der Buchdruck", S. 176–178.)

- Neben dem katholischen Geistlichen liegt ein lutherisches Gesangbuch – die Glaubensspaltung ist präsent. Auch die Laute mit einer gerissenen Saite symbolisiert die gestörte Harmonie in Glaubensfragen, was aber für die Schüler schwer zu entschlüsseln sein mag. Die von Martin Luther geforderte Reform der Kirche (1517) hatte zum Entstehungszeitpunkt des Bildes schon zur Spaltung der Kirche und zur Formierung eines neuen Bekenntnisses geführt (1530 Augsburger Bekenntnis). Auf die besondere Situation in England 1533 nach der Hochzeit Heinrichs VIII. mit Anne Boleyn und unmittelbar vor der Abspaltung der Anglikanischen Kirche 1534 verweist der Fußboden (s. Zusatzinformationen zu Q1). Dieser Aspekt der Glaubensspaltung ist jedoch nicht Teil der Standards und wird im Buch auch nicht näher erläutert, so dass die Schüler kaum darauf eingehen werden.

4 Die beiden Freunde erscheinen rational, gebildet, wissensdurstig, selbst-, standes- und machtbewusst. Beide sind adlig und bekleiden hohe politische Ämter, Georges de Selve gehört als Bischof dem geistlichen Stand an. Sie lassen sich wahrscheinlich neben dem Regal abbilden, um ihre persönlichen Interessen zu zeigen und sich als Menschen darzustellen, die in allen Wissensgebieten beschlagen sind. Die Vielfalt an Interessen weist sie als typische Renaissancemenschen aus, deren Neugier bis in den Kosmos vordringt. Die prächtige Kleidung Dintevilles, der edle Vorhangstoff und der kostbare Teppich zeigen die Lust des Auftraggebers an den schönen Dingen der Welt, die ebenfalls typisch für die Renaissance ist.

5 Folgende Gegenstände verweisen auf das Motto „Memento mori":

- das Kruzifix links oben hinter dem Vorhang,

- der verzerrte Totenkopf im Vordergrund, der auf der CD-ROM Geschichte und Geschehen – Mittelalter/ Frühe Neuzeit in entzerrter Form zu betrachten ist,
- die Geburtsdaten auf dem Buch und dem Dolch.

Der Kontrast zwischen dem Selbstbewusstsein, dem Erkenntnisdrang und der Sinnenfreude der Auftraggeber einerseits und dem Bewusstsein der Sterblichkeit kann aus heutiger Sicht als Widerspruch betrachtet werden. Auch in unserer Zeit leben Menschen ihre Individualität und genießen die schönen Seiten des Lebens, Wissenschaftler entschlüsseln die genetischen Codes des Menschen und erforschen andere Geheimnisse der Natur, aber es ist in der westlichen Welt nicht üblich, sich die eigene Sterblichkeit vor Augen zu halten. Für die Menschen der Renaissance war es dagegen kein Widerspruch, von ihren Fähigkeiten unbeschränkten Gebrauch zu machen, Gottes Schöpfung zu erforschen und ihre Schönheit zu würdigen und gleichzeitig demütig zu erkennen, dass die eigene Zeit auf Erden begrenzt ist.

Wende dein Wissen an: Reformation und Glaubensspaltung

Konzeption

Flugschriften waren als Kommunikationsmittel in der Reformationszeit ein noch relativ neues Medium, das aber maßgeblich mit zur raschen Verbreitung der reformatorischen Ideen beitrug. Ein großer Teil der öffentlichen Diskussion der Zeit wurde in diesem Medium ausgetragen. Zur Sicherung des Gelernten bieten sich deshalb bei dieser Themeneinheit in idealer Weise zwei Flugschriften an, die unterschiedlichen Genres angehören. Einerseits ist dies ein Spottblatt, andererseits eine Flugschrift mit einem Dialog. Die grundsätzlichen Schritte zur Erschließung dieser verschiedenen Quellen haben die Schülerinnen und Schüler bereits kennen gelernt. Wie sich die zu dieser Zeit häufig anzutreffenden Spottbilder heute interpretieren lassen, ist auf der „Gewusst-wie"-Seite (S. 207) in der Themeneinheit selbst exemplarisch gezeigt worden. Mit diesem Rüstzeug sind die Schülerinnen und Schüler in der Lage, das Spottbild auf dieser Doppelseite zumindest grob zu deuten. Für die Erarbeitung der zweiten Flugschrift, der Textquelle, sollte auf die methodischen Arbeitsschritte auf S. 139 verwiesen werden.

Zusatzinformationen zu den Materialien

Q1 Das Spottblatt (22,5 x 36 cm) entstand 1617 zum 100. Jahrestag des Thesenanschlages als Einblattdruck. Es wurde in Leipzig gedruckt, der Kupferstich stammt von Johann Deperr. Das Bild zeigt Luther, der mit einem Licht und der aufgeschlagenen Bibel aus einer Klosterpforte tritt. Der Drache verkörpert den Antichristen, der anhand der Tiara als Papst zu identifizieren ist. Er greift mit seinen Krallen die Schrift an und versucht, Wasser gegen das Licht zu speien. Luther vertreibt aber sowohl den Ablasshändler mit Narrenkappe als auch die lichtscheuen Klostermäuse.

Q2 Die Flugschrift ist als Dialog gestaltet. Der reformatorische Prediger klärt ein altes Mütterchen darüber auf, dass es mit seinen vermeintlichen frommen Werken letztendlich sein sauer gespartes Geld zum Fenster herausgeworfen habe. Die bewusst derbe Sprache hebt auf eine Zielgruppe ab, die in den weniger gebildeten Schichten der Bevölkerung zu suchen ist; hier sind wohl vornehmlich einfache Leute auf dem Lande und in der Stadt angesprochen. Das Mütterchen kauft jede Woche für sieben Pfennige Kerzen und lässt sie zu Ehren von Heiligen in der Kirche brennen, damit ihre Bitten erhört werden. (Dieser Brauch wird in katholischen Kirchen bis heute gepflegt.) Der Prediger hält dieses Vorgehen für Aberglauben; er ist der Ansicht, dass man mit dem Licht der Kerzen besser dunkle Wohn- und Arbeitsräume erleuchten solle, in der viele Menschen des Nachts säßen. Eine theologische Begründung für seine Auffassung gibt er jedoch nicht. Den Betrag von 11 Gulden, den das Mütterchen an den Pfarrer gegeben hat, damit nach seinem Tode jedes Jahr am Todestag eine Totenmesse gelesen werde, hält er ebenfalls für Verschwendung, in diesem Fall für eine Vergeudung des Erbes. Auch für diese Behauptung wird keine theologische Begründung gegeben. Das Mütterchen folgt der Argumentation des Predigers umgehend und erkennt nun selbst, dass es wohl genarrt worden ist, indem es auf die stets wohl genährten Geistlichen verweist, die es sich gut gehen lassen können. Sie selbst, die einfachen Leute müssten dagegen Steuern und Zölle zahlen und hätten nicht genug zum Leben.

Der didaktische Impetus der Flugschrift ist sehr offensichtlich. Wenige Einwände des Predigers genügen, um das Mütterchen davon zu überzeugen, das es bisher im Irrglauben gewesen ist. Es folgt der Argumentation des Predigers und findet umgehend selbst Beweise dafür, dass es bisher falsch gehandelt hat.

Zu den Fragen und Anregungen

1 Hier sollten die Schülerinnen und Schüler die folgenden angesprochenen Missstände erkennen:

- Kerzen in der Kirche zu Ehren von Heiligen anzuzünden ist Aberglauben. Das dafür aufgewendete Geld kommt nur den Geistlichen zugute. Ein solches Tun ist vergleichbar mit dem Kauf von Ablassbriefen.
- Geld zu stiften für eine jährliche Totenmesse ist Raub an den eigenen Erben, denen man dieses Geld vorenthält. Stattdessen „mästet" man damit die Geistlichen.
- Die Kirche ist wegen dieser Geldgeschäfte zu einem Trödelmarkt verkommen (hier kann man auf die Vertreibung der Händler aus dem Tempel durch Jesus verweisen, vgl. Markus 11, 15).
- Der Papst hat sich Befugnisse der weltlichen Gewalt angeeignet, was dazu führt, dass die Geistlichen z.B. keine Steuern und Zölle zahlen müssen und dadurch besser gestellt sind als einfache Menschen.

2 Ein Kritikpunkt der Reformation war die Sprachbarriere zwischen den Pfarrern, die in der Kirche die Messe auf Latein lasen, und den Gläubigen. Die Reformatoren forderten die Verkündung des Wortes Gottes auf Deutsch und sie wollten eine bewusste Auseinandersetzung der Gläubigen mit der Heiligen Schrift fördern. Die Menschen sollten nicht mehr „blind" glauben, sondern sich mit dem Wort Gottes beschäftigen.

3 In den Städten war der Bildungsgrad deutlich höher als auf dem Lande. Hier konnten mehr Menschen lesen und sich mit den Flugschriften unmittelbar auseinander setzen. – Zudem wuchsen dem Stadtrat durch die Übernahme kirchlicher Besitzungen Vermögen, aber auch zusätzliche Macht und mehr Einfluss zu.

4 Hier sind individuelle Lösungen der Schülerinnen und Schüler gefragt, die vor allem Gegenargumente zu den unter Anregung 1 genannten Argumenten finden sollen.

5 Abgesehen von den heute nicht mehr gebräuchlichen Münzeinheiten gibt es einen entscheidenden Hinweis zur Datierung: Luther lebt zur Zeit der Abfassung des Textes, und er wird zu dieser Zeit wegen seiner reformatorischen Ansichten verfolgt. Da im Jahr 1521 die Reichsacht über ihn verhängt wurde, muss der Text kurze Zeit später verfasst worden sein.

6 Hier sollten die Schülerinnen und Schüler herausarbeiten, dass die protestantischen Fürsten durch den Aufbau der neuen Landeskirchen der Reformation und ihren Ideen sehr rasch eine institutionelle Basis gaben. Der Augsburger Religionsfrieden verpflichtete dann später mit seiner Bestimmung „cuius regio, eius religio" sämtliche Untertanen, den Glauben des jeweiligen Fürsten anzunehmen. Sie konnten sich dieser Pflicht nur durch den Gang ins Exil entziehen.

7 Hier sind individuelle Lösungen der Schülerinnen und Schüler gefragt; es sollte neben einer Erläuterung der wichtigsten Bestimmungen des Augsburger Religionsfriedens herausgearbeitet werden, dass in dem Vertragswerk bereits Zündstoff für weitere religiös motivierte Konflikte angelegt ist.

8 Vgl. Zusatzinformationen zu Q1. Luther ist als Mönch dargestellt, der er zur Zeit des Thesenanschlags war. Der Ablassverkäufer ist am Schild „ablasbrief" zu erkennen. Am schwierigsten zu identifizieren ist sicher der Papst, der als Antichrist in Gestalt eines Drachens dargestellt ist. Hier hilft der Vergleich mit anderen kritischen Flugblättern in der Themeneinheit: Auf S. 202, Q1, S. 204 Q3 und S. 206, Q1 ist der Papst jeweils ebenfalls an der dreistöckigen Tiara zu erkennen. Dem Grundbegriff „Antichrist" auf S. 207 lässt sich entnehmen, in welcher Gestalt der „Antichrist" auf Flugblättern erscheint.

9 Die Schülerinnen und Schüler können hier zu unterschiedlichen Einschätzungen kommen. Dass Q1 eine größere Zielgruppe angesprochen haben wird, liegt daran, dass es sich hier um ein Bild handelt, dass jeder Betrachter – auch ein Analphabet – verstehen kann. Allerdings entstand das Spottbild – ein Jahr vor Beginn des Dreißigjährigen Krieges – zu einem Zeitpunkt, wo sich die Fronten zwischen den Konfessionen bereits verhärtet hatten. Es diente daher vermutlich weniger der Werbung für die Reformation als der Selbstbestätigung der Lutheraner. Q2 hingegen stammt aus der „heißen Phase" der Reformation, in der sich gerade die Bürger in den Städten mit Begeisterung Luthers Ideen anschlossen. Der Text liefert handfeste Argumente gegen die Papstkirche: Hier werden keine theologischen Feinheiten thematisiert, sondern es wird vor allem die materielle Ausbeutung der Gläubigen durch die Kirche angeprangert. Diese Aspekte mögen – neben den theologischen Argumenten - noch unentschlossene Bürger von Luthers Ideen überzeugt und für die Reformation gewonnen haben.

Wende dein Wissen an: Der Absolutismus

Konzeption

Die Einleitung erklärt, warum es lohnenswert ist, sich mit Ludwig XIV. und seinem Herrschaftssystem heute noch auseinander zu setzen. Es geht um die Untersuchung von Anspruch, Durchsetzung, Legitimation und Ausgestaltung von Herrschaft an der konkreten Herrschaftsidee Ludwigs XIV.

Die Materialien ermöglichen über ein Bild, eine schriftliche Quelle und eine einfache Statistik verschiedene Zugänge zur selbstständigen Wiederholung. Die Fragen und Anregungen variieren von kreativ-handlungsorientierten bis zu rein kognitiven Aufgaben. Das Anforderungsniveau innerhalb eines Aufgabenblocks ist progressiv steigend angelegt. Alle Aufgaben setzen methodische Fertigkeiten (Herrscherbildanalyse), Wissen und Erkenntnisse aus der Themeneinheit voraus.

Zusatzinformationen zu den Materialien

Q1 Die Gouache stammt von Joseph Werner (1637–1710), einem Schweizer Miniaturen-, Historien- und Porträtmaler, der u. a. am französischen Hof arbeitete und 1700 erster Direktor der von Kurfürst Friedrich III. gegründeten Akademie der Künste in Berlin wurde. Werner war berühmt für seine Allegorien.

Ludwig XIV. bevorzugte die Allegorisierung als Apollo. Er sitzt frontal in einem von vier Pferden gezogenen Streit- oder Sonnenwagen, umgeben von Wolken. Seine langen Haare sind mit einem grünen Blätterkranz geschmückt, umgeben von einer Strahlengloriole, die einzige Lichtquelle des Bildes. Seine Rechte hält die Zügel, seine Linke die Lyra, die wie die Lorbeeren Attribut Apollos sind. Er ist weiß gewandet. Die rückwärtige Architektur erinnert an einen Tempel und betont durch seine Architektur die zentrale Stellung Ludwigs. Acht Genien oder Horen umschweben in langen Gewändern den Wagen. Der über Apollo/Ludwig schwebende Genius/Engel wird von manchen Autoren als Aurora, die Göttin der Morgenröte gedeutet.

Apollo war ursprünglich Gott der Weissagung. Seine Eigenschaften sind aber vielschichtig und mehrdeutig. Im Laufe der Jahrhunderte haben sich seine Eigenschaften immer wieder verändert. Er wurde als Gott der geistigen Ordnung, der schönen Künste, der Musen, besonders der Musik, verehrt. Er galt als meisterhafter Bogenschütze und begabter Athlet. Ferner war er der Gott des Ackerbaus und des Viehs, des Lichts und der Wahrheit. Kein Gott wurde in der Kunst häufiger dargestellt. Seit der Renaissance wird er als Inbild der Vollkommenheit und Gott des Lichts gesehen.

Q2 Der Herzog von Saint-Simon beschreibt das von Ludwig betriebene System der ruinösen Verschwendung und die damit verbundenen sozialen Folgen. Der Ausschnitt endet mit der Wertung, dass das System der Verschwendung die Ständeordnung zersetze, indem gesellschaftlicher Rang und Stellenwert nur noch am Konsum gemessen werde.

D1 Die Statistik vergleicht Einnahmen und Ausgaben des Jahres 1678 miteinander.

Zu den Fragen und Anregungen

1 Fragenswerte Details können für „Besucher" die Person Ludwigs, seine Attribute, sein Wagen, das Gebäude, die engelsähnlichen Figuren und die Wolken sein.

Zur Bildanalyse s. o. Hinweise zu Q1. Die Horen und Genien sind auch als „Engel" richtig erkannt, da sie zusammen mit den Wolken die himmlische Atmosphäre schaffen, in der Ludwig als Gott seinen Wagen lenkt. Die Analyse kann mit Hilfe der Arbeitsschritte „Herrscherbilder interpretieren" (S. 239) selbstständig durchgeführt werden. Sie entscheiden als Lehrer/in, ob Sie den Schülerinnen und Schülern Hinweise zur Deutung des Gottes Apollo geben oder sie lieber selber recherchieren lassen wollen.

Die Allegorisierung als Gott mit fast jesusähnlichem Äußerem, die heiligenscheinähnliche Betonung des Lichts, die auch die Sonnensymbolik aufnimmt, die zentrale Positionierung, das himmlische Schweben und die machtvolle Pose können in folgende Beziehungen zur Herrschaft Ludwigs gesetzt werden:

- sein Anspruch auf Stellvertretung Gottes und damit seine gottähnliche Stellung,
- die göttliche Legitimation seines Herrschaftsanspruchs und der Losgelöstheit von weltlichen Gesetzen,
- die Förderung des fast religiösen Kults um seine Person,
- die Betonung unvergleichlicher Größe und Macht,
- die zentrale Ausrichtung auf seine Person, die wie das Licht der Sonne, Ursprung von Frankreichs Größe und Leben ist.

Der Zweck solcher Bilder bestand darin, den Betrachtern Ludwigs Anspruch, sein Selbstverständnis als König und dessen Legitimierung vor Augen zu führen und bewusst zu halten.

2 Als Beispiele können Lever, Diner und Coucher dienen. (VT S.236; Q3, Q5, Q6, D1 S. 240)

Die Verpflichtung zur Verschwendung macht die Adeligen abhängig, da sie sich bei ihm verschulden müssen und lenkt sie von der Beteiligung an der Politik ab.

Die Verschwendungspolitik kombiniert den bisherigen Maßstab sozialer Geltung, die Geburt, mit der monetären Potenz und wirkt so tendenziell zersetzend auf die rein geburtsständische Gesellschaftsorganisation. Das kann sich im Gespräch andeuten. Ein Bürger wird auf jeden Fall darauf drängen, dass Leistung gesellschaftliche Vorrechte bedingen sollen. Der Adelige wird das ablehnen, da er seine privilegierte Stellung verlieren würde. Einen luxuriösen Lebensstil werden allenfalls reiche Adelige oder Bürger als soziale Klassifizierungsmerkmale begrüßen. Letztere noch eher, da sie die Möglichkeit haben, im merkantilistischen Frankreich viel Geld zu verdienen und das nach außen dokumentieren können.

3 Colbert muss Ludwig darauf hinweisen, dass er mehr ausgibt als einnimmt. Die Ausgaben übersteigen die Einnahmen um ca. ein Drittel. So kann er nicht weitermachen, da er sich sonst verschuldet.

Maßnahmen Colberts:
- Einführung einer Bilanz,
- Bau von Straßen, Brücken und Kanälen,

– Beseitigung von Zollgrenzen,
– Gründung von Handelsgesellschaften,
– Einfuhr von Rohstoffen,
– Behinderung der Rohstoffausfuhr,
– Behinderung der Einfuhr von Fertigwaren,
– Anwerbung von ausländischen Fachkräften.

Ludwig wird erwidern, dass er nicht sparen kann und will, da er um jeden Preis all das tun muss, was seine Größe nach außen dokumentiert und fördert: Kriege, Bautätigkeit, verschwenderische Lebensführung.

4 Die Zeichnung soll die für den Absolutismus relevanten Faktoren grafisch zueinander in Beziehung setzen. Die Zuordnung von Maschinenfunktionen für die einzelnen Faktoren erfordert ihre historische Bewertung. Das Schaubild kann konventionell angelegt werden. Es kann aber auch das Bild von der Maschine aufgenommen und umgesetzt werden. Die Schüler müssen dazu überlegen, was die „Maschine Absolutismus" produziert oder können soll. Sie könnte z.B. Macht und Größe produzieren. In einer solchen Machtmaschine könnten sein:

– Ludwig als König der Motor,
– Gott die schützende Motorhaube,
– Gesetze und Erlasse die Treibriemen für verschiedene Schwungräder,
– Königlicher Rat und Minister, Armee und Verwaltung mit den Beamten die Schwungräder, die wieder neue Riemen antreiben,
– die einzelnen Gruppen des Dritten Standes als die Werkzeuge, die auf dem Fließband das liefern, was Ludwig, der Motor, benötigt (Geld, Waren, Nahrungsmittel, Menschen), die ihm als „Treibstoff" wieder zugeführt werden.

Denkbar wäre auch eine Maschine mit seriell angeordneten Modulen: Das Produkt Macht und Größe liefert die Armee, das wiederum von den Steuern unterhalten wird, die wieder das Ergebnis der Wirtschaftspolitik sind. Das alles wird bewirkt durch den Einsatz eines Beamtenapparats, der, gelenkt von Ludwig als Maschinist, mit seinen Pleuelstangen in die einzelnen Module hineinragt. Ludwig benutzt Gott als Schild. Die ganze Maschine verpackt in Kunst, die den Blick in das Innere verstellt oder schönt.

Viele weitere ähnliche „Lösungen" sind möglich. Ziel ist nicht das eine richtige Schaubild, als vielmehr die wiederholende und wertende Auseinandersetzung mit dem Herrschaftssystem des Absolutismus.

Probleme können die Unzufriedenheit der beteiligten Gruppen sein, die Überlastung der Bauern, die widerwilligen Adeligen, die mangelnde soziale Mobilität, die Überlastung des ganzen Systems mit überzogenen materiellen Wünschen des „Motors" oder „Maschinisten" Ludwig.

Das bekannte Tempelmotiv mit den tragenden Säulen der Herrschaft Ludwigs suggeriert politische und gesellschaftliche Statik und ein isoliertes Nebeneinander der verschiedenen Herrschaftmittel. In diesem Bild geht deren Interdependenz und damit der dynamische Charakter des Absolutismus verloren, der aus dem Ringen Ludwigs um Macht und Machterhalt erwuchs.

5 Z. B. kann mit Demokratie und Oligarchie verglichen werden. Eine einfache Tabelle kann aussehen wie das Muster unten.

Möglich sind auch Vergleiche mit dem oligarchisch-republikanischen System Roms (Bd. 1), dem mittelalterlichen Königtum (vgl. auch Anregung 5 auf S.241), den mittelalterlichen Stadtregimentern (S. 96–100) oder Stadtrepubliken der Renaissance (S. 169).

6 Diese Aufgabe verlangt von den Schülern über das nachzudenken, was sie am Stoff über ihn hinausgehend grundsätzlich lernen können. Der Einleitungstext zu diesen Übungen (S. 274) gibt erste Hinweise. Die Auseinandersetzung mit dem Absolutismus ermöglicht die Auseinandersetzung mit:

– Herrschaft (Ansprüche, Begründung und Durchsetzung),
– Merkmalen des modernen Staates,
– Wirtschaftspolitik (Ziele, Maßnahmen, Folgen),
– sozialen Folgen von Politik,
– Problemen der politischen Partizipation,
– Gesellschaftsordnung (Leistungs- und geburtsständisches Prinzip),
– sozialer Mobilität,
– Deutbarkeit, Symbolhaftigkeit und politische Instrumentalisierbarkeit von Kunst und Architektur.

Schüler werden das sicher in anderen Worten ausdrücken („…wie einer das schafft, alleine an der Macht zu sein"; „… wie man mit Gebäuden Politik ausdrückt" usw.). Sie sollten das aber in jedem Fall und auf ihre Weise verbalisieren, um anfanghaft zu erkennen, dass historisches Überblicks- und Sachwissen nur das Mittel zum Zweck einer tiefer gehenden historischen Kompetenz sind.

Literatur

Glaesemer, Jürgen, Joseph Werner 1637–1710. Ouevrekataloge Schweizer Künstler Bd. 3, Zürich München 1974.

	Demokratie (Athen)	Oligarchie (Sparta)	Absolutistische Monarchie
Wer herrscht?	Das Volk (Vertreter)	Einige Wenige	Ein König
Was berechtigt zur Herrschaft?	Wahlen	Macht, Gewalt, Ethnie	Göttliche Erwähltheit
Wie wird geherrscht?	Vertreter des Volkes bilden eine Regierung und beraten über die Gesetze.	Gesetze werden von den Wenigen bestimmt und mit Gewalt durchgesetzt.	Der König erlässt allein die Gesetze und ist oberster Gerichtsherr.
Welche Rolle hat das Volk?	Es wählt und kann sich an der Regierung beteiligen.	Der größere Teil hat keine Chance zur politischen Mitsprache.	Das Volk ist in Stände aufgeteilt. Diese haben keine Möglichkeit zur politischen Mitsprache.

Die Fruchtfolge der Dreifelderwirtschaft

Name: Klasse:

Jahr

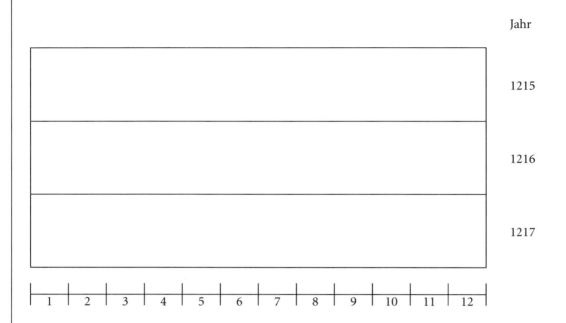

1215

1216

1217

| 1 | 2 | 3 | 4 | 5 | 6 | 7 | 8 | 9 | 10 | 11 | 12 |

Oben auf der Seite siehst Du ein Feldstück, eine Zelge. Es ist dreimal abgebildet für die Jahre 1215 bis 1217. Mithilfe der Monatsangaben kannst Du auf dem Flurstück jeweils angeben, ob es brach liegt (B), ob Wintergetreide (W) oder ob Sommergetreide (S) darauf angebaut wird. Wintergetreide wird im November gesät und im Juli geerntet, Sommergetreide sät der Bauer im März aus und erntet es im August.

1. **Stelle die Nutzung einer Zelge in drei aufeinanderfolgenden Jahren dar. Beginne im Jahr 1215 mit dem Wintergetreide. Schneide die Streifen für Winter- und Sommergetreide aus und klebe sie richtig auf. Färbe die Monate, in denen Getreide auf dem Feld wächst gelb ein.**
2. **Markiere die Brache durch Grünfärbung.**
3. **Du kannst das Schaubild auch als Nutzung von drei Zelgen im selben Jahr lesen. Erläutere daran, wie sich die Arbeit des Bauern über das Jahr verteilt.**

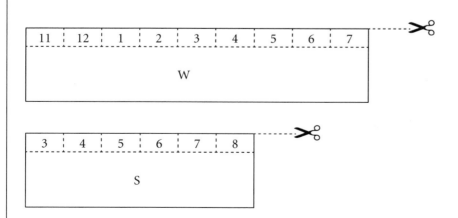

Der Klosterplan
von St. Gallen

Name:

Klasse:

Ergänze in dem Plan die Beschriftungen für die einzelnen Gebäude und Flächen.
Nimm S. 57 in deinem Buch zu Hilfe. Anschließend kannst Du einzelne Bereiche
mit verschiedenen Farben anmalen, z. B. grün = Gartenfläche, braun = Wohnhäuser
usw.

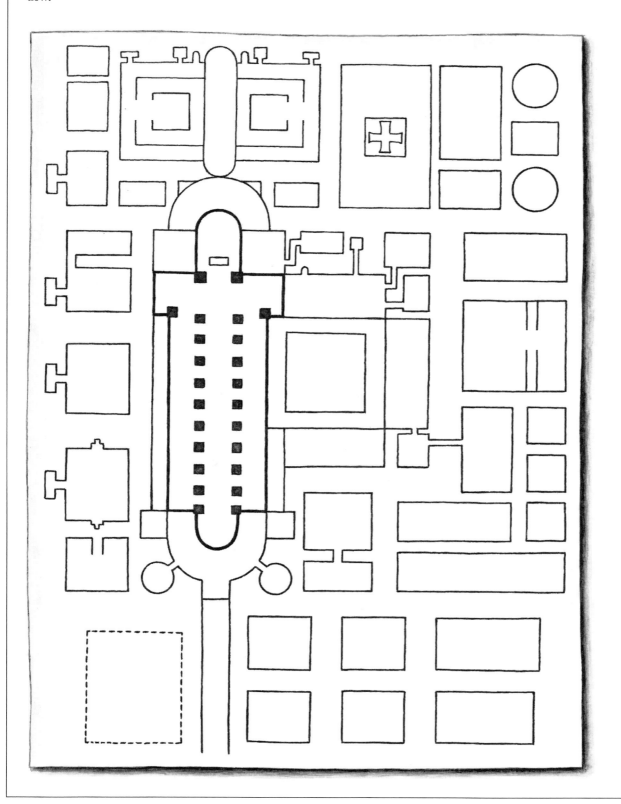

Die Ständegesellschaft

Name: Klasse:

Schneide die Einzelteile aus und klebe das Puzzle richtig zusammen. Die Erläuterungen ergänzt du zunächst und klebst sie dann an den Rand neben die entsprechende Gruppe.
Die richtige Lösung für diese Aufgabe findest du in deinem Buch auf S. 68.

1. Stand:

_____

2. Stand:

_____

3. Stand:

_____

später auch:

_____

Tu labora
Und du arbeite!

Tu protege
Du schütze!

Tu supplex ora
Du bete demütig!

Ordnung in die Familie der Liudolfinger (Ottonen) bringen

Familien sind manchmal ziemlich komplizierte Gebilde. Besonders wenn dir jemand berichten will, wie er mit jemandem verwandt ist. Genauso wird es dir nun mit dem folgenden Text ergehen. Lies ihn zunächst gründlich durch, ohne gleich zu verzweifeln.

Ottos I. Vater, Herzog Heinrich von Sachsen (*875, †936), war von 919–936 König unter dem Namen Heinrich I.

Dessen Großvater Liudolf (†866) und Vater Otto (†912) waren beide Herzöge von Sachsen.

Otto I. hatte vier Geschwister:

(1) Gerberga (†969), die u.a. mit Ludwig IV. von Frankreich verheiratet war,

(2) Hadwig (†959), die Hugo von Franzien heiratete und deren Sohn Hugo Capet 987–996 König von Frankreich war,

(3) Heinrich (†955), den Herzog von Bayern und

(4) Erzbischof Brun von Köln (†965).

Ottos I. Sohn Otto II. (*955, †983) war seit dem Tode seines Vaters bis 983 König und wurde ein Jahr vor seinem Tod Kaiser. Seine Frau Theophanu starb 991.

Otto hatte mit seiner Frau Adelheid (†999) neben Otto drei weitere Kinder:

(1) Liudolf, den Herzog von Schwaben (†957),

(2) Wilhelm (†968), der Erzbischof von Mainz wurde, und

(3) Luidgard (†955), die Konrad den Roten heiratete.

Ottos I. Enkel Otto III. (*985, †1002) war 983–1002 König und ab 996 Kaiser.

Ottos I. Neffe war Heinrich der Zänker (†995). Dessen Sohn Heinrich II. (*973, †1024) war 1002–1024 König und seit 1014 Kaiser. Dessen Schwester Gisela (†1065) heiratete König Stephan von Ungarn.

Du solltest jetzt die Informationen aus der Ottonenfamilie ordnen, denn sonst behältst du bestimmt nichts davon. Du kannst sie dir viel besser einprägen, indem du die Einzelinformationen nach und nach in die leeren Felder des Stammbaums hineinschreibst.

Name: Klasse:

Stammbaum der Liudolfinger (Ottonen)

Otto I.
* 912 † 973
Kg. 936–973
Kaiser 962
∞ Adelheid
v. Burgund/Italien
† 999

Wie bringt man eine Urkunde zum Reden?

Name: Klasse:

Auf S. 36 f. habt ihr euch mit dem äußeren Bild und dem Aufbau einer mittelalterlichen Urkunde vertraut gemacht. Das herauszufinden ist immer der erste Schritt, wenn Historiker ein solches Schriftstück untersuchen. Aber dann geht's eigentlich erst richtig los. Welche interessanten Informationen bietet die vorliegende Urkunde denn?

Versucht, möglichst viele W-Fragen anhand des übersetzten Urkundentexts auf S. 37 zu beantworten:

WER?   Welche Personen werden genannt?

1. Liste alle im Urkundentext genannten Personen der Reihe nach auf.

_____ – _____ – _____ – _____ – _____ – _____

_____ – _____ – _____ – _____ – _____ – _____

_____ – _____ – _____ – _____

2. Diese vielen Eigennamen, Amtsbezeichnungen und gesellschaftlichen Personengruppen standen in einem jeweils bestimmten Verhältnis zueinander. Ordne sie in zusammengehörigen Gruppen und versuche, das, was sie verbindet, zu benennen.

Königliche Familie: _____ – _____ – _____ – _____

Königliche Verwaltung: _____ – _____ – _____ – _____

Lehns- und Grundherrschaftssystem: _____ – _____ – _____

zum Kloster Gehörige: _____ – _____ – _____ – _____

Geistliche: _____ – _____ – _____ – _____

WO? _____ – _____

WANN? _____ – _____

WAS? _____

_____

WIE? _____ – _____ – _____

WARUM? _____ – _____ – _____ – _____

Die Perspektive macht den Unterschied:
Der Gang Heinrichs IV. nach Canossa

A In den Jahrbüchern des Lampert von Hersfeld findet sich folgender Bericht. Dabei äußert dieser sich dazu, dass der Papst den Bann zwar löste, dafür aber den Rücktritt des Königs forderte:

Der Papst widerstand lange … Schließlich aber ließ er sich durch das rücksichtslose Drängen der Unterhändler und das Gewicht ihrer Ansichten umstimmen und sprach. „Wenn er aufrichtig seine Tat bereut, soll er zum Zeichen wahrer, von Herzen kommender Reue die Krone und die übrigen Insignien des Reichs unserer Gewalt übergeben und sich nach so frevelhafter Tat für unwürdig des königlichen Amtes und Namens erklären." Das aber erschien den Gesandten allzu hart. Und als sie heftig in ihn drangen, seinen Spruch zu mildern und das zerstoßene Rohr nicht durch die Strenge seines Urteils völlig zu zerbrechen, da ließ er sich mit Mühe und Not die Zustimmung dazu abringen ,dass er vor ihm erscheine und, wenn er für seine Vergehen aufrichtig Buße tue, die Schuld, die er durch die dem apostolischen Stuhl angetane Schmach auf sich geladen habe, nunmehr durch Gehorsam gegen die Verordnungen des apostolischen Stuhles sühne.

Da kam der König, wie es ihm befohlen war, und da die Burg von drei Mauern umgeben war, wurde er in den zweiten Mauerring aufgenommen, während sein ganzes Gefolge draußen blieb, und hier stand er nach Ablegung der königlichen Gewänder ohne alle Abzeichen der königlichen Würde, ohne die geringste Pracht zur Schau zu stellen, barfuß und nüchtern vom Morgen bis zum Abend, das Urteil des Papstes erwartend. So verhielt er sich am zweiten, so am dritten Tage. Endlich am vierten Tag wurde er zu ihm vorgelassen, und nach vielen Reden und Gegenreden wurde er schließlich unter … Bedingungen vom Bann losgesprochen.

(Die Jahrbücher des Lampert von Hersfeld, nach: Wolfgang Lautemann (Bearb.), Mittelalter, (= Geschichte in Quellen, Bd. 2) 4. Aufl., München 1996, S. 306 ff.)

B Papst Gregor VII. schildert in einem Brief an die geistlichen und weltlichen Würdenträger des Reiches die Situation im Jahr 1077 folgendermaßen:

Inzwischen traf bei uns die sichere Nachricht von der Ankunft des Königs ein. Er hatte übrigens schon zuvor Boten bittend zu uns gesandt und versprochen, er werde in allem Gott, dem heiligen Petrus und uns vollständige Genugtuung und jeden Gehorsam zur Besserung seines Lebens leisten, wenn er nur von und der Gnade der Freisprechung und des apostolischen Segens gewürdigt werde. Wir berieten uns hierüber mit zahlreichen Personen, weigerten ihm dies lange und ließen ihm durch alle Boten, die hin- und hergingen, schärfsten Vorhalt über seine Vergehen machen. Da erschien er selbst in geringer Begleitung, ohne eine feindliche oder vermessene Absicht zu zeigen, vor der Burg Canossa, auf der wir uns eben aufhielten. Drei Tage lang stand er hier vor dem Burgtore, hatte jedes Abzeichen seiner königlichen Würde abgelegt, harrte unbeschuht und in linnenem Gewande kläglich drei Tage lang aus und ließ nicht eher davon ab, unter vielen Tränen die tröstliche Hilfe der apostolischen [= päpstlichen] Erbarmung anzuflehen, bis er alle, die zugegen waren und die davon hörten, zu solch innigem Mitleid und Erbarmen bewegte, dass sie mit vielem Bitten … für ihn eintraten und unsere ungewöhnliche Härte gar nicht begreifen konnten …

Endlich durch seine beharrliche Reue und die so eindringliche Fürbitte aller Anwesenden überwunden, lösten wir ihn schließlich vom Bande des Bannes und nahmen ihn in die Gemeinschaft und in den Schoß der heiligen Mutter Kirche auf …

(Gregorii VII. registrum, zit. nach: Wolfgang Lautemann (Bearb.), Mittelalter, (= Geschichte in Quellen, Bd. 2) 4. Aufl., München 1996, S. 313 ff.)

C In einer Lebensbeschreibung über Heinrich IV. äußert sich der anonyme Verfasser 1106/07 zu den Ereignissen in Canossa:

Als Heinrich erkannte, wie sehr er in Bedrängnis geraten war, fasste er in aller Heimlichkeit einen schlauen Plan; plötzlich und unerwartet reiste er dem Papst entgegen und erreichte mit einem Schlag zwei Dinge: Er empfing die Lösung vom Bann und unterband durch sein persönliches Dazwischentreten die für ihn bedenkliche Zusammenkunft des Papstes mit seinen Widersachern. Auf das ihm zur Last gelegte Verbrechen ging er kaum ein, weil er, wie er betonte, auf Anschuldigungen seiner Gegner, selbst wenn sie auf Wahrheit beruhten, nicht antworten müsse.

(Vita Henrici IV. Imperatoris, übers. von Irene Schmale-Ott; in: Quellen zur Geschichte Kaiser Heinrichs IV., hrsg. von Franz-Josef Schmale, Berlin 1963, S. 421)

Sicherlich erinnerst du dich, wie man Quellen, die ein und dasselbe Ereignis aus unterschiedlichem Blickwinkel schildern, miteinander vergleicht. Wenn nicht, schau noch mal im Buch auf S. 276 nach. Die dort angegebenen Schritte zum Vergleich von Textquellen kannst du auf dieses Ereignis übertragen.

Auf S. 76 sind im Buch die reinen Fakten beschrieben. Aber wie haben die Zeitgenossen oder sogar Augenzeugen das Ereignis geschildert? Wollen sie dich als Leser beeinflussen? Lassen sie irgendetwas aus oder übertreiben sie womöglich? Wen unterstützten sie, wen versuchten sie schlecht zu machen?

Gehe in folgenden drei Schritten vor: Lies zunächst die Darstellung auf S. 76 im Buch und dann die drei Texte A–C aufmerksam. Trage dann in die untenstehende Tabelle die gemeinsamen Themen ein, die alle drei Verfasser kommentieren. Als dritten Schritt ergänze die Aussagen Lamperts, des Papstes und des anonymen Verfassers.

gemeinsame Themen	Lampert von Hersfeld	Papst Gregor VII.	anonymer Verfasser

Meine eigene Meinung zu den Ereignissen in Canossa:

_____

_____

_____

Herausforderer des Königs: Heinrich der Löwe – Was schwächte ihn, was stärkte ihn?

Du kennst schon einige Ereignisse aus dem Leben des mächtigen Gegenspielers von Kaiser Friedrich I. Barbarossa. Unten findest du einen tabellarischen Lebenslauf des Herzogs Heinrich des Löwen. Lies ihn sorgfältig durch und überlege dir dann, welche Geschehnisse den Herzog und seine Familie wohl für den Konflikt mit dem Kaiser gestärkt, welche ihn eher geschwächt haben mögen. Welche Geschehnisse oder Verhaltensweisen erzeugten Konflikte, welche dienten eher einem guten Verhältnis der beiden? Lege dir auf einem gesonderten Blatt zwei Tabellen nach dem Muster unten an und trage darin deine Ergebnisse ein.

Die Macht Heinrichs des Löwen wurde

gestärkt durch:	geschwächt durch:

Der Konflikt wurde eher

geschürt durch:	abgeschwächt durch:

Lebenslauf Herzog Heinrichs des Löwen

1129 bis 1131	Geburt Heinrichs des Löwen
4. März 1138	Wahl des Staufers Konrad III. zum deutschen König
Juli 1138	Reichsacht über den Vater von Heinrich dem Löwen, Heinrich den Stolzen, Herzog von Bayern und Sachsen – der Askanier Markgraf Albrecht der Bär wird an seiner Stelle Herzog von Sachsen
20. Okt. 1139	Tod Heinrichs des Stolzen
1139	Der Babenberger Markgraf Leopold IV. wird als Nachfolger Heinrichs des Stolzen Herzog von Bayern
1142	Belehnung Heinrichs des Löwen mit dem Herzogtum Sachsen – Heirat seiner Mutter Gertrud mit dem Babenberger Heinrich Jasomirgott, Herzog von Bayern
1148 oder 1149	Heinrich heiratet Clementia, die Tochter Herzog Konrads von Zähringen
1149	„Kleiner Investiturstreit" um nordelbische Bistümer: Heinrich der Löwe maßt sich die dem König zustehende Einsetzung der Bischöfe an
15. Febr. 1152	Tod König Konrads III.
4. März 1152	Wahl des Staufers Friedrich I. Barbarossa zum deutschen König
1154	Investiturprivileg Heinrichs des Löwen für die nordelbischen Bistümer
1154/55	Teilnahme am 1. Italienzug und an der Kaiserkrönung Friedrichs I. in Rom

Sept. 1156	Belehnung mit dem um die Mark Österreich verminderten Herzogtum Bayern – Geburt seiner unehelichen Tochter Mathilde
1159/60	Teilnahme am 2. Italienzug Friedrichs I.
1160	Eroberung des Obodritenlandes
23. Nov. 1162	Scheidung von Clementia von Zähringen
1165	Verlobung mit Mathilde, Tochter des englischen Königs Heinrich II.
1166	Beginn erbitterter Kämpfe mit den sächsischen Fürsten
1. Febr. 1168	Hochzeit mit Mathilde im Mindener Dom
1170	Ende der Kämpfe in Sachsen
1172	Pilgerfahrt nach Jerusalem, Treffen mit dem oströmischen Kaiser Manuel II. in Byzanz – Geburt seiner Tochter Richenza
1176	Heinrich der Löwe lehnt es ab, Friedrich I. in seinem Konflikt mit den oberitalienischen Städten Hilfe zu leisten. – „Kniefall Friedrichs I." in Chiavenna
1177	Ausbruch neuer Kämpfe in Sachsen – Geburt des dritten Sohnes Otto, des späteren Kaisers Otto IV.
11. Nov. 1178	Beginn des Prozesses gegen Heinrich den Löwen
29. Juni 1179	Achtspruch auf dem Hoftag in Magdeburg
13. Jan 1180	Lehnrechtliche Verurteilung auf dem Hoftag in Würzburg – Verhängung der Oberacht
13. April 1180	Aufteilung des Herzogtums Sachsen: Philipp von Heinsberg, Erzbischof von Köln, wird Herzog von Westfalen; der Askanier Bernhard von Anhalt wird Herzog von Sachsen und Engern; Landgraf Ludwig III. von Thüringen wird sächsischer Pfalzgraf – Beginn der Reichsheerfahrt gegen Heinrich den Löwen – Pfalzgraf Otto von Wittelsbach wird Herzog von Bayern – die Steiermark wird vom Herzogtum Bayern abgetrennt
1181	Unterwerfung Heinrichs des Löwen auf dem Hoftag in Erfurt
1182	Pilgerfahrt Heinrichs nach Santiago de Compostela
1182 bis 1185	erstes Exil in England bei König Heinrich II.
Ostern 1189	zweites Exil in England
28. Juni 1189	Tod von Heinrichs Ehefrau Mathilde
1191	Heinrichs erstgeborener Sohn, Heinrich von Braunschweig, verlässt das Italienheer Kaiser Heinrichs VI.
Pfingsten 1192	Achterklärung über den Erstgeborenen
1192	erfolglose Belagerung Braunschweigs durch die Gegner Heinrichs des Löwen
1194	Heirat von Heinrich von Braunschweig und Agnes, Tochter des staufischen Pfalzgrafen bei Rhein Konrad
1194	Treffen und Aussöhnung mit Kaiser Heinrich VI. in Tilleda
6. Aug. 1195	Tod Heinrichs des Löwen

Orientierung in der Stadt

Name: Klasse:

Du siehst hier zwei Stadtpläne von Nürnberg. Schneide die Bezeichnungen unten auf der Seite aus und klebe sie an den passenden Stellen in dem großen Stadtplan ein. Die kleine Karte hilft Dir dabei.

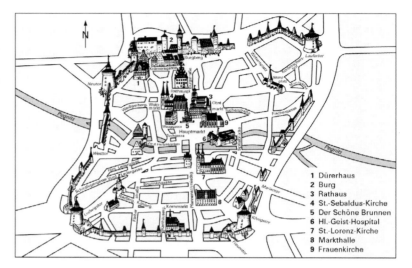

1 Dürerhaus
2 Burg
3 Rathaus
4 St.-Sebaldus-Kirche
5 Der Schöne Brunnen
6 Hl.-Geist-Hospital
7 St.-Lorenz-Kirche
8 Markthalle
9 Frauenkirche

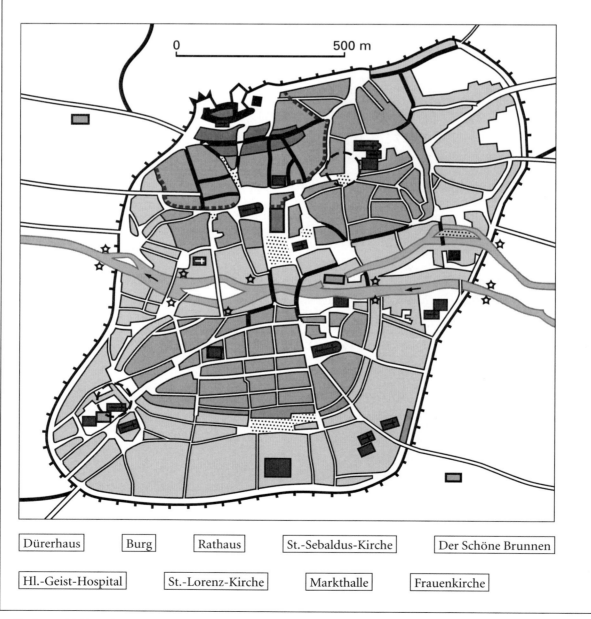

| Dürerhaus | Burg | Rathaus | St.-Sebaldus-Kirche | Der Schöne Brunnen |

| Hl.-Geist-Hospital | St.-Lorenz-Kirche | Markthalle | Frauenkirche |

Siegel geben Auskunft über eine Stadt

Name: Klasse:

Im Mittelalter war Köln zeitweise mit etwa 40 000 Einwohnern die bevölkerungsreichste Stadt in Deutschland.

Das Zusammenleben vieler Menschen erforderte vielerlei Entscheidungen, die von der Stadtregierung getroffen werden mussten. Um diese Entscheidungen schriftlich festzuhalten und ihnen rechtliche Gültigkeit zu geben, wurden Urkunden ausgestellt und mit dem städtischen Siegel versehen.

Aus dem Mittelalter sind zwei Stadtsiegel erhalten: Das eine ist seit etwa 1130, das andere seit etwa 1268 (und dann bis 1794) verwendet worden. Beide Kölner Stadtsiegel weisen Gemeinsamkeiten auf. So lautet die Umschrift jeweils: SANCTA COLONIA DEI GRATIA ROMANAE ECCLESIAE FIDELIS FILIA. Diese lateinische Aussage bedeutet übersetzt: „Das Heilige Köln von Gottes Gnade der römischen Kirche treue Tochter".

Der abgebildete Heilige ist der Schutzheilige der Stadt und der Bischofskirche, des Doms. Auf beiden Siegel ist er deutlich benannt; das S bzw. SCS vor seinem Namen steht für Lateinisch Sanctus, der Heilige.

Das Siegel hat einen Original-Durchmesser von 10,4 cm

Das Siegel hat einen Original-Durchmesser von 10,9 cm

1. **Beschreibe, was du auf den Stadtsiegeln jeweils erkennen kannst. Was soll durch die einzelnen Elemente jeweils ausgedrückt werden?**
2. **Markiere mit unterschiedlichen Farben die Bildelemente, die in vergleichbarer Weise in beiden Siegeln vorkommen.**
3. **Welches ist das ältere Siegel von etwa 1130 und welches das jüngere von etwa 1268? Die Darstellung der Stilepochen auf S. 125 hilft dir dabei, die richtige Entscheidung zu treffen und sie gut zu begründen.**
4. **Viele Menschen konnten im Mittelalter nicht lesen und schreiben, deshalb sollten bildliche Darstellungen ihnen eine „Nachricht" übermitteln. Das gilt auch für die Siegel. Drücke mit Deinen Worten aus, welche Nachricht von den beiden Siegeln jeweils ausgeht.**

Name: Klasse:

Wörter arabischer Herkunft in unserer Sprache

Wir benutzen in unserer Sprache zahlreiche Wörter arabischer Herkunft, ohne dass uns das bewusst ist. Hier sind einige davon:

Alchemie – Algebra – Algorithmus – Alkali – Alkohol – Aloe – Aprikose – Arrak – Artischocken – Atlas – Auberginen – Azimut – Baldachin – Balsam Benzin – Chiffon – Damast – Diwan – Droge – Drogerie – Elixier – Estragon – Fanfare – Gamasche – Gitarre – Ingwer – Jacke – Jasmin – Joppe – Kaffee – Kalium – Kampfer – Kandis – Kapern – Karaffe – Kattun – Kittel – Konditor – Kümmel – Laute – Limone – Limonade – Marzipan – Massage – Matratze – Mokka – Muskat – Nadir – Natron – Orange – Pfirsich – Safran – Sandale – Satin – Schal – Sirup – Soda – Sofa – Spinat – Sultanine – Tamburin – Taft – Zenit – Ziffer – Zimt – Zither – Zitrone – Zucker – Zwetschge

Für die Lösung der Aufgaben brauchst du etwas Platz. Führe sie daher nach den unten gegebenen Anleitungen in deinem Arbeitsheft aus. Schlage unbekannte Begriffe in einem Lexikon nach.

Ordne die Begriffe folgenden Oberbegriffen zu:

Mathematik/ Chemie/ Astronomie	Heilkunde/ Gesundheits- pflege	Stoffe/ Kleidung	Früchte/ Gemüse- pflanzen	Gewürze

ACHTUNG: Es lassen sich nicht alle Begriffe den 5 Gruppen zuordnen! Teile die übrig gebliebenen Begriffe in mindestens 3, höchstens 5 Gruppen ein und finde Oberbegriffe dafür.

Stell dir vor, du besuchst um 1000 n. Chr. einen Basar in Córdoba oder Palermo. Von welchen wunderbaren Dingen könntest du deinen Verwandten irgendwo in Deutschland berichten? Schreibe ihnen einen Brief.

Was geschah wann in der Kreuzzugszeit?

Name: Klasse:

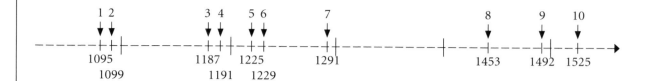

( ) Sultan Saladin erobert das Königreich Jerusalem und engt die Kreuzfahrerherrschaft auf die Küstenlinie ein. *(R)*

( ) Der Papst ruft zum Kreuzzug gegen die Muslime im byzantinischen Reich und im Heiligen Land auf. *(M)*

( ) Kaiser Friedrich II. schließt einen Freundschaftsvertrag mit dem Sultan Al-Kamil: Die Christen erhalten Jerusalem, die Muslime dürfen aber ihre heiligen Orte in der Stadt besuchen. *(N)*

( ) Die Kreuzfahrer erobern Jerusalem und gründen Herrschaften im Heiligen Land. *(A)*

( ) Christliche Herrscher erobern Granada und beenden damit die muslimische Herrschaft in Spanien. *(R)*

( ) Der englische König Löwenherz erobert die Stadt Akkon und lässt zahlreiche muslimische Gefangene töten. *(I)*

( ) Der Deutsche Ritterorden beginnt – vom christlichen polnischen König in das Land gerufen – einen Kreuzzug gegen das heidnische Slawenvolk der Pruzzen. *(E)*

( ) Der ägyptische Sultan Al-Asraf erobert die Stadt Akkon und beendet damit die Kreuzfahrerherrschaft im Heiligen Land. *(B)*

( ) Ende des Deutsch-Ordensstaates, der in das weltliche Herzogtum Preußen umgewandelt wird, das vom polnischen König lehnsabhängig ist. *(G)*

( ) Der türkische Sultan Mehmed II. erobert Konstantinopel und macht es unter dem Namen Istanbul zur Hauptstadt seines Reiches. *(U)*

Ordne die Ereignisse den Jahreszahlen auf dem Zahlenstrahl zu, indem du die Nummer über der Jahreszahl in die leere Klammer vor dem zugehörigen Ereignis schreibst. In Zweifelsfällen ziehe die Themeneinheit „Kulturen treffen aufeinander" in deinem Buch zu Rate.

Wenn du die richtige Reihenfolge hergestellt hast, dann ergeben die eingeklammerten Buchstaben ein dir aus der Themeneinheit bekanntes Wort.

1	2	3	4	5	6	7	8	9	10

Geld regiert die Welt? – Ein Buchstabensuchrätsel

Name:

Klasse:

Suche in der Buchstabensammlung nach versteckten Namen, Begriffen und Ereignissen. Die zu findenden Wörter sind waagerecht von links nach rechts und senkrecht von oben nach unten geschrieben.

- die Währung eines italienischen Stadtstaates
- der bedeutendste deutsche Bankier im 16. Jahrhundert (nur der Nachname wird gesucht)
- so bezeichnete und verurteilte die Kirche im Mittelalter das Erheben von Zinsen
- dieser Theologe kritisierte nicht nur die Kirche, sondern auch die Geschäftsmethoden der Großkaufleute (nur der Nachname wird gesucht)
- zu diesem politischen Ereignis lieh sich der spätere Kaiser Karl V. eine große Geldsumme
- Pfandbrief, in dem der Aussteller dem Empfänger die Auszahlung einer bestimmten Geldsumme verspricht
- begehrtes Material zum Prägen von Münzen
- Luxusartikel aus dem Orient, von dem die reichen Bürger und die Adeligen gern speisten
- die absolute Kontrolle über eine Ware, z.B. über den Abbau und die Vermarktung von Kupfer
- vor diesem Gremium wurde Jakob Fugger 1523 angeklagt, die Preise zu manipulieren

R	J	L	U	V	Z	D	Y	H	P	Ö	S	C
L	F	U	G	G	G	E	R	G	E	I	P	M
R	L	T	C	H	S	I	E	R	T	O	O	Ä
H	O	H	Z	Ö	S	S	I	L	B	E	R	D
S	R	E	P	F	W	C	C	D	B	K	Z	H
W	E	R	Y	T	U	H	H	I	I	M	E	W
E	N	G	W	E	C	H	S	E	L	O	L	K
U	I	T	S	Q	H	O	T	F	E	N	L	E
J	J	A	W	U	E	F	A	Q	U	O	A	B
G	E	A	L	L	R	F	G	Y	S	P	N	U
T	G	K	O	E	K	E	P	C	A	O	J	R
L	K	A	I	S	E	R	W	A	H	L	R	D
P	H	R	G	F	M	L	E	I	X	T	F	A
S	X	L	M	E	B	U	K	Z	F	D	L	Ü

Eine historische Karte verstehen

Name: Klasse:

Die Portolankarte auf S. 191 in deinem Geschichtsbuch stammt aus dem 16. Jahrhundert. Auf diesem Arbeitsblatt findest Du die Umrisse desselben Ausschnitts aus einer modernen Karte.

1. **Suche aus einem heutigen Atlas eine oder mehrere Karte, die den Ausschnitt der Portolankarte enthalten.**
2. **Suche die Namen aus der folgenden Liste auf der Portolankarte und „übersetze" sie mit Hilfe der modernen Karte:**

francia =	Irlamda =
tunis =	seuta =
flandre =	Ouraons =
ingala terra =	sicilia =
italia =	Is. canarais =
bordeo =	Mina =
Escosia =	reino de benins =
castilla =	

3. **Trage die Orte bzw. Länder auf der heutigen Karte ein.**
4. **Ergänze die Karte durch die heutigen Staatengrenzen und zeichne in Afrika die wichtigsten Flüsse und Gebirge ein.**
5. **Überprüfe das Größenverhältnis von Afrika und Europa. Was fällt Dir auf?**
6. **Erkläre die Unterschiede, die Du zwischen der Portolankarte und der modernen Karte herausgefunden hast.**

Martin Luther – seine Lebensgeschichte

Name: Klasse:

Nimm den folgenden Text als Grundlage, um die Folge von Ereignissen aus dem Leben Luthers in einer Bildergeschichte festzuhalten. Es ist auch möglich, dass du dir nur bestimmte Begebenheiten aus dem Leben des Reformators auswählst und diese dann in Bilder überträgst. Orientiere dich hierbei an den Hinweisen auf der Seite „Ein Bild gestalten" im Buch.

Am 31. Oktober 1517 veröffentlichte Luther an der Schlosskirche in Wittenberg 95 Thesen über den Ablass, um eine wissenschaftliche Diskussion anzuregen. Das Verhör durch den päpstlichen Legaten, Kardinal Cajetan, im Jahr 1518 sowie das wissenschaftliche Streitgespräch mit seinem theologischen Widersacher Johann Eck 1519 verschärften Luthers Haltung gegenüber dem Papsttum. Die päpstliche Bulle mit der Androhung des Banns verbrannte er am 10. Dezember 1520 und wurde daraufhin am 3. Januar 1521 gebannt. Auch auf dem Reichstag zu Worms (17./18. April 1521) lehnte er den Widerruf seiner Lehre ab und wurde dafür unter Reichsacht gestellt.
Von Kurfürst Friedrich dem Weisen, seinem Landesherrn, wurde Luther in Schutzhaft genommen und übersetzte auf der Wartburg 1521/22 das Neue Testament. Trotz Acht und Bann kehrte er im März 1522 nach Wittenberg zurück, um die religiösen Wirren in seinem Sinn zu steuern. Er wandte sich gegen Bilderstürmer, Wiedertäufer und später in den Bauernkriegen gegen das aufständische Landvolk. 1525 heiratete er die frühere Nonne Katharina von Bora. In den Jahren 1526 bis 1530 half Luther beim Aufbau der kursächsischen Landeskirche, schrieb den Großen und den Kleinen Katechismus und schuf eine Reihe von Kirchenliedern. Er starb 1546 in Eisleben und wurde in der Schlosskirche zu Wittenberg beigesetzt.

Die Spielkartenmanufaktur

Erläutere in den Kästchen, welcher Arbeitsschritt jeweils ausgeführt wird.
Die Nummerierung entspricht übrigens nicht der Abfolge der Arbeitsschritte. Trage
neben den Ziffern in den Kästchen die Buchstaben für die richtige Reihenfolge ein.

Fasse (auf der Rückseite des Arbeitsblatts) am Beispiel der Spielkartenherstellung
zusammen, worin die Vorteile der Produktion in einer Manufaktur bestehen.

4)

1)

6)

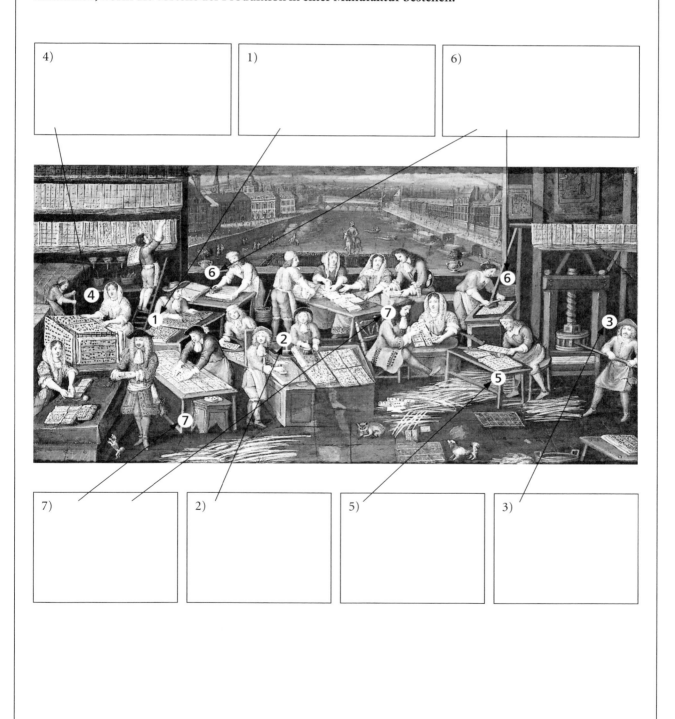

7)

2)

5)

3)

Kopiervorlagen: Bearbeitungs- und Lösungsvorschläge

Die Fruchtfolge der Dreifelderwirtschaft

1. Die Schüler schneiden die Winter- und Sommer-
gerstestreifen aus und kleben sie entsprechend
den Monatsangaben in das Zelgenschema ein.
2. Sie markieren die Brache durch Grünfärbung.
3. Das bäuerliche Jahr beginnt mit dem Pflügen
(und Eggen, Säen) des brach liegenden Sommer-
getreidefelds im März („Im Märzen der Bauer die
Rösslein einspannt …"). Im Juni wird die Brache des Wintergetreides umgepflügt; im Juli/Au-
gust ist Ernte des Wintergetreides eines anderen
Feldes; Ende August Ernte des Sommergetreides
auf dem Feld, das im März bestellt wurde. Anfang November Nachpflügen (Eggen, Einsäen
…) des Wintergetreidefeldes. – Höchste Ar-
beitsdichte also von Juni bis September (zusätzlich Heumahd oder Sonderkulturen), daher
Termine des Erntedankfestes, der Messen und
Jahrmärkte im frühen Herbst.

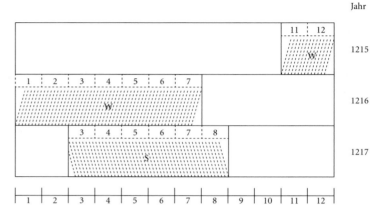

Ordnung in die Familie der Liudolfinger (Ottonen) bringen

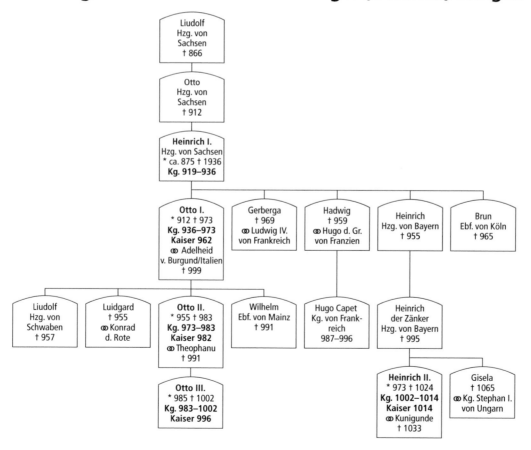

164

Wie bringt man eine Urkunde zum Reden?

WER?   Welche Personen werden genannt?
1. König Otto I. / seine „Getreuen" / Abt Folkmar von Corvey / die ehemaligen Frankenkönige / die Klosterbrüder / die Märtyrer Stephanus und Titus / Königin Edith / Königssohn Liudolf / Bischof / Hörige und Liten / Graf / Vögte / Notar Adaltag / Erzkapellan Hildibert

2. Königliche Familie: König Otto I. / die ehemaligen Frankenkönige / Königin Edith / Königssohn Liudolf
Königliche Verwaltung: seine „Getreuen" / Graf / Notar Adaltag / Erzkapellan Hildibert
Lehns- und Grundherrschaftssystem: seine „Getreuen" / Graf / Hörige und Liten
zum Kloster Gehörige: Abt Folkmar von Corvey / die Klosterbrüder / die Märtyrer Stephanus und Titus / Vögte
Geistliche: Abt Folkmar von Corvey / die Klosterbrüder / die Märtyrer Stephanus und Titus / Bischof

WO?
Kloster Corvey – Pfalz Werla als Ausstellungsort

WANN?
17. Oktober 936 – 1. Amtsjahr König Ottos

WAS?
Zugeständnis bzw. Bestätigung von Freiheiten und Vorrechten für das Kloster: freie Abtwahl, Einzug des Zehnten, rechtliche Immunität

WIE?
im Namen Gottes / durch Namensunterschrift und Siegel / durch Notar gegengezeichnet

WARUM?
– es ist die Aufgabe des Königs, dies zu tun
– die königlichen Vorgänger haben es auch schon gemacht
– zu Beginn seiner Amtszeit musste dies ein neuer König tun
– es dient dem Amts- und Seelenheil des Königs.

Siegel geben Auskunft über eine Stadt

Das romanische Siegel ist links, das gotische rechts abgebildet.
Man erkennt jedenfalls im romanischen und im gotischen Siegel den Heiligen Petrus mit Buch und Schlüssel, die Stadtmauer, im romanischen verschiedene Türme, im gotischen Siegel Maßwerk; außerdem ist die schon vorgegebene Umschrift erkennbar.

Die Perspektive macht den Unterschied:
Der Gang Heinrichs IV. nach Canossa

gemeinsame Themen	Lampert von Hersfeld	Papst Gregor VII.	anonymer Verfasser
Lossprechung vom Bann	Nahelegen des Rücktritts vom königlichen Amt		plötzlicher Entschluss des Königs, dem Papst entgegenzureisen
Zusammenkunft in Canossa	langes Hin und Her der Gesandten, bis die Planung des Treffens stand	königliche Boten hatten Papst um Gespräch gebeten	König ist der Handelnde, der die Zusammenkunft von Papst und Fürsten verhindert
	königliche Unterhändler waren rücksichtslos, um Papst umzustimmen	König bat und weinte, zeigte also Anzeichen von Schwäche	König ging nicht auf seine Vergehen ein, erschien als der Starke
	König erschien mit Gefolge, das zurückbleiben musste	erwähnt wir nur „eine geringe Begleitung"	
	es gab Bedingungen für den König	Bedeutung der Lossprechung für den König	

Meine eigene Meinung zu den Ereignissen in Canossa:
Hier sollen sich die Schüler Gedanken darüber machen, welche Bedeutung das Treffen von Canossa für König und Papst hatte und warum wohl die päpstliche und königliche Sichtweise bestimmte Aspekte (Wer war der Handelnde?, Schuldeingeständnis, mentale Verfassung des Königs etc.) besonders betont.

Herausforderer des Königs:
Heinrich der Löwe – Was schwächte ihn, was stärkte ihn?

Die Macht Heinrichs des Löwen wurde

gestärkt durch:	geschwächt durch:
1142 Belehnung Heinrichs des Löwen mit dem Herzogtum Sachsen	4.3.1152 Wahl des Staufers Friedrich I. Barbarossa zum König
1142 Heirat seiner Mutter Gertrud mit dem Babenberger Heinrich Jasomirgott, Herzog von Bayern	1166 Beginn erbitterter Kämpfe mit den sächsischen Fürsten
1154 Investiturprivileg Heinrichs des Löwen für die nordelbischen Bistümer	1177 Ausbruch neuer Kämpfe in Sachsen
September 1156 Belehnung mit dem um die Mark Österreich verminderten Herzogtum Bayern	11.11.1178 Beginn des Prozesses gegen Heinrich den Löwen
1160 Eroberung des Obodritenlandes	29.6.1179 Achtspruch auf dem Hoftag in Magdeburg
1165 Verlobung mit Mathilde, Tochter des englischen Königs Heinrich II.	13.1.1180 Lehnrechtliche Verurteilung auf dem Hoftag in Würzburg – Verhängung der Oberacht
1176 Heinrich der Löwe lehnt es ab, Friedrich I. in seinem Konflikt mit den oberitalienischen Städten Hilfe zu leisten. – „Kniefall Friedrichs I." in Chiavenna	13.4.1180 Aufteilung des Hzts. Sachsen – Beginn der Reichsheerfahrt gegen Heinrich den Löwen – Pfalzgraf Otto von Wittelsbach wird Herzog von Bayern
1192 erfolglose Belagerung Braunschweigs durch die Gegner Heinrichs des Löwen	1181 Unterwerfung Heinrichs des Löwen auf dem Hoftag in Erfurt
	1182/85 erstes Exil in England bei König Heinrich II.
	Ostern 1189 zweites Exil in England

Der Konflikt wurde eher

geschürt durch:	abgeschwächt durch:
1149 „Kleiner Investiturstreit" um nordelbische Bistümer: Heinrich der Löwe maßt sich die dem König zustehende Einsetzung der Bischöfe an.	1182/85 erstes Exil in England bei König Heinrich II.
1176 Heinrich der Löwe lehnt es ab, Friedrich I. in seinem Konflikt mit den oberitalienischen Städten Hilfe zu leisten. – „Kniefall Friedrichs I." in Chiavenna	Ostern 1189 zweites Exil in England
1191 der erstgeborene Sohn Heinrich von Braunschweig verlässt das Italienheer Kaiser Heinrichs VI.	1194 Heirat von Heinrich von Braunschweig und Agnes, Tochter des staufischen Pfalzgrafen bei Rhein Konrad
	1194 Treffen und Aussöhnung mit Kaiser Heinrich VI. in Tilleda

Wörter arabischer Herkunft in unserer Sprache

Mathematik/Chemie/ Astronomie:	Heilkunde/Gesundheitspflege:	Gemüsepflanzen/ Früchte:	Gewürze:	Stoffe/Kleidung:
Alchemie, Algebra, Algorithmus, Alkali, Azimut, Benzin, Kalium, Nadir, Natron, Soda, Zenit, Ziffer	Alkohol, Aloe, Balsam, Droge, Drogerie, Elixier, Kampfer, Massage	Aprikose, Artischocken, Auberginen, Limone, Orange, Pfirsich, Spinat, Sultanine, Zitrone, Zwetschge	Estragon, Ingwer, Jasmin, Kapern, Kümmel, Muskat, Safran, Zimt	Atlas, Baldachin, Chiffon, Damast, Gamasche, Jacke, Joppe, Kattun, Kittel, Sandale, Satin, Schal, Taft

Mögliche Oberbegriffe und sich daraus ergebende Zuordnungen:
Musikinstrumente: Fanfare, Gitarre, Laute, Tamburin, Zither; *Luxusgetränke:* Arrak, Kaffee, Limonade, Mokka; *Süßigkeiten:* Kandis, Konditor, Marzipan, Sirup, Zucker; *Luxusmöbel:* Diwan, Matratze, Sofa; *Luxusgeschirr:* Karaffe

Was geschah wann in der Kreuzzugszeit?

Das Lösungswort lautet:

M	A	R	I	E	N	B	U	R	G
1	2	3	4	5	6	7	8	9	10

Geld regiert die Welt? – Ein Buchstabensuchrätsel

		L								
	F	U	G	G	G	E	R			P
	L	T				E				O
	O	H			S	I	L	B	E	R
	R	E		W		C				Z
	E	R		U		H			M	E
	N		W	E	C	H	S	E	L	O	L
				H		T			N	L
				E		A			O	A
				R		G			P	N
									O	
	K	A	I	S	E	R	W	A	H	L

- die Währung eines italienischen Stadtstaates (Floren)
- der bedeutendste deutsche Bankier im 16. Jahrhundert (Fugger)
- so bezeichnete und verurteilte die Kirche im Mittelalter das Erheben von Zinsen (Wucher)
- dieser Theologe kritisierte nicht nur die Kirche, sondern auch die Geschäftsmethoden der Großkaufleute (Luther)
- zu diesem politischen Ereignis lieh sich der spätere Kaiser Karl V. eine große Geldsumme (Kaiserwahl)
- Pfandbrief, in dem der Aussteller dem Empfänger die Auszahlung einer bestimmten Geldsumme verspricht (Wechsel)
- begehrtes Material zum Prägen von Münzen (Silber)
- Luxusartikel aus dem Orient, von dem die reichen Bürger und die Adeligen gern speisten (Porzellan)
- die absolute Kontrolle über eine Ware, z.B. über den Abbau und die Vermarktung von Kupfer (Monopol)
- vor diesem Gremium wurde Jakob Fugger 1523 angeklagt, die Preise zu manipulieren (Reichstag)

Eine historische Karte verstehen

Namen:
Frankreich, Tunis, Flandern, England, Italien, Bordeaux, Schottland, Kastilien, Irland, Ceuta, Oran, Sizilien, Kanarische Inseln, S. Jorge da Mina, Benin.

Flüsse, Gebirge:
Senegal, Niger, Volta; Atlas, Ahaggar, Adamaoua.

Größenverhältnisse:
Europa ist „zu groß" im Verhältnis zu Afrika.

Erklärung der Unterschiede:
Europa ist weitgehend bekannt und korrekt dargestellt, von Afrika ist lediglich die Küstenlinie aufgrund der Entdeckungs- und Handelsfahrten bekannt; das Innere ist unbekannt und wird in der Tradition der Portolankarten phantasievoll ausgeschmückt.

Die Spielkartenmanufaktur

1) Die Karten werden von Hand bemalt. (E)
2) Die Karten werden gefärbt. (D)
3) Vorder- und Rückseiten werden unter einer Presse zusammengeleimt. (A)
4) Die verleimten Kartenbögen werden an einem Ofen getrocknet. (C)
5) Die Karten werden aus den Bögen ausgeschnitten. (F)
6) Die fertigen Bögen werden mit einem Stein glattpoliert. (B)
7 links) Die Karten werden zusammengelegt und geprüft. (G)
7 rechts) Die Karten werden sortiert. (G)
Zur Zusammenfassung vgl. S. 247 f.